普通高等教育“十四五”系列教材

财务金融大数据分析

主　编　魏石勇　林立伟　林政德
副主编　朱美虹　梅沁芳

中国水利水电出版社
www.waterpub.com.cn
·北京·

内 容 提 要

本书结合实例介绍财务金融研究方法的实际操作。本书共14章，包括研究变量、计量经济学的基本概念、两个变量之间的关系、两个以上变量之间的关系——解释变量、两个以上变量之间的关系——控制变量、时间序列分析、多个变量的因果关系、变量的测量误差、多个群组之间的差异、被忽视的因果、消除先天差异因素、因果关系的第三者——调节效应、因果关系的第三者——中介效应、政策与经济的冲击。

本书可作为财务金融实证分析、计量方法等相关课程的教材和实证分析写作的参考用书，也可供研究财务、金融、会计、经济等方向人员学习及培训使用。

图书在版编目（CIP）数据

财务金融大数据分析 / 魏石勇等主编. -- 北京 : 中国水利水电出版社, 2021.3

普通高等教育"十四五"系列教材

ISBN 978-7-5170-9513-2

Ⅰ. ①财… Ⅱ. ①魏… Ⅲ. ①财务管理－数据处理－高等学校－教材 Ⅳ. ①F275

中国版本图书馆CIP数据核字(2021)第053543号

书　　名	普通高等教育"十四五"系列教材 **财务金融大数据分析** CAIWU JINRONG DASHUJU FENXI
作　　者	主　编　魏石勇　林立伟　林政德 副主编　朱美虹　梅沁芳
出版发行	中国水利水电出版社 （北京市海淀区玉渊潭南路1号D座　100038） 网址：www.waterpub.com.cn E-mail：sales@waterpub.com.cn 电话：(010) 68367658（营销中心）
经　　售	北京科水图书销售中心（零售） 电话：(010) 88383994、63202643、68545874 全国各地新华书店和相关出版物销售网点
排　　版	中国水利水电出版社微机排版中心
印　　刷	北京瑞斯通印务发展有限公司
规　　格	184mm×260mm　16开本　14.25印张　347千字
版　　次	2021年3月第1版　2021年3月第1次印刷
印　　数	0001—2000册
定　　价	**39.00**元

前言

《财务金融大数据分析》(*The Analysis of Financial Big Data*) 结合大数据与财务金融学，数理学、统计学、经济学与统计语言加以辅助，利用计量方法进行实证分析。

一般而言，大数据可以概括为5个“v”，即数据量（volume)、速度（velocity)、类型（variety)、价值（value)、真实性（veracity)。本书以财务金融为背景进行分析，使用的数据为上市公司的数据，包括公开数据、市场价值、经济环境，数据的取得需要依据上市公司的公开信息、证交所的股价、成交信息以及国家统计局的相关信息，数据符合大数据5个“v”的基本原则，即数据量大（每个案例数据少则数千笔，多则数十万笔)、速度快（分析原则以最新信息为原则)、类型多（数据来源多元化)、有价值（变量经过转换，让变量更具解释力)、具备真实性（数据来源均有依据)。

本书的范例主要对财务金融的计量经济模型和经验分析的实证演练进行介绍和讲解。根据数据种类以及分析对象，本书分为简单回归、复回归、GARCH模型、VAR模型、工具变量、双重差分、断点回归、面板数据、调节效应、中介效应和综合应用等模型。并利用各种不同的情境，采用各种不同的变量加以介绍。

本书通过EViews软件进行分析，并结合实际案例进行财金研究方法的实际操作，做到理论与实际相结合，便于学生理解。每章后面附有本章重点与财务应用的专有名词和上机练习，更进一步扩展了学生的思路和视野。建议上课时将学生进行分组，确定研究对象（可分别选择中证指数 、国证指数或概念股)，这样可以使学生达到事半功倍的学习效果。

本书由玉林师范学院魏石勇、林政德，浙江财经大学东方学院林立伟担任主编，浙江水利水电学院朱美虹、梅沁芳担任副主编。编写分工为：第5、

8～14 章由魏石勇编写，第 6、7 章及附录 B 由林政德编写，第 1～4 章由林立伟编写，附录 A 由朱美虹和梅沁芳编写。另外，感谢玉林师范学院黄冬梅、李佳，浙江财经大学东方学院张韵浛等所做的校稿工作。

由于编者水平有限，不足和欠缺之处在所难免，恳请广大读者不吝赐教。

魏石勇

2020 年 10 月

目录

第1章 研 究 变 量

本章导读

在确定研究方向后，变量的选取是所有实证分析的首要工作，所以了解变量的属性及种类才能完美表达所要研究对象的真实状况，实证分析中最重要的是解释和描述变量，一般变量的特征可以通过图表来呈现。不过在搜集变量的过程中或变量本身往往会出现异常值，对异常值的处理则是实证分析必须注意的问题。

学习目标

1. 掌握应用统计的基本概念。
2. 掌握 Excel 图表的制作。

1.1 变 量 尺 度

一般来说，研究的目的在于探索或证实自然现象中各个因素间的一些相互关系或因果关系，在实验设计及实证分析的过程中，必须处理这些因素来测试它们之间的相互关系。处理的过程包括排除不必要的因素与操控某个特定因素等。在进行研究的过程中，这些因素会因条件状况的不同而改变，所以这些因素在科学研究及实验设计上称为“变量”(variables)。

变量是某一自然现象实际的特质，这个特质往往由两个或两个以上的数值来量化。变量的另一个重要特性是根据它们的属性可分为连续（continuous）和离散（discrete）两类，这个特性对测量程序的研究、数据分析和推论及概括的方法有较大的影响。

测量尺度（scale of measure）也称度量水平（level of measurement）、度量类别，是统计学和定量研究中，对不同种类的数据，依据其尺度水平所划分的类别。以类型区分，可分为定性（qualitative）与定量（quantitative）两种，进一步细分，则分为名目（nominal）、次序（ordinal）、等距（interval）、等比（ratio）。名目尺度和次序尺度是定性的，而等距尺度和等比尺度是定量的。定量数据根据数据是否可数，分为不连续的和连续的。变量的数据类型如图 1.1 所示。

本书主要介绍 EViews（Econometrics Views）的使用，有些名词已经被 EViews 使用（内定专有名词），所以在进行变量的命名时不能将这些名词当作变量的名称，不能作为序列名称使用的分别是 ABS、ACOS、AR、ASIN、C、CON、CNORM、COEF、COS、D、DLOG、DNORM、ELSE、ENDIF、EXP、LOG、LOGIT、LPT1、LPT2、MA、NA、NRND、PDL、RESID、RND、SAR、SIN、SMA、SQR 和 THEN。

变量的使用非常重要，而计量分析模型主要的基本假设是建立在数量的分布情况上

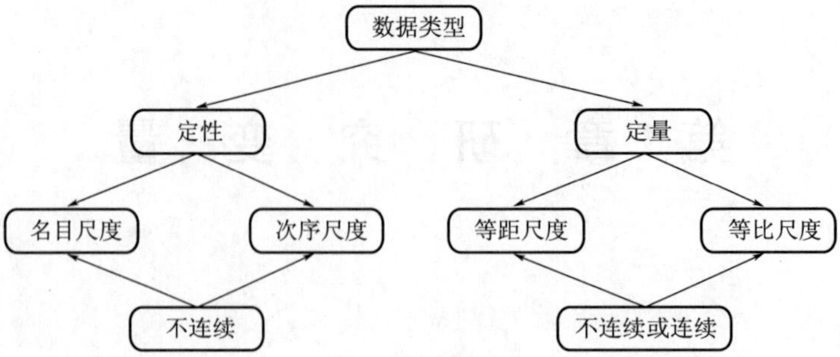

图 1.1 变量的数据类型

的，所以常常会将变量进行转换，使其更加符合理想的分布，一般来说，都会将变量取自然对数。对数函数在其定义域内是单调增函数，取对数后不会改变数据的相对关系。取对数的作用主要如下：

（1）缩小数据的绝对数值，方便计算。每个数据项的值都很大，许多这样的值进行计算可能会超过常用数据类型的取值范围，这时取对数，就把数值缩小了。

（2）取对数后，可以将乘法计算转换为加法计算。在某些情况下，在数据的整个值域中的不同区间的差异带来的影响不同，也就是说，对数值小的部分差异的敏感程度比数值大的部分差异的敏感程度更高。这也是符合生活常识的，例如，对于价格而言，当购买家电时，价格相差几百元能够很大程度地影响消费者的决策；但如果是购买汽车的价格相差几百元，消费者通常会选择忽略不计。

（3）取对数之后不会改变数据的性质和相关关系，但压缩了变量的尺度，数据更加平稳，也削弱了模型的共线性、异方差性等。

（4）在经济学中，常取自然对数再做回归，所得到的系数解正好是弹性的定义。

一般公式为

$$y=\alpha+\beta x$$

将 x 和 y 取自然对数：

$$\ln y=\alpha+\beta\ln x \xrightarrow{\text{对 } x \text{ 微分}} \frac{1}{y}\cdot\frac{\mathrm{d}y}{\mathrm{d}x}=\beta\cdot\frac{1}{x}\to\beta=\frac{x}{y}\cdot\frac{\mathrm{d}y}{\mathrm{d}x}=\frac{\mathrm{d}y/y}{\mathrm{d}x/x}$$

式中：$\frac{\mathrm{d}y/y}{\mathrm{d}x/x}$为经济学中所述弹性的定义。

1.2 变 量 种 类

在确定研究主题与方向后就必须建立模型，模型的组成分子就是变量，变量在计量方法中一般分为自变量（解释变量）和因变量（被解释变量），如图 1.2 所示。

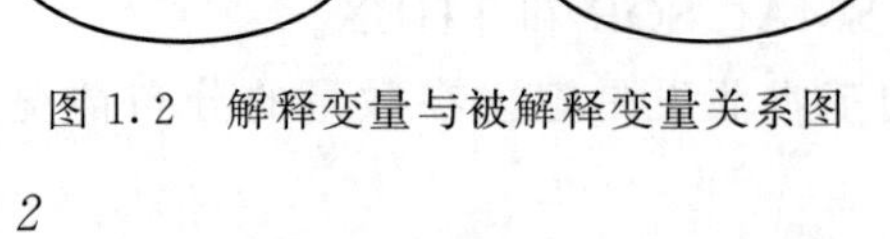

图 1.2 解释变量与被解释变量关系图

实证分析主要将解释变量作为研究主题，解释变量的选取特别重要。主要内容如下：

（1）解释变量是用来解释被解释变量的，因此，要么解释变量是原因，要么解释变量是被解释变量的先行指标。也就是说，解释变量是原因在先，被解释变量是结果在后，有一定的先后顺序。

（2）要注意解释变量的相关性，不能将一大堆彼此相关性很高的变量放进回归式内，如此会造成严重的多重共线性问题。

（3）经济理论所涉及的变量如果是无法观察到的，做实证研究时必须采用替代变量（Proxy)，并对所选用的替代变量的合理性加以说明。

（4）虚拟变量的定义要清楚而合理。

（5）如果解释变量有观测误差等数据缺陷，需要探讨可能造成的计量问题。

一般来说，解释变量可以分为控制变量、中介变量、调节变量。

1. 控制变量（control variable，CV）

控制变量是指除了研究的解释变量以外，有可能影响被解释变量的变量，但这些变量并不是在模型中想要研究的变量。控制变量不会单独存在，它是一个已经被证明对因变量有影响的变量。在使用目的上，因为在自变量对被解释变量的影响中，除了解释变量本身以外，还可能受到其他因素的影响，因此排除其他可能对被解释变量造成影响的变量，而单纯的探讨解释变量对被解释变量的影响，使得研究结果产生严重的偏误。解释变量、控制变量与被解释变量的关系如图 1.3 所示。

2. 中介变量（mediator，Me）

解释变量通过中介因素影响因变量，这个变量就称为中介变量。在使用目的上，是为了了解自变量对因变量的影响，是否会因为自变量通过某个特定的中介变量而影响因变量。解释变量、中介变量与被解释变量的关系如图 1.4 所示。

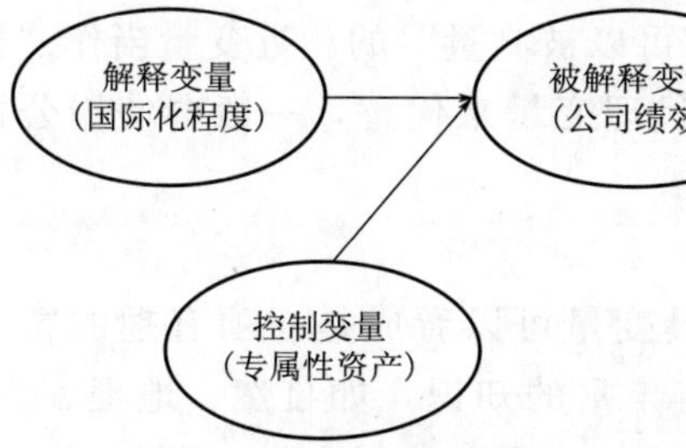

图 1.3 解释变量、控制变量与被解释变量的关系图

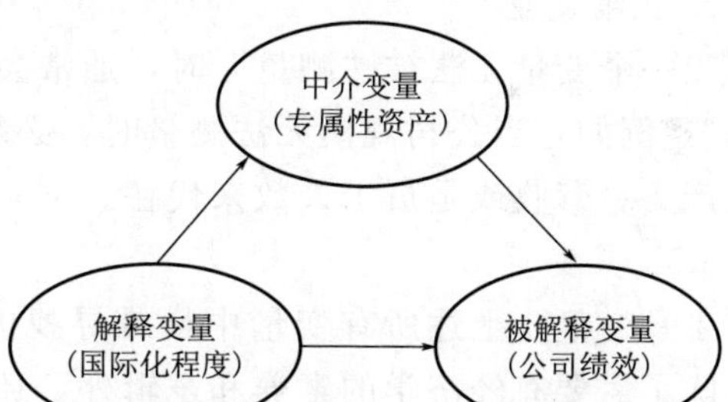

图 1.4 解释变量、中介变量与被解释变量的关系图

3. 调节变量（moderator，Mo）

调节变量又称为干扰变量，是一个外来的变量，而这个外来变量会改变解释变量与被解释变量之间关系的强弱（斜率），而调节变量可以是类别变量（如产业别、生命周期等），也可以是连续变量（如研发强度、资本强度等）。在使用目的上，是为了了解解释变量对被解释变量的影响在不同的情况下有何不同。解释变量、调节变数与被解释变量的关系如图 1.5 所示。

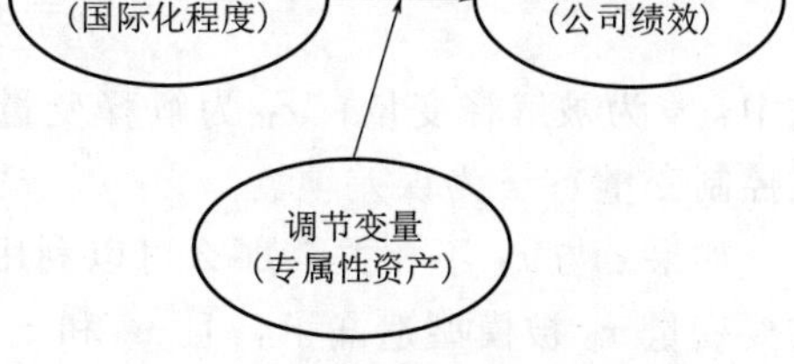

图 1.5 解释变量、调节变量与被解释变量的关系图

兹将上述变量的关系用模型表示，见表1.1。

表1.1 各类变量的方程式示意表

变 量	模 型	影响因子
解释变量	$CFP=\beta_0+\beta_1 DOI$	β_1
控制变量	$CFP=\beta_0+\beta_1 DOI+\beta_2 FSA$	β_1
中介变量	$CFP=\beta_{10}+\beta_{11} DOI$ $FSA=\beta_{20}+\beta_{21} DOI$ $CFP=\beta_{30}+\beta_{31} DOI+\beta_{32} FSA$	$\beta_{31}+\beta_{32}\cdot\beta_{21}$
调节变量	$CFP=\beta_{10}+\beta_{11} DOI$ $CFP=\beta_{20}+\beta_{21} DOI+\beta_{33} FSA\cdot DOI$	$\beta_{21}+\beta_{33} FSA$

注 公司绩效：CFP，国际化程度：DOI，专属性资产：FSA。

从功能来分，变量分为虚拟变量、代理变量和工具变量。

1. 虚拟变量

虚拟变量又称为虚设变量、名义变量或哑变量，是用以反映质的属性的一个人工变量，是量化了的质变数，通常取值为0或1。引入虚拟变量会使线形回归模型变得更复杂，但对问题描述更简明，一个方程能达到两个方程的作用，而且更加接近现实。例如，公司产权属性可以分国营和民营，就会用虚拟变量来代替，也就是国营=1，民营=0（或国营=0，民营=1）。

2. 代理变量

当一个变量无法被“测量”时，通常会将一个“可以被测量”的相近变量当作“代理变量”。例如，当公司规模无法测量时，必须找一个代理变量来代替，一般会使用公司的总资产、总营收或是员工人数来代替。

3. 工具变量

工具变量是上述所有变量中最难寻找的，找工具变量可以看成是一项有趣的智力活动，除了需要有经济学的素养和逻辑外，还需要具有丰富的知识，如自然、地理、人文，通常，这与一个人熟悉的领域，以及长期观察和思考产生的洞见有关。

工具变量的原理最早出现在菲利普·莱特（Philip G. Wright）1928年著作的 *The Tariff on Animal and Vegetable Oils* 一书中。为了进一步解释这个原理，首先给出一个典型的线性回归模型：

$$y=\beta_0+\beta_1 x_1+\beta X+\varepsilon$$

式中：y 为被解释变量；x_1 为解释变量；X 为外生控制项向量（即一组假定为外生的其他控制变量）；ε 为误差项。

如果 ε 与 x_1 不相关，那么可以利用OLS模型对方程进行无偏估计。然而，如果一个重要变量 x_2 被模型遗漏了，且 x_1 和 x_2 也相关，那么对 β_1 的OLS估计值就必然是有偏的（也就是产生了 ε 与 x_1 相关）。此时，x_1 被称作“内生”的解释变量，这就是“内生性”问题。所以工具变量主要用来解决内生问题的。

1.3 描述统计量

不论变量的属性如何，重要的是变量收集后对变量的描述，在统计学上称为描述统计量。一般有三大指标，分别为集中趋势、离散程度和分布型态，如图 1.6 所示。

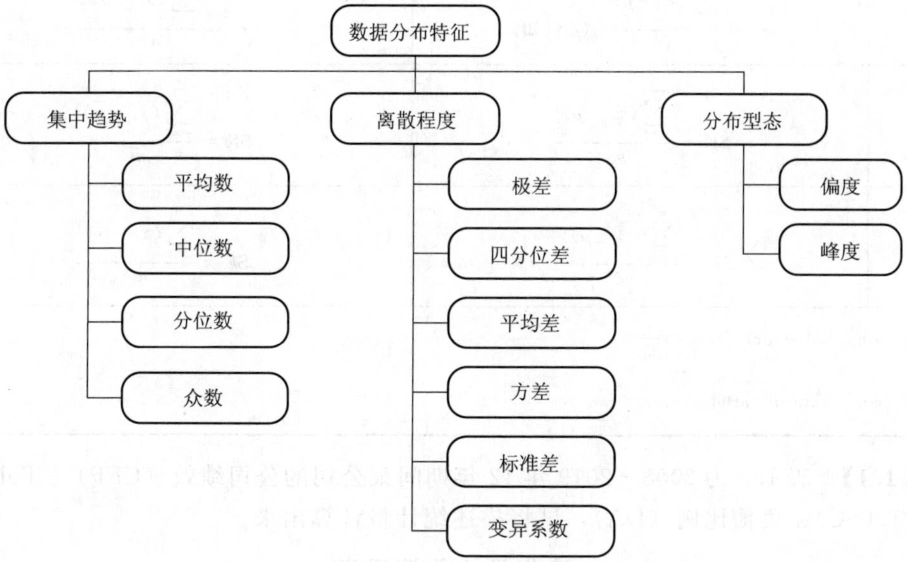

图 1.6　数据分布特征图

变量的分布状况可以通过图 1.7 来了解，当众数等于平均数也等于中位数时，变量的分布可称为对称分布；如果平均数大于中位数且众数小于中位数时，则数列呈现右偏；平均数是最小的，而众数是最大时，则数列呈现左偏。这属于经验法则，而在实际计算分析时，用偏态来分析，当偏态是正值时，表示数列以平均数为中心轴，它呈现右偏，如果是负值，则数列为左偏。

上述数据的分布特征值都是可以计算的，见表 1.2，不过总体和样本的计算公式有些许的不同。假设一组数据为 x_1，x_2，…，x_n（总体数据 x_N）。

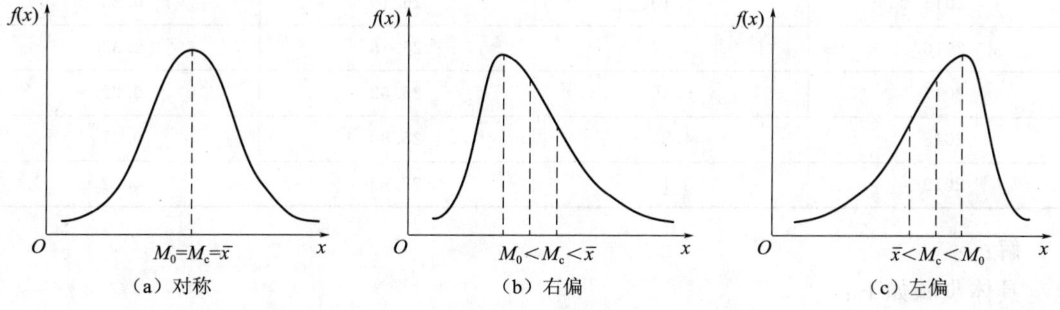

图 1.7　平均数、中位数和众数的关系图

表 1.2　　相对重要的公式计算

名称	总体	样本
平均数	$\bar{x}=x_1+x_2+\cdots+x_N=\dfrac{\sum_{i=1}^{N}x_i}{N}$	$\bar{x}=x_1+x_2+\cdots+x_n=\dfrac{\sum_{i=1}^{n}x_i}{n}$
	$\sigma^2=\dfrac{\sum_{i=1}^{N}(x_i-\mu)^2}{N}$，($\mu$ 已知)	$s^2=\dfrac{\sum_{i=1}^{N}(x_i-\bar{x})^2}{n-1}$
偏态	$SK=\dfrac{\sum_{i=1}^{n}(x_i-\mu)^3}{n\sigma^3}$	$SK=\dfrac{\sum_{i=1}^{n}(x_i-\bar{x})^3}{ns^3}$
峰度	$k=\dfrac{\sum_{i=1}^{n}(x_i-\mu)^4}{n\sigma^4}$	$Sk=\dfrac{\sum_{i=1}^{n}(x_i-\bar{x})^4}{ns^4}$

标准误差（standard error）：$s.e.=\dfrac{s}{\sqrt{n}}$

变异系数（coefficient of variation）：$\nu_s=\dfrac{s}{\bar{x}}$

【例 1.1】 表 1.3 为 2008—2019 年 12 年期间某公司的公司绩效（CFP）－Tobin's Q、公司规模（SC）、负债比例（DA），试将描述统计量计算出来。

表 1.3　　某公司相关数据表

年份	CFP	SC	DA
2008	3.52	23.48	0.27
2009	8.45	23.71	0.26
2010	7.44	23.97	0.28
2011	6.21	24.28	0.27
2012	4.98	24.53	0.21
2013	2.68	24.74	0.20
2014	3.25	24.91	0.16
2015	3.40	25.18	0.23
2016	3.97	25.45	0.33
2017	6.46	25.63	0.29
2018	4.86	25.80	0.27
2019	8.13	25.93	0.22

解：

具体步骤如下：

（1）建立档案。本例的数据都先利用 Excel 表格整理后再用 EViews 进行操作（将建立的档案改成 Excel file）。具体步骤为：单击“File”选项→“Open”选项→

"EViews Workfile..." 选项→变换档案的种类（改成 Excel file）→选择要建立 Excel 表格的工作表→建立完成（所有变量都会出现）→选取要展示的变量→单击 "Open" 选项→ "as Group" 选项→完成档案建立，如图 1.8 所示。

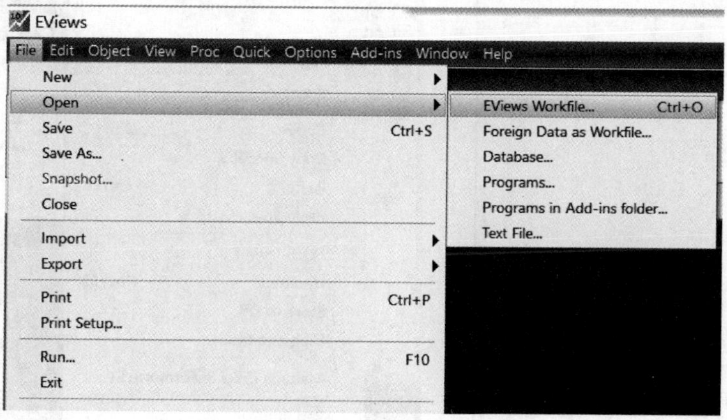

(a)打开EViews软件

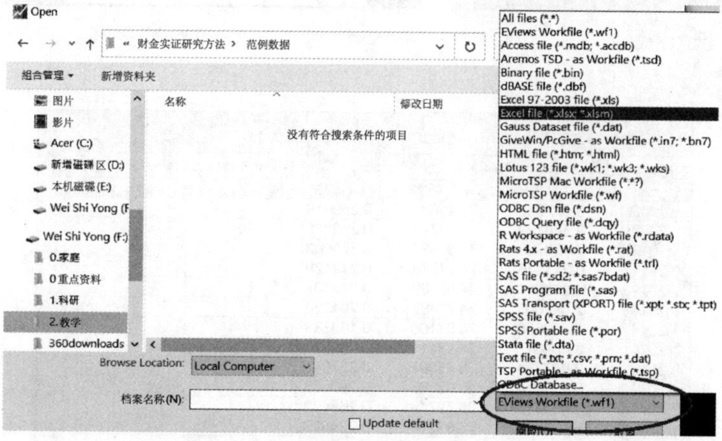

(b)选取档案

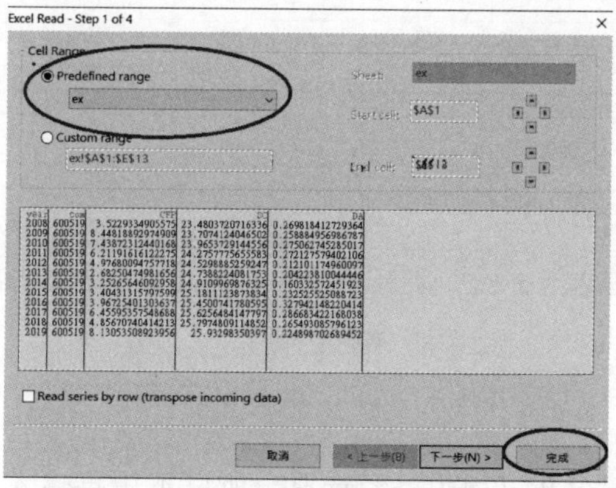

(c)选取工作表

图 1.8（一）　建立档案流程图

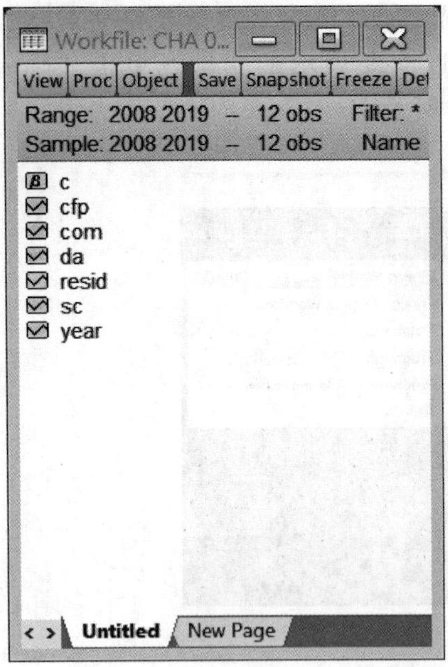

（d）建立完成

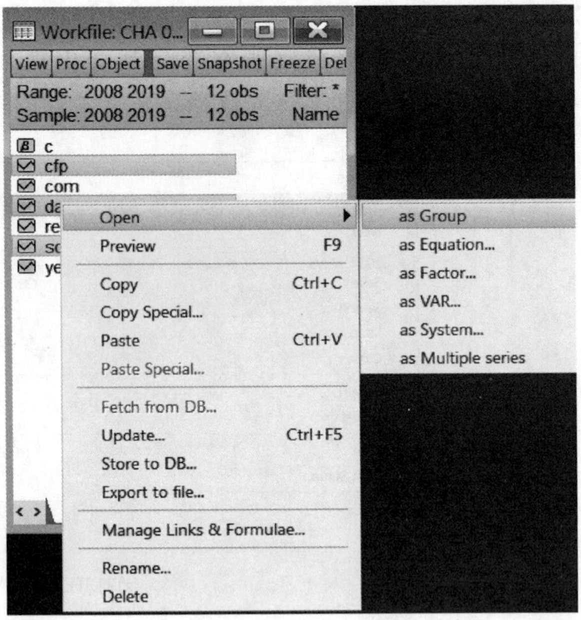

（e）选定展示变量

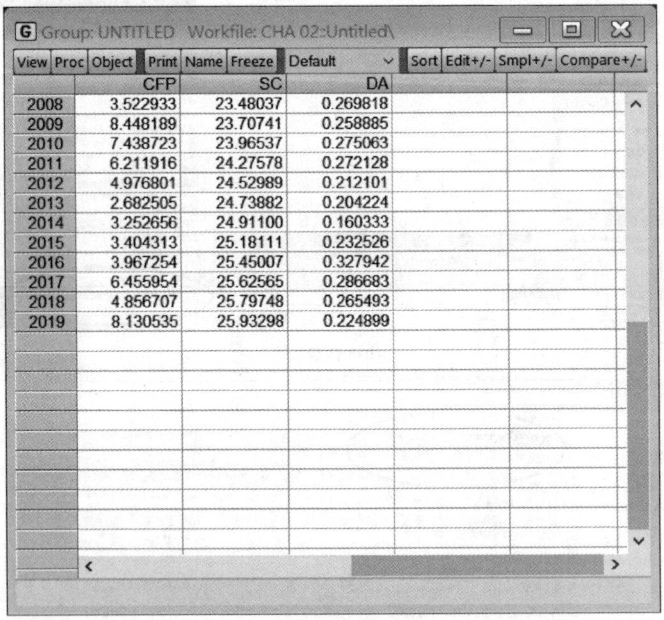

	CFP	SC	DA
2008	3.522933	23.48037	0.269818
2009	8.448189	23.70741	0.258885
2010	7.438723	23.96537	0.275063
2011	6.211916	24.27578	0.272128
2012	4.976801	24.52989	0.212101
2013	2.682505	24.73882	0.204224
2014	3.252656	24.91100	0.160333
2015	3.404313	25.18111	0.232526
2016	3.967254	25.45007	0.327942
2017	6.455954	25.62565	0.286683
2018	4.856707	25.79748	0.265493
2019	8.130535	25.93298	0.224899

（f）数据展示完成

图 1.8（二）　建立档案流程图

（2）进行描述统计量分析（因为已经选取，所以不用再输入）。具体步骤为：事先选定变量→单击“Quick”选项→“Group Statistics”选项→“Descriptive Statistics”选项→“Common sample”选项，如图 1.9 所示。

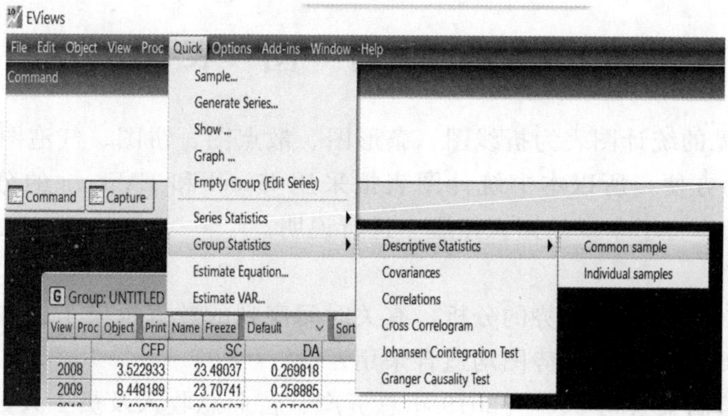

（a）选取指令

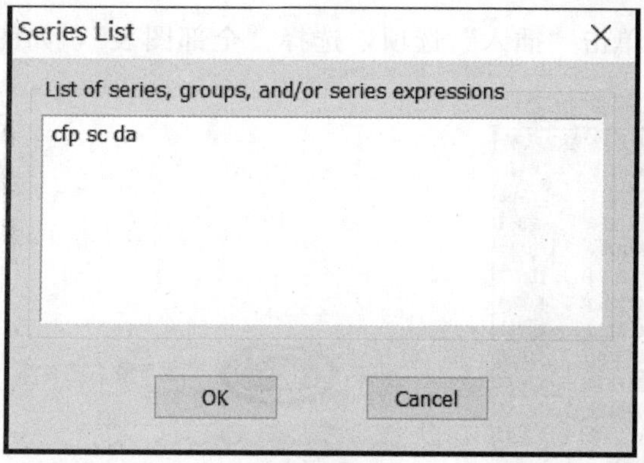

（b）选取变量

图 1.9　描述统计量分析指令流程示意图

（3）描述统计量分析结果（可直接复制到 Excel 再进行数据格式整理），如图 1.10 所示。

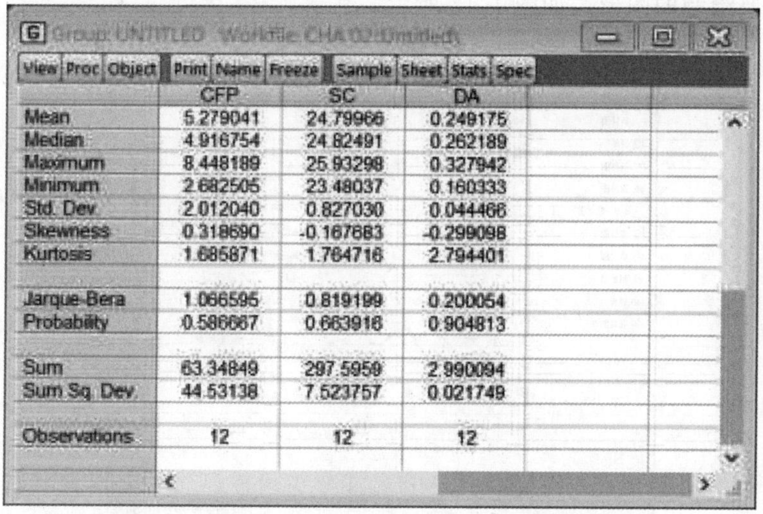

	CFP	SC	DA
Mean	5.279041	24.79966	0.249175
Median	4.916754	24.82491	0.262189
Maximum	8.448189	25.93298	0.327942
Minimum	2.682505	23.48037	0.160333
Std. Dev.	2.012040	0.827030	0.044466
Skewness	0.318690	-0.167683	-0.299098
Kurtosis	1.685871	1.764716	2.794401
Jarque-Bera	1.066595	0.819199	0.200054
Probability	0.586667	0.663916	0.904813
Sum	63.34849	297.5959	2.990094
Sum Sq. Dev.	44.53138	7.523757	0.021749
Observations	12	12	12

图 1.10　描述统计量结果图

1.4　统　计　图　表

一般较为常见的统计图表为折线图、条形图、散点图、饼图、气泡图和分布图。因在 Excel 中绘图较为方便，所以本书统计图表拟采用 Excel 和 EViews 的分布图进行操作。EViews 的绘图操作将于本章的知识拓展中进行说明。

1.4.1　折线图

折线图一般比较适用于趋势的分析，有关时间序列的数据也属于趋势分析。例如，股票股价走势图或财报数据的走势图均适合采用。

【例 1.2】　绘制某公司 2007—2019 年总资产、营业总收入及员工人数折线图。

解：

（1）选取数据后，单击“插入”选项，选择“全部图表”，如图 1.11 所示。

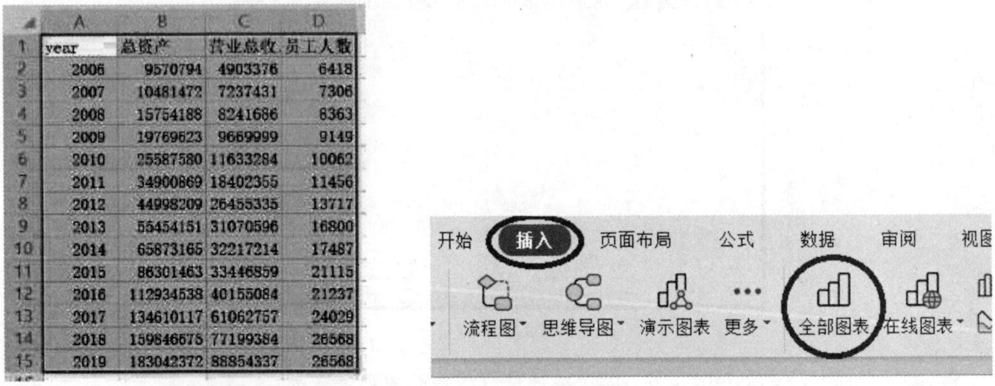

	A	B	C	D
1	year	总资产	营业总收	员工人数
2	2006	9570794	4903376	6418
3	2007	10481472	7237431	7306
4	2008	15754188	8241686	8363
5	2009	19769623	9669999	9149
6	2010	25587580	11633284	10062
7	2011	34900869	18402355	11456
8	2012	44998209	26455335	13717
9	2013	55454151	31070596	16800
10	2014	65873165	32217214	17487
11	2015	86301463	33446859	21115
12	2016	112934538	40155084	21237
13	2017	134610117	61062757	24029
14	2018	159846675	77199384	26568
15	2019	183042372	88854337	26568

（a）选取数据　　　　（b）选取图表

图 1.11　数据选定图

（2）选择要绘制的图形，如图 1.12 所示。

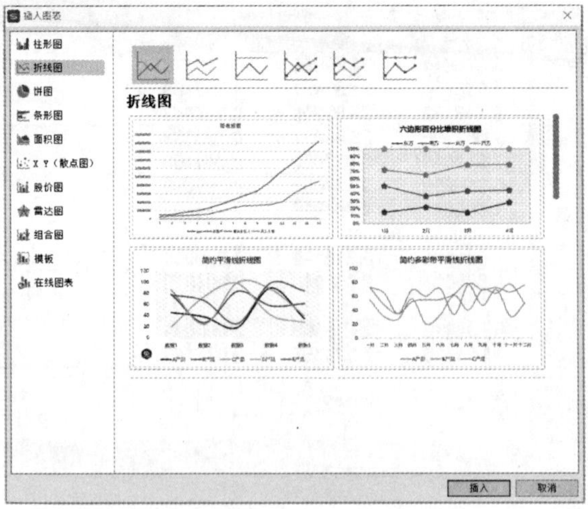

图 1.12　图表综合图

（3）单击“插入”选项，绘制出折线图（图 1.13）。

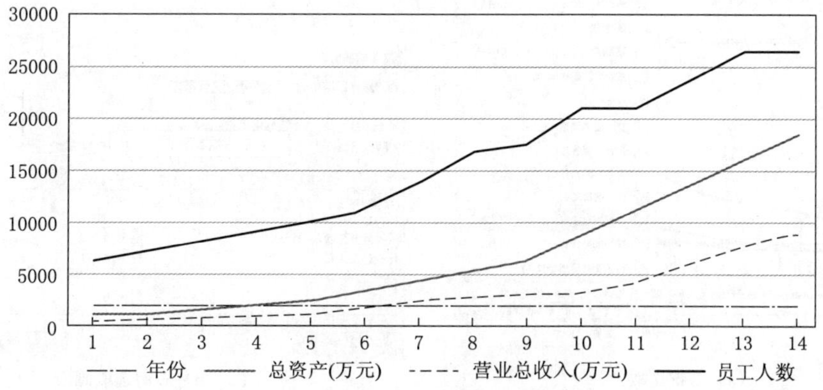

图 1.13 折线图

“年份”的标示因为是数字，所以也被 Excel 自动判断为要画成折线图的数列，并画入图中，可以单击右键进行更改。“图表标题”可更改或删除。

图表的数据可以修改，如图 1.14 所示。

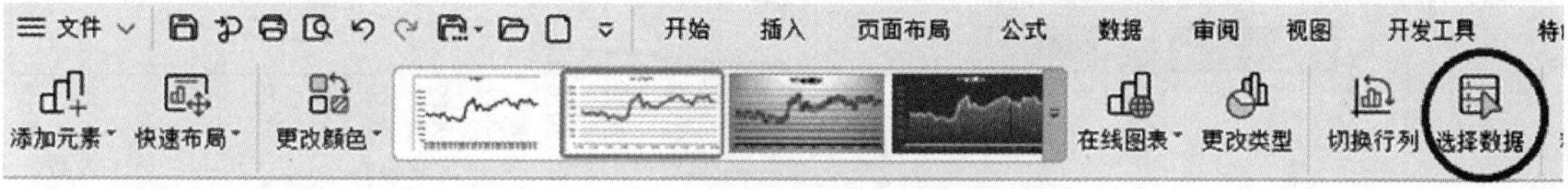

图 1.14 图表数据修改示意图

当然也可以多利用鼠标的右键，修改如图 1.15 所示。

走势图的线都可以美化，本书就不再介绍。

1.4.2 条形图

条形图可以用来比较两个或两个以上的数值（不同时间或者不同条件），绘制条形图时，长条柱或柱组中线须对齐项目刻度。

【例 1.3】 绘制某公司 2007—2019 年总资产、营业总收入及员工人数条形图。

解：

与［例 1.2］作法一样，本例直接从图 1.15 修改，修改示意如图 1.16 所示，条形图如图 1.17 所示。

条形图与柱状图的操作方法基本相似，只是旋转 90°。

【例 1.4】 绘制中证全指 2020 上半年指数及成分股成交值价量关系图。

解：

（1）选取组合图（走势图加柱状图），结果如图 1.18 所示。

（2）对纵坐标、横坐标轴进行修正，如图 1.19～图 1.21 所示。

Excel 自动判断横坐标为时间，所以产生了开盘的时间，建议在画图时，先不要把日期放进去，等画完再进行横坐标的目标数据选取。

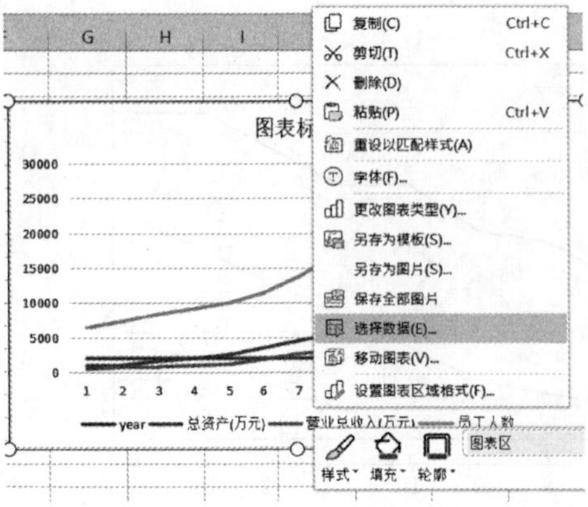

（a）右键选取

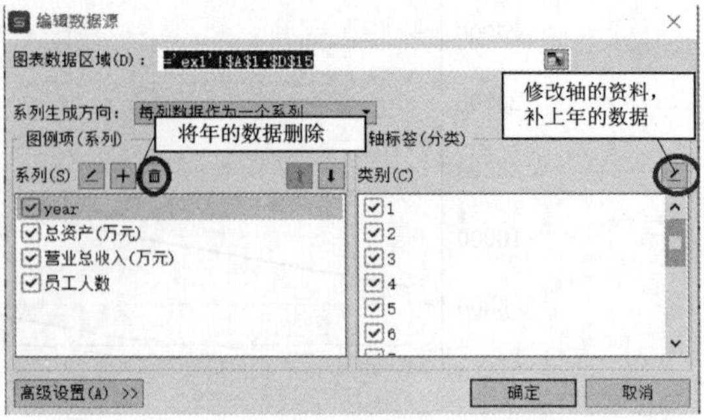

（b）右键选取画面

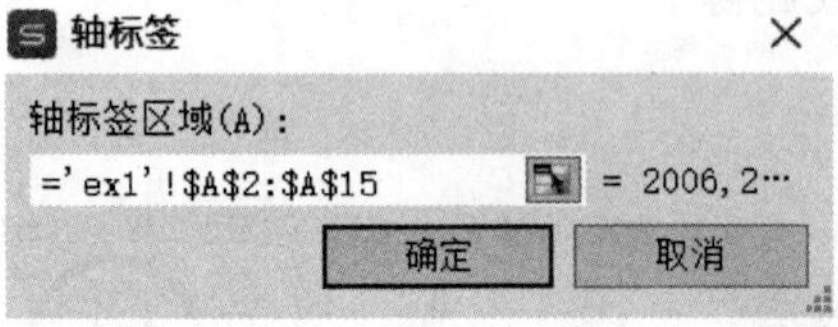

（c）数据选取

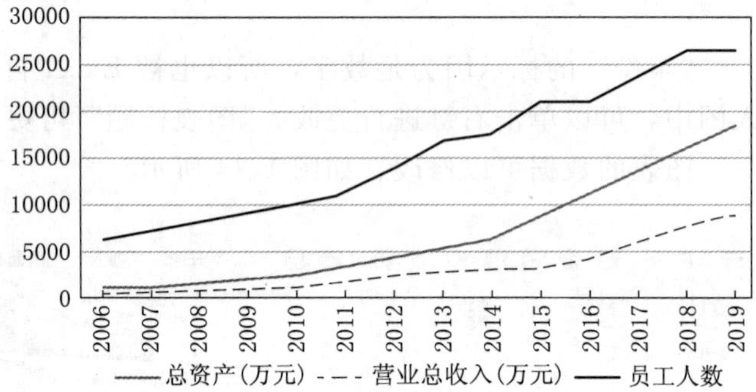

（d）结果

图 1.15　右键修改示意图

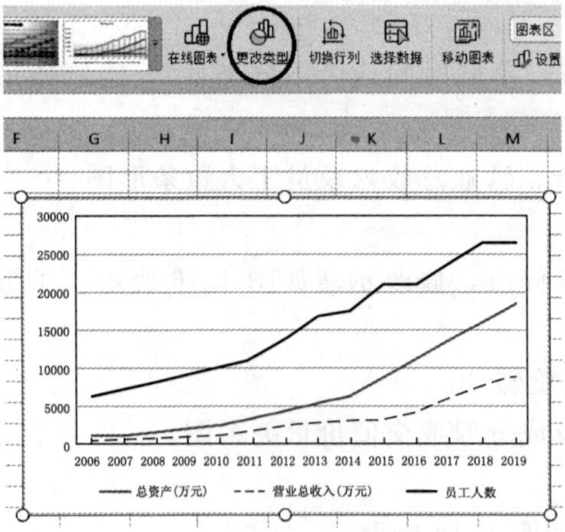

（a）更改类型

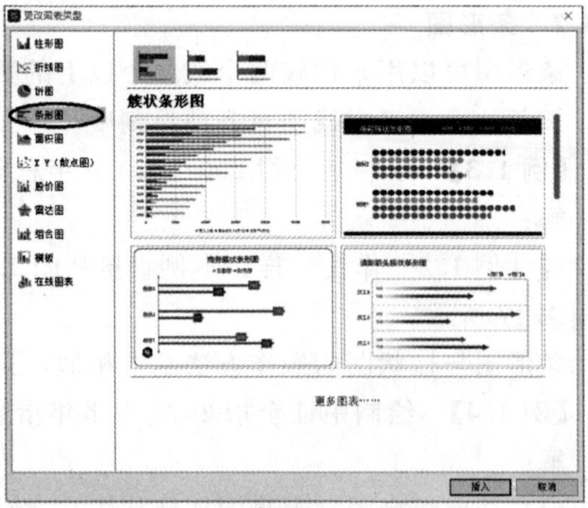

（b）选定要修改的图形

图 1.16　图形修改示意图

在选取数据前，先将日期的格式改为一般数字的格式（如用日期格式，Excel 仍会将开盘的时间放进去）。

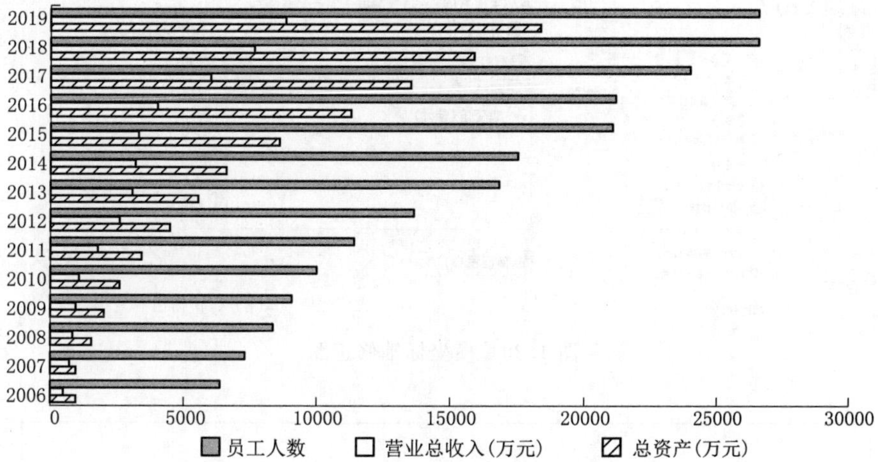

图 1.17　条形图

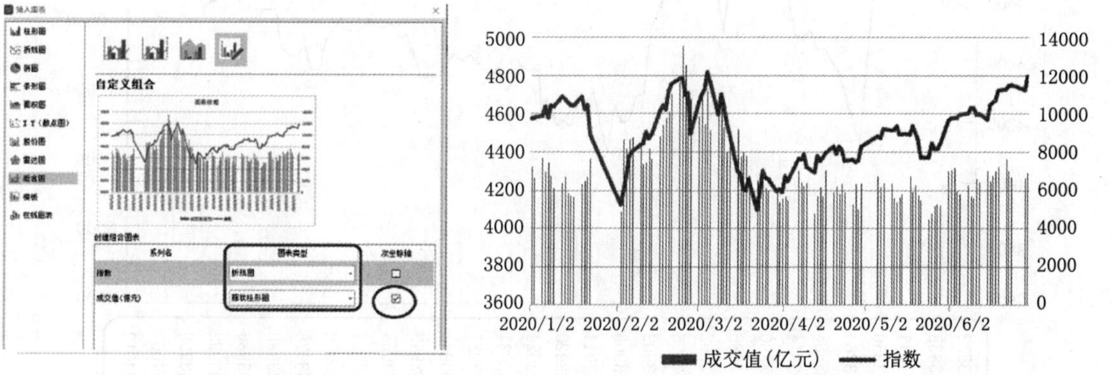

（a）选取组合图　　　　（b）结果

图 1.18　组合图选定图

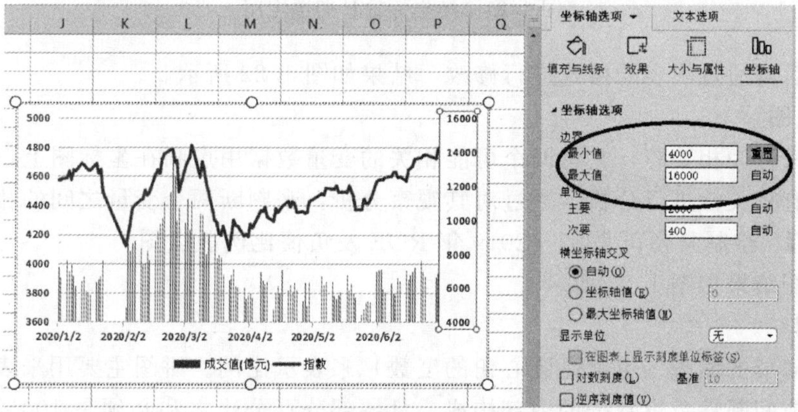

图 1.19　纵坐标轴修正图

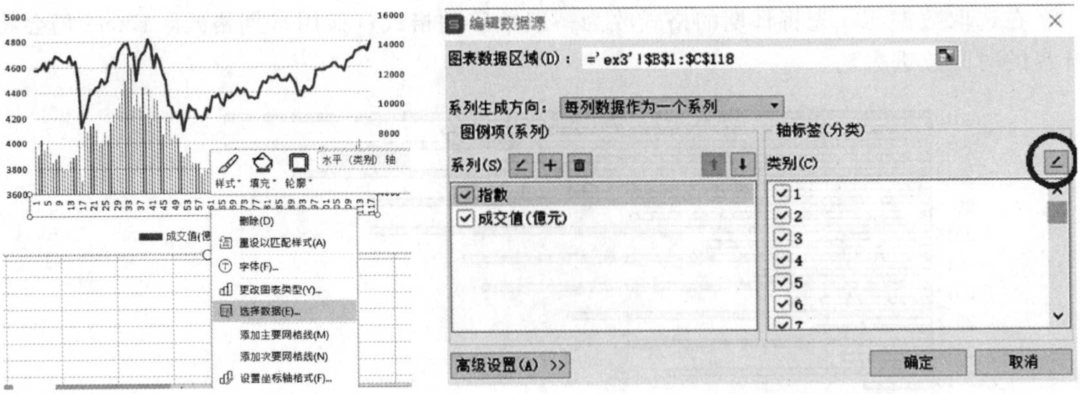

（a）修正指令　　　　　（b）修正窗口

图 1.20　横坐标轴修正图

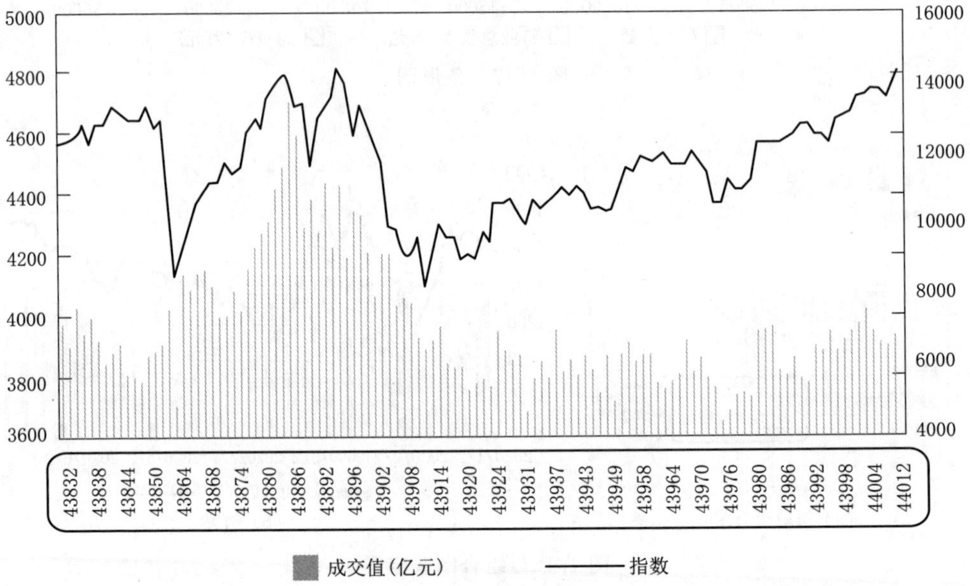

图 1.21　横坐标轴日期选定图

（3）最后再通过图表的格式进行修改，结果如图 1.22 所示。

1.4.3　散点图

散点图又称为相关图，它将两个可能相关的变量数据用点画在坐标图上，对成对的数据之间是否有相关性进行分析。通过对其观察分析，来判断两个变量之间的相关关系。

【例 1.5】 绘制某公司 2007—2019 年 ROE 及负债比例散点图。

解： 绘图结果如图 1.23 所示。

1.4.4　饼图

饼图用扇形的面积（也就是圆心角的度数）来表示比例。饼图主要用来表示组数不多的质量数据或间断性数量数据的内部构成，且各部分百分比之和必须是 100%。饼图可以使企业根据圆中各个扇形面积的大小，来判断某一部分在总体中所占比例的多少。

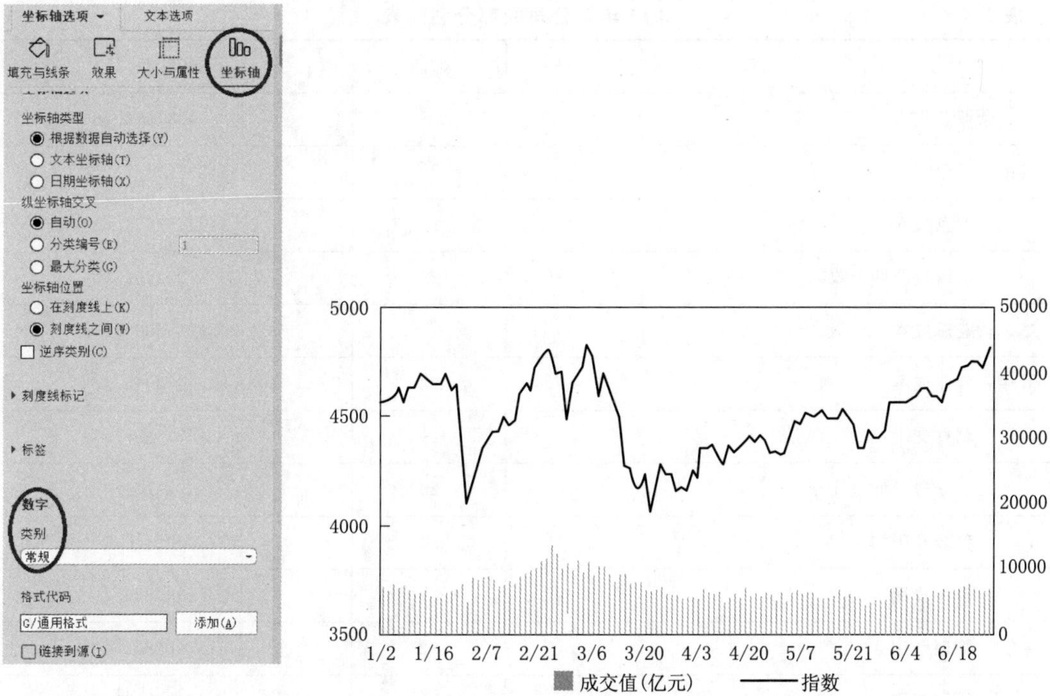

(a) 日期格式化　　　　(b) 结果

图 1.22　组合图结果图

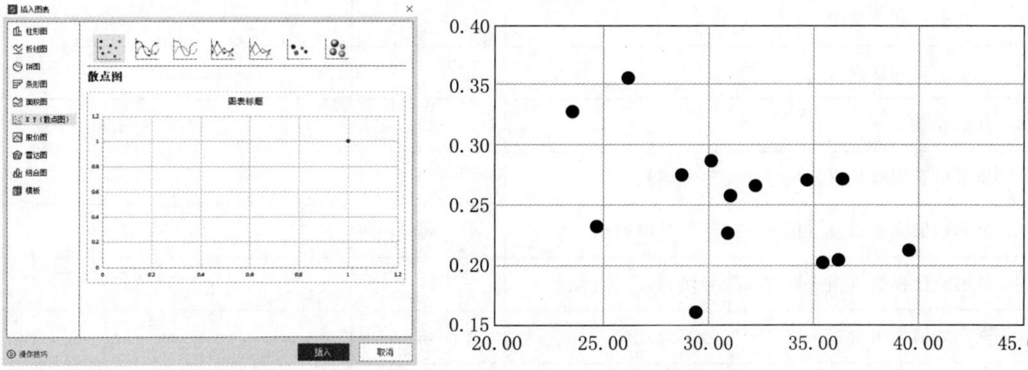

(a) 选定散点图　　　　(b) 结果

图 1.23　散点图示意图

【例 1.6】 公司净利润＝营业收入－营业成本－营业费用＋所得税＋营业外收入，所以公司的营业总收入＝营业收入＋营业外收入＝营业成本＋营业费用＋所得税＋营业外支出＋净利润，而营业费用一般指三大费用（管理费用、销售费用、财务费用）和税金及附加和其他费用，试将 2019 年某公司营业总收入分解为成本、费用和利润的饼图，并将营业费用拆解成上述的小费用。

解：

(1) 根据 2019 年某公司的部分利润表（表 1.4），将其分为［例 1.6］中要求的各项科目，见表 1.5。

表 1.4　　2019 年某公司的部分利润表

项　　目	附注	利润/元
一、营业总收入		88854337488.76
其中：营业收入	28	85429573467.25
利息收入	29	3424471568.68
手续费及佣金收入	29	292452.83
二、营业总成本		29812253033.37
其中：营业成本	28	7430013945.12
利息支出	29	145752825.87
手续费及佣金支出	29	73178.40
税金及附加	30	12733292400.79
销售费用	31	3278990982.26
管理费用	32	6167982844.22
研发费用	33	48688841.05
财务费用	34	7458015.66
其中：利息费用		
利息收入		20667205.74
加：其他收益	35	18768906.58
净敞口套期收益（损失以“－”号填列）		
公允价值变动收益（损失以“－”号填列）	36	－14018472.46
信用减值损失（损失以“－”号填列）	37	－5313489.80
资产减值损失（损失以“－”号填列）	38	
资产处置收益（损失以“－”号填列）	39	－32123.57
三、营业利润（亏损以“－”号填列）		59041489276.14
加：营业外收入	40	9454451.03
减：营业外支出	41	268391929.45
四、利润总额（亏损总额以“－”号填列）		58782551797.72
减：所得税费用	42	14812551005.21
五、净利润（净亏损以“－”号填列）		43970000792.51

数据来源：www.sse.com.cn。

表 1.5　　　　　某公司的收入、成本、费用及利润表　　　　　单位：亿元

收　入		成本、费用及利润	
营业内收入	888.54	营业成本	74.30
营业外收入	0.09	营业费用	223.83
		营业外支出	2.68
		所得税	148.13
		净利润	439.70
总和	888.64	总和	888.64

饼图示意图如图 1.24 所示。

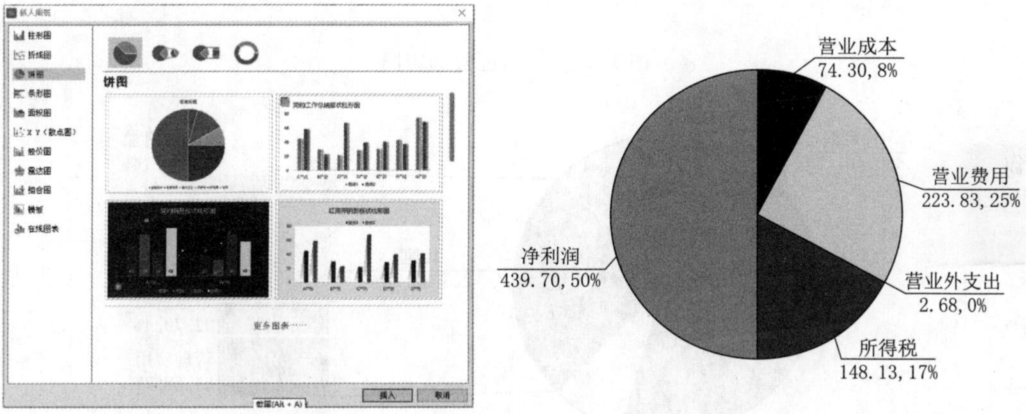

（a）选定饼图　　　　　　　　（b）结果

图 1.24　饼图示意图（单位：亿元）

（2）将科目进行细分，并把细分的科目列在下方（表 1.6）。

饼图进阶示意图如图 1.25 所示。

表 1.6　科目细分表

科目	费用/亿元
营业成本	74.30
营业外支出	2.68
所得税	148.13
净利润	439.70
销售费用	32.79
管理费用	61.68
财务费用	1.53
营业税金	127.33
其他费用	0.49

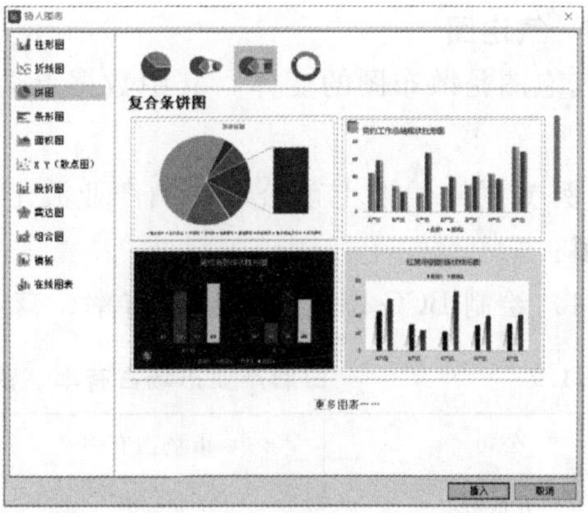

图 1.25　饼图进阶示意图

（3）对格式进行修改，饼图进阶选定图如图 1.26 所示。

（4）另外，图右边的分割处理则是在“系列”的“系列分割依据”选择“位置”，但必须把要分割的数据放在最下面（Excel 内定值为 3 个），结果如图 1.27 所示。

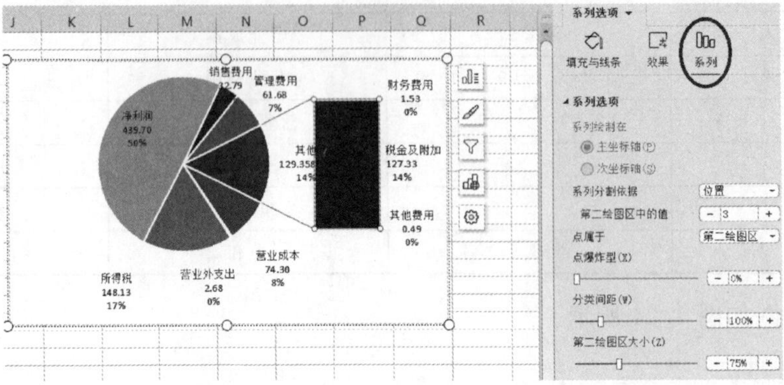

图 1.26　饼图进阶选定图

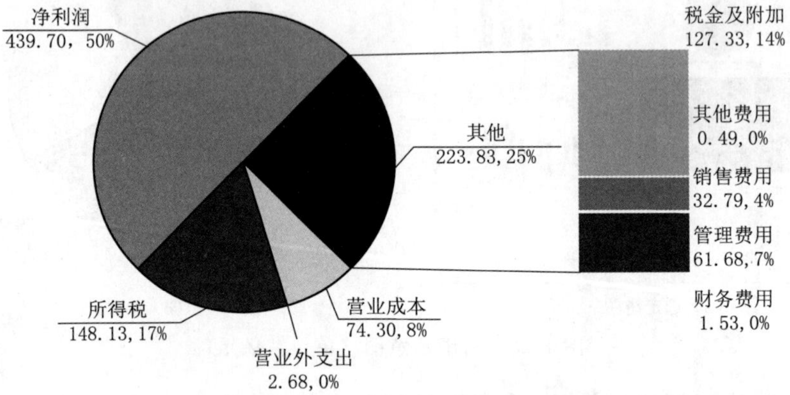

图 1.27　饼图进阶结果图（单位：亿元）

1.4.5　气泡图

气泡图是散布图的变体，其中数据点会取代为气泡，其他数据维度则会以气泡大小来呈现。

【例 1.7】 绘制上市公司白酒产业波士顿矩阵（BCG）分析图。

解：

（1）绘制 BCG 图需要市场占有率、营业收入增长率及营业收入等数据，见表 1.7。

表 1.7　　白酒产业市场占有率、营业收入增长率及营业收入表

公司	市场占有率	营业收入增长率	营业收入/亿元
五粮液	34.36	23.25	1180
贵州茅台	24.85	−20.19	853
洋河股份	10.97	1.14	377
泸州老窖	6.85	22.68	235

续表

公司	市场占有率	营业收入增长率	营业收入/亿元
顺鑫农业	4.93	12.60	169
古井贡酒	4.67	21.28	160
山西汾酒	3.42	−17.90	117
老白干酒	1.63	21.57	56
今世缘	1.41	30.78	48
口子窖	1.34	9.37	46
水井坊	1.03	25.71	35
迎驾贡酒	1.02	8.77	35
舍得酒业	0.97	24.10	33
伊力特	0.66	11.46	23
酒鬼酒	0.64	29.65	22
青青稞酒	0.51	−12.97	18
金徽酒	0.47	10.63	16
金种子酒	0.24	−7.10	8

（2）气泡图图形选定 XY（散点图），如图 1.28 所示。

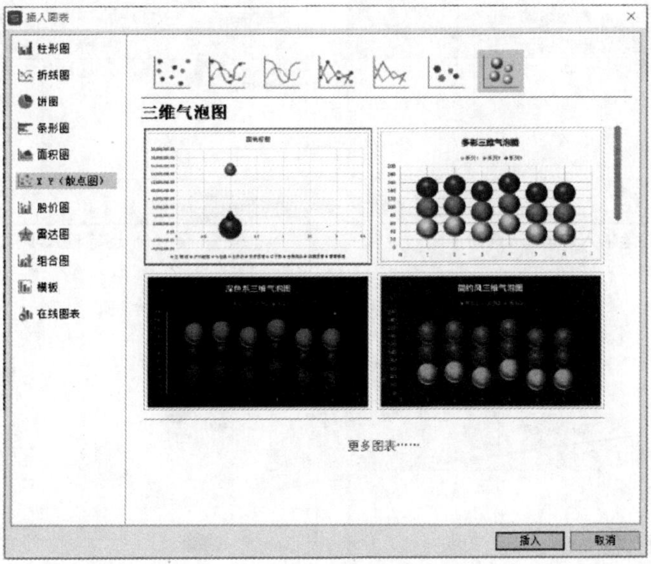

图 1.28 气泡图图形选定图

（3）气泡图的数据必须重新输入，需先将所有数据删除，再新建数据，制作流程如图 1.29 所示。

（4）对气泡图进行美化，其过程如图 1.30 所示。

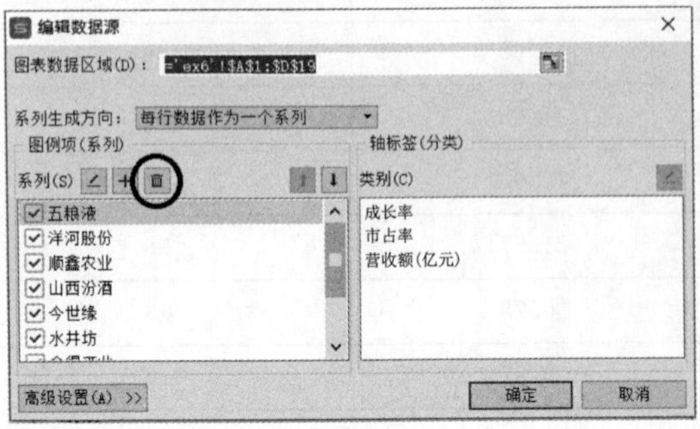

（a）删除内定数据

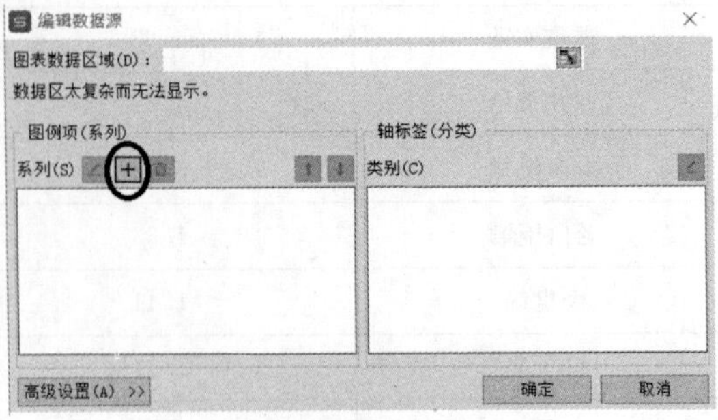

（b）全部数据删除示意图

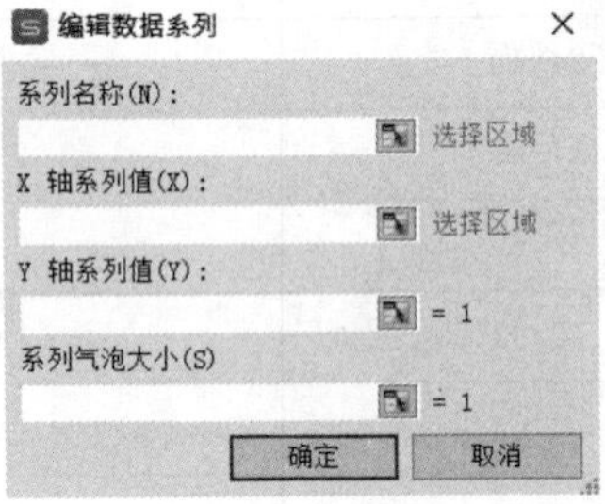

（c）新建数据

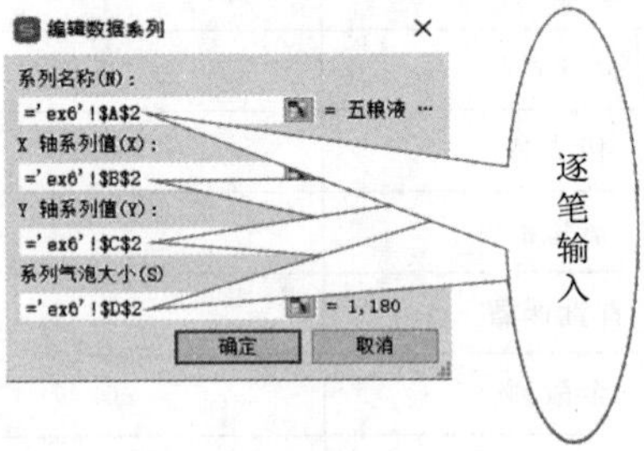

（d）逐笔输入步骤1示意图

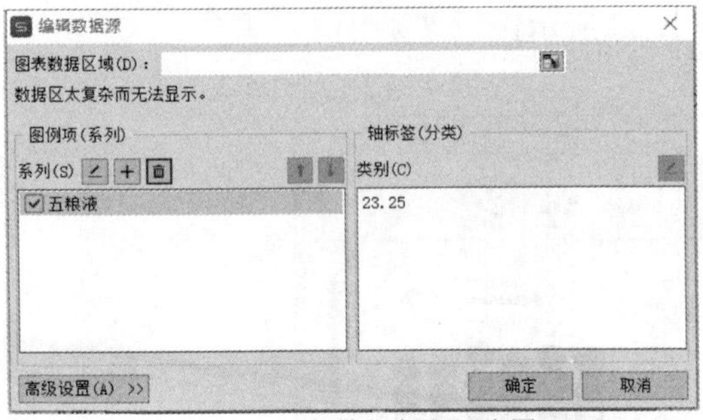

（e）逐笔输入步骤2示意图

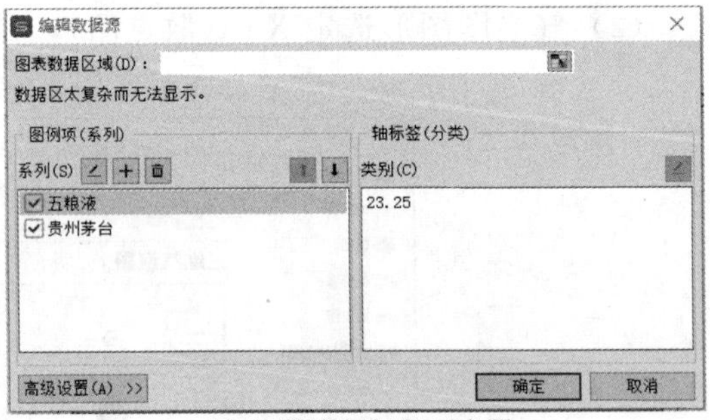

（f）逐笔输入步骤3示意图

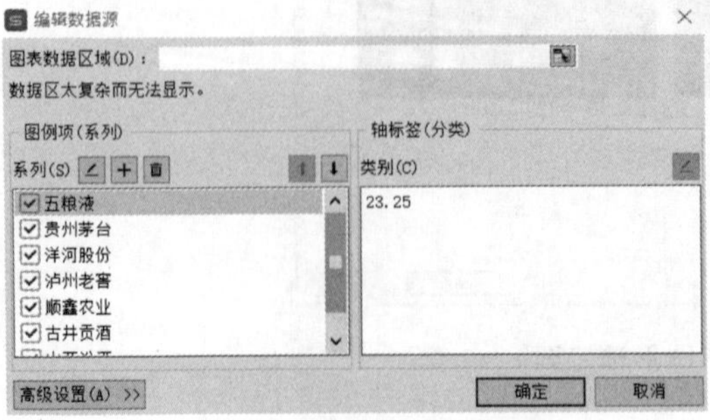

（g）逐笔输入步骤4示意图

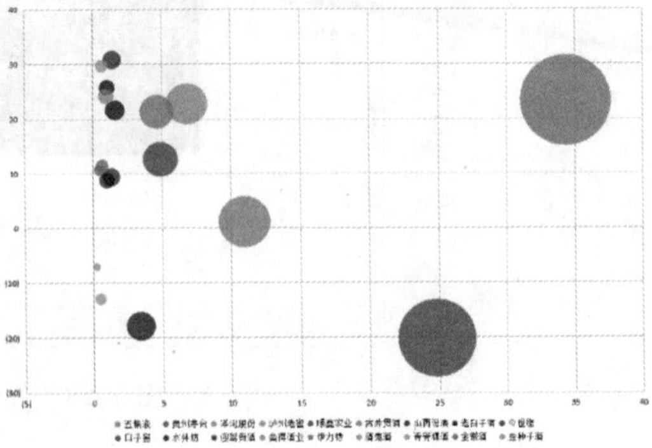

（h）结果草图

图 1.29　气泡图制作流程图

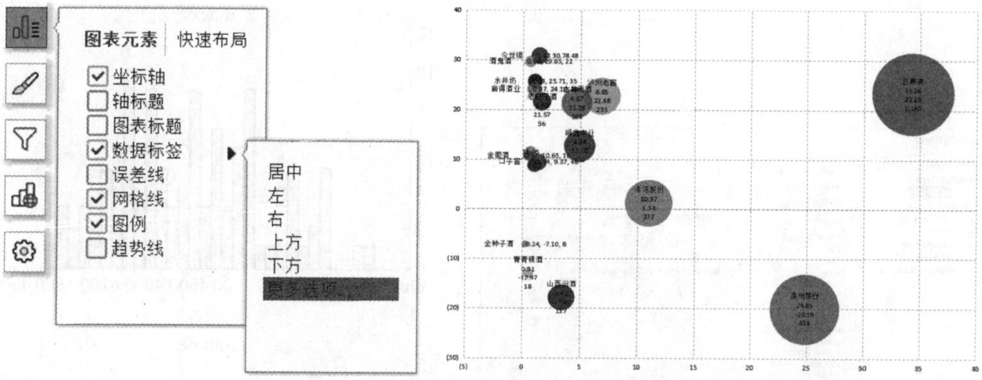

(a) 美化指令 (b) 结果

图 1.30 气泡图美化流程示意图

从图 1.30 可以发现，1 家公司在“明星区”（五粮液），1 家公司在“金牛区”（贵州茅台），3 家公司在“瘦狗区”，大部分公司都在“问题区”，这显示 2019 年白酒的竞争非常激烈，导致各家白酒公司花费非常大，但却没得到相应的收益。

1.4.6 分布图

分布图将用 EViews 进行绘制，操作方便。

【例 1.8】 绘制 2020 年上半年指数及成分股成交价分布图。

解：

(1) 用 EViews 打开 Excel 并选取要画图的文档，如图 1.31 所示。

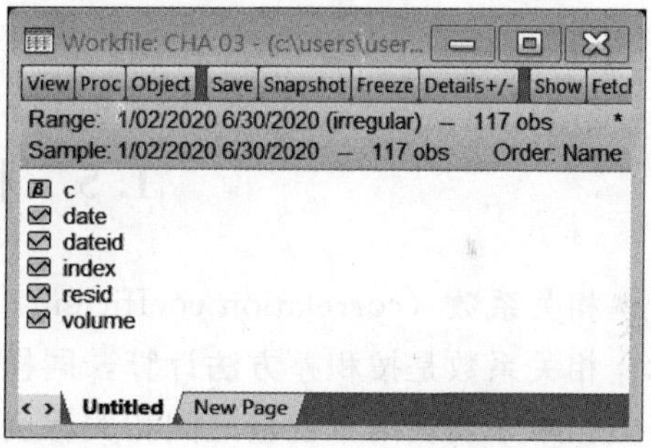

图 1.31 建立 EViews 文档示意图

(2) 用 EViews 进行绘图，单击“Quick”选项下的“Graph...”选项，输入变量（可提前选好），如图 1.32 所示。

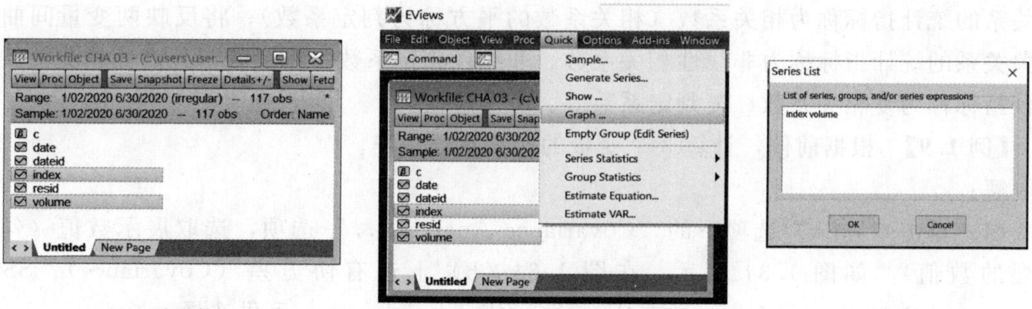

(a) 选取数据 (b) EViews 绘图指令选取 (c) 输入要绘制的变量

图 1.32 EViews 绘图示意图

(3) 选择要绘制的图形，如图 1.33 所示。指数及成交量为时间序列，则易存在单根问题，需进一步处理才能做分析，可在第 6 章了解处理过程。分布图的优点是可以很清楚地看出极端值并进行处理。

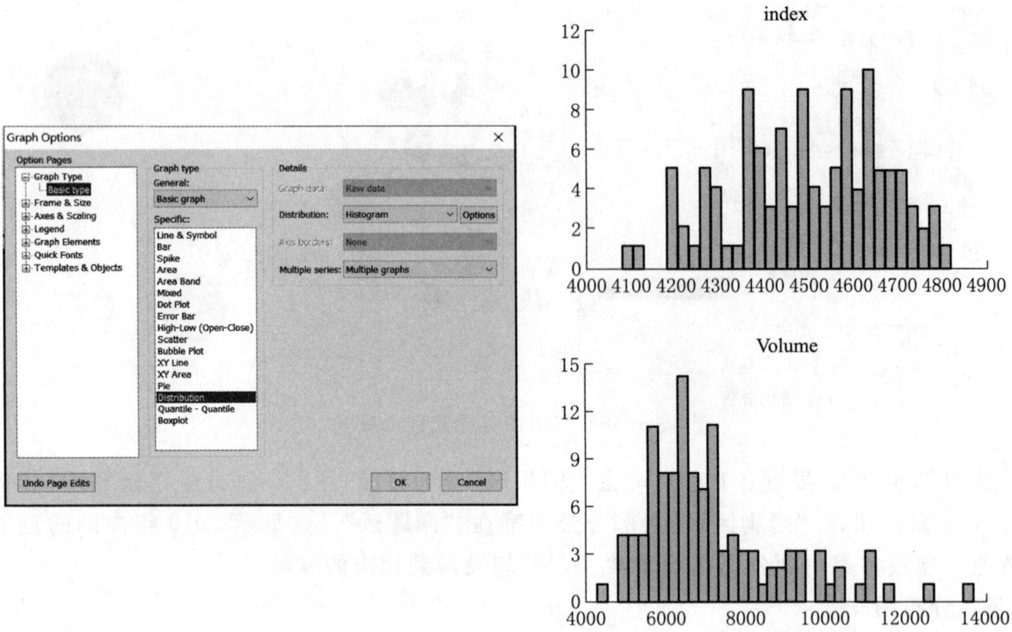

(a) 指令选取　　　　(b) 结果图

图 1.33　分布图示意图

1.5 相 关 系 数

相关系数（correlation coefficient）是用以反映变量之间相关关系密切程度的统计指标。相关系数是按积差方法计算，同样以两个变量与各自平均值的离差为基础，通过两个离差相乘来反映两个变量之间相关程度，着重研究线性的单相关系数。

依据相关现象之间的不同特征，其统计指标的名称有所不同。将反映两变量间线性相关关系的统计指标称为相关系数（相关系数的平方称为判定系数）；将反映两变量间曲线相关关系的统计指标称为非线性相关系数、非线性判定系数；将反映多元线性相关关系的统计指标称为复相关系数、复判定系数等。

【例 1.9】 根据前例，计算 3 个变量的相关系数矩阵。

解：

(1) 单击“View”选项下的“Covariance Analysis...”选项，选取展示数值（勾选需要的数值），如图 1.34 所示。在图 1.34（b）上还有协方差（Covariance）、SSCP（Sum - of - Squares and Cross - products）、t 值（t - statistic）可供选择。

(2) 单击“OK”键后，出现如图 1.35 所示的界面。

从图 1.35 可以看到，第一排为相关系数（Correlation），第二排为 p 值（Probability）。

相关系数的值介于 -1 与 $+1$ 之间，即 $-1\leqslant r\leqslant +1$。其性质如下：

(1) 当 $r>0$ 时，表示两变量正相关；$r<0$ 时，两变量为负相关。

(2) 当 $|r|=1$ 时，表示两变量为完全线性相关，即为函数关系。

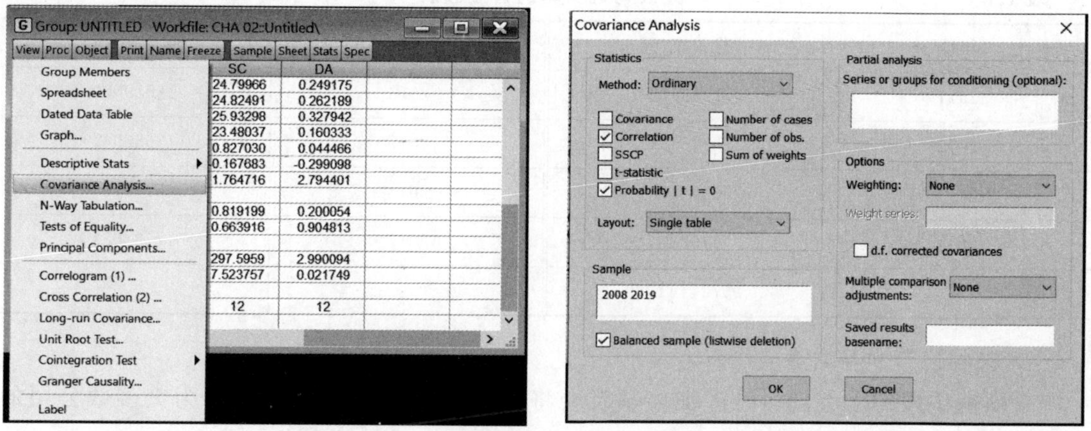

（a）指令选取　　　　（b）选取展示数值

图 1.34　相关系数矩阵指令图

（3）当 $r=0$ 时，表示两变量没有线性相关关系。

（4）当 $0<|r|<1$ 时，表示两变量存在一定程度的线性相关。且 $|r|$ 越接近 1，两变量间线性关系越密切；$|r|$ 越接近于 0，表示两变量的线性相关越弱。

一般可按三级划分：$|r|<0.4$ 为低度线性相关；$0.4\leqslant|r|<0.7$ 为显著性相关；$0.7\leqslant|r|<1$ 为高度线性相关。

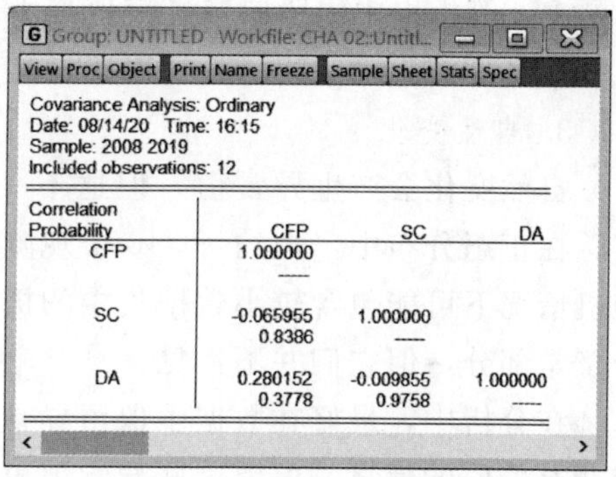

图 1.35　相关系数矩阵图

1.6 异 常 值

异常值是远离其他数据点的数据点。换句话说，它们是由一个数据集中度不同的异常的值组成的。异常值会使许多统计分析结果出现问题（统计问题）或不符合实际状况（经济问题），因为它可能让我们错过显著发现或扭曲实际结果。不幸的是，现在还没有严格的统计规则可以明确地识别异常值。

异常值的出现通常源于三个原因：数据输入错误（或测量误差）、采样问题和异常条件、自然变化。

1. 数据输入错误（或测量误差）

在数据输入期间，拼写错误会产生异常的值。

从表 1.8 可以看出，96724141229 显然是一个异常值，而且是一个不可能存在的高度值。如确定它是异常值，则应更正该值。可能是测量或输入错误所致，可先纠正错误，如果无法修复，则应删除该数据点。

表 1.8 某公司近 9 年的营业额表

年份	营业额/元	年份	营业额/元
2011	7253615	2016	16879509
2012	8128451	2017	13666947
2013	8518374	2018	15742794
2014	9102337	2019	17783082
2015	96724141229		

2. 采样问题和异常条件

在研究中国的上市公司时，很多学者会将 ST 和 * ST 股票删除，因为大多数公司的 ST 股票的公司经营甚至公开的年报可能存在问题。过去有很多学者研究 Fama - French 三因子模型在中国是否适用，结果出现异常状况，直到 Liu 等将中国股市中市值最小的 30％的上市公司删除后，发现 Fama - French 三因子模型也适用于中国股票市场，主要原因是 Liu 等指出中国股票市场市值最小的上市公司受到壳价值污染的严重影响，造成资产定价模型不能正确反映。上述属于异常条件和采样过程所造成的问题。

3. 自然变化

自然变化会产生异常值，但这不一定是个问题。如果样本足够大，则一定会有异常值。在正态分布中，大约每 340 个观测值中至少有 1 个与均值相差 3 个标准偏差。但是，随机情况下可能包含较小数据集中的极端值。这些数据点没有问题，它们是数据分布的一个正常部分，但它们并不常见。

在分析中，最好在数据中保留异常值，这些信息是研究领域的一部分，因为它们可以捕获有价值的信息。保留这些异常值可能很难，尤其是当它降低了统计意义时。然而，仅仅由于极端性而排除极端值，会导致删除关于研究领域固有的变异信息进而扭曲研究结果。在考虑是否删除异常值时，需要评估它是否适当地反映了目标总体、主题领域、研究问题和研究方法，以及在测量这些观测值时是否发生了异常情况，是否发生测量或数据输入错误。

查找异常值取决于对主题领域的知识和数据收集过程的理解。即使没有可靠的数学定义，但有一些准则和统计检验可用于查找可能的异常值。异常值是一个简单的概念，它是与其他数据点明显不同的值，它可能会在统计过程中产生问题，发生错误，并影响结果。因此异常值的处理相当重要，前面已谈到，取自然对数是解决异常值的做法，但也不能完全解决，所以发现异常值对于实证分析而言是首要的工作。可从以下 4 个方面查找异常值：

（1）对数据表进行排序来找出异常值。对数据表进行排序是找出异常值的一种简单而有效的方法。只需对每个数据表的变量进行排序，然后查找异常高或低的值。例如，若按升序对数据集进行排序，则可以看出最高值与其他值明显不同。虽然这种方法没有量化异常值的异常程度，但可以发现异常高的值或异常低的值。

（2）绘制数据图形以识别异常值。箱型图、条形图和散布图可以突出显示异常值。箱型图通过在图形上显示星号或其他符号来明确地指示数据集何处包含异常值。

(3) 使用 Z 分数检测异常。Z 分数可以量化正态分布数据集中观测值的异常性。Z 分数的值表示每个高于和低于平均值的值对应的标准差的数量。例如，一个值为 2 的 Z 分数表示 1 个观测值比平均值高 2 个标准差，而值为−2 的 Z 分数表示其比平均值低 2 个标准差。Z 分数为 0 表示其等于平均值。要计算观测值的 Z 分数，需要减去平均值并除以标准差。观察值的 Z 分数离 0 越远，就越异常。查找异常值的标准差临界值为+/−3 的 Z 分数，或距离 0 更远。不过异常值的存在会使 Z 分数变化，因为它会使平均值和标准差变大，所以处理过程可能会增加步骤。

(4) 使用分位数区间创建异常值界限。可使用四分位数区间（IQR）、多个四分位数值和一个调整因子来计算构成次要值和主要异常值的边界。相对于总体分布值的次要值，主要的异常值更极端，可分为轻度异常值和极端异常值。IQR 是数据集的中间 50%，它是第三个四分位数和第一个四分位数（Q3＝Q1）之间的值的范围。可以采用 IQR、Q1 和 Q3 值来计算数据集以下异常值范围界限：下外层（Q1 - 3IQR）、下内层（Q1 - 1.5IQR）、上内层（Q3＋1.5IQR）和上外层（Q3＋3IQR）。通过这 4 个数据来确定数列中是否含有异常值以及这些异常值是轻度的还是极端的。而落在两个内部界限内的值不是异常值。定量方法中，这个方法应是首选方法。

【本章重点与财务应用的专有名词】

描述统计量

相关系数

被解释变量、解释变量、控制变量、中介变量、调节变量、虚拟变量、代理变量、工具变量

【上机练习】

1. 计算白酒产业（档案：cah02，工作表：homework1）的公司绩效、公司规模、负债比例描述统计量及相关系数矩阵。

2. 绘制白酒产业（档案：cah02，工作表：homework）的公司绩效、公司规模、负债比例每年平均值的走势图。

3. 根据文件（档案：cah02，工作表：homework2）提供的数值（2019 年 12 月平均 Tobin's 值）绘制出一般数值和取自然对数的分布图。

知　识　拓　展

1. 一般数值与自然对数的比较

分析 2017—2019 年上市公司的 Tobin's Q 值，取一般数值与自然对数进行比较，如图 1.36 所示。

由图 1.36 可以发现，取自然对数后更加有利于分析（更接近正态分布，且异常值的影响变小了）。

2. EViews 绘图的相关指令

在 EViews 主选单中单击“Quick”选项，选择“Graph...”功能项，如图 1.37 所

示。出现对话框后，直接输入变量名称后单击“OK”键，如图 1.38 所示。

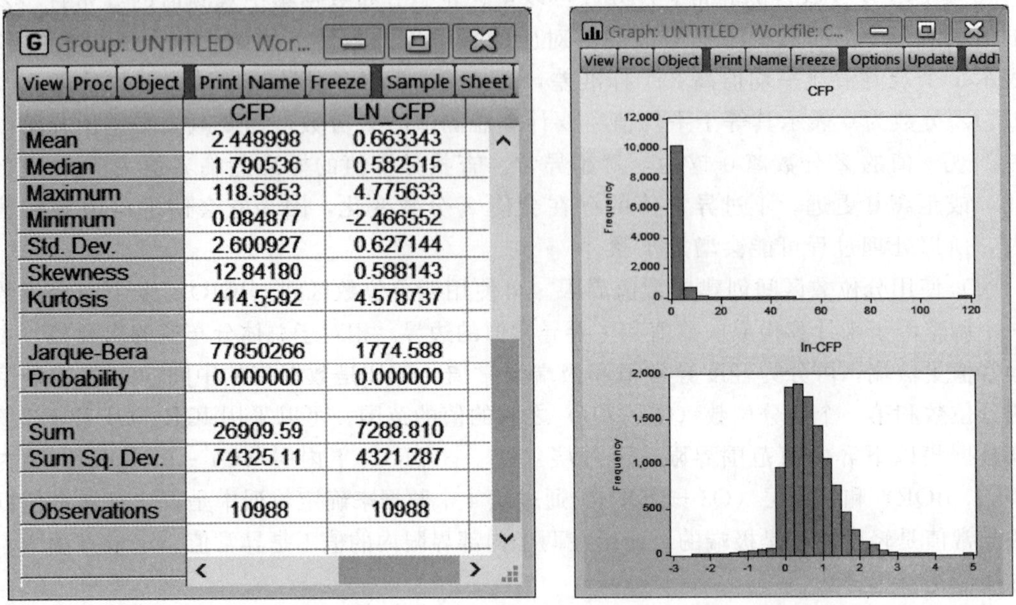

	CFP	LN_CFP
Mean	2.448998	0.663343
Median	1.790536	0.582515
Maximum	118.5853	4.775633
Minimum	0.084877	-2.466552
Std. Dev.	2.600927	0.627144
Skewness	12.84180	0.588143
Kurtosis	414.5592	4.578737
Jarque-Bera	77850266	1774.588
Probability	0.000000	0.000000
Sum	26909.59	7288.810
Sum Sq. Dev.	74325.11	4321.287
Observations	10988	10988

（a）描述统计量　　（b）分布图

图 1.36 一般数值与自然对数分布比较图

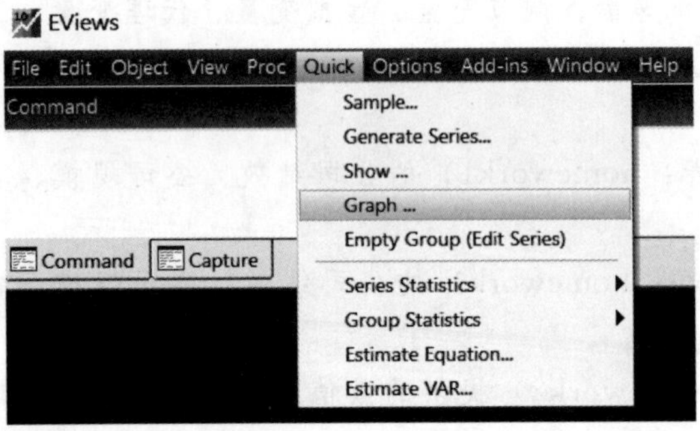

图 1.37 “Quick”选项示意图

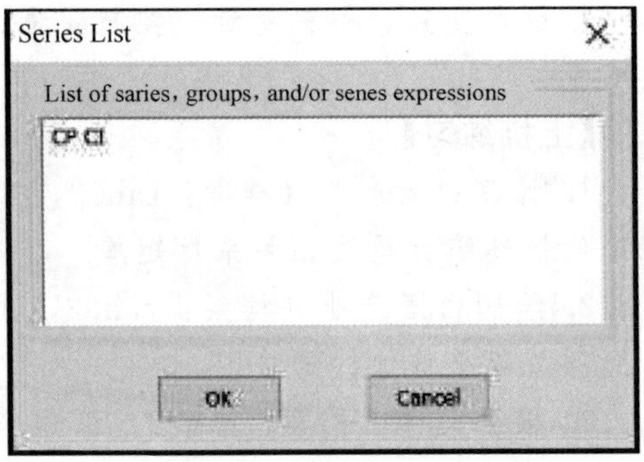

图 1.38 对话框图

出现 Graph Options（图形选择）对话框分别有 Option Pages（选择框）、Graph Type（图形种类）和 Details 选项组，如图 1.39 所示。

Option Pages（选择框）的默认位置是 Graph Type（图形种类）的 Basic type（基本图形），EViews 提供选择图形种类及修饰图形的对话框。Option Pages 共有 7 项选择，分别是 Graph Type（图形种类）、Frame & Size（图框和尺寸）、Axes & Scaling（轴和刻度）、Legend（图例）、Graph Elements（图素）、Quick Fonts（快格式）和 Templates & Objects（模板与对象），如图 1.40 所示。其中，Graph Type（图形种类）、Axes & Scaling（轴和刻度）和 Graph Elements（图素）是使用最频繁的 3 项。

Graph Type（图形种类）的选择框。General（基本设定）：用于选择进行 Basic

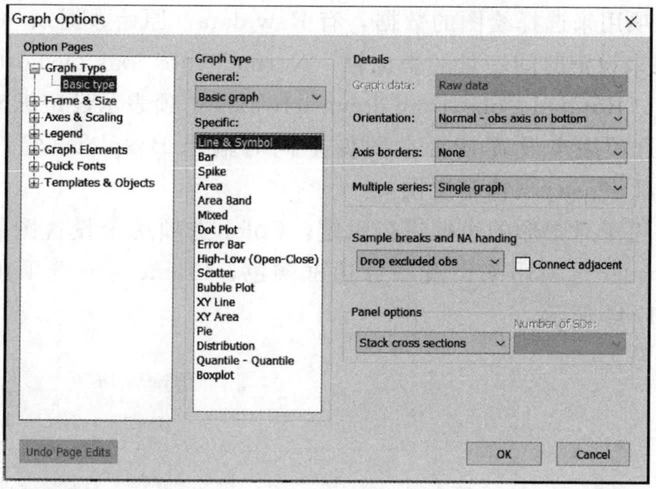

图 1.39 图形选择对话框

graph（基本绘图）或 Categorical graph（分类绘图）。Specific 选择框中共有十几种图形可供选择，其中 Line & Symbol（线点图）、Bar（条形图）、Spike（堆线图）、Area（面积图）、Distribution（分布图）、Quantile - Quantile（分位数对比图）和 Boxplot（箱图）属于单变量，其他则可画双变量的图形等。Specific（设定）选择框中的默认选项是 Line & Symbol（折线与符号图），如图 1.41 所示。

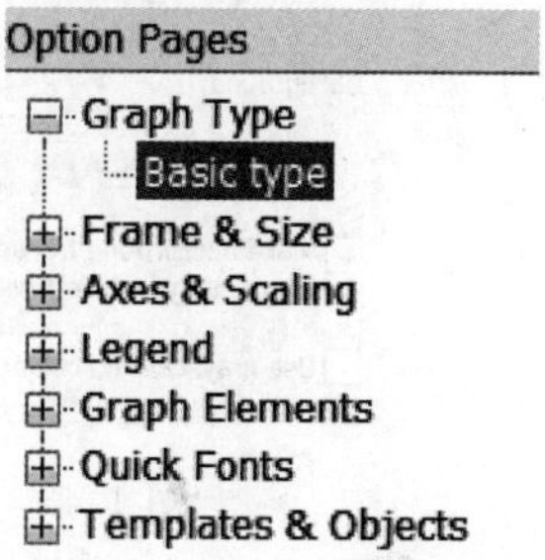

图 1.40 图形选择框

一般统计图表以 Distribution（分布图）表示。EViews 有更详尽的绘图，此处就不再说明。

Details 选项组用于对绘图数据、坐标轴的设定，如图 1.42 所示。

图 1.41 图形种类选择框

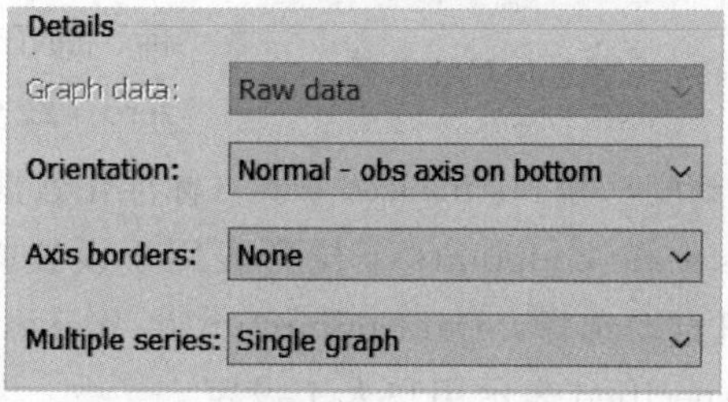

图 1.42 绘图数据、坐标轴设定框

Graph data 选项用来选择绘图的数据，有 Raw data（原始数据）、Means（均值）等。

Orientation 用来设定时间变量的坐标轴，Normal - obs axis on bottom 选项表示设定横坐标为时间变量，Rotated - obs/time down left axis 选项表示设定纵坐标为时间变量。

Axis borders 选项用来设置是否在图像上同时输出 Boxplot（箱线图）、Histogram（直方图）及 Kernel density（核密度图）。

Frame 选项卡用于对图形的边框进行设定，Color 选项用于设置图像的颜色及背景填充颜色，Frame border 选项用来设置图像边框颜色，Frame size 选项用来设置图像的长宽，如图 1.43 和 1.44 所示。

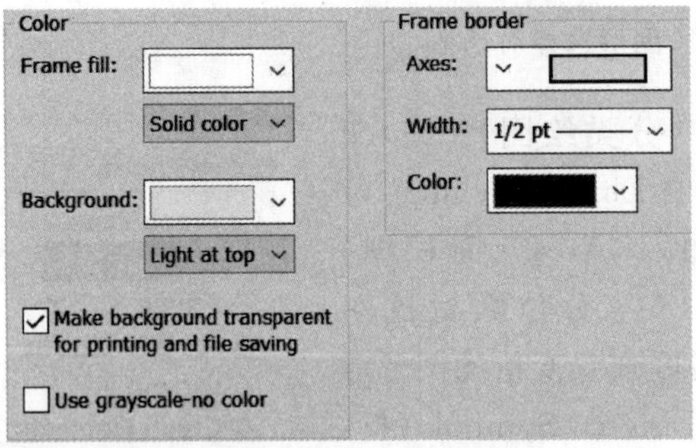

图 1.43　图形的边框设定框

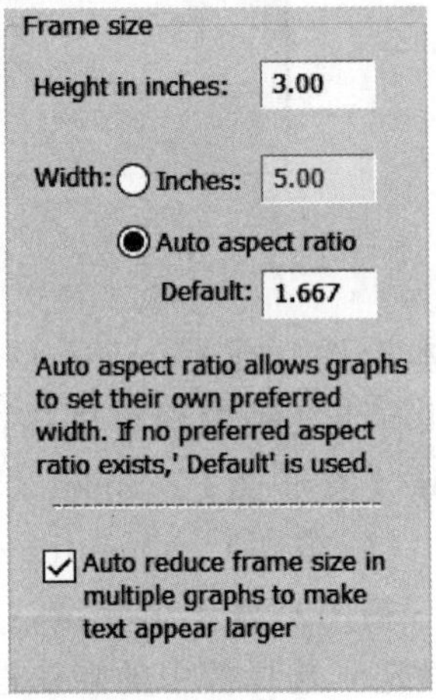

图 1.44　图像长宽设定框

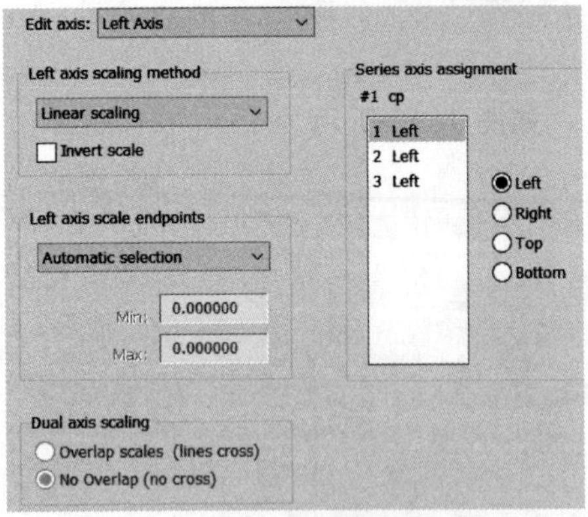

图 1.45　选择轴位置设定框

Axis/Scale（坐标轴和刻度）选项卡主要用来设定图形坐标轴的属性。

Edit 下拉列表用于选择轴位置。Left Axis and Scale 表示以左侧为坐标轴，Right Axis and Scale 表示以右侧为坐标轴，Top Axis and Scale 表示以顶部为坐标轴，Bottom Axis and Scale 表示以底部为坐标轴，如图 1.45 所示。

Left axis scale method 选项组适用于左侧为坐标轴时的情况，用于选择刻度类型。刻度类型有 4 种，即 Linear scaling（线性刻度）、Linear - force zero（线性刻度且纵轴由零开始）、Logarithmic scaling（对数刻度）和 Normalized data（标准化数据）。

Left axis scale endpoints 下拉列表用于设置画图的轴刻度范围。Automatic selection 表示由计算机自动选择，Data minimum & maximum 表示以数据最小值和最大值为范围画图，User specified 表示用户人工设定。

Left ticks & lines 选项组用于选择刻度线的位置。Ticks outside axis 表示刻画在图

外，Ticks inside axis 表示刻画在图内，Ticks outside & inside axis 表示既刻画在图内也刻画在图外，No ticks 表示不刻画刻度线。

Series axis assignment 选项用来设定标度序列的纵轴。

Vertical axes labels 选项勾选表示同时标度双侧纵轴。

Legend 选项卡用来设置图标图例的属性。Characteristics（特征）选项包括设置图例的 Display legend（是否显示图例）、Box fill color（填充颜色）和 Frame color（边框颜色），如图 1.46 所示。若需要修改图例，首先在 Select entry to edit 选项中选择要修改的图例，然后在 Edit legend entries 选项中进行修改。

Graph Elements（图素）：Line/Symbol 选项卡用来对线和点属性进行设定。Line attributes 选项中可以对线或点的 Color（颜色）、Pattern（类型）、Width（粗细）及 Symbol（表现符号）等进行选择和设置。

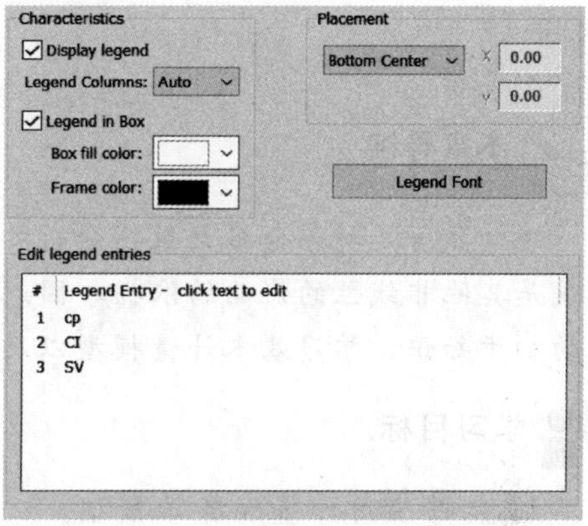

图 1.46 图标图例设置框

第 2 章　计量经济学的基本概念

本章导读

统计显著是财务金融大数据分析的目的，是判断是否有影响、是正向影响还是负向影响或是其他非线性的影响的依据，因此需要了解利用概率及分布进行统计检验时计量经济学的初步知识，学习基本计量模型以及财务、金融和经济的基本指标。

学习目标

1. 能够应用计量经济学模型。
2. 进一步了解财务金融的初步概念。

计量经济学（econometrics）是以一定的经济理论和统计资料为基础，运用数学、统计学方法与计算机技术，以建立经济计量模型为主要手段，定量分析研究具有随机性特性的经济变量关系。

计量经济学是结合经济、数理、统计三门学科而成。经济学主要是研究如何有效地利用稀缺资源，以求满足现在和未来的最大欲望（即资源有限，欲望无穷）。

将数理结合经济学成为数理经济学则是运用抽象的方法，通过假设条件，借由数学函数建立模型得出经济学概念与理论，经济结合了统计，则是以统计资料进行记述现实经济变动过程的手段，而计量经济学就是以统计资料作为验证经济理论、预测未来、进行策略评价的手段。三门学科的结合，使得分析变得更加复杂，因此“计算机”成为计量经济学不可或缺的分析工具。

计量经济学主要内容包括理论计量经济学和应用计量经济学。理论计量经济学主要研究如何运用、改造和发展数理统计的方法，使之成为随机经济关系测定的特殊方法；应用计量经济学是在一定的经济理论的指导下，以反映事实的统计数据为依据，用经济计量方法研究经济数学模型的实用化或探索实证经济规律。本书以应用计量经济学为范畴。

计量经济学的基本架构如图 2.1 所示。

统计学是计量分析的基石。统计学在很多时候的分析并不十分准确，比如很多人都偏爱用平均数去分析一个事物的结果，但是科学性不足。而统计学可以帮助我们以更科学的角度看待数据，逐步接近这个数据背后的“真相”。

计量分析涉及概率（probability）、概率分布（probability distributions）、抽样（sample）、区间估计（interval estimation）以及假设检验（hypothetical test）等统计方面的概念。因此本章分成 5 节来介绍。

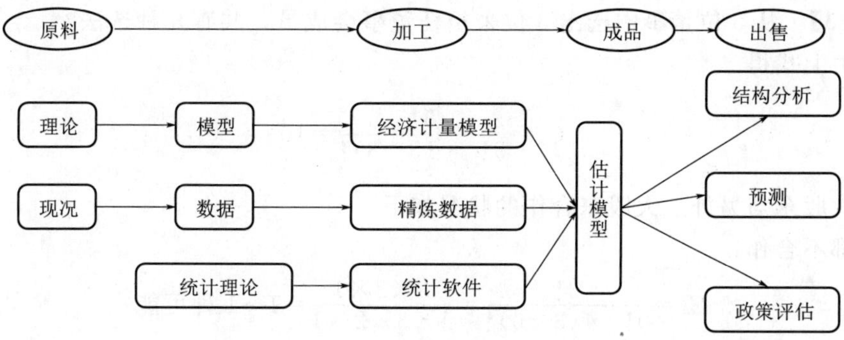

图 2.1　计量经济学的基本架构

2.1 概　　率

概率是指对某一个特定事件的可能性的数值度量，并且数值为 0～1。例如，抛一枚硬币时，它有正面朝上和反面朝上两种结果，通常用样本空间 S 表示，即$S=\{$正面，反面$\}$，而正面朝上这一特定的试验结果称为样本点。对于样本空间少的试验，我们极易观察出样本空间的大小；而对于较复杂的试验，就需要学习计数法则了。

2.1.1　计数法则

2.1.1.1　多步骤试验的计数法则

如果一个试验可以分为循序的 k 个步骤，在第 1 步中有 N_1 种试验结果，在第 2 步中有 N_2 种试验结果……那么所有的试验结果的总数为 $N_1\times N_2\times N_3\times\cdots\times N_k$。

【例 2.1】 上市公司按产权属性可以分为国营企业和民营企业，现随机抽取一家公司的年报，抽到的公司可能是国营或民营（$N_1=2$），若随机抽取 2 家，则会有 4 种状况(国营、国营，国营、民营，国营、民营，民营、民营)。

解： 试验结果的总数是为 $N_1\times N_2=2\times 2=4$。

2.1.1.2　排列计数法则

从 n 项中任取 k 项的排列数：

$$p_k^n=\frac{n!}{(n-k)!}$$

【例 2.2】 从 5 位董事中选出 3 位担任董事长、副董事长和常务董事长，共有几种选法？

解： 根据上式得

$$p_3^5=\frac{5!}{(5-3)!}=60$$

2.1.1.3　组合计数法则

从 n 项中任取 k 项的组合数：

$$C_k^n=\frac{n!}{k!\cdot(n-k)!}$$

【例 2.3】 从 5 位董事中选出 3 位来担任董事会成员，共有几种选法？

解： 由上式得

$$C_3^5=\frac{5!}{3!\ \cdot(5-3)!}=10$$

第一大股东与另外三大股东合作的状况如下。

选择都不合作：

$$C_0^3=\frac{3!}{0!\ \cdot(3-0)!}=\frac{3\times2\times1}{1\times3\times2\times1}=1\rightarrow1\text{ 种可能}$$

选择和 1 位合作：

$$C_1^3=\frac{3!}{1!\ \cdot(3-1)!}=\frac{3\times2\times1}{1\times2\times1}=3\rightarrow3\text{ 种可能}$$

选择和 2 位合作：

$$C_2^3=\frac{3!}{2!\ \cdot(3-2)!}=\frac{3\times2\times1}{2\times1\times1}=3\rightarrow3\text{ 种可能}$$

选择和 3 位合作：

$$C_3^3=\frac{3!}{3!\ \cdot(3-3)!}=\frac{3\times2\times1}{3\times2\times1\times1}=1\rightarrow1\text{ 种可能}$$

夏普利值：

$$\varphi_i[v]=\sum_{\substack{T\subset N\\ i\in T}}\frac{(t-1)!\ \cdot(n-t)!}{n!}[v(T)-v(T-\{i\})]$$

式中：n 为所有参赛者的个数；t 为联盟 T 中成员个数；$v(T)$ 为联盟 T 中成员的控制权；$v(T-\{i\})$ 为联盟 T 未包含参赛者 i 的控制权。

【例 2.4】 某公司 2019 年四大股东持股分别为 28.69%、13.96%、4.32% 和 4.04%，试计算与最大控制权人合作的状况的夏普利值。

解：

表 2.1　四大股东竞合表

合作的状况	发生概率	合作对象	$v(T)$	$v(T-\{i\})$	$v(T)-v(T-\{i\})$	$\varphi_i[v]$
选择都不合作	$\frac{0!\ \cdot3!}{4!}=0.25$		28.69	22.32	6.37	1.59
选择和 1 位合作	$\frac{1!\ \cdot2!}{4!}=\frac{1}{12}$	二	42.65	8.36	34.29	2.86
		三	33.01	18.00	15.01	1.25
		四	32.73	18.28	14.45	1.20
选择和 2 位合作	$\frac{2!\ \cdot1!}{4!}=\frac{1}{12}$	二三	4.97	1.04	42.93	3.58
		二四	46.69	4.32	42.37	3.53
		三四	37.05	13.96	23.09	1.92
选择和 3 位合作	$\frac{3!\ \cdot0!}{4!}=0.25$	二三四	51.01	0.00	51.01	12.75

根据表 2.1 计算，夏普利值＝28.69。夏普利值表示利益分配的问题，当其值越小，表示越不可能联盟，反之，则代表四大控制权人越容易合作。所以可预期夏普利值对公司绩效会有负的效果。

2.1.2 事件及其概率

2.1.2.1 事件

事件为样本空间的一个子集，通常，如果能确定一个试验的所有样本点并且能够得知每个样本点的概率，那么就能求出事件的概率，如图 2.2 所示。

2.1.2.2 概率的基本性质

事件 A 的“补”：指的是所有不包含在事件 A 中的样本点，所以事件 A 发生的概率：

$$P(A)=1-P(A^c)$$

事件的组合：“并”和“交”，如图 2.3 所示。

图 2.2 事件示意图

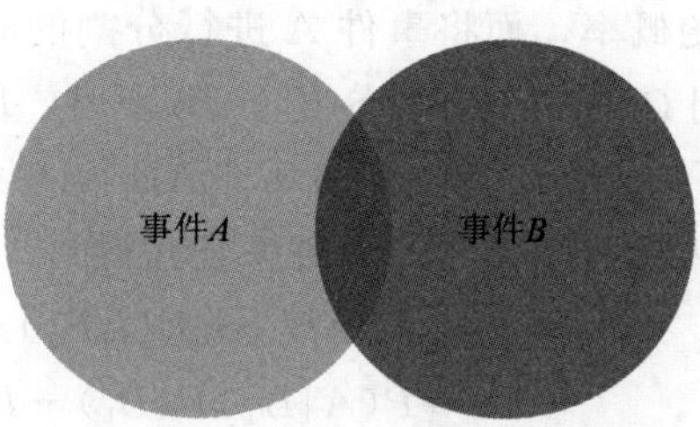

图 2.3 事件“并”和“交”图

两个圆形区域所在的部分就是事件 A 和 B 的“并”，其中重叠的部分说明有一些样本点既属于 A 又属于 B，可称为交。

得出加法公式为

$$P(A\cup B)=P(A)+P(B)-P(A\cap B)$$

图 2.3 中，$P(A\cup B)$是两个圆形面积，$P(A)$是左边圆形面积，$P(B)$是右边圆形面积，当两者相加时，会有一块重叠区域，所以需减去 $P(A\cap B)$进行修正，得出正确的结果。

如果某个事件 A 发生的可能性受到另外一个事件 B 的影响，此时 A 发生的可能性称为条件概率，记作 $P(A|B)$。表明是在 B 条件已经发生的条件下考虑 A 发生的可能性，统计学中称为给定条件 B 下事件 A 的概率。

进而又得出了乘法公式：

$$p(A|B)=\frac{P(A\cap B)}{P(B)}$$

【例 2.5】 某公司员工共有 87828 人，公司的董事（B）及高管（M）共有 47 人，其中董事 39 人、高管 13 人。

所以董事兼职高管有：$(B\cap M)=B+M-(B\cup M)=39+13-47=5$。

董事任职高管（即内部董事或执行董事）的比例为

$$p(M|B)=\frac{P(M\cap B)}{P(B)}=\frac{5/87828}{47/87828}=10.64$$

2.1.2.3 贝叶斯定理

简单来讲，贝叶斯定理就是先假设一个事件发生的概率，然后又找到一个信息，最后得出在这个信息下这一事件发生的概率。

例如，当和一个喜欢说谎的人聊天时，首先假设他说谎的概率为 a，然后根据和他交谈的信息，得出对他新的认识，重新判断他说谎的概率 b。

贝叶斯就是阐述了这么一个事实：

新信息出现后 B 的概率＝B 的概率×新信息带来的调整，即

$$P(B|A)=P(B)\cdot\frac{P(A|B)}{P(A)}$$

如果直接计算 $P(A)$ 较为困难，而 $P(B_j)$，$P(A|B_j)(j=1,2,\cdots)$ 的计算较为简单时，可以利用全概率公式[$P(B_j)$，$P(A|B_j)(j=1,2,\cdots)$ 的加总]计算 $P(A)$。

也就是，将事件 A 分解成几个小事件，通过求小事件的概率，然后相加从而求得事件 A 的概率，而将事件 A 进行分割的时候，不是直接对事件 A 进行分割，而是先找到样本空间 Ω 的一个个划分 B_1，B_2，…，B_n，这样事件 A 就被事件 AB_1，AB_2，…，AB_n 分解成了 n 部分，即 $A=AB_1+AB_2+\cdots+AB_n$，每一 B_j 发生都可能导致事件 A 发生的相应概率是 $P(A|B_j)$，由加法公式得

$$\begin{aligned}P(A)&=P(AB_1)+P(AB_2)+\cdots+P(AB_n)\\&=P(A|B_1)P(B_1)+P(A|B_2)P(B_2)+\cdots+P(A|B_n)P(B_n)\end{aligned}$$

所以调整后的贝叶斯公式为

$$P(B_i|A)=\frac{P(B_i)P(A|B_i)}{\sum_{j=1}^{n}P(B_j)P(A|B_j)}$$

【例 2.6】 某公司 2019 年营业收入为 27618479 元，营业成本为 16862866 元，营业成本率为 61.06%，各项目成本见表 2.2。

表 2.2　　某公司成本分布比例表

项　目	营业成本/元	占总成本比例/%	营业成本率/%
直接材料	11727706	69.55%	42.46%
直接人工	966372	5.73%	3.50%
制造费用	2990747	17.74%	10.83%
外购产成品	1178041	6.99%	4.27%
合计	16862866	100.00%	61.06%

$$直接材料占总成本的比例=P(B_i|A)=\frac{P(B_i)P(A|B_i)}{\sum_{j=1}^{n}P(B_j)P(A|B_j)}$$

$$=\frac{42.46\%}{42.46\%+3.5\%+10.83\%+4.27\%}=69.56\%$$

2.2 概 率 分 布

概率中通常将试验的结果称为随机变量。随机变量将每一个可能出现的试验结果赋予了一个数值，包括离散型随机变量和连续型随机变量。

既然随机变量可以取不同的值，描述随机变量取不同值的概率就是概率分布。随着变量的属性可分为离散型（discrete）概率分布和连续型（continuous）概率分布。

2.2.1 离散型概率分布

常用的离散型概率分布主要有 2 个，分别为二项（binomial）概率分布以及泊松（Poisson）概率分布。

2.2.1.1 二项概率分布

二项概率分布是离散型的概率分布。顾名思义，二项代表它有两种可能的结果，一种结果是成功，另外一种结果是失败。除了成功与失败的设定，它还需要满足“每次试验成功的概率均是相同的”，为 p；“失败的概率也相同”，为 $1-p$。每次试验必须相互独立，该试验也称为伯努利试验（Bernoulli experiment），重复 n 次即二项概率。掷硬币就是一个典型的二项分布。当要计算抛硬币 n 次，恰巧有 x 次正面朝上的概率，可以使用二项分布的公式：

$$f(x)=C_x^n p^n(1-p)^{n-k}$$

且二项概率的数学期望为

$$E(x)=np$$

方差为

$$\mathrm{Var}(x)=np(1-p)$$

2.2.1.2 泊松概率分布

泊松概率分布是另外一个常用的离散型随机变量，它主要用于估计某事件在特定时间或空间中发生的次数。比如一天内中奖的次数，一个月内某机器损坏的次数等。泊松概率的成立条件是在任意两个长度相等的区间中，时间发生的概率（λ）是相同的，并且事件的发生都是相互独立的。

泊松概率既然表示事件在一个区间发生的次数，这里的次数就不会有上限，x 取值可以无限大，结果是 $f(x)$ 可能会很接近 0。

x 代表发生 x 次，u 代表发生次数的数学期望，概率函数为

$$f(x)=\frac{\lambda^x \mathrm{e}^{-\lambda}}{x!}$$

其中泊松概率分布的数学期望和方差是相等的（λ）。

2.2.2 连续型概率分布

上述分布都是离散型概率分布，当随机变量是连续型时，情况就完全不一样了。因为离散概率的本质是求 x 取某个特定值的概率，而连续随机变量的取值是可以无限分割的，它取某个值时概率近似于 0。连续变量是随机变量在某个区间内取值的概率，此时的概率函数称为概率密度函数（probability density function，PDF）。

2.2.2.1　均匀（uniform）概率分布

随机变量 x 在任意两个子区间的概率是相同的。概率密度函数为

$$f(x)=\begin{cases}\dfrac{1}{b-a} & a<x<b \\ 0 & \text{其他}\end{cases}$$

数学期望

$$E(x)=\frac{a+b}{2}$$

方差

$$\mathrm{Var}(x)=\frac{(b-a)^2}{12}$$

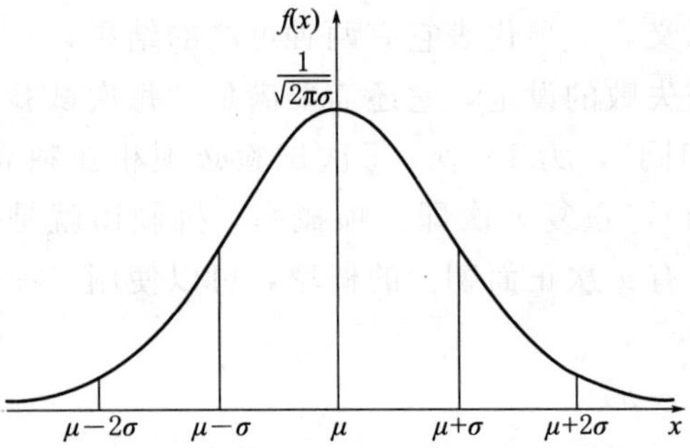

图 2.4　正态概率分布图

2.2.2.2　正态（normal）概率分布

正态概率分布是连续型随机变量中最重要的分布。绝大部分的分布都属于正态分布，如人的身高、体重，考试成绩，降雨量等。

正态概率分布如同一条钟形曲线，中间高、两边低，左右对称，即大部分数据集中在某处，小部分向两端倾斜。

正态概率分布如图 2.4 所示。

正态概率密度函数为

$$f(x)=\frac{1}{\sqrt{2\pi}\sigma}\mathrm{e}^{-\frac{(x-\mu)^2}{2\sigma^2}}$$

μ 代表均值，σ 代表标准差，两者不同的取值将会形成不同形状的正态分布（图 2.5）。均值表示正态分布的左右偏移，标准差决定曲线的宽度和平坦，标准差越大，曲线越平坦。

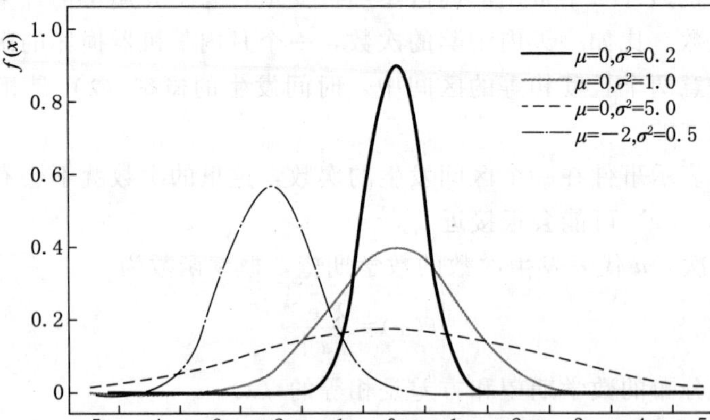

图 2.5　不同均值与标准差正态概率分布图

正态分布的经验法则：正态随机变量有 69.3％的值在均值加减 1 个标准差的范围内，95.4％的值在 2 个标准差内，99.7％的值在 3 个标准差内。

均值 $\mu=0$、标准差 $\sigma=1$ 的正态分布叫作标准正态分布。它的随机变量用 z 表示，将均值和标准差代入正态概率密度函数，得到一个简化的公式：

$$f(x)=\frac{1}{\sqrt{2\pi}}e^{\frac{x^2}{2}}$$

为了计算概率需要学习一个新的函数，即累计分布函数，它是概率密度函数的积分。用 $P(X\leqslant x)$表示随机变量小于或者等于某个数值的概率，$F(x)=P(X\leqslant x)$。

曲线 $f(x)$就是概率密度函数，曲线与 X 轴相交的阴影面积就是累计分布函数（图 2.6）。

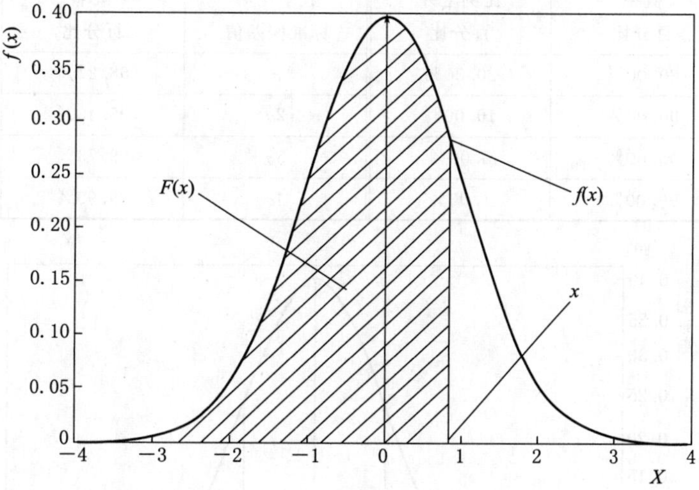

图 2.6　正态概率累计分布概念图

标准正态分布的分布函数为

$$\Phi(x)=\int_{-\infty}^{x}f(x)\mathrm{d}x=\int_{-\infty}^{x}\frac{1}{\sqrt{2\pi}}e^{\frac{x^2}{2}}\mathrm{d}x$$

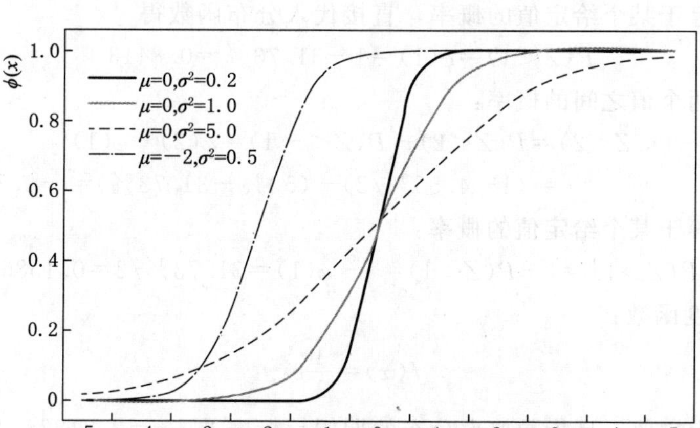

图 2.7　不同均值与标准差正态概率累计分布图

2.2.3　标准正态分布与一般的正态分布的关系

任何一个一般的正态分布都可以通过线性变换转化为标准正态分布。它依据的定理如下：

$$x\sim N(\mu,\sigma^2)\Rightarrow Z=\frac{x-\mu}{\sigma}\sim N(0,1)$$

标准正态分布的概率见表 2.3，$\mu\pm4\sigma$ 概率图如图 2.8 所示。

表 2.3　　**标准正态分布的概率表**

数字比率 标准偏差值	概率 百分比	比例之外 百分比	数字比率 标准偏差值	概率 百分比	比例之外 百分比
1.2816σ	80.00%	20.00%	σ	68.27%	31.73%
1.6448σ	90.00%	10.00%	2σ	95.45%	4.55%
1.9600σ	95.00%	5.00%	3σ	99.73%	0.27%
2.5758σ	99.00%	1.00%	4σ	99.99%	0.01%

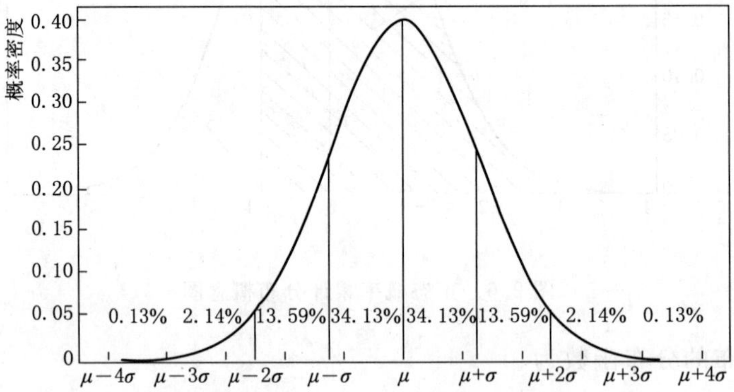

图 2.8　$\mu\pm4\sigma$ 概率图

通过图 2.7，可以计算分布概率值。

Z 小于或者等于某个给定值的概率，直接代入分布函数得

$$P(Z<1)=\varphi(1)=1-31.73\%=0.8413$$

Z 在给定的两个值之间的概率：

$$P(-1<Z<2)=P(Z<2)-P(Z<-1)=\varphi(2)-\varphi(1)$$
$$=(1-4.55\%/2)-(50\%-31.73\%)=-0.735$$

Z 大于或者等于某个给定值的概率：

$$P(Z>1)=1-P(Z<1)=1-\varphi(1)=31.73\%/2=0.1586$$

指数概率密度函数：

$$f(x)=\frac{1}{\lambda}e^{\frac{x}{\lambda}}$$

式中：$x\geqslant0$，λ 为均值，且指数概率分布的期望＝标准差，e＝2.71828。

指数随机变量取小于或者等于某一特定值 X_0 的概率：

$$p(x\leqslant x_0)=F(x_0)=1-e^{\frac{x}{\lambda}}$$

泊松分布与指数分布比较见表2.4。

表2.4 泊松分布与指数分布比较表

分布	概率分布	描 述
泊松	离散型	每一区间中事件发生的次数分布
指数	连续型	事件发生的时间间隔的长度

【例2.7】 2000—2019年，上市公司下市的有124家，即1年（12个月）下市的均值为6.2家，求每季（3个月）有x家公司下市的概率。

解：每3个月下市的均值为1.55，所以$\lambda=1.55$，即

$$f(x)=\frac{1.55^x e^{-1.55}}{x!}$$

【例2.8】 同［例2.7］，现有一家公司下市，在3个月内发生公司下市的概率是多少？

解：下市间隔时间的均值$\lambda=1.55/3=0.52$，把λ代入下面的公式：

$$p(x\leqslant x_0)=F(x_0)=1-e^{\frac{x_0}{0.52}}$$

当然也可以把时间用季来表示，指数概率函数就变成

$$p(x\leqslant x_0)=F(x_0)=1-e^{\frac{x_0}{1.55}}$$

2.3 抽 样

不管是从有限总体中抽样还是从无限总体中抽样都应该满足抽样的随机（random）。抽样得出样本统计量就是为了估计总体的参数。

样本均值（$\overline{x}$）是总体均值的u的点估计，即

$$\overline{x}=\frac{\sum x_i}{n}$$

样本标准差s是总体的标准差σ的点估计，即

$$s=\sqrt{\frac{\sum(x_i-\overline{x})}{n-1}}$$

样本比率（$\overline{p}$）是总体比率的p的点估计，即

$$\overline{p}=\frac{x}{n}$$

当抽样时，抽取的每个样本的均值、方差、比率都可能是不同的，如果把抽取一个简单的随机样本看做一次试验，那么样本$\overline{x}$就有期望、方差、标准差和概率分布了，$\overline{x}$的概率分布也就是$\overline{x}$的抽样分布。

2.3.1 样本均值的抽样分布

$\overline{x}$的抽样是指样本均值$\overline{x}$的所有可能值的概率分布。

$\overline{x}$的数学期望：

$$E(x)=\mu$$

式中：μ 为总体的期望。

当样本容量占总体 5%以上时，求样本标准差为

$$\sigma_{\bar{x}}=\sqrt{\frac{N-n}{N-1}}\frac{\sigma}{\sqrt{n}}$$

当样本容量占总体 5%以下时，公式可简化为

$$\sigma_{\bar{x}}=\frac{\sigma}{\sqrt{n}}$$

式中：n 为样本容量；N 为总体容量；σ 为总体标准差；$\sigma_{\bar{x}}$ 为样本标准差。

如果总体服从正态分布时，任何样本容量下的 $\bar{x}$ 的抽样分布都是正态分布；如总体不服从正态分布时，从总体中抽取容量为 n 的简单随机样本。当样本的容量额很大时，样本均值 $\bar{x}$ 的抽样分布近似服从正态概率分布，这是中心极限实现。其实在大多数的应用中，样本容量大于 30 时，$\bar{x}$ 的抽样分布近似服从正态概率分布。

2.3.2　样本比例的抽样分布

$\bar{p}$ 的抽样是指样本比例 $\bar{p}$ 的所有可能值的概率分布，其中 x 为具有感兴趣特征的个体的个数，n 为样本容量。

$\bar{p}$ 的数学期望：

$$E(\bar{p})=p$$

式中：p 为总体比例。

当样本容量占总体 5%以上时，求样本标准差为

$$\sigma_{\bar{p}}=\sqrt{\frac{N-n}{N-1}}\sqrt{\frac{p(1-P)}{n}}$$

当样本容量占总体 5%以下时，公式可简化为

$$\sigma_{\bar{p}}=\sqrt{\frac{p(1-P)}{n}}$$

式中：n 为样本容量；N 为总体容量；p 为总体比例；$\sigma_{\bar{p}}$为样本标准差。

$\bar{p}$ 的抽样分布形态：

$$\bar{p}=\frac{x}{n}$$

上式中，x 是一个服从二项分布的随机变量，n 为常数，所以 $\bar{p}$ 也是离散型的概率分布。其实，如果样本容量足够大，并且 $np\geqslant 5$ 和 $n(1-p)\geqslant 5$，二项分布可用正态分布近似，$\bar{p}$ 的抽样分布可用正态分布来近似。

2.4　区　间　估　计

点估计是用于估计总体参数的样本统计量，但是不可能通过点估计就给出总体参数的一个精确值，更稳妥的方法是加减一个边际误差，通过一个区间值来估计，此即区间估计。

如果总体服从正态分布时，样本容量足够大，$\bar{x}$ 的抽样分布近似服从正态概率分布。因此，区间估计都采用标准正态处理，即

$$\bar{x} \sim N(\mu, \frac{\sigma^2}{n}) \Rightarrow Z = \frac{\bar{x}-\mu}{\sigma/\sqrt{n}} \sim N(0,1)$$

$$\frac{\bar{x}-\mu}{\sigma/\sqrt{n}} \begin{cases} 上限 = z_{\frac{\alpha}{2}} & \frac{\bar{x}-\mu}{\sigma/\sqrt{n}} = z_{\frac{\alpha}{2}} \\ 上限 = -z_{\frac{\alpha}{2}} & \frac{\bar{x}-\mu}{\sigma/\sqrt{n}} = -z_{\frac{\alpha}{2}} \end{cases} \longrightarrow \bar{x} - z_{\frac{\alpha}{2}} \cdot \frac{\sigma}{\sqrt{n}} < \mu < \bar{x} + z_{\frac{\alpha}{2}} \cdot \frac{\sigma}{\sqrt{n}}$$

2.4.1 总体均值的区间估计：σ 已知情形

对总体均值进行估计时：

(1) 要利用总体标准差 σ 计算边际误差。

(2) 抽样前可通过大量历史数据估计总体标准差。

【例 2.9】 上市公司零售与批发业流动比例根据历史数据 $\sigma=160$，并且总体服正态分布。2019 年上市公司零售与批发业 $n=177$，其样本均值 $\bar{x}=168.70$。求总体均值的区间估计。

解：

(1) 总体服从正态分布，所以样本均值的抽样分布也是正态分布。

(2) 根据 $\sigma=160$，得出 $\sigma_{\bar{x}}=\frac{160}{\sqrt{177}}=12.03$。

(3) 所以 $\bar{x}$ 的抽样分布服从标准差为 $\sigma_{\bar{x}}=12.03$ 的正态分布。

(4) 任何正态分布的随机变量都有 95%的值在均值附近加减 1.96 个标准差以内（通过查表可得）。

(5) $\sigma_{\bar{x}}=12.03$，$\bar{x}$ 所有值的 95%都在 $[\mu\pm1.96\sigma_{\bar{x}}]$，即 $\mu-1.96\sigma_{\bar{x}}\leqslant\bar{x}\leqslant\mu+1.96\sigma_{\bar{x}}\rightarrow\mu-1.96\times12.03\leqslant168.70\leqslant\mu+1.96\times12.03\rightarrow145.12\leqslant\mu\leqslant192.28$，所以 μ 的区间估计是 (145.12，192.28)，其中这个区间是在 95%置信水平下建立的，置信系数 $\alpha=5\%$。区间 (145.12，192.28) 为 95%的置信区间。

由［例 2.9］可得：

(1) 边际误差 $=z_{\frac{\alpha}{2}}\cdot\sigma_{\bar{x}}=z_{\frac{\alpha}{2}}\cdot\frac{\sigma}{\sqrt{n}}$。

(2) 区间估计 $=\bar{x}\pm z_{\frac{\alpha}{2}}\cdot\frac{\sigma}{\sqrt{n}}$。

(3) 在 90%、95%、99%的置信水平情况下，置信水平状况见表 2.5。

表 2.5　置信水平状况表

置信水平	α	$\frac{\alpha}{2}$	$z_{\frac{\alpha}{2}}$
90%	0.1	0.05	1.645
95%	0.05	0.025	1.960
99%	0.01	0.005	2.576

置信水平越高，边际误差就越大，置信区间也越大。

2.4.2　总体均值的区间估计：σ 未知情形

当 σ 未知时，需要利用同一个样本估计 u 和 σ 两个参数。

用 s 估计 σ 时，边际误差和总体均值的区间估计依据 t 分布，且判断总体是不是正态分布用 t 分布来估计效果较好。

t 分布为有一类相似的概率分布组成的分布族，并且存在自由度的参数，自由度越大，t 分布与标准正态分布的差别越小且 t 分布的均值为 0。

利用的计算公式如下。

边际误差：

$$t_{\frac{\alpha}{2}} \cdot s = t_{\frac{\alpha}{2}} \cdot \frac{s}{\sqrt{n}}$$

区间估计：

$$\overline{x} \pm t_{\frac{\alpha}{2}} \cdot \frac{\sigma}{\sqrt{n}}$$

样本标准差：

$$s = \sqrt{\frac{\sum (x_i - \overline{x})}{n-1}}$$

其中，$n-1$ 为自由度。

【例 2.10】 2019 年上市公司零售与批发业警示股总计 13 家，流动比率见表 2.6。求上市公司零售与批发业警示股均值的区间估计。

表 2.6　　零售与批发业警示股流动比率状况表

公司代码	流动资产/元	流动负债/元	流动比率
679	3508702	3439034	1.02
2336	2558064	3225239	0.79
2356	1505044	3633200	0.41
2872	1644156	1200539	1.36
600083	92535	118913	0.77
600122	11317290	8791990	1.28
600241	564857	458616	1.23
600247	13324	830645	0.016
600280	10022688	13479583	0.74
600306	105515	1494225	0.07
600677	4306551	5571537	0.77
600821	29811	1073566	0.02
601258	11183570	8343113	1.34

解：

$$\overline{x}=\frac{\sum x_i}{n}=75.89 \quad s=\sqrt{\frac{\sum(x_i-\overline{x})}{n-1}}=49.7 \quad t_{(0.025,12)}=2.179$$

区间估计：

$$\overline{x}\pm t_{\frac{\alpha}{2}}\cdot\frac{\sigma}{\sqrt{n}}=75.89\pm 2.179\times\frac{49.70}{\sqrt{13}}=75.89\pm 30.04=(45.85,105.93)$$

t 值（$t_{\frac{\alpha}{2}}$）可通过查表 2.7 得知。

表 2.7 t 分 配 表

n	0.25	0.2	0.15	0.1	0.05	0.025	0.01	0.005	0.0025
1	1.000	1.376	1963	3.078	6.314	12.71	31.82	63.66	127.3
2	0.816	1.061	1.386	1.886	2.920	4.303	6.965	9.925	14.09
3	0.765	0.978	1.250	1.638	2.353	3.182	4.541	5.841	7.453
4	0.741	0.941	1.190	1.533	2.132	2.776	3.747	4.604	5.598
5	0.727	0.920	1.156	1.476	2.015	2.571	3.365	4.032	4.773
6	0.718	0.906	1.134	1.440	1.943	2.447	3.143	3.707	4.317
7	0.711	0.896	1.119	1.415	1.895	2.365	2.998	3.499	4.029
8	0.706	0.889	1.108	1.397	1.860	2.306	2.896	3.355	3.833
9	0.703	0.883	1.100	1.383	1.833	2.262	2.821	3.250	3.690
10	0.700	0.879	1.093	1.372	1.812	2.228	2.764	3.169	3.581
11	0.697	0.876	1.088	1.363	1.796	2.201	2.718	3.106	3.497
12	0.695	0.873	1.083	1.356	1.782	2.179	2.681	3.055	3.428
13	0.694	0.870	1.079	1.350	1.771	2.160	2.650	3.012	3.372
14	0.692	0.868	1.076	1.345	1.761	2.145	2.624	2.977	3.326
15	0.691	0.866	1.074	1.341	1.753	2.131	2.602	2.947	3.286
16	0.690	0.865	1.071	1.337	1.746	2.120	2.583	2.921	3.252
17	0.689	0.863	1.069	1.333	1.740	2.110	2.567	2.898	3.222
18	0.688	0.862	1.067	1.330	1.734	2.101	2.552	2.878	3.197
19	0.688	0.861	1.066	1.328	1.729	2.093	2.539	2.861	3.174
20	0.687	0.860	1.064	1.325	1.725	2.086	2.528	2.845	3.153
21	0.686	0.859	1.063	1.323	1.721	2.080	2.518	2.831	3.135

2.4.3 样本容量的确定

选择足够的样本容量以达到研究者所希望的边际误差。

边际误差公式为

$$d=z_{\frac{\alpha}{2}}\cdot\frac{\sigma}{\sqrt{n}}\rightarrow\sqrt{n}=z_{\frac{\alpha}{2}}\cdot\frac{\sigma}{\sqrt{n}}\rightarrow n=\frac{z_{\frac{\alpha}{2}}^{2}\cdot\sigma^{2}}{d^{2}}$$

如果 σ 未知，可通过以下方法确定 σ 的初始值：

(1) 根据以前研究中的数据计算总体标准差的估计值。

(2) 利用实验性研究，选取一个初始样本，以初始样本的标准差做估计值。

(3) 对 σ 进行判断或最优猜测：计算极差作为标准差的粗略估计。

2.4.3.1　总体比例 p 的区间估计

由于和总体均值的区间估计类似，这里就不详细说明了。

边际误差公式为

$$d=z_{\frac{\alpha}{2}}\cdot\sqrt{\frac{\overline{p}\cdot(1-\overline{p})}{n}}$$

选择足够的样本容量以达到所希望的边际误差：

$$d=z_{\frac{\alpha}{2}}\cdot\sqrt{\frac{\overline{p}\cdot(1-\overline{p})}{n}}\rightarrow\sqrt{n}=z_{\frac{\alpha}{2}}\cdot\frac{\sqrt{\overline{p}\cdot(1-\overline{p})}}{d}\rightarrow n=\frac{z_{\frac{\alpha}{2}}^{2}\cdot\overline{p}\cdot(1-p)}{d^{2}}$$

2.4.3.2　$\overline{p}$ 的确定

(1) 用以前研究中类似的样本的样本比例作为计划值。

(2) 利用实验性的研究，选取一个初始样本，以初始样本的样本比例作为计划值。

(3) 使用判断或最优猜测作为计划值。

(4) 如果上述均不可，计划值取为 0.5，这是因为 $\overline{p}=0.5$ 时，$\overline{p}\cdot(1-\overline{p})$ 取得最大值，同时样本容量也能取得最大值。

$$n\geqslant\frac{z_{\frac{\alpha}{2}}^{2}}{4d^{2}}$$

所以当误差不超过 0.03，置信水平 0.95 时：

$$n\geqslant\frac{1.92^{2}}{4\times0.03^{2}}=1067.1$$

至少需要 1068 个样本数。

2.5　假 设 检 验

假设检验是对总体参数做一个尝试性的假设，该尝试性的假设称为原假设（虚无假设，H_0），定义一个和原假设完全对立的假设，称为备选假设（对立假设，H_1）。其中备选假设是希望成立的论断（也就是预期的假设），原假设是与预期相反的假设。

假设检验讨论的内容如下：

(1) 总体均值的检验：σ 已知情形和 σ 未知情形。

(2) 总体比例的假设检验：σ 已知和 σ 未知。

下面主要讨论在 σ 已知情形下总体均值的检验，其他的根据区间估计中的证明和下面的例题都能较好地理解。

速动比率（quick ratio）又称为酸性测验比率（acid－test ratio），一般标准见表 2.8。

表 2.8　　速动比率一般标准表

速动比率	偿还能力
速动比率＞1	很好
0.5＜速动比率＜1	不太好
速动比率＜1	非常不好，可能会面临资金周转不灵的风险

2019 年上市公司零售（retail）业与批发（wholesale）业共计有 164 家（不含警示股），速动比率分布见表 2.9。

表 2.9　　上市公司零售与批发业（不含警示股）速动比率分布表

速动比率								
	零售业（86家）							
	0.71	0.96	0.53	0.60	0.21	0.55	1.63	0.72
	0.99	0.26	0.78	1.20	1.15	0.72	1.41	0.21
	0.77	0.27	0.88	0.67	2.63	0.65	0.85	0.93
	1.71	1.23	0.71	0.64	0.68	4.32	0.51	1.42
	0.92	0.71	0.76	0.81	0.62	0.93	1.11	0.78
	0.49	1.27	0.38	1.00	0.15	0.45	0.93	1.93
	0.68	0.53	0.23	0.25	0.38	1.32	1.50	0.71
	0.44	1.48	7.32	0.85	0.29	1.16	0.58	3.09
	1.47	0.61	1.03	2.05	0.20	0.97	0.48	0.22
	0.21	1.13	1.29	0.59	0.79	0.42	0.84	1.38
	0.55	2.13	0.74	0.50	0.71	1.42		
	批发业（78家）							
	0.45	2.20	1.29	2.06	0.61	1.10	10.71	0.66
	1.30	0.91	0.12	1.32	0.59	0.45	0.62	1.47
	0.56	0.79	1.08	0.23	1.36	0.89	1.26	2.10
	1.15	0.63	1.16	1.22	0.81	1.95	0.45	2.20
	1.29	1.09	1.54	1.70	1.41	0.52	0.98	2.66
	1.27	0.53	0.89	0.99	0.67	1.24	1.45	0.67
	0.28	2.55	1.58	4.02	0.57	11.24	0.82	2.07
	0.38	0.72	0.86	0.49	0.76	1.75	0.52	0.72
	0.77	3.55	1.09	0.99	3.90	0.97	2.05	0.85
	1.25	1.41	0.66	0.38	0.77	0.76		

【例 2.11】 根据表 2.9，计算下列问题。

（1）试证明上市公司零售业与批发业的速动比率大于 1（单尾检验）。

解：

1）提出了原假设和备选假设，即 $H_0: \mu \leqslant 1$；$H_1: \mu > 1$。

2）确定误差值：$\alpha = 0.05$。

3）计算数值：$n = 164$（大样本），$\overline{x} = 1.20$，$s = 1.39$。

4）计算 z 值：$z = \dfrac{\overline{x} - c}{\dfrac{s}{\sqrt{n}}} = \dfrac{1.20 - 1}{\dfrac{1.39}{\sqrt{164}}} = 1.83 > 1.645$。

5）结果为拒绝 H_0，没有证据显示上市公司零售业与批发业的速动比率小于 1。

（2）试证明零售业与批发业的速动比率相等（双尾检验）。

解：

1）提出了原假设和备选假设，即 $H_0: \mu_{\text{retail}} - \mu_{\text{wholesale}} = 0$；$H_1: \mu_{\text{retail}} - \mu_{\text{wholesale}} \neq 0$。

2）确定误差值：$\alpha = 0.1$。

3）计算数值：$n_{\text{retail}} = 86$；$n_{\text{wholesale}} = 78$；$\overline{x}_{\text{retail}} = 0.99$；$\overline{x}_{\text{wholesale}} = 1.43$；$s_{\text{retail}} = 0.95$；$s_{\text{wholesale}} = 1.74$。

4）计算 z 值：

$$z = \left| \frac{(\overline{x}_{\text{retail}} - \overline{x}_{\text{wholesale}}) - (\mu_{\text{retail}} - \mu_{\text{wholesale}})}{\sqrt{\dfrac{s_{\text{retail}}^2}{n_{\text{retail}}} + \dfrac{s_{\text{wholesale}}^2}{n_{\text{wholesale}}}}} \right| = \left| \frac{0.99 - 1.43}{\sqrt{\dfrac{0.95^2}{86} + \dfrac{1.74^2}{78}}} \right| = 1.98 > 1.645$$

5）结果为拒绝 H_0，没有证据显示上市公司零售业与批发业的速动比例相等。

2.6　本书研究模型

财务金融计量实证研究是对变量与模型的探讨，因此本书按变量与模型，共分为 12 种分析模型，分别为两个变量之间的关系、两个以上变量之间的关系——解释变量、两个以上变量之间的关系——控制变量、时间序列分析、向量自回归、变量的测量误差、多个群组之间的差异、被忽视的因果、消除先天差异因素、因果关系的第三者——调节效应、因果关系的第三者——中介效应以及政策与经济的冲击。

（1）两个变量之间的关系：为简单回归模型，本书利用 CAPM 加以介绍。

（2）两个以上变量之间的关系——解释变量：为复回归模型，本书以五因子模型为例。

（3）两个以上变量之间的关系——控制变量：为复回归模型，通过资本结构的概念介绍控制变量及稳健性检验。

（4）时间序列分析：即自相关的模型，已经独立成为一门课程，本书仅介绍概念，采用 EGARCH 介绍波动不对称的情况。

（5）向量自回归：利用规模指数进行探讨股市的轮动关系。

（6）变量的测量误差：即对内生性问题进行探讨，本书从研发强度的角度进行研究。

（7）多个群组之间的差异：自统计学的概念为 ANOVA，不过从计量的角度可以采用虚拟变量进行计量分析，本书利用股价指数探讨周末效应的情况。

(8) 被忽视的因果：变量若被外界因素影响也会产生内生问题，可采用断点回归进行处理，本书利用控制权竞争分析：当第一大股东有相对优势和绝对优势时，公司绩效影响会如何?

(9) 消除先天差异因素：为面板数据分析的模型，利用公司的专属性资产加以分析。

(10) 因果关系的第三者——调节效应：调节效应即为变量之间的交叉影响，本书利用董事会结构以及董事年资的属性和研发强度对公司绩效进行交叉影响分析。

(11) 因果关系的第三者——中介效应：中介效应就是变量通过另外一个变量间接影响被解释变量的状况，本书采用专属性资产与国际化程度对公司绩效影响进行探讨，并研究国际化程度对专属性资产的影响，进一步探讨中介效果。

(12) 政策与经济的冲击：政策性与经济的冲击利用虚拟变量进行分析，本研究采用两组变量，分别是中美贸易摩擦以及产业链，以此来分析国际化程度对公司绩效的影响。

本书章节模型及财金应用汇总见表 2.10。

表 2.10　　本书章节模型及财金应用汇总表

章序	章　名	模　型	财金应用
1	研究变量	叙述统计量	基本应用
2	计量经济学的基本概念	检定	
3	两个变量之间的关系	简单回归	CAPM
4	两个以上变量之间的关系——解释变量	复回归	五因子模型
5	两个以上变量之间的关系——控制变量	复回归	资本结构
6	时间序列分析	自相关	波动不对称
7	多个变量的因果	VAR	价量关系
8	变量的测量误差	工具变量	企业生命周期
9	多个群组之间的差异	双重差分	周末效应
10	被忽视的因果	断点回归	控制权竞争
11	消除先天差异因素	面板数据	专属性资产
12	因果关系的第三者——调节效果	调节效果	公司治理
13	因果关系的第三者——中介效果	中介效果	企业能力
14	政策与经济的冲击	综合应用	贸易冲突
附录 A	财务金融	财金理论	基本应用
附录 B	实证分析的写作	论文结构	

【本章重点与财务应用的专有名词】

正态分布

标准化

检验

流动比率

速动比率

营业成本率

夏普利值

【上机练习】

1. 利用 Excel 绘制标准正态分配图。

2. 新冠肺炎疫情的发生是否使医疗制造业研发投入增加。

3. 新冠肺炎疫情的发生是否使纺织业的融资困难。

第3章　两个变量之间的关系

本章导读

回归分析是计量经济学之母。利用计量分析进行实证研究就需要了解回归分析的定义，并通过统计软件进行计算。本章利用财务金融中的重要理论 CAPM 进行实证分析。

学习目标

1. 掌握回归分析方法。
2. 掌握资本资产定价模型。

3.1 回　归　分　析

3.1.1 回归分析的内容和研究问题

实证分析主要讨论“X 对 Y 有何作用”之类的因果关系，因此最常用的就是回归分析（regression analysis）。回归分析是确定两种或两种以上变数间相互依赖的定量关系的一种统计分析方法。回归分析按照自变量的多少，可分为一元回归分析和多元回归分析；按照自变量和因变量之间的关系类型，可分为线性回归分析和非线性回归分析。如果在回归分析中，只包括一个自变量和一个因变量，且二者的关系可用一条直线近似表示，这种回归分析称为一元线性回归分析。如果回归分析中包括两个或两个以上的自变量，且因变量和自变量之间是线性关系，则称为多元线性回归分析。

回归分析的主要内容如下：

(1) 从一组数据出发确定某些变量之间的定量关系式，即建立数学模型并估计其中的未知参数。

(2) 对这些关系式的可信程度进行检验。

(3) 在许多自变量共同影响着一个因变量的关系中，判断哪些自变量的影响是显著的，哪些自变量的影响是不显著的，将影响显著的自变量选入模型中，而剔除影响不显著的变量，通常用逐步回归、向前回归和向后回归等方法。

(4) 利用所求的关系式对某一生产过程进行预测或控制。回归分析的应用是非常广泛的，统计软件包使各种回归方法计算十分方便。

在回归分析中，把变量分为两类。一类是因变量，它们通常是实际问题中所关心的一类指标，通常用 Y 表示；而影响因变量取值的另一变量称为自变量，用 X 表示。

回归分析研究的主要问题如下：

(1) 确定 Y 与 X 间的定量关系表达式。这种表达式为回归方程。

(2) 对求得的回归方程的可信度进行检验。

(3) 判断自变量 X 对 Y 有无影响。

(4) 利用所求得的回归方程进行预测和控制。

3.1.2　回归分析的应用

相关分析研究的是现象之间是否相关、相关的方向和密切程度，一般不区别自变量或因变量。而回归分析则要分析现象之间相关的具体形式，确定其因果关系，并用数学模型来表现其具体关系。比如，从相关分析中可以得知“质量”和“用户满意度”变量密切相关，但是这两个变量之间是如何影响、影响程度如何，则需要通过回归分析方法来确定。

一般来说，回归分析是通过规定因变量和自变量来确定变量之间的因果关系，建立回归模型，并根据实测数据来求解模型的各个参数，然后评价回归模型是否能够很好的拟合实测数据；如果能够很好地拟合数据，则可以根据自变量作进一步预测。

例如，如果要研究质量和用户满意度之间的因果关系，从实践意义上讲，产品质量会影响用户的满意情况，因此设用户满意度为因变量，记为 Y；质量为自变量，记为 X。可以建立下面的线性关系：

$$Y=\alpha+\beta X+\varepsilon$$

式中：α 和 β 为待定参数，α 为回归直线的截距，β 为回归直线的斜率，表示 X 变化一个单位时，Y 的平均变化情况；ε 为依赖于用户满意度的随机误差项。

回归分析的步骤如下：

(1) 根据目标，确定自变量和因变量：明确具体目标，也就确定了因变量。如要分析资本结构对公司绩效的影响，那么公司绩效 Y 就是因变量。资本结构通即自变量。

(2) 建立回归预测模型：依据自变量和因变量的历史统计资料进行计算，在此基础上建立回归分析方程，即回归分析模型。

(3) 进行相关分析：回归分析是对具有因果关系的影响因素（自变量）和分析对象（因变量）所进行的数理统计分析处理。只有当变量与因变量确实存在某种关系时，建立的回归方程才有意义。因此，作为自变量与因变量是否有关，相关程度如何，以及判断这种相关程度的把握性多大，就成为进行回归分析必须要解决的问题。进行相关分析，一般要求出相关关系，以相关系数的大小来判断自变量和因变量的相关的程度。

(4) 检验回归预测模型：回归模型是否可用于实际预测，取决于对回归模型的检验和误差的计算。回归方程只有通过各种检验，且误差较小，才能将回归方程作为解释模型。

应用回归预测法时应首先确定变量之间是否存在相关关系。如果变量之间不存在相关关系，那这些变量应用回归预测法就会得出错误的结果。

正确应用回归分析预测时应注意以下几点：

(1) 用定性分析判断现象之间的依存关系。

(2) 避免回归预测的任意外推。

(3) 应用合适的数据资料。

3.2 资本资产定价模型

资本资产定价模型（capital asset pricing model，CAPM）是于1964年在资产组合理论和资本市场理论的基础上发展起来的，主要研究证券市场中资产的预期回报率与风险资产之间的关系，以及均衡价格是如何形成的，是现代金融市场价格理论的支柱，广泛应用于投资决策和公司理财领域。

资本资产定价模型假设所有投资者都按马克维茨的资产选择理论进行投资，对期望回报、方差和协方差等的估计完全相同，投资人可以自由借贷。基于这样的假设，资本资产定价模型研究的重点在于探求风险资产回报与风险的数量关系，即为了补偿某一特定程度的风险，投资者应该获得多少的回报率。

β系数（贝塔系数）是统计学上的概念，它所反映的是某一投资对象相对于大盘的表现情况。其绝对值越大，显示其回报变化幅度相对于大盘的变化幅度越大；绝对值越小，显示其变化幅度相对于大盘越小。如果是负值，则显示其变化的方向与大盘的变化方向相反；大盘涨的时候它跌，大盘跌的时候它涨。由于投资基金是为了取得专家理财的服务，以取得优于被动投资于大盘的表现情况，这一指标可以作为考察基金经理降低投资波动性风险的能力。在计算β系数时，除了基金的表现数据外，还需要有作为反映大盘表现的指标。

根据投资理论，全体市场本身的β系数为1，若基金投资组合净值的波动大于全体市场的波动幅度，则β系数大于1；反之，若基金投资组合净值的波动小于全体市场的波动幅度，则β系数就小于1。β系数越大的证券，通常是投机性较强的证券。以美国为例，通常以标准普尔500指数（S&P 500）代表股市，β系数为1。一个共同基金的β系数如果是1.10，表示其波动是股市的1.10倍，即上涨时比市场表现高于10%，而下跌时则比市场表现低于10%；若β系数为0.5，则波动情况只及一半。$\beta=0.5$表示为低风险股票，$\beta=1.0$表示为平均风险股票，而$\beta=2.0$表示为高风险股票，大多数股票的β系数为0.5～1.5。

模型为

$$E(R_i)-R_f=\beta_i[E(R_m)-R_f]$$

式中：R_i为个别资产（如个股）收益率；$E(R_i)$为个别资产的预期收益率；R_m为市场（如指数）收益率；R_f为无风险收益率（risk-free rate of return）。

无风险收益率一般都会用政府债券来代替，研究的收益若为1年，则采用政府公债1年期的利率；研究的数据若为1年内的，则采用国库券；国库券为短期公债，大部分国家很少发行，政府若未发行国库券，则用定期存款利率。

银行公布的定期存款利率为年利率，即

$$r_f=\frac{\text{定期存款利率}}{n},n=\frac{12}{\text{研究数据的月数}}$$

MacKinlay的模型将上式因变量、自变量进行时间序列线性回归，线性回归模型为

$$E(R_i)-R_f=\alpha_i+\beta_i[E(R_m)-R_f]$$

式中：α为异常收益的状况。

更精确地说，上述模型称为CAPM异常收益模型（excess return version of the

CAPM）。若显著，则表示研究对象存在异常收益；若不显著，则表示不存在异常收益。

3.3 无截距项回归

本节实证分析以中证产业系列指数为例，调查各产业季回报的市场风险的大小，中证规模系列指数有中证超大指数、中证 100 指数、中证 200 指数、中证 500 指数、中证 1000 指数（中证 700 成分股为中证 200 指数和中证 500 指数、沪深 300 成分股为中证 100 指数和中证 200 指数、中证 800 成分股为沪深 300 指数和中证 500 指数，这 3 种指数不作分析）。而市场指数采用中证全指，无风险回报则用 3 个月的定期存款利率。

3.3.1 数据描述

1. 数据介绍

本节共使用 7 个数据，分别是市场指数-中证全指、无风险利率- 3 个月定期存款利率和 5 个规模投资组合的指数。其中中证全指的 6 个市场指数：

（1）中证全指：中证全指由全部 A 股股票中剔除 ST、＊ST 股票，以及上市时间不足 3 个月等股票后的剩余股票构成样本股，具有较高的市场代表性。

（2）中证超大指数：中证超大指数从沪深 300 指数样本股中挑选规模最大的 50 只股票组成样本股，以综合反映沪深证券市场中最具市场影响力的一批超大市值公司的整体状况。指数采用等权重加权。

（3）中证 100 指数：中证 100 指数由沪深 300 指数成分股中规模最大的 100 只股票组成，综合反映中国 A 股市场中最具市场影响力的一批超大市值公司的股票价格表现。

（4）中证 200 指数：中证 200 指数由沪深 300 指数成分股中剔除中证 100 指数成分股后的 200 只股票组成，综合反映中国 A 股市场中大盘市值公司的股票价格表现。

（5）中证 500 指数：中证 500 指数由全部 A 股中剔除沪深 300 指数成分股及总市值排名前 300 名的股票后，总市值排名靠前的 500 只股票组成，综合反映中国 A 股市场中一批中小市值公司的股票价格表现。

（6）中证 1000 指数：中证 1000 指数由全部 A 股中剔除中证 800 指数成分股后，规模偏小且流动性好的 1000 只股票组成，综合反映中国 A 股市场中一批小市值公司的股票价格表现。

2. 数据走势图

利用 Excel 画出 7 个数据的走势图，如图 3.1 所示。

3. 数据建立

CAPM 的 3 个数据分别为市场收益率、各股（投资组合）收益率以及无风险利率，回报率的计算为

$$r_t = \frac{p_t - p_{t-1}}{p_{t-1}} \times 100$$

本节采用投资组合的指数，所以没有价格调整的问题，若研究个别股票，则需要考虑各股公司的股利问题，即若该公司在研究的时间内发放了 s 元的股票和 c 元的现金（每股），这时收益率的计算为（如果数据已经调整过，就采用上述的公式，如未调整，则要

用下列的公式。通常股票数据库会有调整过的股价和未调整过的股价，所以研究有关股价问题，最好用调整过的股价。）

$$r_t = \frac{(1+s)p_t + c - p_{t-1}}{p_{t-1}} \times 100$$

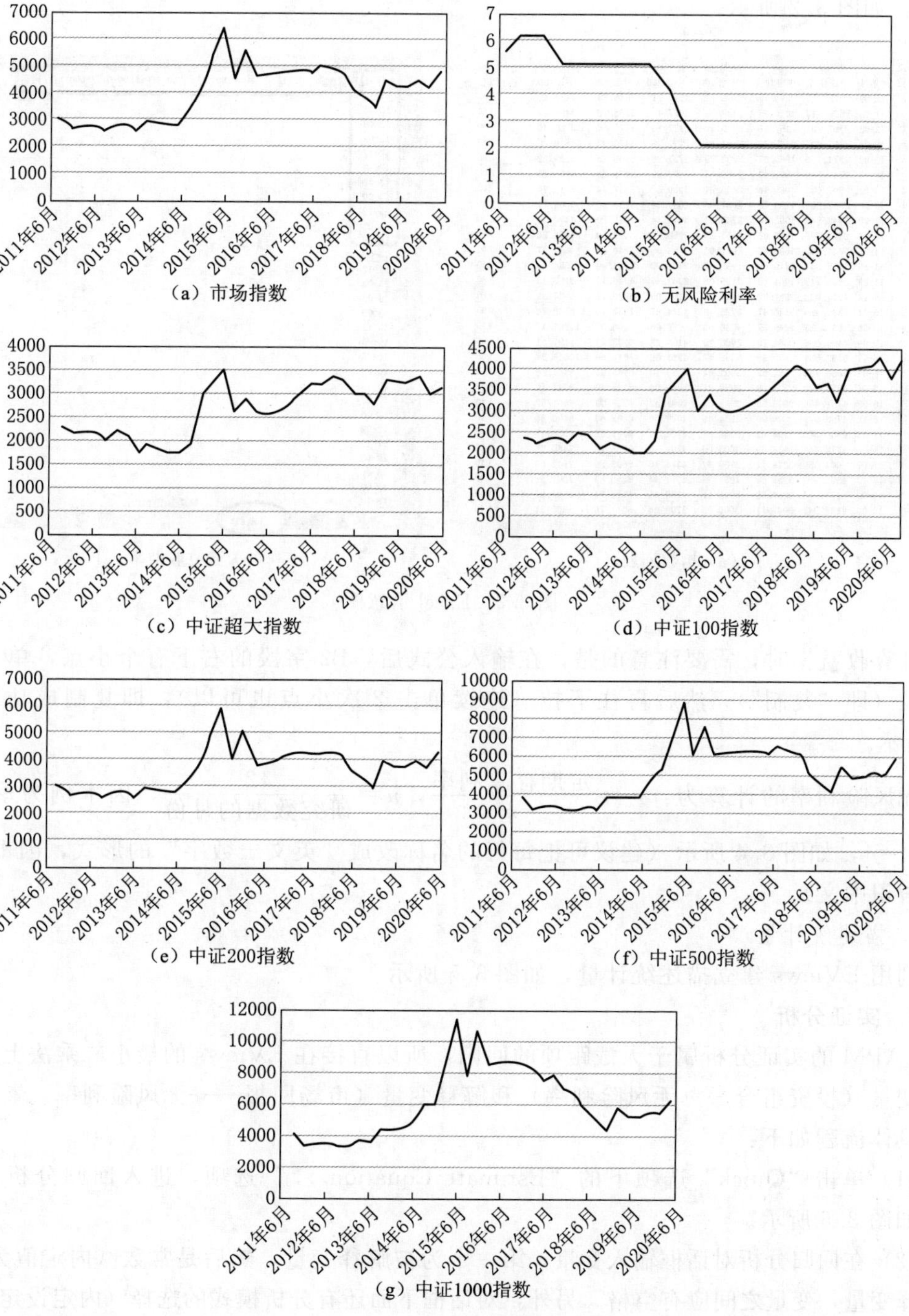

图 3.1 研究变量走势图

数据的整理与计算利用 Excel 较为方便。假设已经有研究数据（股价）了，可先利用下列的指数绘出上述的走势图（若研究各股 CAPM 时，由于变量很多，可以酌情画几个代替），然后开始计算收益率，再建立新的工作表（return），并将原工作表的每行名称及最左列的日期复制过去，并删除第一个时间（第一个时间没有前期指数，所以无法计算收益率），如图 3.2 所示。

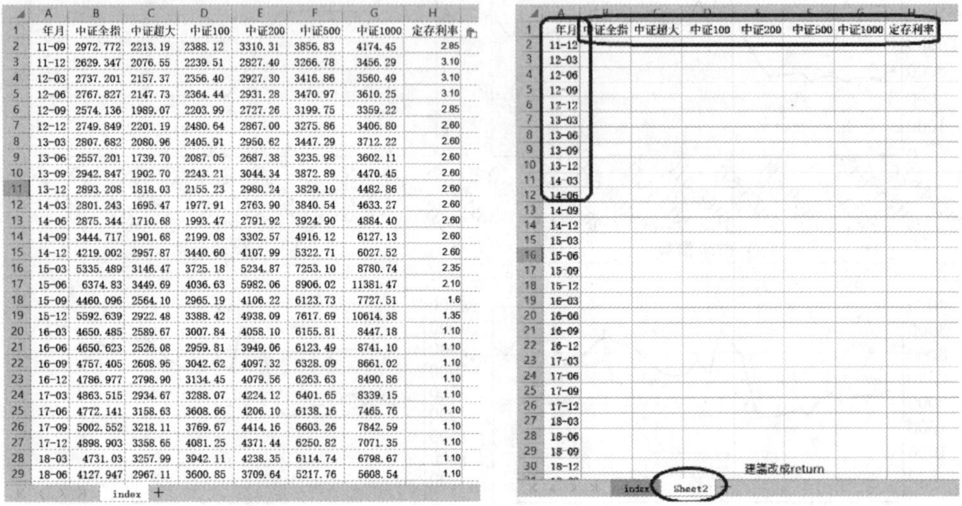

年月	中证全指	中证超大	中证100	中证200	中证500	中证1000	定存利率
11-09	2972.772	2213.19	2388.12	3310.31	3856.83	4174.45	2.85
11-12	2629.347	2076.55	2239.51	2827.40	3266.78	3456.29	3.10
12-03	2737.201	2157.37	2356.40	2927.30	3416.86	3560.49	3.10
12-06	2767.827	2147.73	2364.44	2931.28	3470.97	3610.25	3.10
12-09	2574.136	1989.07	2203.99	2727.26	3199.75	3359.22	2.85
12-12	2749.849	2201.19	2480.64	2867.00	3275.86	3406.80	2.60
13-03	2807.682	2080.96	2405.91	2950.62	3447.29	3712.22	2.60
13-06	2557.201	1739.70	2087.05	2687.38	3235.98	3602.11	2.60
13-09	2942.847	1902.70	2243.21	3044.34	3872.89	4470.45	2.60
13-12	2893.208	1818.03	2155.23	2980.24	3829.10	4482.86	2.60
14-03	2801.243	1695.47	1977.91	2763.90	3840.54	4633.27	2.60
14-06	2875.344	1710.68	1993.47	2791.92	3924.90	4884.40	2.60
14-09	3444.717	1901.68	2199.08	3302.57	4916.12	6127.13	2.60
14-12	4219.002	2957.87	3440.60	4107.99	5322.71	6027.52	2.60
15-03	5335.489	3146.47	3725.18	5234.87	7253.10	8780.74	2.35
15-06	6374.83	3449.69	4036.63	5982.06	8906.02	11381.47	2.10
15-09	4460.096	2564.10	2965.19	4106.22	6123.73	7727.51	1.6
15-12	5592.639	2922.48	3388.42	4938.09	7617.69	10614.38	1.35
16-03	4650.485	2589.67	3007.84	4058.10	6155.81	8447.18	1.10
16-06	4650.623	2526.08	2959.81	3949.06	6123.49	8741.10	1.10
16-09	4757.405	2608.95	3042.62	4097.32	6328.09	8661.02	1.10
16-12	4786.977	2798.90	3134.45	4079.56	6263.63	8490.86	1.10
17-03	4863.515	2934.67	3288.07	4224.12	6401.65	8339.15	1.10
17-06	4772.141	3158.63	3608.66	4206.10	6138.16	7465.76	1.10
17-09	5002.552	3218.11	3769.67	4414.16	6603.26	7842.59	1.10
17-12	4898.903	3358.65	4081.25	4371.44	6250.82	7071.35	1.10
18-03	4731.03	3257.99	3942.11	4238.35	6114.74	6798.67	1.10
18-06	4127.947	2967.11	3600.85	3709.64	5217.76	5608.54	1.10

（a）指数列表　　（b）建立收益率

图 3.2　Excel 示意图

计算收益率时，需要注意的是，在输入公式后，B2 字段的右下有个小点，单击小点往右拉（即“复制”），然后再往下拉（连续单击 2 次小点也可以），即复制成功，如图 3.3 所示。

无风险利率的计算为：$r_t = \dfrac{\text{定期存款利率}}{n}$，$n = \dfrac{12}{\text{研究数据的月份}}$，因本例为季回报，所以 $n=4$，如图 3.4 所示（建议可把每行的名称改成“英文＋数字”的形式，因 EViews 无法辨识中文）。

4. 描述统计量

利用 EViews 建立描述统计量，如图 3.5 所示。

3.3.2　实证分析

CAPM 的实证分析属于无截距项的回归，所以直接在 EViews 的最小二乘法上输入被解释变量（投资组合——无风险利率）和解释变量（市场回报——无风险利率）。

具体流程如下：

（1）单击“Quick”选项下的“Estimate Equation...”选项，进入回归分析的对话框，如图 3.6 所示。

（2）在回归分析对话框输入变量，第一个为被解释变量，然后是常数（内定值为“*C*”）和解释变量，变量之间应有空格。另外，对话框下面还有分析模式的选择（内定设定为最小二乘法）和样本的范围（内定设定为全部样本）。EViews 分析模式选择框如图 3.7 所示。

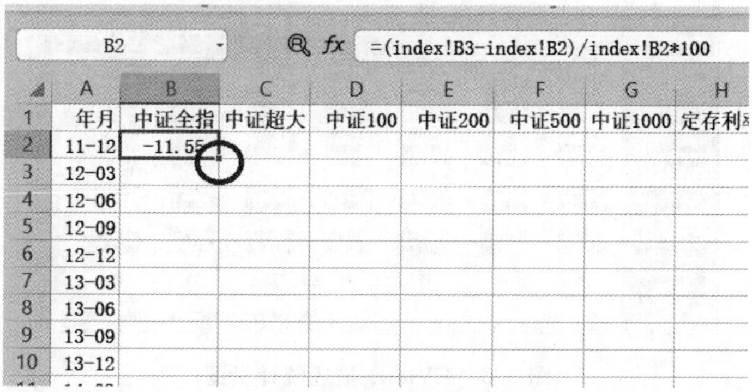

B2 fx =(index!B3-index!B2)/index!B2*100

	A	B	C	D	E	F	G	H
1	年月	中证全指	中证超大	中证100	中证200	中证500	中证1000	定存利率
2	11-12	-11.55						
3	12-03							
4	12-06							
5	12-09							
6	12-12							
7	13-03							
8	13-06							
9	13-09							
10	13-12							

（a）横向复制

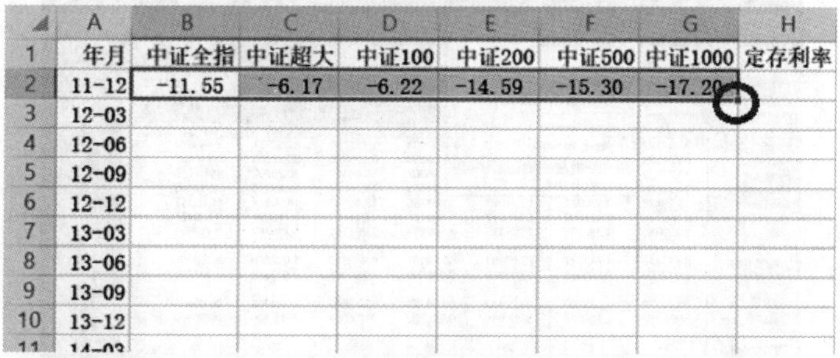

	A	B	C	D	E	F	G	H
1	年月	中证全指	中证超大	中证100	中证200	中证500	中证1000	定存利率
2	11-12	-11.55	-6.17	-6.22	-14.59	-15.30	-17.20	
3	12-03							
4	12-06							
5	12-09							
6	12-12							
7	13-03							
8	13-06							
9	13-09							
10	13-12							

（b）纵向复制

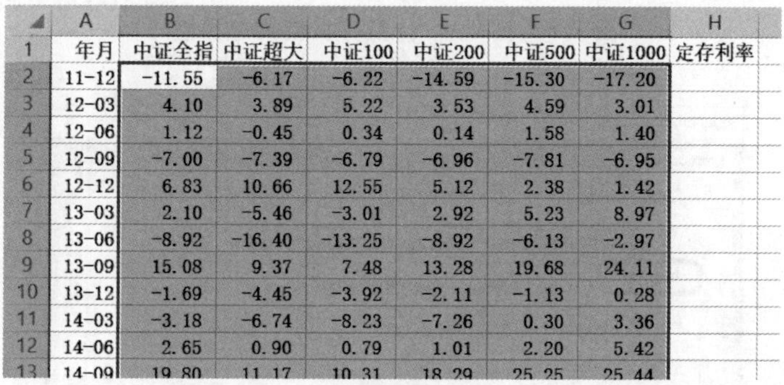

	A	B	C	D	E	F	G	H
1	年月	中证全指	中证超大	中证100	中证200	中证500	中证1000	定存利率
2	11-12	-11.55	-6.17	-6.22	-14.59	-15.30	-17.20	
3	12-03	4.10	3.89	5.22	3.53	4.59	3.01	
4	12-06	1.12	-0.45	0.34	0.14	1.58	1.40	
5	12-09	-7.00	-7.39	-6.79	-6.96	-7.81	-6.95	
6	12-12	6.83	10.66	12.55	5.12	2.38	1.42	
7	13-03	2.10	-5.46	-3.01	2.92	5.23	8.97	
8	13-06	-8.92	-16.40	-13.25	-8.92	-6.13	-2.97	
9	13-09	15.08	9.37	7.48	13.28	19.68	24.11	
10	13-12	-1.69	-4.45	-3.92	-2.11	-1.13	0.28	
11	14-03	-3.18	-6.74	-8.23	-7.26	0.30	3.36	
12	14-06	2.65	0.90	0.79	1.01	2.20	5.42	
13	14-09	19.80	11.17	10.31	18.29	25.25	25.44	

（c）完全复制成功

图 3.3　Excel 横向、纵向复制示意图

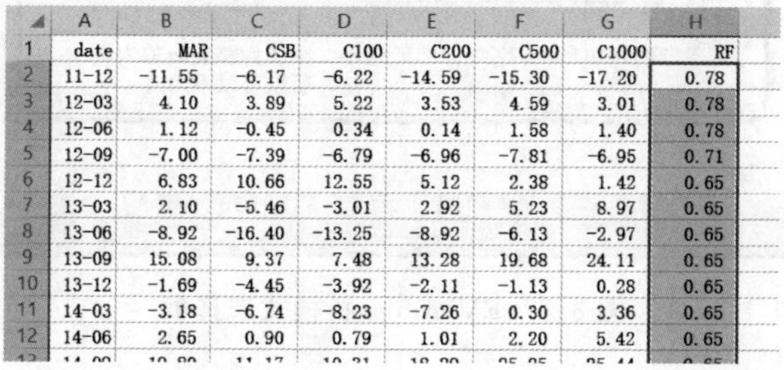

	A	B	C	D	E	F	G	H
1	date	MAR	CSB	C100	C200	C500	C1000	RF
2	11-12	-11.55	-6.17	-6.22	-14.59	-15.30	-17.20	0.78
3	12-03	4.10	3.89	5.22	3.53	4.59	3.01	0.78
4	12-06	1.12	-0.45	0.34	0.14	1.58	1.40	0.78
5	12-09	-7.00	-7.39	-6.79	-6.96	-7.81	-6.95	0.71
6	12-12	6.83	10.66	12.55	5.12	2.38	1.42	0.65
7	13-03	2.10	-5.46	-3.01	2.92	5.23	8.97	0.65
8	13-06	-8.92	-16.40	-13.25	-8.92	-6.13	-2.97	0.65
9	13-09	15.08	9.37	7.48	13.28	19.68	24.11	0.65
10	13-12	-1.69	-4.45	-3.92	-2.11	-1.13	0.28	0.65
11	14-03	-3.18	-6.74	-8.23	-7.26	0.30	3.36	0.65
12	14-06	2.65	0.90	0.79	1.01	2.20	5.42	0.65

图 3.4　定期存款利率转换图

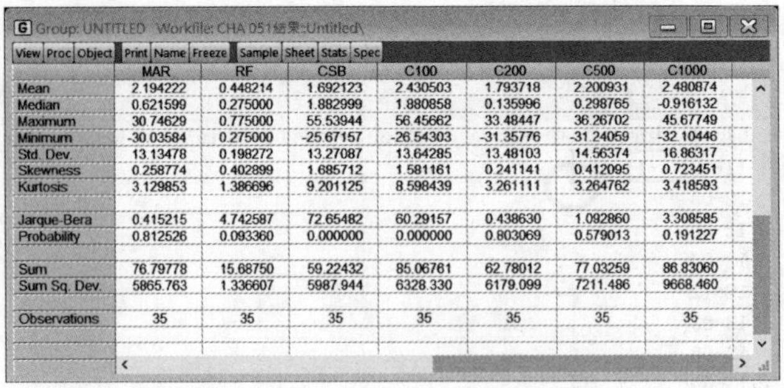

	MAR	RF	CSB	C100	C200	C500	C1000
Mean	2.194222	0.448214	1.692123	2.430503	1.793718	2.200931	2.480874
Median	0.621599	0.275000	1.882999	1.880858	0.135996	0.298765	-0.916132
Maximum	30.74629	0.775000	55.53944	56.45662	33.48447	36.26702	45.67749
Minimum	-30.03584	0.275000	-25.67157	-26.54303	-31.35776	-31.24059	-32.10446
Std. Dev.	13.13478	0.198272	13.27087	13.64285	13.48103	14.56374	16.86317
Skewness	0.258774	0.402899	1.685712	1.581161	0.241141	0.412095	0.723451
Kurtosis	3.129853	1.386696	9.201125	8.598439	3.261111	3.264762	3.418593
Jarque-Bera	0.415215	4.742587	72.65482	60.29157	0.438630	1.092860	3.308585
Probability	0.812526	0.093360	0.000000	0.000000	0.803069	0.579013	0.191227
Sum	76.79778	15.68750	59.22432	85.06761	62.78012	77.03259	86.83060
Sum Sq. Dev.	5865.763	1.336607	5987.944	6328.330	6179.099	7211.486	9668.460
Observations	35	35	35	35	35	35	35

图 3.5　EViews 描述统计量图

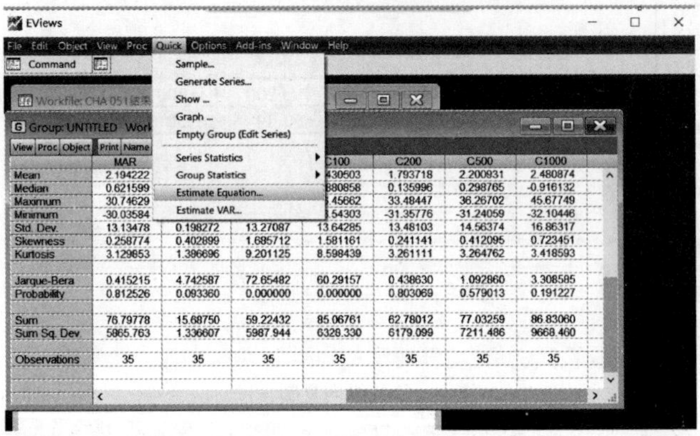

图 3.6　EViews 计量分析模式选择框

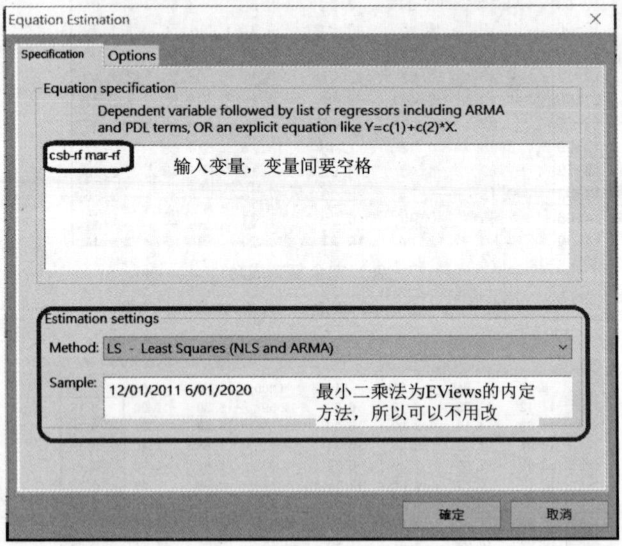

图 3.7　EViews 分析模式选择框

（3）最终结果包括被解释变量、分析方法、分析时间、样本数的范围和解释变量的分析结果（回归 β 系数、标准误、t 值和 p 值）以及所有的统计值（见本章知识拓展）。

EViews 回归分析结果框图如图 3.8 所示。

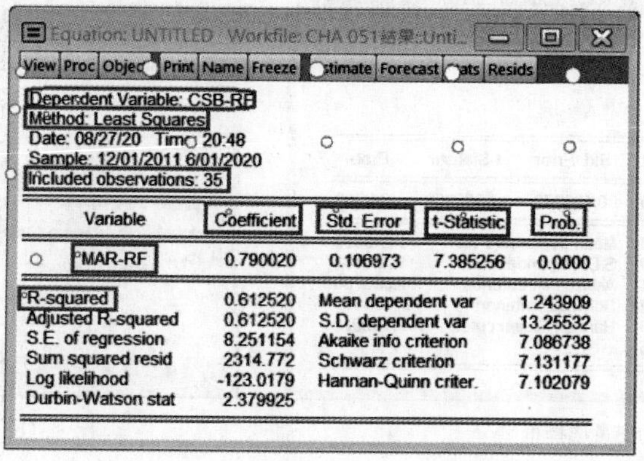

图 3.8　EViews 回归分析结果框图

中证超大指数的 CAPM 为

$$E(r_{\text{csb}})-r_f=0.790\times[E(r_{\text{m}})-r_{\text{f}}]$$
$$(0.107)$$

回归方程式可用三行来表示，第一行为回归方程式；第二行为标准偏差（或 t 值），在系数下标注并用括号表示；第三行则用“ * ”表示显著的情况。上式因不显著，所以无须标注“ * ”。

（4）可将 EViews 的结果复制到 Excel 上，进一步检验 β 系数的大小（EViews 的检验模式为 β 系数是否为 0，而 CAPM 模型的风险是要检验 β 系数大于 1 或小于 1）。

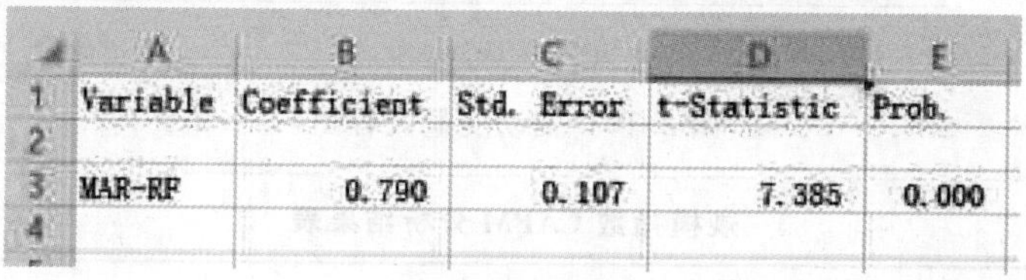

图 3.9　EViews 复制到 Excel 示意图

由图 3.9 可检验 β 系数是否小于 1。即

$$t=\frac{\beta-1}{\frac{s}{\sqrt{n}}}=\frac{0.790-1}{0.107}=-1.963<-1.645\text{，所以无法拒绝。}$$

（5）验证其他投资组合。不用重新进行操作，直接单击结果框的“Estimate”就可以进入回归分析的对话框，直接修改被解释变量即可，如图 3.10 所示。

规模指数 CAPM 分析结果见表 3.1，由此得知大型股的风险比市场小，而小型股的风险比市场大。

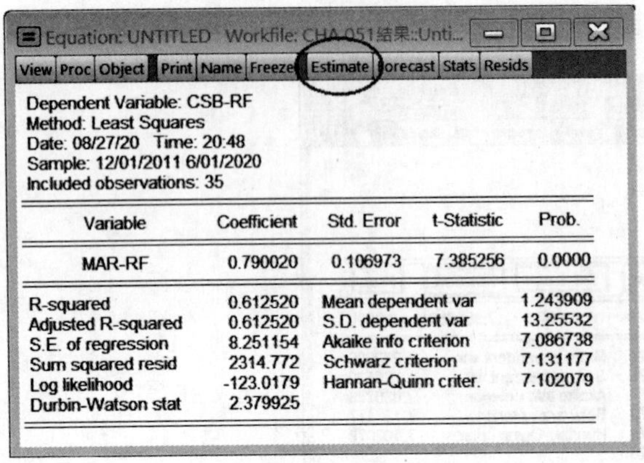

（a）变动变量选择框

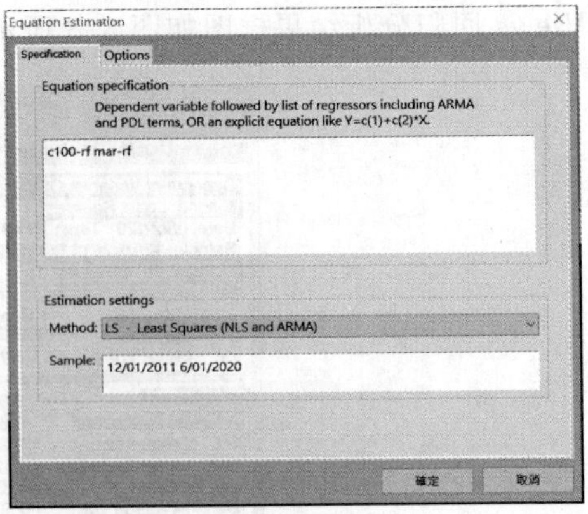

（b）变量填写

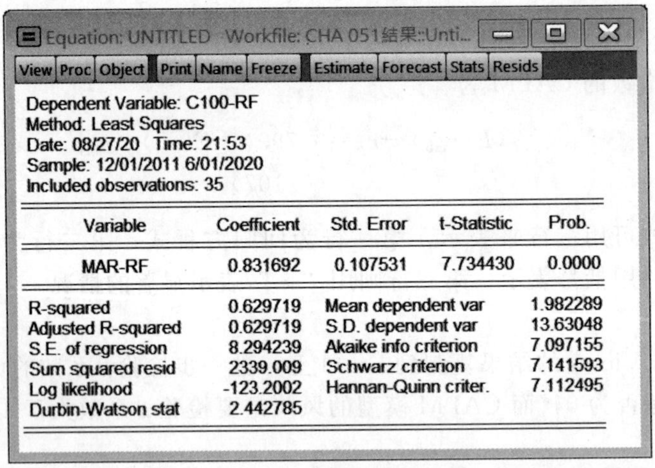

（c）结果

图 3.10　变动变量流程图

表 3.1　　**规模指数 CAPM 分析结果表**

投资组合	系　数	标准误	H_0-t 值
CSB	0.790	0.107	−1.963
C100	0.832	0.108	−1.565
C200	1.009	0.029	0.319
C500	1.069	0.049	1.409
C1000	1.170	0.090	1.892

3.4　异　常　收　益

本节实证分析以中证产业系列指数为例，调查各产业季回报的市场风险的大小，中证行业系列指数有全指电信、全指能源、全指工业、全指公用、全指消费、全指可选、全指金融、全指信息、全指材料以及全指医药。市场指数采用中证全指，无风险回报则用3个月的定期存款利率。

3.4.1 数据描述

1. 数据介绍

本节共使用12个数据，分别是市场指数-中证全指、无风险利率-3个月定期存款利率和10个投资组合的指数。其中10个投资组合如下：

（1）全指电信指数：从中证全指样本股电信业务行业内选择流动性和市场代表性较好的股票构成指数样本股，以反映沪深两市电信业务行业内公司股票的整体表现。

（2）全指能源指数：从中证全指样本股能源行业内选择流动性和市场代表性较好的股票构成指数样本股，以反映沪深两市能源行业内公司股票的整体表现。

（3）全指工业指数：从中证全指样本股工业行业内选择流动性和市场代表性较好的股票构成指数样本股，以反映沪深两市工业行业内公司股票的整体表现。

（4）全指公用指数：从中证全指样本股公用事业行业内选择流动性和市场代表性较好的股票构成指数样本股，以反映沪深两市公用事业行业内公司股票的整体表现。

（5）全指消费指数：从中证全指样本股主要消费行业内选择流动性和市场代表性较好的股票构成指数样本股，以反映沪深两市主要消费行业内公司股票的整体表现。

（6）全指可选指数：从中证全指样本股可选消费行业内选择流动性和市场代表性较好的股票构成指数样本股，以反映沪深两市可选消费行业内公司股票的整体表现。（必要的消费品和其他消费品：主要消费——日常生活中最基本的、必须要用到的消费品，包括农牧渔产品、食品饮料、家庭个人用品等，如酒、牛奶、面包等。可选消费——除必需消费以外的消费，涵盖了家庭消费生活的方方面面，包括汽车与汽车零配件、耐用消费品、纺织服装与奢侈品、消费者服务、传媒、零售业等。像我们熟知的美的、格力、比亚迪、华谊兄弟等都是可选消费。）

（7）全指金融指数：从中证全指样本股金融地产行业内选择流动性和市场代表性较好的股票构成指数样本股，以反映沪深两市金融地产行业内公司股票的整体表现。

（8）全指信息指数：从中证全指样本股信息技术行业内选择流动性和市场代表性较好的股票构成指数样本股，以反映沪深两市信息技术行业内公司股票的整体表现。

（9）全指材料指数：从中证全指样本股原材料行业内选择流动性和市场代表性较好的股票构成指数样本股，以反映沪深两市原材料行业内公司股票的整体表现。

（10）全指医药指数：从中证全指样本股医药卫生行业内选择流动性和市场代表性较好的股票构成指数样本股，以反映沪深两市医药卫生行业内公司股票的整体表现。

2. 数据走势图

利用Excel画出12个数据的走势图，如图3.11所示。

3. 描述统计量

事先选定变量→单击“Quick”选项→“Group Statistics”选项→“Descriptive”选项→“Common sample”选项。

与前面操作模式相同就不再重复说明。12个变量的描述统计量EViews呈现结果如图3.12所示。

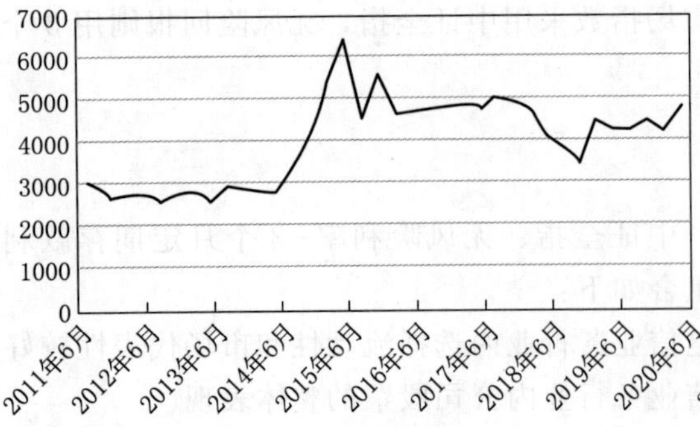

(a) 市场指数

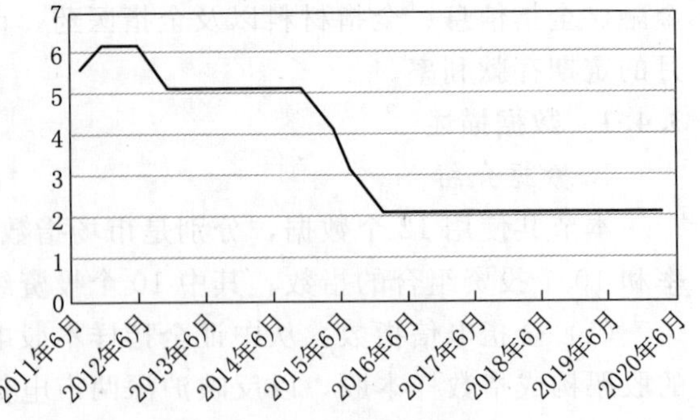

(b) 无风险利率

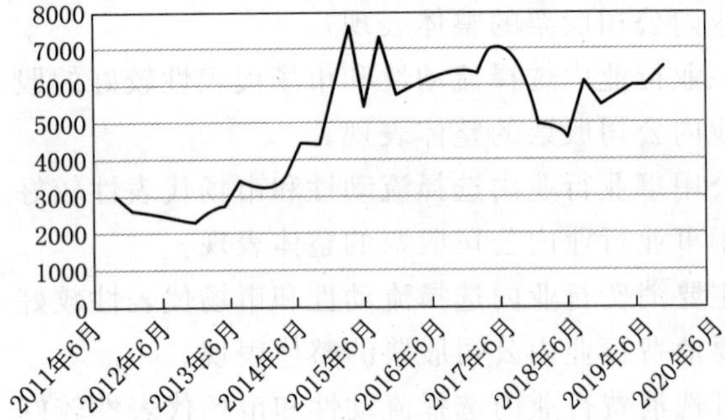

(c) 全指电信指数

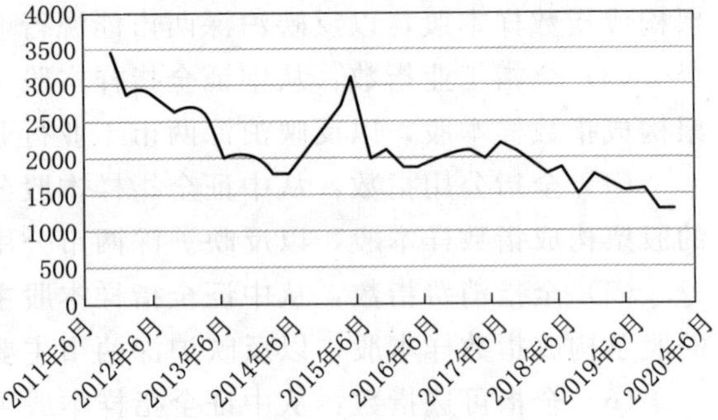

(d) 全指能源指数

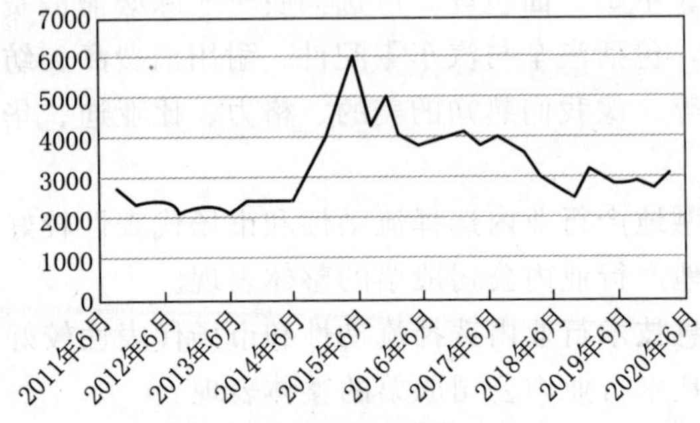

(e) 全指工业指数

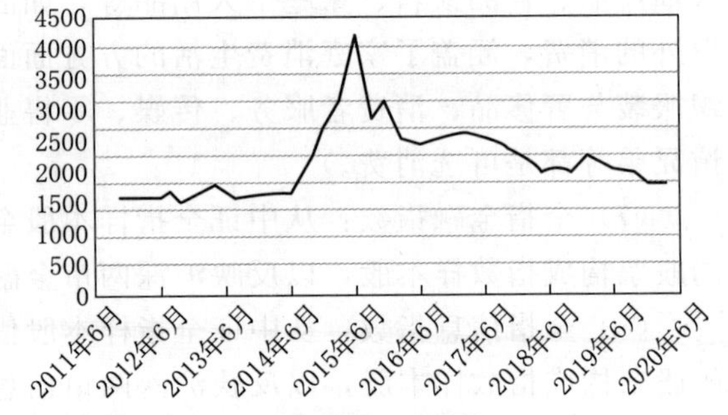

(f) 全指公用指数

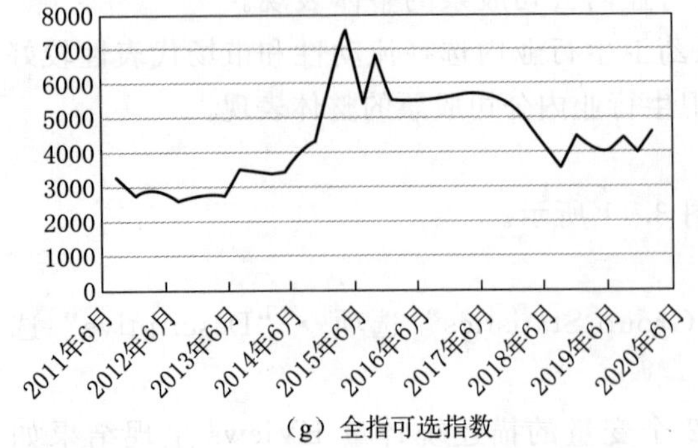

(g) 全指可选指数

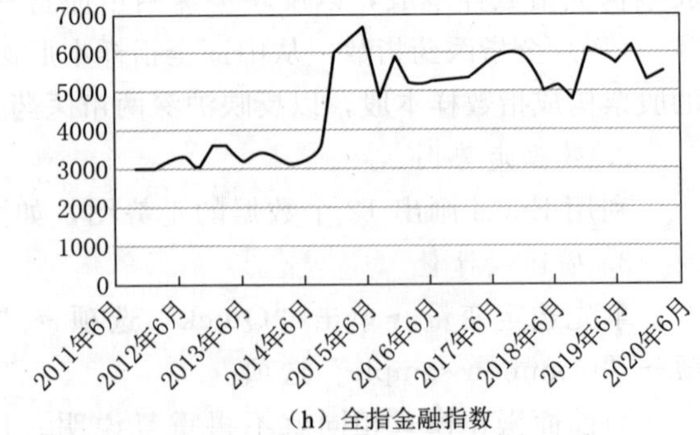

(h) 全指金融指数

图 3.11（一）　各类指数走势图

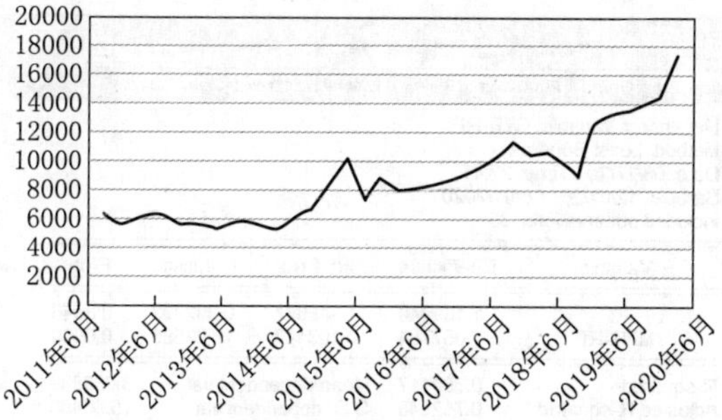

（i）全指消费指数

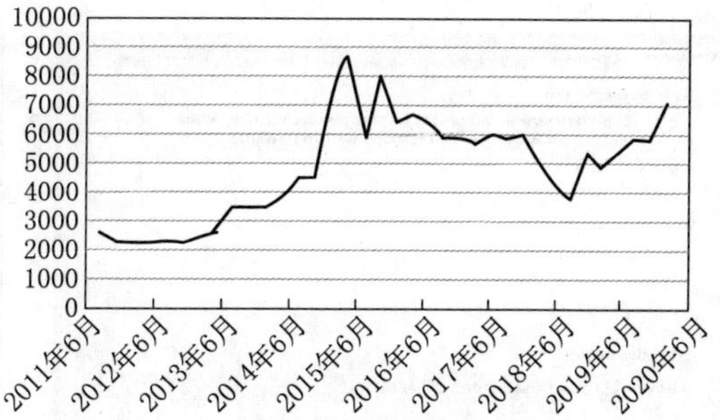

（j）全指信息指数

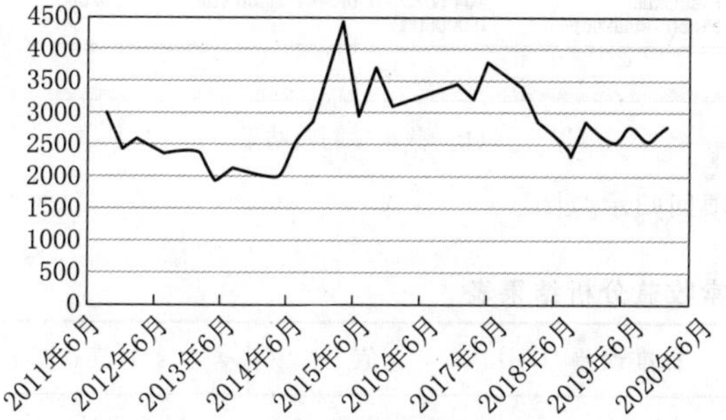

（k）全指材料指数

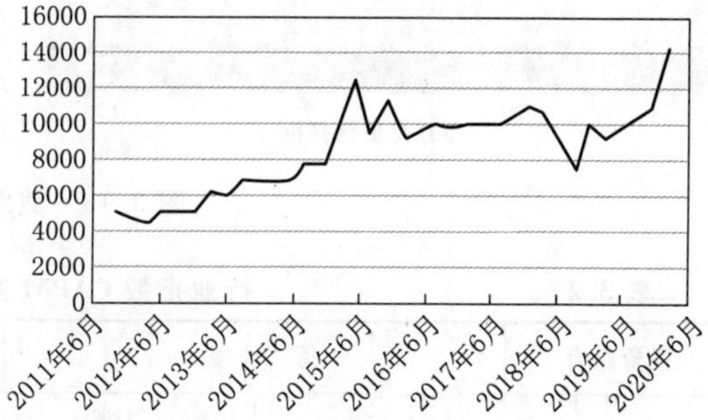

（l）全指医药指数

图 3.11（二） 各类指数走势图

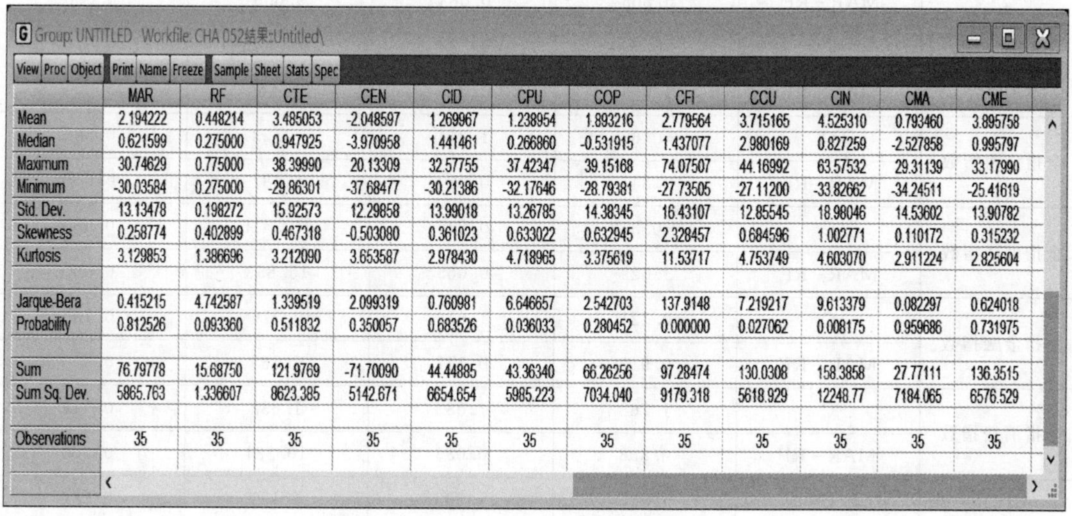
Group: UNTITLED Workfile: CHA 052结果::Untitled\

View Proc Object Print Name Freeze Sample Sheet Stats Spec

	MAR	RF	CTE	CEN	CID	CPU	COP	CFI	CCU	CIN	CMA	CME
Mean	2.194222	0.448214	3.485053	-2.048597	1.269967	1.238954	1.893216	2.779564	3.715165	4.525310	0.793460	3.895758
Median	0.621599	0.275000	0.947925	-3.970958	1.441461	0.266860	-0.531915	1.437077	2.980169	0.827259	-2.527858	0.995797
Maximum	30.74629	0.775000	38.39990	20.13309	32.57755	37.42347	39.15168	74.07507	44.16992	63.57532	29.31139	33.17990
Minimum	-30.03584	0.275000	-29.86301	-37.68477	-30.21386	-32.17646	-28.79381	-27.73505	-27.11200	-33.82662	-34.24511	-25.41619
Std. Dev.	13.13478	0.198272	15.92573	12.29858	13.99018	13.26785	14.38345	16.43107	12.85545	18.98046	14.53602	13.90782
Skewness	0.258774	0.402899	0.467318	-0.503080	0.361023	0.633022	0.632945	2.328457	0.684596	1.002771	0.110172	0.315232
Kurtosis	3.129853	1.386696	3.212090	3.653587	2.978430	4.718965	3.375619	11.53717	4.753749	4.603070	2.911224	2.825604
Jarque-Bera	0.415215	4.742587	1.339519	2.099319	0.760981	6.646657	2.542703	137.9148	7.219217	9.613379	0.082297	0.624018
Probability	0.812526	0.093360	0.511832	0.350057	0.683526	0.036033	0.280452	0.000000	0.027062	0.008175	0.959686	0.731975
Sum	76.79778	15.68750	121.9769	-71.70090	44.44885	43.36340	66.26256	97.28474	130.0308	158.3858	27.77111	136.3515
Sum Sq. Dev.	5865.763	1.336607	8623.385	5142.671	6654.654	5985.223	7034.040	9179.318	5618.929	12248.77	7184.065	6576.529
Observations	35	35	35	35	35	35	35	35	35	35	35	35

图 3.12 描述统计量图

3.4.2 实证分析

异常回报 CAPM 与 CAPM 最大的不同在于有截距项，所以变量的输入需要多一个常数项，EViews 内定符号为 c，如图 3.13 所示。

异常回报的检定看 c 值（H_0：$\alpha>0$ 或 H_0：$\alpha<0$），见表 3.2。

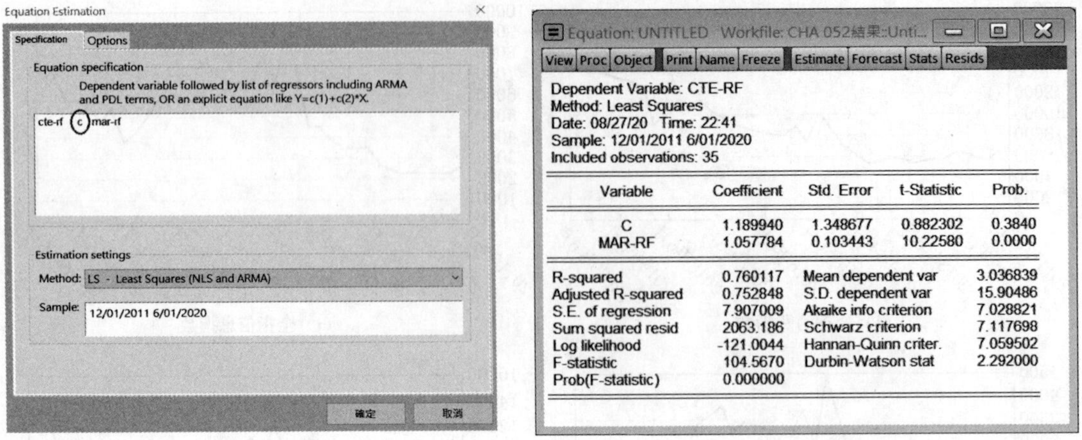

（a）变量选择框　　（b）截距项回归结果

图 3.13　截距项回归示范图

表 3.2　　行业指数 CAPM 异常收益分析结果表

投资组合	系数		标准误差	t 值	p 值
全指电信指数	C	1.190	1.349	0.882	0.384
	MAR－RF	1.058	0.103	10.226	0.000
全指能源指数	C	－3.902	1.092	－3.573	0.001
	MAR－RF	0.805	0.084	9.609	0.000
全指工业指数	C	－0.990	0.538	－1.842	0.075
	MAR－RF	1.038	0.041	25.166	0.000
全指公用指数	C	－0.677	1.261	－0.537	0.595
	MAR－RF	0.841	0.097	8.687	0.000
全指可选指数	C	－0.352	0.847	－0.416	0.680
	MAR－RF	1.029	0.065	15.853	0.000
全指金融指数	C	0.721	1.919	0.376	0.709
	MAR－RF	0.922	0.147	6.265	0.000
全指消费指数	C	1.768	1.083	1.632	0.112
	MAR－RF	0.858	0.083	10.331	0.000
全指信息指数	C	1.915	1.693	1.131	0.266
	MAR－RF	1.239	0.130	9.537	0.000
全指材料指数	C	－1.503	0.744	－2.021	0.052
	MAR－RF	1.059	0.057	18.555	0.000
全指医药指数	C	1.932	1.381	1.400	0.171
	MAR－RF	0.868	0.106	8.195	0.000

从表 3.2 得知，全指能源指数、全指工业指数和全指材料指数存在异常回报，不过是负的。

【本章重点与财务应用的专有名词】

CAPM

截距项

异常收益

行业指数

规模指数

【上机练习】

试分析某一个行业的各股异常收益与风险的状况。

知 识 拓 展

1. 加权综合指数的计算

加权综合指数指通过加权来测定一组项目的综合变动，因权数不同，有不同的计算公式，分别为拉氏价格指数（Laspeyres index）和帕氏价格指数（Paasche index）。

（1）拉氏价格指数是于 1864 年由德国学者拉斯贝尔斯（Laspeyres）提出的一种价格指数计算方法。该方法在计算一组商品价格的综合指数时，把作为权数的销售量（或价格）固定在基期。计算公式为

$$I_p=\frac{\sum q_0 \cdot p_1}{\sum q_0 \cdot p_0}, I_q=\frac{\sum q_1 \cdot p_0}{\sum q_0 \cdot p_0}$$

（2）帕氏价格指数是于 1874 年由德国学者帕煦（Paasche）所提出的一种指数计算方法。该方法在计算价格综合指数时，把作为权数的销售量（或价格）固定在报告期。计算公式为

$$I_p=\frac{\sum q_1 \cdot p_1}{\sum q_1 \cdot p_0}, I_q=\frac{\sum q_1 \cdot p_1}{\sum q_0 \cdot p_1}$$

股票指数计算方式也有许多方法，但最常被使用的是加权股价指数：

发行量加权股价指数=(当期总发行市值/基值)×基期指数

当期总发行市值为各采样股票价格乘以发行股数所得市值之总和，因此，发行公司的市值越高，占指数的权重就越高，这就是典型的权值股。

市值则是当时的价格乘以流通股数，换言之，流通股数就是加权的因子。例如，中证全指指数 2004 年 12 月 31 日为基日，以 1000 点为基点。样本选取方法为：中证全指指数的样本股由非 ST、＊ST 股票、非暂停上市股票件的沪深 A 股且上市时间超过一个季度，除非该股票自上市以来的日均 A 股总市值在全部沪深 A 股中排在前 30 位。

所以：

$$\text{CSI}=\frac{\text{当期样本总市值}}{\text{基期样本总市值}}\times 1000=\frac{\sum p_i \cdot s_i}{\sum p_{0i} \cdot s_{0i}}\times 1000$$

2. EViews 回归分析结果说明

EViews 回归分析结果由 3 个部分组成，分别为基本状态、回归分析统计量和统计量总结，如图 3.14 所示。

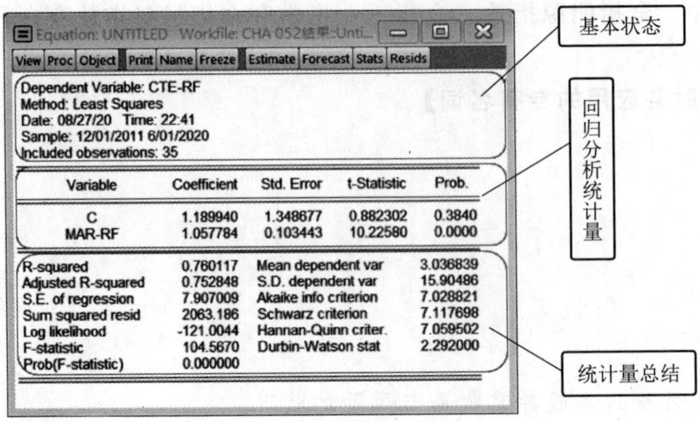

图 3.14　EViews 回归分析结果总图

（1）基本状态介绍了被解释变量（dependent variable）、分析方法（method）、分析时间（date time）、样本数（sample）和观察值个数（included observations）。

（2）回归分析统计量则有变量（variable）、回归系数（coefficient）、标准误（standard error）、t-统计量（t-statistic）和概率（probability）。

1）回归系数。最小二乘估计的系数 b 为

$$b=(x'x)^{-1}x'y$$

注意，回归系数的正负要符合理论和实际。截距项的回归系数无论是否通过 t 检验都没有实际的经济意义。

2）标准误。标准差项列出了系数估计的标准差，估计系数的协方差矩阵为

$$\mathrm{VAR}(b)=s^2(x'x)^{-1}s^2=\frac{\hat{\varepsilon}'\hat{\varepsilon}}{T-k},\hat{\varepsilon}=y-xb$$

标准误差越大，回归系数的估计值越不可靠，这可以通过 T 值的计算公式可知。

3）t-统计量。t-统计量是由系数估计值和标准差之间的比率来计算，它是用来检验系数为零的假设的。

通过查表可以得到相应的临界值：如果该值大于临界值，则该系数在相应的显著水平上是可靠的；如果该值小于临界值，则系数在相应显著水平上是不显著的。

4）概率。结果的最后一项是在误差项为正态分布或系数估计值为渐近正态分布的假设下，指出 t-统计量与实际观测值一致的概率。这个概率称为边际显著性水平或 P 值。

P 值为理论 T 值超越样本 T 值的概率，应该联系显著性水平 α 相比，α 表示原假设成立的前提下，理论 T 值超过样本 T 值的概率，当 P 值小于 α 值，说明这种结果实际出现的概率比在原假设成立的前提下这种结果出现的可能性还小，但它偏偏出现了，因此拒绝接受原假设。

（3）统计量总结包括 R^2 统计量（R-squared）、调整 R^2（adjusted R-squared）、回归标准差（S. E. of regression）、残差平方和（sum squared resid）、对数似然函数值（log likelihood）、Durbin-Watson 统计量（Durbin-Watson stat）、解释变量均值（mean dependent var）、解释变量标准差（S. D. dependent var）、AIC 准则（Akaike info criterion）、Schwarz 准则（Schwarz criterion）、HQC 准则（Hannan-Quinn criter）、F

统计量（F - statistic）和边际显著性水平 Prob（F - statistic）。

1）R^2 统计量。R^2 统计量衡量在样本内预测因变量值的回归是否成功。其计算公式为

$$R^2 = 1 - \frac{\hat{\varepsilon}'\hat{\varepsilon}}{(y-\overline{y})'(y-\overline{y})}, \overline{y} = \sum_{i=1}^{T} \frac{y_i}{T}$$

表示回归的拟合程度，就是被解释变量被所有解释变量解释的部分。R^2 的取值范围为 0～1，如果 R^2 等于 0，则表示该回归并不比被解释变量的简单平均数预测得更好；如果 R^2 等于 1，则表示该回归拟合得最为完美。

2）调整 R^2（$\overline{R}^2$）。使用 R^2 作为衡量工具存在一个问题，即在增加新的自变量时，R^2 不会减少。调整后的 R^2 通常解释为消除 R^2 中对模型没有解释力的新增变量，即

$$\overline{R}^2 = 1-(1-R^2)\frac{T-1}{T-K}$$

经自由度修正后的可决系数，从公式可知，调整后的可决系数小于可决系数（未调整的），并且可决系数可能为负，此时说明模型极不可靠。

随着解释变量的增加，R^2 只会增加而不会减少。为对增加的解释变量进行“惩罚”，所以需要对 R^2 进行调整。

3）回归标准差。回归标准差是在残差的方差的估计值基础之上的一个总结。计算方法为

$$s = \sqrt{\frac{\hat{\varepsilon}'\hat{\varepsilon}}{T-K}}$$

残差是经自由度修正后的标准差，OLS 的实质其实就是使得均方差最小化，而均方差与此的区别就是没有经过自由度修正。

4）残差平方和。残差平方和可以用于很多统计计算中，即

$$\hat{\varepsilon}'\hat{\varepsilon} = \sum_{i=1}^{T}(y_i - x_i b)^2$$

5）对数似然函数值。对数似然计算方法为

$$L = -\frac{T}{2}\left[1+\ln(2\pi) + \ln\frac{\varepsilon'\varepsilon}{T}\right]$$

对数似然估计函数值一般取负值，实际值（不是绝对值）越大越好。原因为：第一，基本推理。对于似然函数，如果是离散分布，最后得到的数值直接就是概率，取值区间为 0～1，对数化之后的值就是负数了；如果是连续变量，因为概率密度函数的取值区间并不局限于 0～1，所以最后得到的似然函数值不是概率而是概率密度函数值，这样对数化之后的正负就不确定了。第二，Eviews 的计算公式解释。公式值的大小关键取决于残差平方和（以及样本容量），只有当残差平方和与样本容量的比之很小时，括号内的值才可能为负，从而公式值为正，这说明参数拟合效度很高；反之公式值为负，但其绝对值越小表示残差平方和越小，因而参数拟合效度越高。

6）Durbin - Watson 统计量。Durbin - Watson 统计量（$D-W$ 统计量）衡量残差的序列相关性，作为一个规则，如果 $D-W$ 值小于 2，证明存在正序列相关。计算方法为

$$D-W=\frac{\sum_{i=2}^{T}(\hat{\varepsilon}_i-\hat{\varepsilon}_{i-1})^2}{\sum_{i=2}^{T}\hat{\varepsilon}_i^2}$$

$D-W$ 统计量用于检验序列的自相关，公式就是测度残差序列与残差的滞后一期序列之间的差异大小，经过推导可以得出 $D-W$ 值与两者相关系数的等式关系，因而很容易判断。$D-W$ 值的取值区间为 0～4，当 $D-W$ 值很小时（一般小于 1），表明序列可能存在正自相关；当 $D-W$ 值很大时（一般大于 3），表明序列可能存在负自相关；当 $D-W$ 值在 2 附近时（在 1.5～2.5），表明序列无自相关；其余的取值区间表明无法确定序列是否存在自相关。当然，$D-W$ 具体的临界值还需要根据样本容量和解释变量的个数通过查表来确定。

$D-W$ 值并不是一个很适用的检验手段，因为它存在苛刻的假设条件：解释变量为非随机的；随机扰动项为一阶自回归形式；解释变量不能包含滞后的被解释变量；必须有截距项；数据无缺失值。当然，可以通过 $DW-h$ 检验来检验包含滞后被解释变量作为解释变量的序列是否存在自相关。h 统计量与滞后被解释变量的回归系数的方差呈正相关关系，可以消除其影响。

7）解释变量均值和标准差。y 的均值 $\overline{y}$ 和标准差 s_y 由下面的标准公式算出：

$$\overline{y}=\frac{\sum_{i=1}^{T}y_i}{T},s_y=\sqrt{\frac{\sum_{i=1}^{T}(y_i-\overline{y})^2}{T-1}}$$

8）AIC 准则。其公式为

$$\text{AIC}=-\frac{2L}{T}+\frac{2k}{T}$$

式中：L 为对数似然估计函数值；k 为滞后阶数；T 为样本容量。

AIC 和 SC 在时间序列分析过程中的滞后阶数确定过程中非常重要，一般是越小越好。

可知：当滞后阶数小时，$2\times k/T$ 也小，但因为模型的模拟效果较差，所以 L（负值）会较小，加上负号之后则变得较大，因此最后的 AIC 有可能较大；当滞后阶数大时，模型的模拟效果会比较好，所以 L（负值）会较大，加上负号之后则变得较小，但是 $2\times k/T$ 过大（损失自由度的代价），因此最后的 AIC 也有可能较大。综上所述，AIC 较小意味着滞后阶数较为合适。

9）Schwarz 准则。Schwarz 准则是 AIC 准则的替代方法，它引入了对增加系数的更大惩罚：

$$\text{SC}=-\frac{2L}{T}+\frac{k\ \ln T}{T}$$

10）HQC 准则。其公式为

$$\text{HQC}=-2L+k\ \ln(T)$$

11）F 统计量和边际显著性水平。F 统计量检验回归中所有的系数是否为零（除了常数或截距）。对于普通的最小二乘模型，F 统计量为

$$F=\frac{\frac{R^2}{k-1}}{\frac{1-R^2}{T-k}}$$

F 统计量考量的是所有解释变量整体的显著性，所以 F 检验通过并不代表每个解释变量的 t 值都通过检验。当然，对于一元线性回归，T 检验与 F 检验是等价的。

第4章　两个以上变量之间的关系——解释变量

本章导读

本章利用已收集的数据进行研究，重点研究这个数据是否可以合理地解释现状，也就是数据是否稳健，换言之，在利用不同的数据或模型时，结果是否具备解释能力。本章利用财务金融中重要的模型——三因子理论进行五因子的实证探讨。

学习目标

1. 理解稳健性检验概念。
2. 掌握五因子模型。

4.1　稳健性检验

当得出一个结论时，需要通过一系列方法来验证所得的结论是否可靠。假如改变了一些条件或者假设发现所得结论依然不变，那么所得结论就是稳健的，反之，所得结论有待商榷，就需要找出使结论发生改变的原因并进行解释。

稳健性检验考察的是评价方法和指标解释能力的强壮性，也就是当改变某些参数时，评价方法和指标是否仍然对评价结果保持一个比较一致、稳定的解释。

造成不稳健性的因素有很多，其中研究样本的异常值和解释变量的共线性也是造成不稳健性的原因，这两种因素均在前面章节所涉及（基本统计量的描述已经解决），除了这两种因素，一般稳健性检验思路如下。

1. 变量替换

在实证论文写作分析中，变换变量法主要针对的对象是所考察主题的被解释变量、解释变量。根据不同文献的度量方法，可以引用不同的被解释变量、解释变量的度量方法来考察研究问题或研究假设的稳健性。比如，在研究公司规模时，一般采用总资产取自然对数进行研究，还可以将总资产改为总营收或是总员工数。或是更进一步的使用工具变量来解决。

2. 模型检验方法的替换

在实证论文写作过程中，计量经济学提供了多种方法。一般而言，被解释变量是在选择引用方法时主要考虑的标准之一。例如，当所考察的被解释变量为连续变量，其存在不少0个样本时，选择最小二乘法（OLS）、Tobit模型都比较适合，显然这两种方法在一定程度上来讲是可以替换的。当然，这种方法上的替换思路和思维不仅仅局限于此，还应考虑样本的特性，如截面数据，抑或是面板数据等，此时两类不同样本间也存在较大差异，自然所采用的方法也会有所不同，从而使得所得结论的说服力也存在差异。

3. 剔除可能影响结论的特殊样本

剔除特殊样本是实证分析中比较常见的一种方法。例如，研究新冠肺炎疫情对企业投资发展影响时，将湖北地区的企业样本予以剔除，因为湖北是此次疫情的重灾区，可能会影响结论。

4. 增加其他一些重要的控制变量

因为考虑到在模型回归分析中可能有被忽视或遗漏了的重要因素，而这些因素将是影响因果关系中的重要变量。例如，研究董事会结构对公司绩效的影响，分析后可将董事会兼任决策者的变数纳入分析中。

5. 变换研究样本，进一步考察所得结论

可针对研究样本进行随机抽取，然后再进一步分析结果有无改变。

6. 内生性问题的检验

内生性问题是社会科学领域中研究因果关系时必须关注和考察的问题之一。一般而言，内生性问题产生的原因有如下几个方面：

(1) 遗漏变量，且遗漏变量与引入模型的其他变量相关。

(2) 解释变量和被解释变量相互作用，相互影响，互为因果。

(3) 自我选择偏误。

(4) 样本选择偏误。

解决内生性问题的方法，将于第8章介绍。

4.2 三因子模型

对资本资产定价模型最具影响力的研究应属法马（Fama）和佛伦奇（French）1992年在《金融》上发表了他们的研究成果《股票期望收益的横向关系》。

法马和佛伦奇的研究几乎涵盖了所有在纽约证券交易所、美国证券交易所和NASDAQ上市、上柜交易的股票。他们的研究着重于股票的账面价值与市价比对股票收益率的解释力。按照账面价值与市价比的不同，他们从1963年中期开始将股票分为10个等级的投资组合，到1964年中期，按照同样的方式分等级并将投资组合进行重构，这项工作一直重复进行到1990年。通过对10个组合收益率的观察，发现高账面价值与市价比股票的收益率高于低账面价值与市价比股票的收益率。同时，法马和佛伦奇用同样的方式按照β系数将股票分为10个等级，观察了10个组合的账面价值与市价比，发现高账面价值与市价比股票的β系数小于低账面价值与市价比股票的β系数，这表示着高账面价值与市价比股票的风险较小，低账面价值与市价比股票的风险较大。法马和佛伦奇认为影响资产收益的因素有三个，分别是市场因素（market factor）、规模因素（size factor）及账面价值与市价比因素（book－to－market factor），即法马-佛伦奇三因子模型（Fama－French three－factor model）。

法马和佛伦奇认为此模型可以解释CAPM无法解释的异常现象（anomalies）。在资产定价、投资组织者学中，三因子模型指法马-佛伦奇三因子模型，一个资本资产定价模型的改进理论。该模型的提出是基于美国股市历史收益率的实证研究结果，目的在于解释股票市场的平均收益率受到哪些风险溢价因素的影响。

在 CAPM 等传统理论下，投资组合的全部风险溢价由 β 系数表示。但是这一模型在解释股票市场收益的现实情况上，如一月效应，遇到了诸多挑战。法马和佛伦奇观察发现市值较小、账面市值比较高的两类公司更有可能取得优于市场水平的平均收益率。由此三因子模型通过引入 2 个新的解释变量，即市净率（HML）和公司规模（SMB），与 CAPM 中的市场指数一同估计股票的收益水平，即

$$r_i = r_f + \beta_m(r_m - r_f) + \beta_s \text{SMB} + \beta_v \text{HML}$$

式中：r_i 为投资组合的期望收益率；r_f 为市场无风险收益率；r_m 为市场组合的收益率。

三个变量的待估 β 系数是市场组合风险溢价、规模溢价、市净率溢价三个因素变化对期望收益率的影响，其中，市场组合风险溢价的 β 系数概念接近于 CAPM 模型中的 β 系数；公司规模变量 SMB 是指由市值小的公司组成的投资组合收益与市值大的公司组成的投资组合收益之差；市净率溢价 HML 是账面价值比较高的公司组成的投资组合收益与账面价值比值较低的公司投资组合收益之差。

当然也存在基本的假设，法马和佛伦奇的假设如下：

（1）存在着大量投资者。

（2）所有投资者都在同一证券持有期计划自己的投资资产组合。

（3）投资者投资范围仅限于公开金融市场上交易的资产。

（4）不存在证券交易费用（佣金和服务费用等）及税收。

（5）投资者们对于证券回报率的均值、方差及协方差具有相同的期望值。

（6）所有投资者对证券的评价和经济局势的看法都一致。

这些假设与 CAPM 的超额收益模型相同

$$r_i - r_f = \alpha + \beta_m(r_m - r_f) + \beta_s \text{SMB} + \beta_v \text{HML}$$

α 是超额收益率，在理想的情况下，投资组合的超额收益将全部被三个因素（风险溢价、规模溢价、市净率溢价）解释，从而 α 应在统计学意义上等于 0。

在回归分析中，三因子的数据通过市净率的高低、公司规模的大小，将股票市场上的所有公司分成 6 个投资组合，并利用它们的历史数据计算三因子各自的溢价水平。所以可以得知本模型的被解释变量事变动的，而解释变量是固定的。

当规模溢价、市净率溢价确定后，其系数通过线性回归的方式进行计算。法马和佛伦奇的计算结果显示约 70% 的收益率水平可以通过此种分组方式，经由 CAPM 模型计算得出；而超过 90% 的收益率可以通过修正后的模型，法马-佛伦奇三因子模型得到解释。而规模溢价、市净率溢价的回归系数在统计学意义上显著，意味着三因子模型可能捕捉到了市场组合风险溢价尚不能解释的信息。此外，规模溢价的系数为正，意味着那些市值较小的公司组成的投资组合，可以预期能带来更高的收益与更高的风险。

4.3　实　证　过　程

法马和佛伦奇的研究从 1960 年跨越至 1990 年，分析了所有在纽约证券交易所、美国证券交易所和纳斯达克（NASDAQ）上市、上柜交易的股票，以探讨股东权益的账面价

值与市价间的关系为主。研究从1963年中期开始，对所有股票依账面价值与市价比进行排序，将股票平均分为10组，高账面价值与市价比的股票（价值股）编在第1组，以此类推，所以低账面价值与市价比的股票（成长股）编在第10组。

建构的10个证券投资组合继续持有1年后，直到第2年（1964年中期）再依相同方式重新建构出10个证券投资组合并继续持有1年，如此程序年复一年，直到1990年为止。通过对10个组合收益的观察，发现高账面价值与市价比股票的收益高于低账面价值与市价比股票的收益。法马和佛伦奇又以相同的方式依β系数高低将股票分为10个等级，观察了10个组合的账面价值与市价比，发现高账面价值与市价比股票的β系数小于低账面价值与市价比股票的β系数，这表示高账面价值与市价比股票的风险较小，低账面价值与市价比股票的风险较大，β系数似乎不能解释股票的收益，因此法马和佛伦奇认为用β系数解释股票的收益是不行的。

因此法马和佛伦奇依规模及账面权益与市价比将股票分为25个投资组合，实证结果显示影响收益的风险因子是多因子，而其认为影响股票收益的因素有3个，分别是市场风险、规模（SMB）及账面价值与市价比（HML）。

SMB与HML两个因子分别由SL、SM、SH、BL、BM、BH等6个投资组合导出，其推算过程分述如下：

（1）排除账面价值为负的股票，按t年6月底市价的高低将股票依序排列，以市价中值将股票分成大规模与小规模2组（S、B）。

（2）将每个股票$t-1$年12月底的账面价值除以$t-1$年12月底的市价得出其第t年的账面价值与市价比。按第t年账面价值与市价比的高低将股票依序排列，并分成低（L、30%）、中（M、40%）、高（H、30%）三组。

（3）将2个规模组（S、B）及3个账面价值与市价比组（L、M、H）的各个交集为准，分成SL、SM、SH、BL、BM、BH等6个投资组合。

依照上述6个步骤完成6个投资组合的重构之后，再依据投资组合内各个股票的权重（t年6月底时投资组合内各个股票的市值占该投资组合的总市值的比例）进行每个投资组合于t年7月至$t+1$年6月的每月加权平均月收益的计算。每年重复计算，即可得出1989年7月至2003年6月6个投资组合的加权平均月收益。最后即可计算出SMB及HML。

SMB为小盘股组合收益$\left(\frac{SH+SM+SL}{3}\right)$扣掉大盘股组合收益$\left(\frac{BH+BM+BL}{3}\right)$，HML则为高价值组合收益$\left(\frac{SH+BH}{2}\right)$扣掉低价值组合收益$\left(\frac{SL+BL}{2}\right)$。

SMB（small minus big）是反映与规模相关的风险因子，其公式为相当账面价值与市价比之小规模投资组合（SL、SM、SH）与大规模投资组合（BL、BM、BH）的平均收益差。

HML（high minus low）是反映与账面价值与市价比相关的风险因子，其公式为相当规模之高账面价值与市价比投资组合（SH、BH）与低账面价值与市价比投资组合（SL、BL）的平均收益差。

这样定义 SMB、HML 可有效减低二风险因子间的统计相关性，可以明确分辨二风险因子对股票预期收益率的影响。

上市公司的股票表现都是不断变化的，需要每 12 个月对分组进行一次调整，也就是按照公司规模分一半小盘股（S）和一半大盘股（B），并按照市净率分成 30％的高价值（H）、40％的中等价值（M）和 30％的低价值（L），所以可以得到 SH、SM、SL、BH、BM 和 BL6 个组合，然后分别计算 6 组的组合收益。

在数据建好后，法马和佛伦奇又继续按照市值和账市比将股票各分为 5 类，于是就得到了 25 个股票组合作为被解释变量，然后用三个因子的数据对 25 个组合的收益率分别进行回归（也就是进行了 25 次回归），并利用参数的显著性来判断解释变量是否有足够好的解释能力，以及对哪一类型的股票有更好的解释能力。

继三因子模型后，陆续有动量的四因子、盈利能力（ROE 来衡量盈利水平）和投资水平（总资产年增长率）的五因子模型……还有市盈率、换手率的因子，不过这些都需要套利模型。

4.4　模　型　分　析

本节以五因子模型为范例。在进行五因子模型分析时，首先要先了解法马和佛伦奇分析三因子模型的步骤，了解他们采用的变量。

4.4.1　五因子变量

1. 市场因子（MKT）

市场风险是指大盘走势变化所引起的不确定性。简单来说，就是大盘波动导致个股也跟着波动的风险。比如表现较好的公司，其股票价格却伴随着大盘下降了，或者表现不太好的公司，股价却跟着牛市上涨了。

市场风险是股票持有者所面临的所有风险中最难对付的一种，它给持股人带来的后果有时是灾难性的（比如 2015 年让股民们心有余悸的“千股跌停”，表现再好的股票也难逃魔掌）。根据风险收益对等的原则，对于市场风险，应该有对个股收益的超额补偿，这部分补偿计算方式为大盘指数相对于无风险投资的超额收益。

2. 市值因子（SMB）

市值风险是指公司的规模对该公司股票的风险有直接影响，资产规模小，风险就会相对增加，反之，资产规模大，风险就会相对减少。企业的资产规模与风险的这种关系已经被广泛投资者所接受（例如聚宽平台上的小市值系列策略）。国际上也有许多知名研究机构和研究人员发表过有关文章，阐述了资产规模与投资回报率之间的负相关关系。

在五因子模型中，对市值风险的超额回报仍然用 E（SMB）描述。E（SMB）的计算方式是：首先把市场里面的所有股票按市值排序，然后等分成三份：第一份是大市值股票（市值在所有股票中最大的 1/3）；第二份是中市值股票；第三份是小市值股票（市值在所有股票中最小的 1/3）。记小市值股票的平均期望收益率为 $E(r_s)$，大市值股票的期望收益率为 $E(r_b)$，那么 $E(\mathrm{SMB})=E(r_s)-E(r_b)$。

3. 市净率因子（HML）

账面市值比就是账面的所有者权益除以市值（简称 B/M）。账面市值比风险描述了公司的额外财务困境风险，说明市场上对公司的估值比公司自身的估值要低。这些公司一般都是销售状况或者盈利能力不是十分好的公司，因此相对于低 B/M 的公司来说需要更高的收益来补偿。

在五因子模型中，对市值风险的超额回报仍然用 E（HML）描述。E（HML）的计算方式是：首先把市场里面的所有股票按 B/M 排序，然后等分成三份：第一份是高 B/M 股票（B/M 在所有股票中最大的 1/3）；第二份是中 B/M 股票；第三份是低 B/M 股票（B/M 在所有股票中最小的 1/3）。记高 B/M 股票的平均期望收益率为 $E(r_{\mathrm{H}})$，低 B/M 股票的平均期望收益率为 $E(r_{\mathrm{L}})$，那么 $E(\mathrm{HML})=E(r_{\mathrm{H}})-E(r_{\mathrm{L}})$。

法马和佛伦奇市值采用 6 月末披露的年报，因为 6 月末是美国股市要求披露年报的日期，而年末时间节点的选择是因为整个研究是以一个自然年为分组依据。所以市净率用每年 6 月末的股票市值和每年年末的账市比作为分类依据，用每年 4 月末的股票市值和每年年末的账市比作为分类依据。

4. 盈利水平（RMW）

盈利水平风险是指盈利能力较高的行业一般会伴随着更高的风险。一般用 ROE 来衡量盈利水平。记作 E（RMW），其计算方法和 E（SMB）、E（HMI）类似（也是将股票分成三份，然后计算高/低盈利水平的股票期望收益率之差）。

5. 投资水平（CMA）

投资水平可以用再投资率来衡量，一般认为投资率偏低的公司风险较大，投资者对这些公司有更高的收益率要求，反之亦然。法马和佛伦奇在五因子模型的文章里面提供了一种计算再投资比例的方法：用总资产年增长率来计算再投资比率。投资水平风险带来的超额收益 E（CMA）计算方法和 E（SMB）、E（HMI）、E（RMW）类似（也是将股票分成三份，然后计算低/高再投资比例公司股票期望收益率之差）。

4.4.2 稳健性检验

一般进行回归分析时都需要做稳健性检验，本书采用多一个变量（换手率 HSL）进行稳健性检验。

1. 研究对象

A 股股票中剔除账面价值为负的股票。

2. 研究时间

2007—2019 年。

3. 所需变量

（1）被解释变量：个股收益、无风险利率（1 年定存利率）。

（2）解释变量：

1）SMB、HML、RMW、CMA 和 HSL 5 个变量的计算都是投资组合的收益相减而成的，所以需要每个股票的价格和流通股数才能计算出投资组合的收益。

2）市场指数（中证流通指数由在沪深市场上市的符合条件的 A 股与存托凭证组成样本，反映沪深市场上市公司的整体表现）。

（3）规模因子：取市值（12 月底）。

（4）市净率为市值除以权益，市值取下一年 4 月底的市值，权益为年报的权益。

（5）盈利能力（ROE）：税后息后净利润除以权益。

（6）投资水平：总资产成长率，需要本期和上期的总资产。

（7）换手率：进行稳健性检验。

4.4.3　数据库建立变量

数据库（Excel）建立的变量包括个股年底股价（P）、个股年底流通股数（S）、个股 4 月底市值（MP）、市场指数（I）、一年期定期存款利率（R_f）、当期总资产（A）、上期总资产（A_{-1}）、当期股东权益（E）、当期税后息后净利润（π）以及年成交量（V）。

数据库建立变量的步骤如下：

（1）建立数据库，如图 4.1 所示。

年	代码	公司简称	资产总计	前期总资产	所有者权益合计	本期净利润	股价	股数(千股)	市场指数	1年定存	流通在外股数(百万股)	成交量(千股)	下年4月市值
2006	1	平安银行	260760692	-	6597040	1411947	14.47	1945822	1985.8	2.25	1409	4601319	50494081
2006	2	万科A	49,919,840	-	17453504	2297884	15.44	3822001	1985.8	2.25	3822	11838475	69101778
2006	4	国农科技	199,810	-	107789	699	4.1	83977	1985.8	2.25	52	215101	764191
2006	5	世纪星源	1,532,883	-	706283	-64954	2.49	914334	1985.8	2.25	617	2014608	7058658
2006	6	深振业A	3,153,766	-	1533593	216256	13.41	253592	1985.8	2.25	254	1281748	5130166
2006	7	全新好	781,483	-	-7266	-122688	2.42	184965	1985.8	2.25	121	562165	1252213
2006	8	神州高铁	76,838	-	71530	-1756	4.17	73653	1985.8	2.25	42	226043	674661
2006	9	中国宝安	5,592,709	-	2006406	135634	4.23	958810	1985.8	2.25	580	2565882	10067505
2006	10	美丽生态	222,923	-	70055	4160	5.37	147017	1985.8	2.25	68	355266	2074410
2006	11	深物业A	1,652,218	-	591202	-45093	5.7	480340	1985.8	2.25	91	341822	5350988
2006	12	南玻A	6,776,321	-	2944809	335111	11	566884	1985.8	2.25	218	1566798	9563333
2006	14	沙河股份	1,032,018	-	381414	34041	7.23	134470	1985.8	2.25	134	778511	1756178
2006	16	深康佳A	10,019,527	-	3612710	96775	4.16	399148	1985.8	2.25	280	1031088	3588341

图 4.1　数据示意图

（2）建立所需变量：各股收益率（R）、市场收益率（R_m）、市值（MP）、市净比（ME）、盈利能力（ROE）、投资水平（GA）和换手率（TR）。所需要的计算公式为：$R_{i_t}=\dfrac{P_{i_t}-P_{i_{t-1}}}{P_{i_{t-1}}}\times 100, R_{m_t}=\dfrac{I_{m_t}-I_{m_{t-1}}}{I_{m_{t-1}}}\times 100, \mathrm{MP}_{i_t}=\ln(p_{it}\cdot s_{i_t}), pv_{i_t}=\dfrac{MP_{i4_{t+1}}}{E_{i_t}}, \mathrm{ROE}_{i_t}=\dfrac{\pi_{i_t}}{E_{i_t}}$，$\mathrm{GA}_{i_t}=\dfrac{A_{i_t}-A_{i_{t-1}}}{A_{i_{t-1}}}\times 100, \mathrm{TR}_{i_t}=\dfrac{V_{i_t}}{S_{i_t}}\times 100$。

收益率的计算应是后期与前期的计算，所以需要对数据进行排序，并按照公司（代码）及时间排序，如图 4.2 所示。

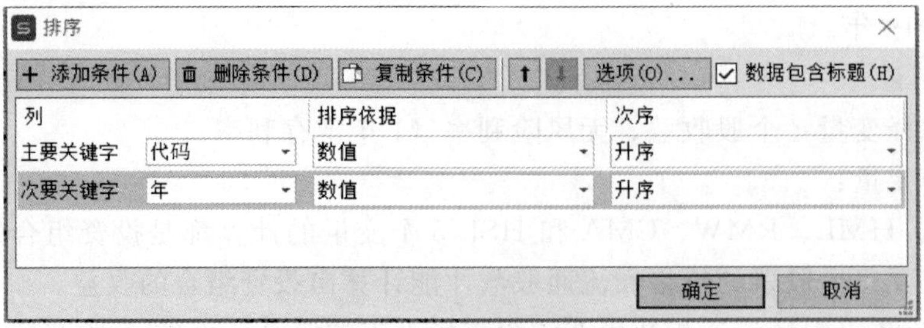

图 4.2　排序示意图

排序后计算收益率，设定各股收益，所以没有前期的数据则无法产生所需要的数据。排序过程如图 4.3 所示。

J3 =IF(B3=B2,(D3-D2)/D2*100,"?")

	A	B	C	D	E	F	G	H	I	J	K	L	M	N
1	年	代码	公司简称	股价	市场指数	1年定存	资产总计	所有者权益合计	下年4月市值	Ri	Rn	Rf	SC	PV
2	2006	1	平安银行	14.47	1985.8	2.25	260760692	6597040	50494081	?	?	2.25	19.38	7.654
3	2007	1	平安银行	38.6	5288.148	2.52	352539361	13006063	67930715	166.76	166.30	2.52	19.68	5.223
4	2008	1	平安银行	9.46	1907.845	4.14	474440173	16400790	50680683					
5	2009	1	平安银行	24.37	3936.237	2.25	587811034	20469609	63847723					
6	2010	1	平安银行	15.79	3812.355	2.25	727207076	33197535	63427255					
7	2011	1	平安银行	15.59	2732.564	2.75	1258176944	75380584	84842676					
8	2012	1	平安银行	16.02	2867.294	3.5	1606536760	84798775	95806645					
9	2013	1	平安银行	12.25	3021.005	3	1891741000	112081000	106061110					

图 4.3 排序过程示意图

计算好之后要把所有数据再复制粘贴（粘贴为“值”的指令），然后按照时间做排序（要区分投资组合的股票，方便数据整理，将所有需要进一步处理的变量放在前面），如图 4.4所示。

	A	B	C	D	E	F	G	H	I	J	K	L	M
1	年	代码	Ri	Rn	Rf	SC	PV	ROE	gA	CR	公司简称	股价	市场指数
2	2006	1	?	?	2.25	19.38	7.654	21.40	#VALUE!	3.27	平安银行	14.47	1985.8
3	2006	2	?	?	2.25	17.73	3.959	13.17	#VALUE!	3.10	万科A	15.44	1985.8
4	2006	4	?	?	2.25	12.21	7.090	0.65	#VALUE!	4.14	国农科技	4.1	1985.8
5	2006	5	?	?	2.25	14.24	9.994	-9.20	#VALUE!	3.27	世纪星源	2.49	1985.8
6	2006	6	?	?	2.25	14.96	3.345	14.10	#VALUE!	5.05	深振业A	13.41	1985.8
7	2006	7	?	?	2.25	13.57	-172.339	1688.52	#VALUE!	4.65	全新好	2.42	1985.8
8	2006	8	?	?	2.25	11.25	9.432	-2.45	#VALUE!	5.38	神州高铁	4.17	1985.8
9	2006	9	?	?	2.25	15.54	5.018	6.76	#VALUE!	4.42	中国宝安	4.23	1985.8
10	2006	10	?	?	2.25	12.31	29.611	5.94	#VALUE!	5.22	美丽生态	5.37	1985.8
11	2006	11	?	?	2.25	14.32	9.051	-7.63	#VALUE!	3.76	深物业A	5.7	1985.8
12	2006	12	?	?	2.25	15.73	3.248	11.38	#VALUE!	7.19	南玻A	11	1985.8
13	2006	14	?	?	2.25	13.85	4.604	8.92	#VALUE!	5.81	沙河股份	7.23	1985.8
14	2006	16	?	?	2.25	16.12	0.993	2.68	#VALUE!	3.68	深康佳A	4.16	1985.8
15	2006	17	?	?	2.25	12.55	0.000	0.65	#VALUE!	6.17	深中华A	2.73	1985.8
16	2006	18	?	?	2.25	13.01	3.460	9.62	#VALUE!	5.96	神州长城	5.08	1985.8

data

图 4.4 排序结果示意图

从图 4.4 可以发现，没有 2006 年的收益率（缺少前期资料）。

（3）删除变量：账面价值为负的股票（以及有遗漏数据的股票）。

（4）将每年 6 个投资组合进行分类。

1）计算每年的样本数（利用数据透视表），如图 4.5 所示。

2）将每年的市值（MP）、市净比（PV）、盈利能力（ROE）、投资水平（GA）和换手率（TR）分成 10 组，然后将市值分为大小两组，其他分为 30%、40%、30%3 组。分组顺序如下：

a. 建立排序顺序，并用号码排序，如图 4.6 所示。

建议使用排序指令［IF（A2＝A1，K1＋1，1)］，因为 5 个变量都必须重新排序，按照指令排序不会使排序混乱。

b. 计算每年的样本数，利用数据透视表计算每年每组的数量，使用高斯符号［也就是取整数值，＝INT（排序号码/组数)］设定每个样本的组别。（每年必须分开计算，组数为每年样本数＋1 除以 10。）

注：INT 为取不大于本身的最大整数值，所以“＋1”是避免有 10（第 11 组）的出现，这样计算结果就产生 0～9 的数字，分别代表第 1 组、第 2 组……第 10 组，如图 4.7 所示。

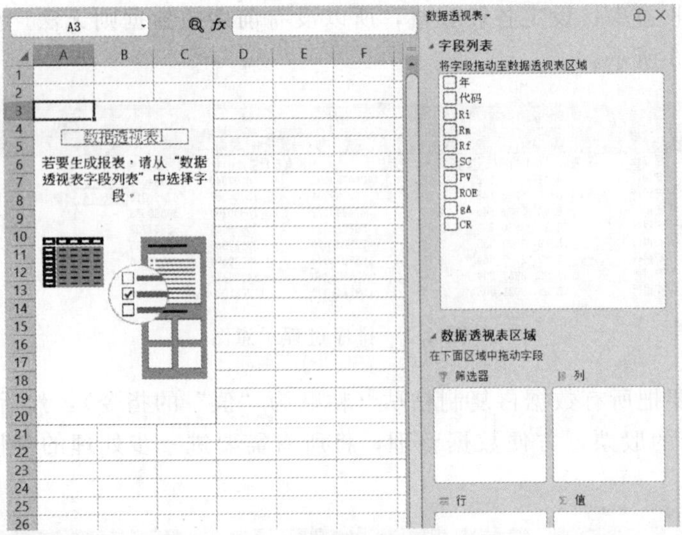

（a）数据透视表

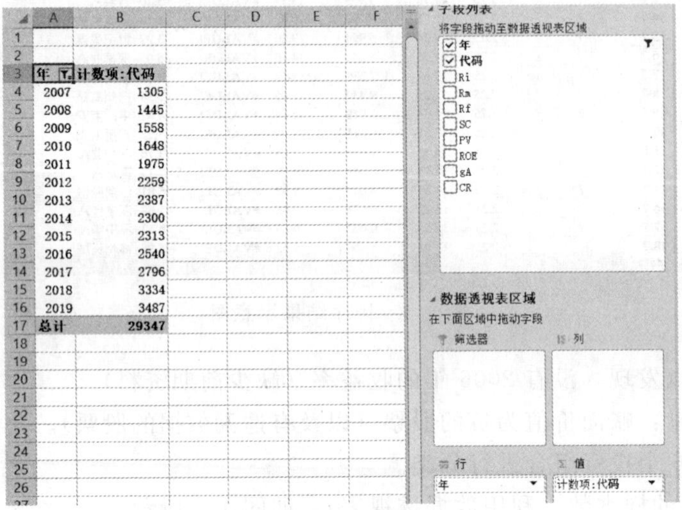

（b）计算每年样本数

图 4.5　排序结果示意图

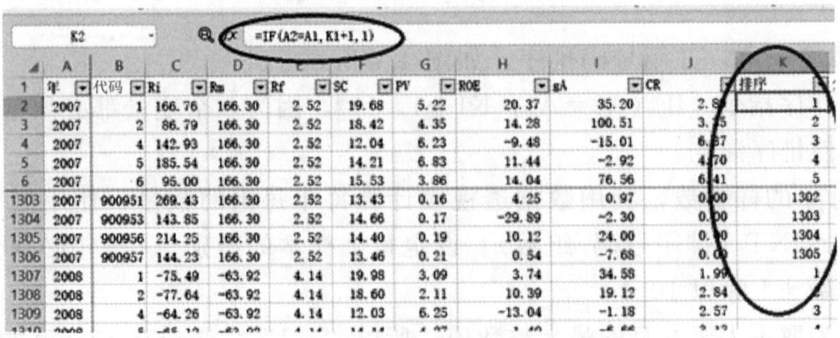

图 4.6　解释变量排序示意图

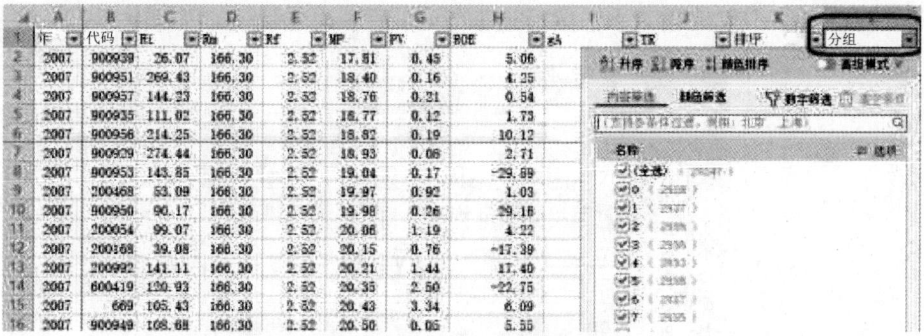

图 4.7 解释变量分组流程图（一）

c. 按照 5 个变量的数值分别建立 10 组投资组则投资组合，公司规模分为 2 组，所以 0～4 为一个投资组合（S），5～9 为一个投资组合（B），其他的分为 3 组，即 30%（L、W、A）、40%、30%（H、R、C），所以 0～2 为第一组、3～7 为第二组、8～9 为第三组，如图 4.8 和图 4.9 所示。

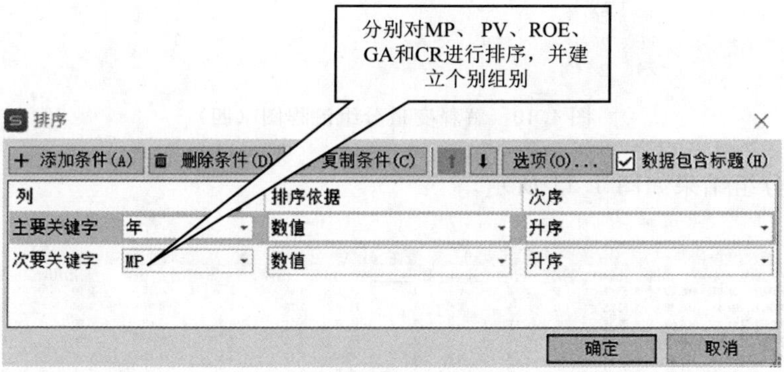

图 4.8 解释变量分组流程图（二）

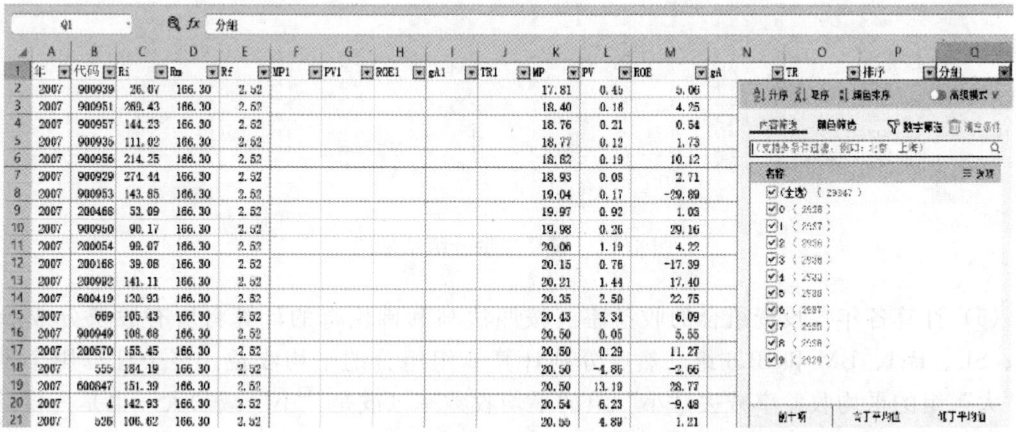

图 4.9 解释变量分组流程图（三）

选取 0～4，在 MP1 上输入 S，然后选取 5～9 后，再输入 B，如图 4.10 所示。

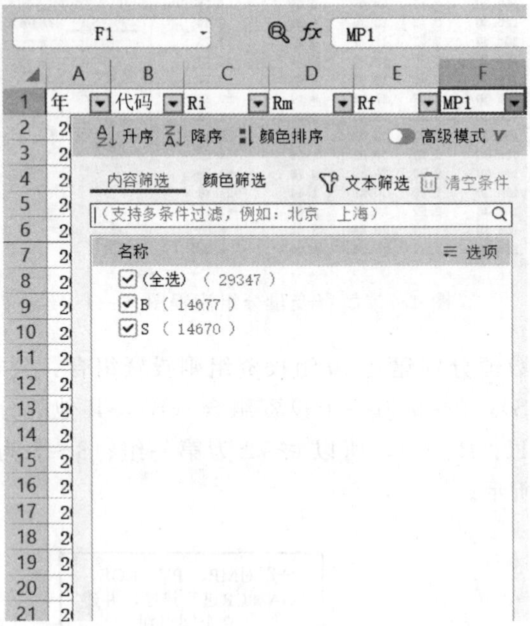

图 4.10　解释变量分组流程图（四）

解释变量分组结果如图 4.11 所示。

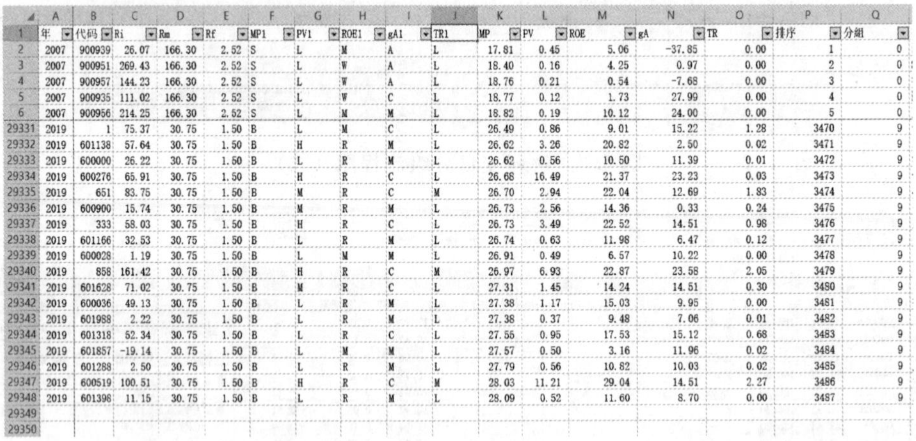

	A	B	C	D	E	F	G	H	I	J	K	L	M	N	O	P	Q
1	年	代码	Ri	Rm	Rf	MP1	PV1	ROE1	gA1	TR1	MP	PV	ROE	gA	TR	排序	分组
2	2007	900939	26.07	166.30	2.52	S	L	M	A	L	17.81	0.45	5.06	-37.85	0.00	1	0
3	2007	900951	269.43	166.30	2.52	S	L	W	A	L	18.40	0.16	4.25	0.97	0.00	2	0
4	2007	900957	144.23	166.30	2.52	S	L	W	A	L	18.76	0.21	0.54	-7.68	0.00	3	0
5	2007	900935	111.02	166.30	2.52	S	L	W	C	L	18.77	0.12	1.73	27.99	0.00	4	0
6	2007	900956	214.25	166.30	2.52	S	L	M	M	L	18.82	0.19	10.12	24.00	0.00	5	0
29331	2019	1	75.37	30.75	1.50	B	L	M	C	L	26.49	0.86	9.01	15.22	1.28	3470	9
29332	2019	601138	57.64	30.75	1.50	B	H	R	M	L	26.62	3.26	20.82	2.50	0.02	3471	9
29333	2019	600000	26.22	30.75	1.50	B	L	R	M	L	26.62	0.56	10.50	11.39	0.01	3472	9
29334	2019	600276	65.91	30.75	1.50	B	H	R	C	L	26.68	16.49	21.37	23.23	0.03	3473	9
29335	2019	651	83.75	30.75	1.50	B	M	R	C	M	26.70	2.94	22.04	12.69	1.83	3474	9
29336	2019	600900	15.74	30.75	1.50	B	M	R	M	L	26.73	2.56	14.36	0.33	0.24	3475	9
29337	2019	333	58.03	30.75	1.50	B	H	R	C	L	26.73	3.49	22.52	14.51	0.98	3476	9
29338	2019	601166	32.53	30.75	1.50	B	L	R	M	L	26.74	0.63	11.98	6.47	0.12	3477	9
29339	2019	600028	1.19	30.75	1.50	B	L	M	M	L	26.91	0.49	6.57	10.22	0.00	3478	9
29340	2019	858	161.42	30.75	1.50	B	H	R	C	M	26.97	6.93	22.87	23.58	2.05	3479	9
29341	2019	601628	71.02	30.75	1.50	B	M	R	C	L	27.31	1.45	14.24	14.51	0.30	3480	9
29342	2019	600036	49.13	30.75	1.50	B	L	R	M	L	27.38	1.17	15.03	9.95	0.00	3481	9
29343	2019	601988	2.22	30.75	1.50	B	L	R	M	L	27.38	0.37	9.48	7.06	0.01	3482	9
29344	2019	601318	52.34	30.75	1.50	B	L	R	C	L	27.55	0.95	17.53	15.12	0.68	3483	9
29345	2019	601857	-19.14	30.75	1.50	B	L	M	M	L	27.57	0.50	3.16	11.96	0.02	3484	9
29346	2019	601288	2.50	30.75	1.50	B	L	R	M	L	27.79	0.56	10.82	10.03	0.02	3485	9
29347	2019	600519	100.51	30.75	1.50	B	H	R	C	M	28.03	11.21	29.04	14.51	2.27	3486	9
29348	2019	601398	11.15	30.75	1.50	B	L	R	M	L	28.09	0.52	11.60	8.70	0.00	3487	9
29349																	
29350																	

图 4.11　解释变量分组结果图

（5）计算各年各投资组合的收益率。按照法马和佛伦奇的计算将所有股票分成 SH、SM、SL、BH、BM 和 BL6 组，然后分别计算 6 组组合的平均收益。整个计算用个别组的“大”组的平均收益率减去“小”组的平均收益率（或是“小”减“大”也是一样的概念）。本例根据个别变量值直接计算。

利用数据透视表进行分组，结果如图 4.12 所示。

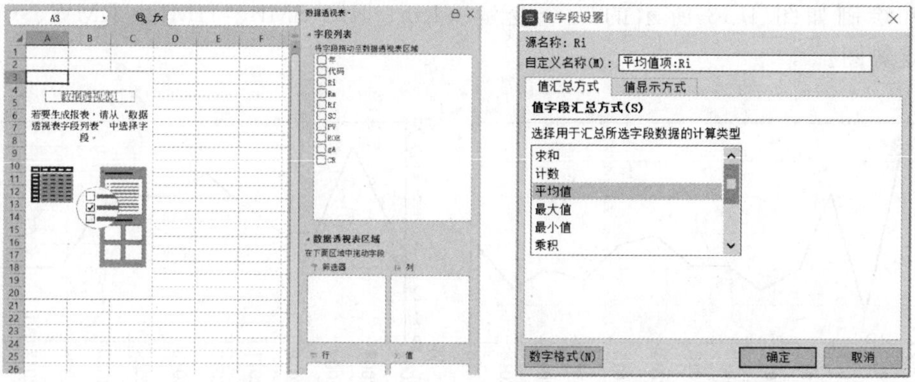

(a) 数据透视表　　　　(b) 选取透视表预算的公式

平均值项:Ri　MP1				
年	B	S	总计	SMB
2007	194.59	155.48	175.05	-39.11
2008	-63.24	-64.05	-63.64	-0.81
2009	129.52	134.85	132.19	5.33
2010	6.13	1.61	3.87	-4.52
2011	-36.59	-42.07	-39.33	-5.48
2012	-2.65	-11.57	-7.11	-8.93
2013	20.38	11.07	15.72	-9.31
2014	38.89	26.96	32.93	-11.93
2015	43.34	54.90	49.12	11.55
2016	-20.71	-19.98	-20.35	0.73
2017	-4.04	-34.77	-19.40	-30.74
2018	-31.59	-40.68	-36.14	-9.10
2019	33.03	8.28	20.66	-24.75
总计	16.38	5.94	11.16	

(c) 结果

图 4.12　解释变量分组结果图

再将其他因子计算出来，见表 4.1。

表 4.1　　各年解释变量值

年份	SMB	HML	RMW	CMA	HSL
2007	−39.11	52.61	42.48	−24.04	16.18
2008	−0.81	7.41	3.14	−4.39	6.05
2009	5.33	22.65	4.43	1.26	33.14
2010	−4.52	35.48	6.00	−9.85	24.37
2011	−5.48	1.51	8.49	−1.20	5.29
2012	−8.93	10.27	13.04	−8.26	2.63
2013	−9.31	40.73	6.13	−13.43	19.21
2014	−11.93	−4.17	−5.61	6.60	5.30
2015	11.55	51.87	−11.15	−10.80	31.14
2016	0.73	−0.34	3.69	10.52	12.34
2017	−30.74	2.44	19.37	−14.86	−5.74
2018	−9.10	5.69	5.05	−5.85	−4.61
2019	−24.75	33.44	12.04	−19.59	11.22

（6）绘制如图 4.13 所示的 7 个变量（Rm、Rf、SMB、HML、RMW、CMA 和 HSL）走势图。

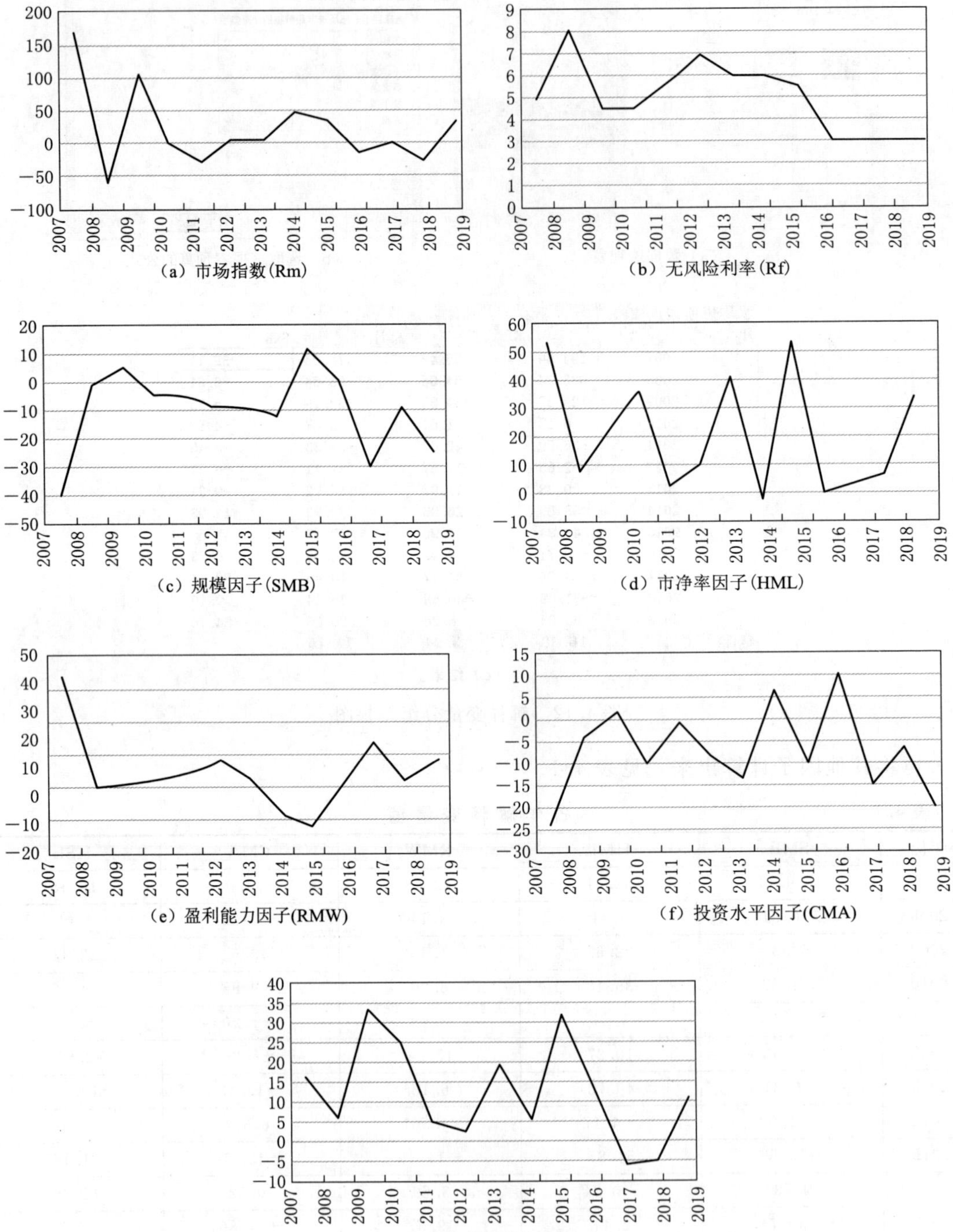

（a）市场指数(Rm)　（b）无风险利率(Rf)

（c）规模因子(SMB)　（d）市净率因子(HML)

（e）盈利能力因子(RMW)　（f）投资水平因子(CMA)

（g）换手率因子(HSL)

图 4.13　各变量走势图

（7）建立 EViews 数据库（注意名称应使用英文，否则用 EViews 操作会产生乱码），如图 4.14 和图 4.15 所示。

	A	B	C	D	E	F	G	H	I
1	year	com	r	rm	SMB	HML	RMW	CMA	HSL
2	2007	1	164.24	163.78	-39.11	52.61	42.48	-24.04	16.18
3	2007	2	84.27	163.78	-39.11	52.61	42.48	-24.04	16.18
4	2007	4	140.41	163.78	-39.11	52.61	42.48	-24.04	16.18
5	2007	5	183.02	163.78	-39.11	52.61	42.48	-24.04	16.18
6	2007	6	92.48	163.78	-39.11	52.61	42.48	-24.04	16.18
7	2007	7	208.22	163.78	-39.11	52.61	42.48	-24.04	16.18
8	2007	8	195.08	163.78	-39.11	52.61	42.48	-24.04	16.18
9	2007	9	273.37	163.78	-39.11	52.61	42.48	-24.04	16.18
10	2007	11	119.59	163.78	-39.11	52.61	42.48	-24.04	16.18
11	2007	12	91.12	163.78	-39.11	52.61	42.48	-24.04	16.18
12	2007	16	110.94	163.78	-39.11	52.61	42.48	-24.04	16.18
13	2007	18	64.02	163.78	-39.11	52.61	42.48	-24.04	16.18
14	2007	19	282.75	163.78	-39.11	52.61	42.48	-24.04	16.18
15	2007	21	99.04	163.78	-39.11	52.61	42.48	-24.04	16.18
16	2007	23	140.19	163.78	-39.11	52.61	42.48	-24.04	16.18
17	2007	24	106.08	163.78	-39.11	52.61	42.48	-24.04	16.18
18	2007	25	310.15	163.78	-39.11	52.61	42.48	-24.04	16.18
19	2007	26	138.23	163.78	-39.11	52.61	42.48	-24.04	16.18
20	2007	27	189.68	163.78	-39.11	52.61	42.48	-24.04	16.18
21	2007	28	203.60	163.78	-39.11	52.61	42.48	-24.04	16.18
22	2007	29	60.34	163.78	-39.11	52.61	42.48	-24.04	16.18
23	2007	31	174.49	163.78	-39.11	52.61	42.48	-24.04	16.18
24	2007	32	175.26	163.78	-39.11	52.61	42.48	-24.04	16.18
25	2007	33	118.30	163.78	-39.11	52.61	42.48	-24.04	16.18
26	2007	34	338.31	163.78	-39.11	52.61	42.48	-24.04	16.18

图 4.14 Excel 数据库示意图Ⅰ

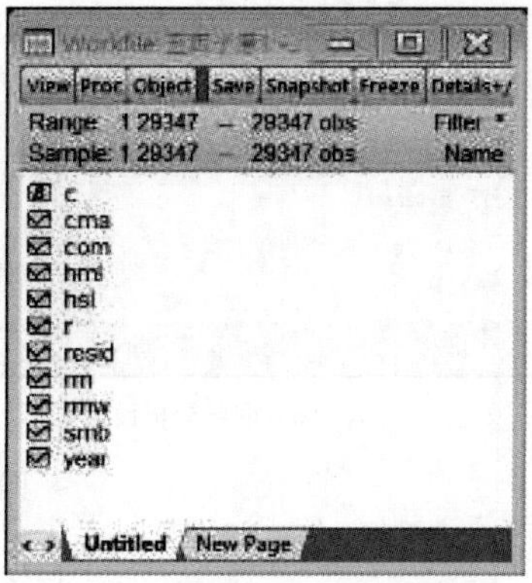

图 4.15 EViews 数据库示意图Ⅱ

注意：①各股收益和市场风险可以直接用加减运算；②其他 5 个变量可以使用 Excel 的指令“vlookup”来找到上述的数值，可以发现解释变量如前面所言每年都是固定值。

（8）建立描述统计量。事先选定变量→单击“Quick”选项→“Group Statistics”选项→“Descriptive”选项→“Common sample”选项，如图 4.16 所示。

Group: UNTITLED Workfile: 五因子原1::Untitled\

View Proc Object Print Name Freeze Sample Sheet Stats Spec

	R	RM	SMB	HML	RMW	CMA	HSL
Mean	8.828086	11.79135	-10.42674	18.68729	7.541302	-7.412292	10.46703
Median	-9.767717	1.430534	-9.096434	10.26680	6.004512	-8.259153	11.21808
Maximum	847.3334	163.7781	11.55384	52.61459	42.48315	10.51637	33.14438
Minimum	-97.63652	-68.06225	-39.10665	-4.171153	-11.14555	-24.03875	-5.736735
Std. Dev.	73.31902	48.77617	13.08163	19.18843	10.82764	9.484795	11.84516
Skewness	2.396988	1.373686	-0.432307	0.493879	1.081583	0.336630	0.405063
Kurtosis	12.77683	5.359945	2.556163	1.721773	5.840477	2.322232	2.230577
Jarque-Bera	144984.7	16039.85	1154.986	3190.915	15587.65	1115.979	1526.429
Probability	0.000000	0.000000	0.000000	0.000000	0.000000	0.000000	0.000000
Sum	259077.8	346040.8	-305993.6	548415.8	221314.6	-217528.5	307176.0
Sum Sq. Dev.	1.58E+08	69817511	5021952.	10805074	3440462.	2640005.	4117473.
Observations	29347	29347	29347	29347	29347	29347	29347

图 4.16 EViews 描述统计量

（9）进行复回归分析。单击“Quick”选项下的“Estimate Equation”选项，结果如图 4.17 所示。

（10）稳健性检验。如 4.4.2 节所述，稳健性检验的方法可采用变量替换、模型检验方法的替换、剔除可能影响结论的特殊样本、增加其他一些重要的控制变量和内生性问题的检验。本例采用增加其他一些重要的控制变量交换率因子进行探讨，如图 4.18 所示。

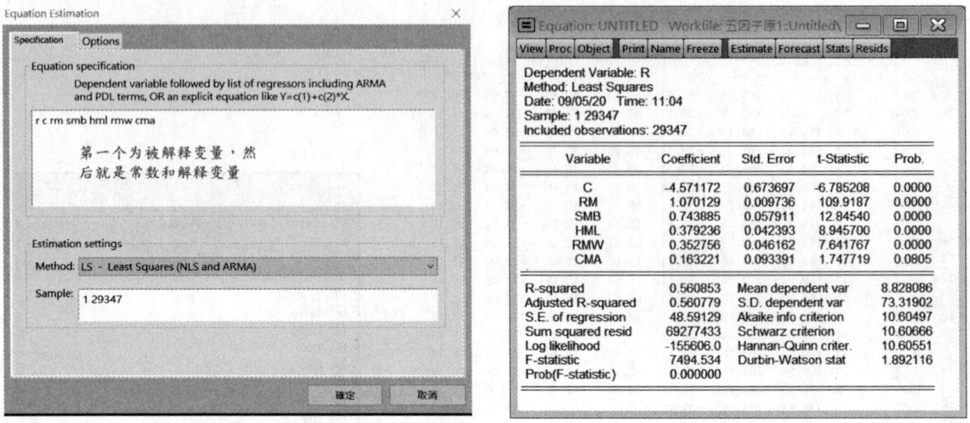

（a）回归分析设定框　　　　（b）结果

图 4.17　EViews 回归分析

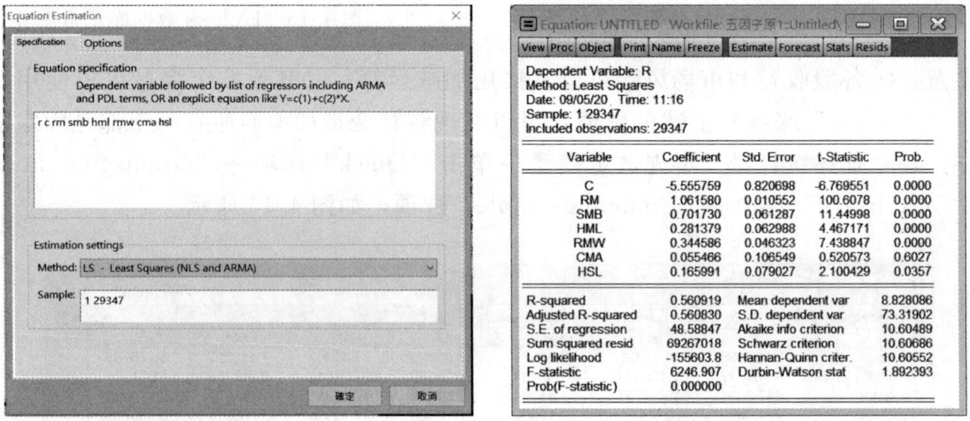

（a）回归分析设定框　　　　（b）结果

图 4.18　EViews 稳健性检验

结果发现，变量系数的符号都没有改变，表示本例的数据是稳定的，不过投资水平因子由显著变成不显著，这也显示出为何 Liu 等通过剔除市值最小的 30%的股票降低了壳价值污染。在中国的 A 股市场中，很多照搬法马和佛伦奇三因子的研究并没有取得非常理想的结果，究其原因，Liu 等认为是中国市场特有的首次公开募股（initial public offering，IPO）监管造成的壳价值问题，造成了这些主流因子在 asset pricing 时的效果被破坏，他们将这个现象称为壳价值污染（ shell - value contamination）。为了更好地研究 A 股的定价机制，必须“壮士断腕”，抛弃这些市值最小的 30%的公司。

（11）数据分组后再进行回归分析。法马和佛伦奇三因子模型将数据根据市值和市净比依大小各分成 5 组，一共得到 5×5＝25 组的数据后，再分别进行回归，本书就不再重复。

中国市场的重要性不断提升。近年来，学术界有很多文章分析了 A 股市场的多种异象，这其中主要包括规模（size）、价值（value）、盈利能力（profitability）、波动率（volatility）、周转（turnover）、投资（investment）、会计科目（accruals）以及流动性（illiquidity）等。由于学术界普遍存在的数据窥视（data snooping）问题，很多异象的结论和显著性也参差不齐。

【本章重点与财务应用的专有名词】

三因子模型

五因子模型

稳健性检验

壳价值污染

【上机练习】

试就各行业类别进行三因子分析（或五因子分析）。

第5章 两个以上变量之间的关系——控制变量

本章导读

在计量分析中，控制变量是会被研究者选用的变量，它可以解决外生问题和少许内生问题，不过控制变量的选用必须谨慎，因为使用不当会产生共线以及伪回归的问题。本章主要针对此类问题加以讨论，并辅以财务金融的资本结构进行分析。

学习目标

1. 理解控制变量的概念。
2. 理解资本结构对公司绩效的影响。

5.1 控 制 变 量

控制变量是一个会影响被解释变量的因素，而且常常会被研究者忽略，会干扰研究者分析自变量对因变量的影响。控制变量又称为“额外变量”，在研究过程中需要想办法加以控制或采用统计方法排除干扰因素。

现实研究中，一个问题往往与多个因素有关。但任何实验或研究，都不可能考虑到所有可能影响实验结果的变量，我们往往只会关注一两个研究变量。这就会有一个问题：可能存在其他影响研究结果的因素。为了排除干扰因素，使分析结果更具科学性，更符合统计分析的假说，因此需要将其纳入研究中分析。

例如，想了解资本结构对公司绩效的影响，但公司绩效本身常常会被公司的规模经济所影响，因此将公司规模列为控制变量。这就是排除影响的过程，使其能够聚焦于资本结构对公司绩效的影响。

在科学研究中，我们通常不能保证控制变量全部相同，而是采取统计方法排除其对被解释变量的影响。然而在现实生活中，我们很难做到这种“统计排除”。所以，了解控制变量实际上就是让研究者在分析因果（解释变量影响被解释变量）关系时，留意是否有需要被控制的因素没有被控制，如果存在这种情况，那么就有理由怀疑这种因果关系。

值得强调的是，并不是除了解释变量外所有能影响被解释变量的都是控制变量，中介变量和调节变量都能影响因变量。因此控制变量是一个相对的概念，主要看研究目的或要弄清的问题是什么。

如何决定控制变量？控制某变量最好是通过说明控制变量和核心研究变量之间的理论

关系。首先，需要解释控制变量与研究变量的关系是怎样的，是重要的关系还是由于误差（例如伪关系）产生的，然后还需要回答三个问题：

（1）现有的研究是否为这种关系提供了实证证据？

（2）将其包括在研究中有什么目的？

（3）这个变量的测量是否可靠？

如果控制变量与研究变量之间的关系有实证证据支撑，那么有理由认为在统计分析中加入该控制变量可以提升效率或排除对研究结果的其他解释。如果没有实证证据支持，是否控制该变量取决于它们对研究者模型的重要程度以及能否可靠测量该控制变量。不重要的变量和无法可靠测量的变量，不应该考虑将其作为控制变量。

所以统计模型是否包括该控制变量，都需要清晰地阐述控制变量的选择或排除过程，给出相应的理论依据。通常，可以从以下7个方面进行阐述：

（1）保守地使用控制变量：增加控制变量并不能使研究更加严谨。除非有非常合理的理由要纳入一个特定的控制变量，才能实现一个明确而有意义的统计控制目标，否则额外增加控制变量的研究可能会混淆而不是增强对结果的解释。因此，如有疑问，可选择将其排除在外。

（2）提供一份完整的控制变量方法报告：描述使用控制变量的目的。确定要使用的控制变量，必须明确解释其理由以及预期的统计控制目标。应避免模棱两可的理由，也就是说控制变量的使用最好有实证证据。

（3）使方法/分析与目的保持一致：使控制变量的选择、相关的分析以及结果的报告和解释与预定目的相匹配。当控制变量的效果对结果产生有意义的影响时，报告中应有控制变量的结果。

（4）报告研究设计中包含的所有控制变量的数据，包括控制变量的平均值、标准偏差、信度（如果适用）以及与所有其他变量的相关系数。

（5）在进行数据分析之前，先检查控制变量的相关系数：在进行分析之前，应检查所有变量之间的相关性，以显示可能影响结果的控制变量相关性，作为对结果中潜在异常的预警，并删除不会产生影响的控制变量。

（6）确保统计分析与假设匹配：如果假设陈述表明变量 X 和变量 Y 之间存在关系，但未提及控制变量，则用于检验假设的统计分析是不应该纳入控制变量的。

（7）区分多水平模型分析中的理论控制变量和伪造控制变量：区分提供理论依据的控制变量和伪造控制变量（例如公司规模、行业等变量），后者可能与结果变量存在相关，但没有提供为何存在关联的解释。从理论上讲，有意义的变量（控制变量和独立变量）应首先获得解释结果差异的机会，因为它们提供了理论解释。在确定所有要探讨的变量后，其他控制变量应最后考虑纳入。

通常，文章的撰写不必明确引用特定理论或详细描述控制变量如何影响现有理论，而只需解释如何将控制变量纳入统计模型以及为何适合纳入模型中。

计量经济学中通过对“其他条件不变下”（ceteris paribus）分析，也就是“固定其他重要变量”，以求获得研究者有兴趣的变量对目标变量的影响（边际影响，partial effect）。所以控制变量的使用相对来说就显得特别重要。

5.2 数据窥视

多数实证研究的目的在于探讨因果关系，也就是当某一变量改变时，是否造成另一变量的改变。例如，企业强化国际化程度对公司绩效是否有正面的影响。但是当数据不是借由科学论证时，不要轻易判断因果关系，特别是研究财经问题。

数据窥视（data - snooping）是指从数据中发现统计上显著但实际并不存在的关系，在财经分析中，可以对同一个数据集进行无数次的实证研究，如果有足够的时间、足够的尝试和足够的想象力，可以不考虑经济上的合理性而直接寻找财经变量统计上的关系，这样几乎能从任何数据集中推断出任何规律。通过数据窥视，可以让数据分析结果更显著，以此来支持自己的立场，这些行为往往使实验无法被重复验证。例如，非洲的雨量越大，中国的股票市场就涨得越多，但是不能判断非洲的雨量和中国股市有因果关系。

数据窥视偏差（data - snooping bias）可能会导致严重的后果。因为可以不断地通过调整现有参数或加入新的参数使某一策略在历史数据不断地测试下产生想要的结果。从机器学习的角度来看，这就产生了过度拟合（overfitting）。经过过度优化，这种策略虽然在回测数据上表现不错，然而实际的状况却会明显不一样。

如果不通过实验证明而仅仅通过数据推理，数据窥视偏差将不可避免。特别是对于非线性模型，由于模型可以选取各种自由度，数据窥视偏差不能完全消除。可以说，只要我们使用数据，我们就会面临数据窥视偏差的问题。

数据窥探偏差在以下三种情况下最有可能出现：①有大量数据存在；②缺乏经济理论、经验、直觉和判断；③个人态度：认为只要数据推理能用就行，而不管为什么能用。

所以在进行财金分析时，所有变量的使用都必须有理论基础（文献）的支持。

5.3 实证分析——资本结构

本书利用资本结构对公司绩效的影响进行说明。计量建模分析的流程如图 5.1 所示。

所有实证分析首先要介绍研究对象及范围，然后再介绍研究变量，并建立假设检验。介绍研究变量时，一定要说明数据的来源（必须具备公信力的数据），然后再进行数据的介绍（描述统计量、相关系数矩阵）。数据的介绍最重要的是要考虑到数据是否适合分析[有没有符合计量分析的要求，自变量之间是否存在共线性（高度相关）]。在所有变量经过介绍及处理后，就可以建立分析模型，然后进行计量分析。数据的稳健性也是相当重要的，因为分析结果可能是“恰好”发生，所以必须进行稳健性检验，说明这个结果不是“恰好”发生的，确定分析结果后，就可以开始撰写结论与报告了。

如前所述，资本结构有广义的资本结构和狭义的资本结构之分。广义的资本结构是指全部资金（包括长期资金、短期资金）的构成及其比例，一般而言，广义的资本结构包括债务资本和股权资本的结构、长期资本与短期资本的结构，以及债务资本的内部结构、长期资本的内部结构和股权资本的内部结构等，也就是负债比例（DA）。狭义的资本结构是指各种长期资本构成及其比例，指长期债务资本与（长期）股权资本之间的构成及其比例

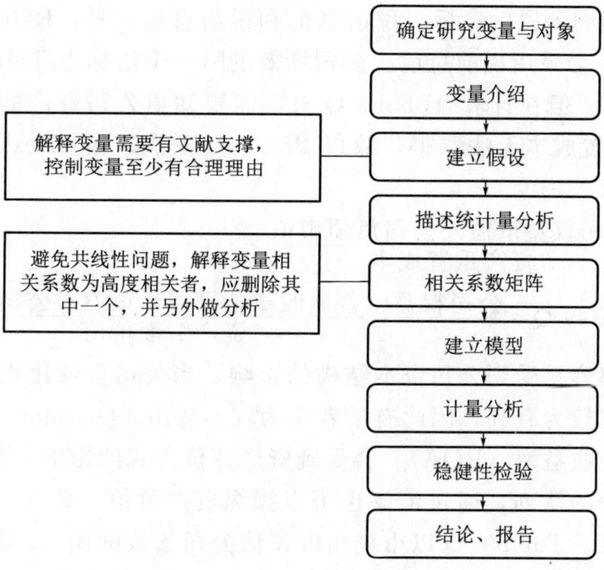

图 5.1　计量建模分析流程图

关系，即为长期负债比例（LDA）。

所以本章研究的解释变量为资本结构，广义的资本结构-负债比例公式为

$$\mathrm{DA}=\frac{\text{总负债}}{\text{总资产}}\times 100$$

负债融资会使管理者受到市场监督，为一种降低代理问题的方法，借此管理可比较有效地使用公司的自由资金，故可以提升公司绩效。当一家公司有过多的自由现金流量时，内部人会因为避免过多的自由现金流量，将资金投资在无效率的投资案上或是从事过度消费的行为，因而产生代理问题，故公司会借由提高负债比率，限制内部人员使用现金流量的权限，使其更有效率运用资金，减轻代理问题，提升公司经营绩效。除此之外，当有公司税及个人所得税存在的情况下，公司举债具有税盾的效果，因此举债可以增加公司的价值，所以认为负债对公司绩效有正相关。

如前文所述的取自然对数的好处，故本书对负债比例的变量也进行了转换，采用产权比例后取自然对数，即

$$\mathrm{ER}=\ln\left(\frac{\text{负债}}{\text{股东权益}}\right)$$

所以建立备选假设为产权结构对公司绩效有影响：H_1：$\mathrm{ER}\neq 0$。

本章的被解释变量为公司绩效，一般而言，公司绩效变量包括股东权益收益率（ROE）、资产收益率（ROA）、纯益率（ROS）和 Tobin's Q。

$$\mathrm{ROE}=\frac{\text{净利润}}{\text{股东权益}}$$

$$\mathrm{ROA}=\frac{\text{净利润}}{\text{平均总资产}}$$

$$\mathrm{ROS}=\frac{\text{净利润}}{\text{营业收入}}$$

一般来说，净利润分税后息后、税前息前和税后息前三种，ROE 一般会采用税后息后，而 ROA 和 ROS 会采用税前息前。公司绩效的另一个指标为 Tobin's Q，La Porta 等使用 Tobin's Q 衡量。但在计算 Tobin's Q 时，需要知道公司资产的重置成本（replacement cost），因为重置成本无法取得，故以 Proxy Q 取代，如 Claessens 等使用 Proxy Q 衡量，其衡量公式为

$$\text{Tobin's Q} = \frac{\text{公司权益市值}+\text{公司负债市值}}{\text{资产重置成本}}$$

$$\approx \text{Proxy Q} = \frac{\text{公司权益（普通股}+\text{特别股）市值}+\text{公司负债账面价值}}{\text{资产账面价值}}$$

股东权益收益率容易受到公司资本结构的影响，当公司负债比重高而权益比重低时，对于股东权益收益率较为有利，因此有学者认为较不适用。Geringer 等认为以资产为基础的衡量指标［如资产收益率（ROA）］会受到资产评价方式的影响，例如，采用不同折旧方法会影响资产价值的认列，通过汇率也可以操纵资产价值。此外，ROE 易受到资本结构差异的影响而失真。Tobin's Q 以市场角度评估公司绩效的衡量，易受股价波动等环境因素的影响，而扭曲公司实际获利绩效，虽说如此，使用 Tobin's Q 作为公司绩效衡量指标的学者越来越多。而国内的股价波动又非常大，所以研究时使用 Tobin's Q 往往会取 12 个月的平均市值来代替年底的市值，并取自然对数。

另外，公司绩效的控制变量有很多，比如公司风险、研发比例、公司成立年数等。

1. 公司风险（risk）

Miller 等（2002）指出公司风险可能对企业绩效有重大影响。本书先求市场模型所评估的各交易日 β 值，再求该年度平均值。

$$\beta = \frac{\mathrm{Cov}(R_i, R_m)}{\mathrm{Var}(R_m)}$$

式中：R_i 为个别证券收益率；R_m 为市场收益率（上海上市：上海综合指数；深圳上市：深圳综合指数）。

2. 研发比例（RD）

研发支出投入对各企业相当重要，但也相当有风险性，若研发成功，对创造企业的绩效和价值具有举足轻重的分量。一般而言，研发支出对公司绩效会产生正向影响。

$$\text{RD} = \ln\left(\frac{\text{研发支出}}{\text{营业收入}} \times 100\right)$$

3. 公司成立年数（Age）

一般而言，公司的成立年数可能影响公司绩效。通常存在时间越久的企业，其累积资源应较业龄小的企业多，预估其对绩效的影响为正向相关。

$$\text{Age} = \ln(2019.12.31 - \text{企业成立时间} + 1)$$

本书对 2019 年上市公司进行研究（删除所有者权益是负的公司），共有 5 个研究变量，分别为被解释变量——公司绩效（也对其取自然对数）、解释变量——产权比例、控制变量——公司风险、研发比例和企业年龄。

研究流程如下：

（1）建立 EViews 文档。单击“File”选项→“Open”选项→“EViews Workfile”选项，如图 5.2 所示。

（2）建立描述统计量。事先选定变量→单击“Quick”选项→“Group Statistics”选项→“Descriptive Statistics”选项→“Common sample”选项，如图 5.3 和图 5.4 所示。

（3）建立各变量的分布图。单击“Quick”选项→“Graph”选项→变量已选定所以不用再输入变量→在选择框的“Specific”选择“Distribution”（其他不变），如图 5.5 和图 5.6 所示。

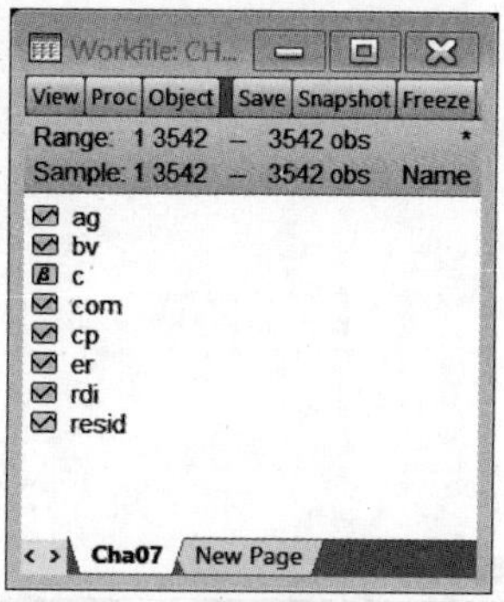

图 5.2 建立 EViews 文档

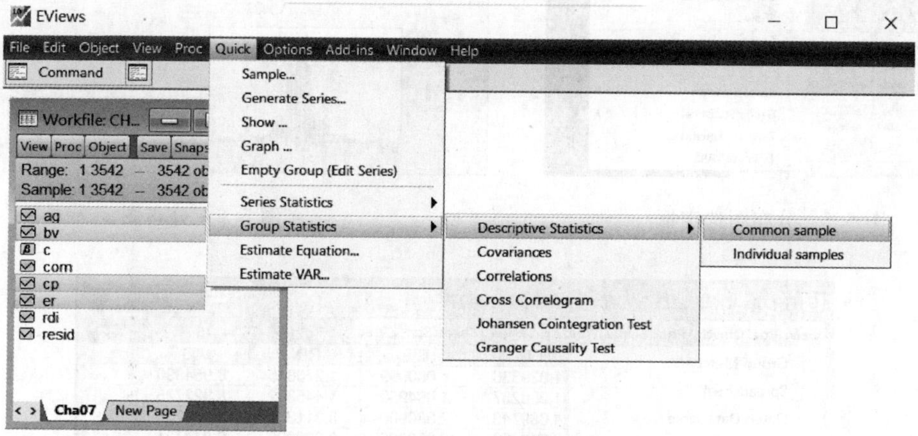

图 5.3 EViews 描述统计量选定框

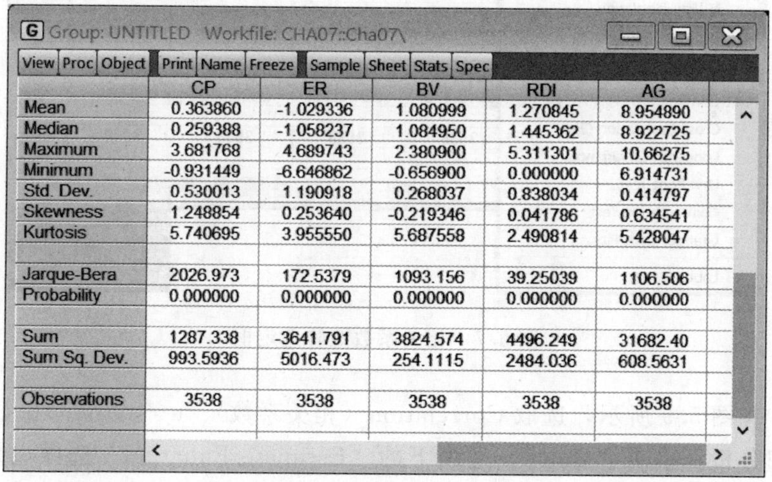

Group: UNTITLED Workfile: CHA07::Cha07\

	CP	ER	BV	RDI	AG
Mean	0.363860	-1.029336	1.080999	1.270845	8.954890
Median	0.259388	-1.058237	1.084950	1.445362	8.922725
Maximum	3.681768	4.689743	2.380900	5.311301	10.66275
Minimum	-0.931449	-6.646862	-0.656900	0.000000	6.914731
Std. Dev.	0.530013	1.190918	0.268037	0.838034	0.414797
Skewness	1.248854	0.253640	-0.219346	0.041786	0.634541
Kurtosis	5.740695	3.955550	5.687558	2.490814	5.428047
Jarque-Bera	2026.973	172.5379	1093.156	39.25039	1106.506
Probability	0.000000	0.000000	0.000000	0.000000	0.000000
Sum	1287.338	-3641.791	3824.574	4496.249	31682.40
Sum Sq. Dev.	993.5936	5016.473	254.1115	2484.036	608.5631
Observations	3538	3538	3538	3538	3538

图 5.4 EViews 描述统计量

（4）建立相关系数矩阵。在描述统计量的对话窗单击“Views”选项下的“Covariance Analysis”选项进入相关系数选择框，如图 5.7 所示。

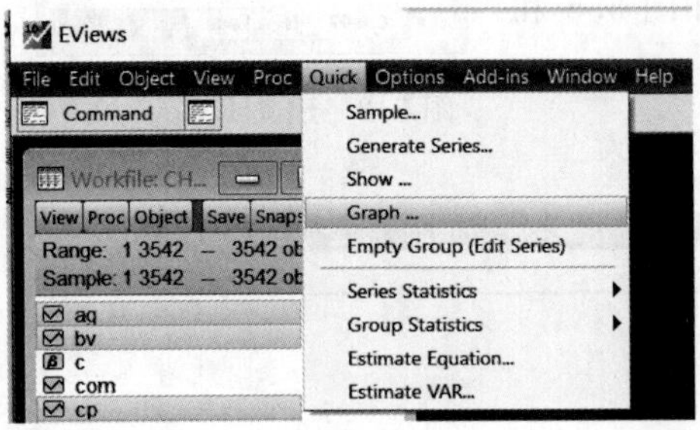

图 5.5　分布图选定框

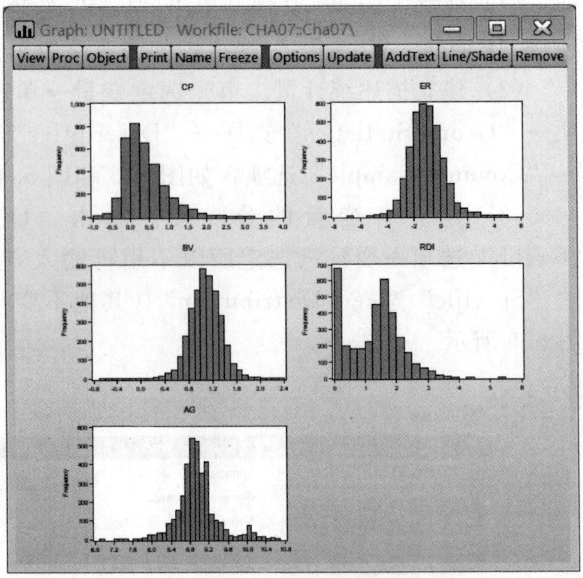

图 5.6　分布图

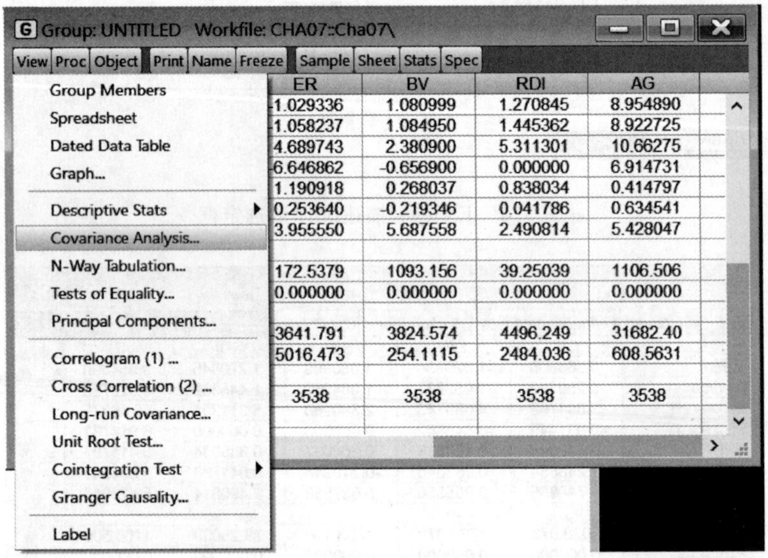

图 5.7　相关系数矩阵选定框

如图 5.8 和图 5.9 所示，选取 Correlation（相关系数）、t－statistic 和 Probability。

（5）回归分析。单击“Quick”选项下的“Estimate Equation”选项进入回归分析对话框，如图 5.10 所示。

在对话框中输入因变量、常数（C）和自变量（解释变量、控制变量），注意，变量要放在第一个，常数和自变量顺序可变，如图 5.11 和图 5.12 所示。

（6）稳健性检验。稳健性检验主要检验变量是否会因为不同的因素影响而导致结果的不同，所以稳健性检验的方法是从样本数中抽取一定的样本来进行分析，分析方法如下。

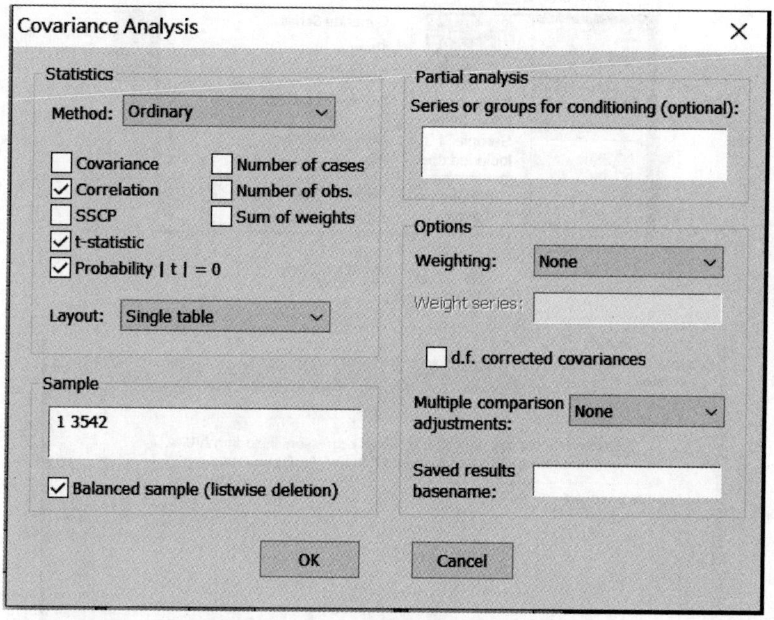

图 5.8　相关系数矩阵显示数据选取

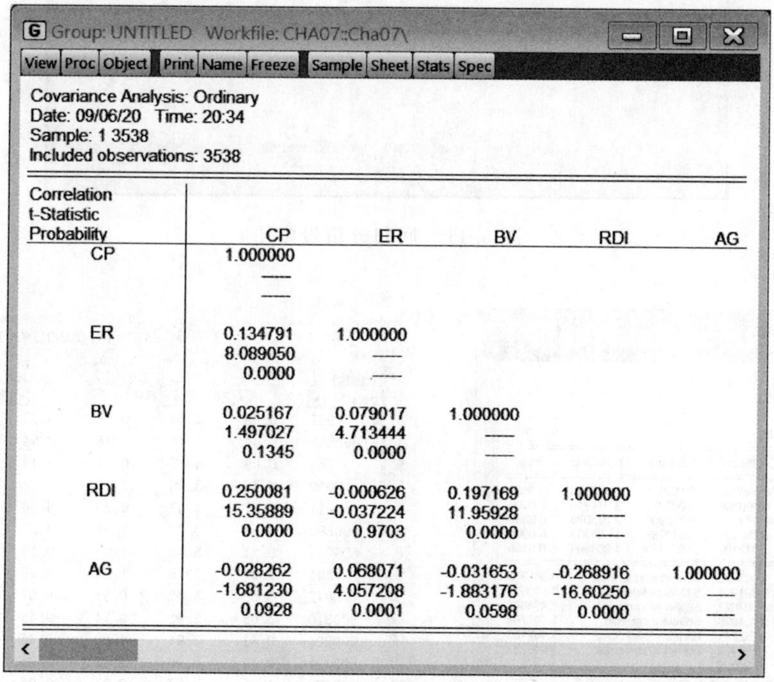

Group: UNTITLED　Workfile: CHA07::Cha07\

View | Proc | Object | Print | Name | Freeze | Sample | Sheet | Stats | Spec

Covariance Analysis: Ordinary
Date: 09/06/20　Time: 20:34
Sample: 1 3538
Included observations: 3538

Correlation t-Statistic Probability	CP	ER	BV	RDI	AG
CP	1.000000 ----- -----				
ER	0.134791 8.089050 0.0000	1.000000 ----- -----			
BV	0.025167 1.497027 0.1345	0.079017 4.713444 0.0000	1.000000 ----- -----		
RDI	0.250081 15.35889 0.0000	-0.000626 -0.037224 0.9703	0.197169 11.95928 0.0000	1.000000 ----- -----	
AG	-0.028262 -1.681230 0.0928	0.068071 4.057208 0.0001	-0.031653 -1.883176 0.0598	-0.268916 -16.60250 0.0000	1.000000 ----- -----

图 5.9　相关系数矩阵

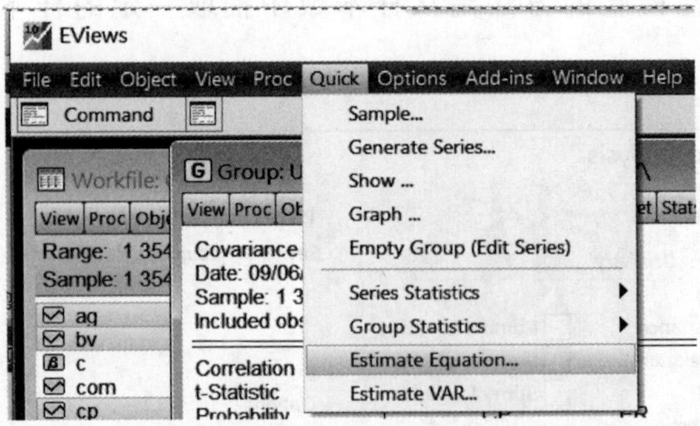

图 5.10　回归分析

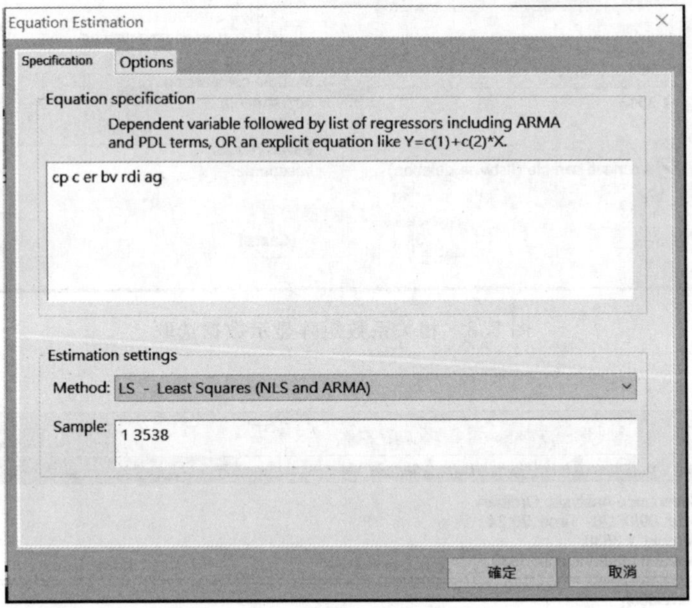

图 5.11　回归分析设定 I

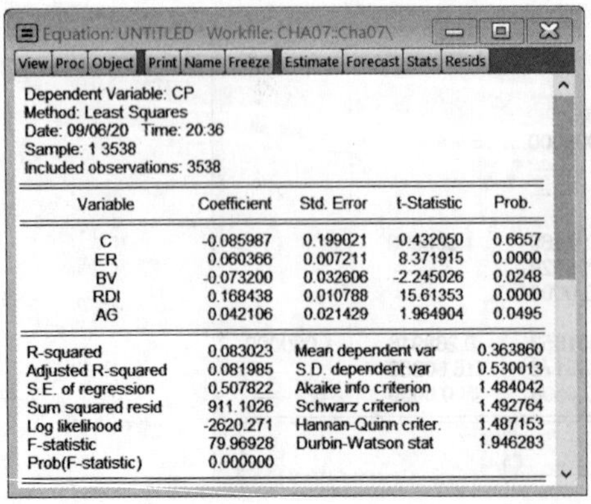

图 5.12　回归分析结果

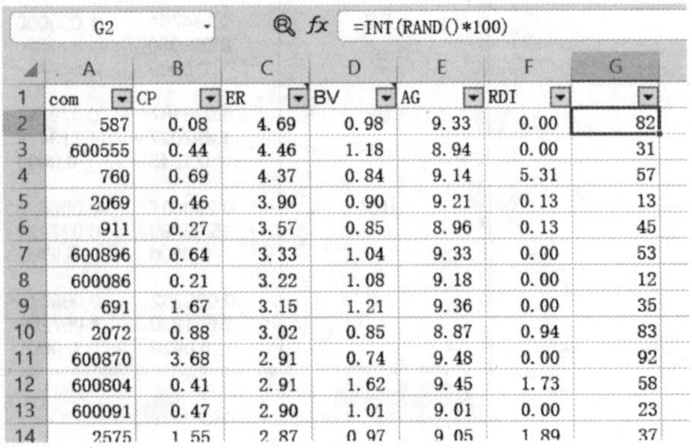

	A	B	C	D	E	F	G
1	com	CP	ER	BV	AG	RDI	
2	587	0.08	4.69	0.98	9.33	0.00	82
3	600555	0.44	4.46	1.18	8.94	0.00	31
4	760	0.69	4.37	0.84	9.14	5.31	57
5	2069	0.46	3.90	0.90	9.21	0.13	13
6	911	0.27	3.57	0.85	8.96	0.13	45
7	600896	0.64	3.33	1.04	9.33	0.00	53
8	600086	0.21	3.22	1.08	9.18	0.00	12
9	691	1.67	3.15	1.21	9.36	0.00	35
10	2072	0.88	3.02	0.85	8.87	0.94	83
11	600870	3.68	2.91	0.74	9.48	0.00	92
12	600804	0.41	2.91	1.62	9.45	1.73	58
13	600091	0.47	2.90	1.01	9.01	0.00	23
14	2575	1.55	2.87	0.97	9.05	1.89	37

图 5.13　乱码设定

1）利用 Excel 的“rand”的乱码设定（随机取 0～1 的数值），因为要分为 100 组，所以可以通过高斯符号的计算改选 0～99 的数据，如图 5.13 所示。

2）删除 90～99 的数据（删除任意 10 种数字也有随机效果），即随机取得约 90% 的样本，再用 EViews 重新打开档案再进行分析。

可以发现所有变量的符号和显著状况都一样，表示研究结果是稳健的（图 5.14）。

一般来说，影响结果的主要原因是受极端值的影响，所以可采用截头去尾的方法。开始时就需要先把数据按照解释变量的大小进行排序，若已排序，则可以直接对 EViews 进行分析，如图 5.15 和图 5.16 所示。

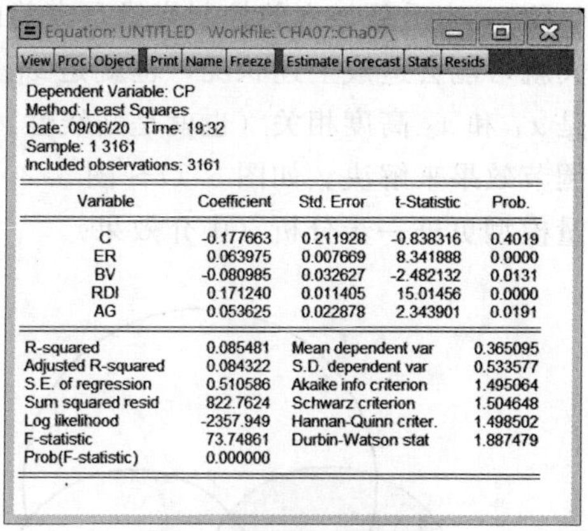

Dependent Variable: CP
Method: Least Squares
Date: 09/06/20 Time: 19:32
Sample: 1 3161
Included observations: 3161

Variable	Coefficient	Std. Error	t-Statistic	Prob.
C	-0.177663	0.211928	-0.838316	0.4019
ER	0.063975	0.007669	8.341888	0.0000
BV	-0.080985	0.032627	-2.482132	0.0131
RDI	0.171240	0.011405	15.01456	0.0000
AG	0.053625	0.022878	2.343901	0.0191

R-squared	0.085481	Mean dependent var	0.365095
Adjusted R-squared	0.084322	S.D. dependent var	0.533577
S.E. of regression	0.510586	Akaike info criterion	1.495064
Sum squared resid	822.7624	Schwarz criterion	1.504648
Log likelihood	-2357.949	Hannan-Quinn criter.	1.498502
F-statistic	73.74861	Durbin-Watson stat	1.887479
Prob(F-statistic)	0.000000		

图 5.14 稳健性检验结果

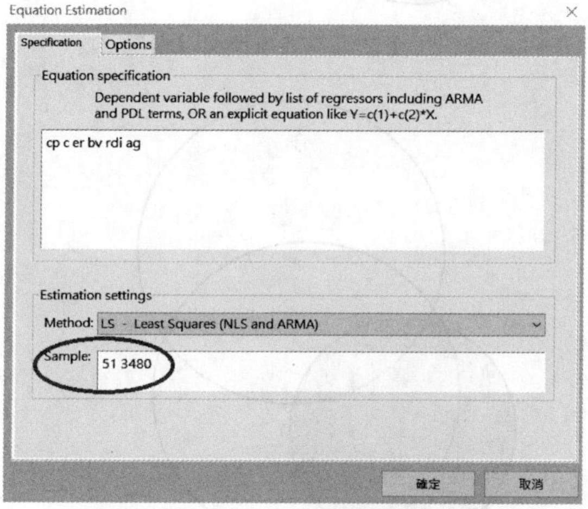

图 5.15 回归分析设定Ⅱ

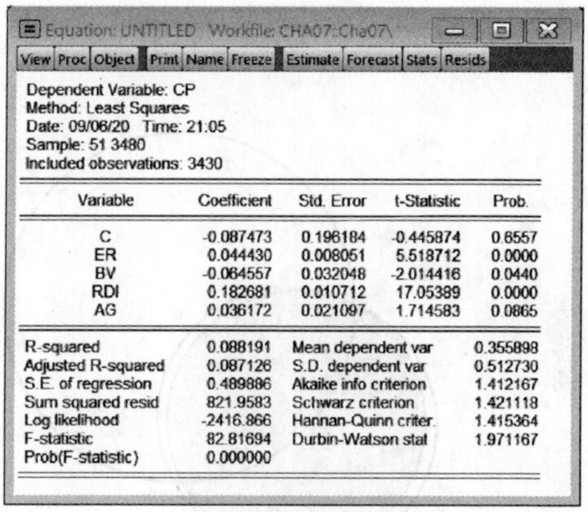

Dependent Variable: CP
Method: Least Squares
Date: 09/06/20 Time: 21:05
Sample: 51 3480
Included observations: 3430

Variable	Coefficient	Std. Error	t-Statistic	Prob.
C	-0.087473	0.196184	-0.445874	0.6557
ER	0.044430	0.008051	5.518712	0.0000
BV	-0.064557	0.032048	-2.014416	0.0440
RDI	0.182681	0.010712	17.05389	0.0000
AG	0.036172	0.021097	1.714583	0.0865

R-squared	0.088191	Mean dependent var	0.355898
Adjusted R-squared	0.087126	S.D. dependent var	0.512730
S.E. of regression	0.489886	Akaike info criterion	1.412167
Sum squared resid	821.9583	Schwarz criterion	1.421118
Log likelihood	-2416.866	Hannan-Quinn criter.	1.415364
F-statistic	82.81694	Durbin-Watson stat	1.971167
Prob(F-statistic)	0.000000		

图 5.16 稳健性检验结果

5.4 控制变量的问题

解释变量之间存在“竞争性”，在加入新的控制变量后，原来的解释变量因为“竞争力”不足被新的控制变量代替，导致原本“显著”变成“不显著”，甚至可能变成相反的显著状况。最重要的因素是原解释变量与新控制变量之间存在相关性。若两个变量间存在高度相关，就一定会发生上述结果。下面用相关程度来说明（有相关才有因果，计量模型存在因果关系）。

$$y=\beta_{10}+\beta_{11}x_1 \qquad R_1^2=A+C$$

$$y=\beta_{20}+\beta_{21}x_2 \qquad R_2^2=B+C$$

$$y=\beta_{30}+\beta_{31}x_1+\beta_{32}x_2 \qquad R_3^2=A+B+C$$

$C=0$ 表示新加入的控制变量是完美的（情况 2），但事实上这是可遇不可求的，当 C 越大就可能会造成上述状况，也就是 x_1 的解释力全部被 x_2 夺走了。C 变大的关键因素之一是 x_1 和 x_2 高度相关（也就是共线性），除此之外，如果 C 越大，则需要利用中介效果和调节效果来解决。如图 5.17～图 5.20 所示，情况 3 可建立模型解决，情况 4 则需要对变量模型更进一步分析（中介效果）。

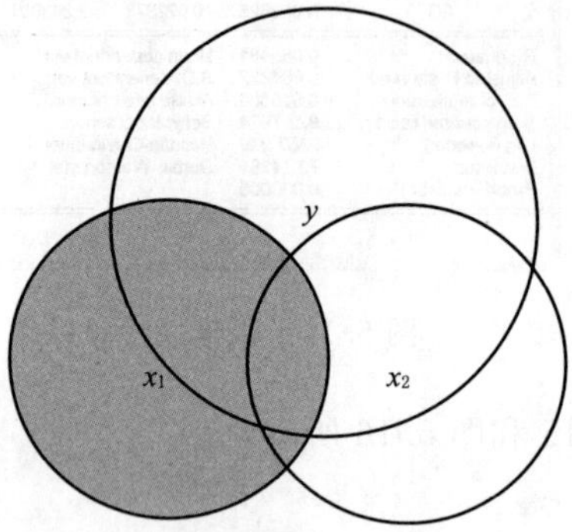

图 5.17　二变量影响正常情况（情况 1）

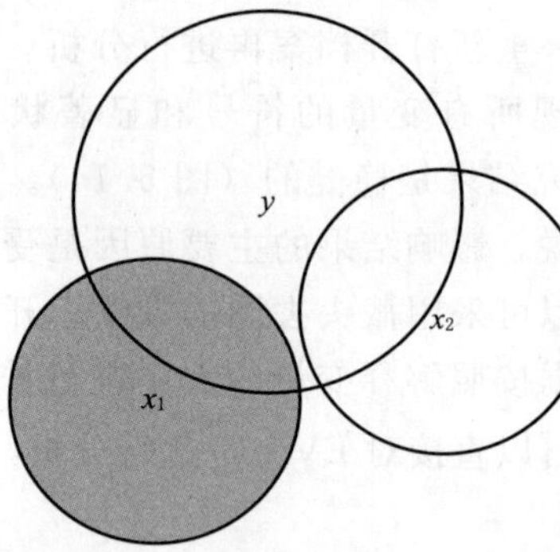

图 5.18　二变量影响理想情况（情况 2）

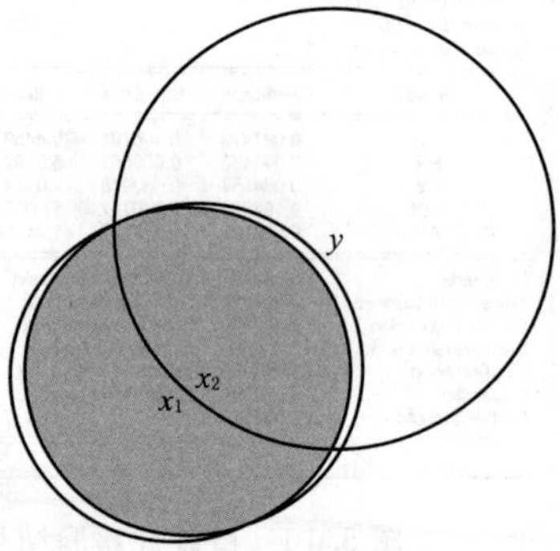

图 5.19　二变量影响共线情况（情况 3）

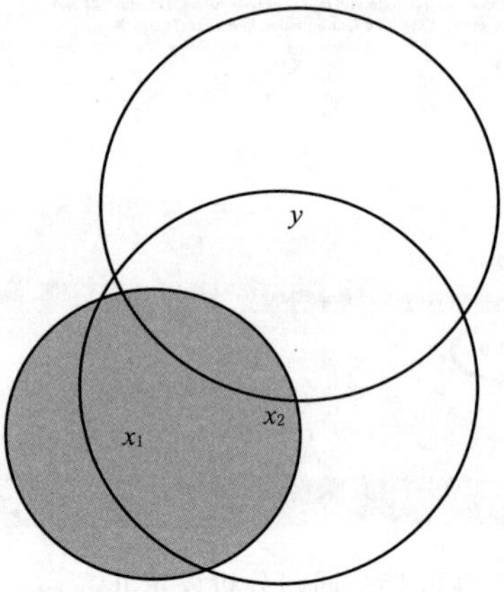

图 5.20　二变量影响竞争差情况（情况 4）

【本章重点与财务应用的专有名词】

数据窥视

控制变量

资本结构

【上机练习】

试就各行业类别进行资本结构与公司绩效的分析。

第6章 时间序列分析

本章导读

时间序列分析主要是进行单变量的纵向资料的分析，与回归分析（主要采用横断面资料）有所不同，时间序列分析需要避免单根的形成，并且强调数据聚簇（data clustering）以及异方差的存在（与横断面分析有所不同），时间序列模型也是进行预测时常用的模型。本章结合信息不对称理论并通过EGARCH模型进行实证探讨。

学习目标

1. 掌握EGARCH模型。
2. 掌握信息不对称理论。

6.1 时间序列模型

时间序列（time series）是一组按照时间发生先后顺序进行排列的数据点序列。随着现代市场交易频率不断增加，为实证研究提供了更多的大样本和长时间序列数据。时间序列分析中最大的问题是数据的平稳性。如果数据是平稳的，那么最小二乘法模型基本特征就可以运用到时间序列里，通常的分析模型包括ARMA、VAR、GARCH等模型。

时间序列是属于随机漫步（random walk：无法预测下一期的变化），其模型为

$$y_t = y_{t-1} + \varepsilon_t \tag{6.1}$$

式中：ε_t 为白噪音（white noise）。

时间序列具备了非平稳性（non-stationarity）及波动幅度随时间变化（time-varying volatility）的特征。非平稳性即时间序列的方差无法呈现出一种长期趋势并最终趋于一个常数或是一个线性函数。而波动幅度随时间变化，即一个时间序列变量的方差随时间的变化而变化。如果数据不是平稳的，情况就变得复杂了，回归系数的标准差有时不服从标准正态分布，从而造成了所谓的伪回归（spurious regression）问题，系数的显著性加大，原假设更容易被拒绝。

所以在做时间序列分析时的首要工作就是看数据是否具备平稳性，一般采用单根检验［最常用的是Augmented Dickey-Fuller（ADF）检验、Phillips-Perron（PP）检验以及KPSS检验等］的方法。

而非平稳性无法利用一般的计量模型去分析，要将非平稳性序列变为平稳性序列一般都会采用差分的方法，也就是降级，通常会采用$\frac{x_t}{x_{t-1}}$或 $x_t - x_{t-1}$。

一般来讲，时间序列模型的选择（落后期数）小样本（小于100）采用AIC，中样本（100～600）采用HQC，大样本采用SBC，即

$$\text{AIC}=T\ln(\text{SSE})+2k$$
$$\text{SBC}=T\ln(\text{SSE})+k\ln T$$
$$\text{HQC}=-2L+k\ln T \tag{6.2}$$

式中：T为总样本数；k为待估参数总数；L为模型估计所得的对数概似值。

$$\text{SSE}=\sum e^2=\text{SST}-\text{SSR}=\sum(Y-\overline{Y})^2-\sum(\hat{Y}-\overline{Y})^2 \tag{6.3}$$

式中：k为待估参数总数。

时间序列分析通常采用的分析模式是自相关回归模型（autoregression model，AR），因此判断落后几期成为关键，不过大部分时间序列分析以分析波动幅度为主，主要是应用在金融工程学的实证研究，分析的模型称为自回归条件方差数模型（autoregressive conditional heteroskedasticity model，ARCH）。ARCH能准确地仿真时间序列变量的波动性变化，所以能更加准确地把握风险（波动性），尤其是应用在风险价值（value at risk）理论中。时间序列模型的扩展过程为：AR(r)→ARMA(r,m)→ARCH(p,q)→GARCH(p,q)→双变量GARCH(p,q)。

AR（r）模型：

$$r_t=\alpha_1+\sum_{i=1}^{r}\beta_i r_{t-i}+\varepsilon_t \tag{6.4}$$

ARMA（r，m）模型：

$$r_t=\alpha_1+\sum_{i=1}^{r}\beta_i r_{t-i}+\sum_{j=1}^{m}\gamma_j\varepsilon_{t-j}+\varepsilon_t \tag{6.5}$$

ARCH（q）模型：

$$r_t=\alpha_1+\sum_{i=1}^{r}\beta_i r_{t-i}+\sum_{j=1}^{m}\gamma_j\varepsilon_{t-j}+\varepsilon_t \tag{6.6}$$

$$\sigma_t^2=\alpha_0+\sum_{i=1}^{q}\alpha_i\varepsilon_{t-i} \tag{6.7}$$

$\alpha_0>0$，$\alpha_i\geqslant 0$，即各期收益以非负数线性组合，常数项为正数。

GARCH（p，q）模型（generalized autoregressive conditional heteroskedasticity model）：

$$r_t=\alpha_1+\sum_{i=1}^{r}\beta_i r_{t-i}+\sum_{j=1}^{m}\gamma_j\varepsilon_{t-j}+\varepsilon_t \tag{6.8}$$

$$h_t^2=\frac{\varepsilon_t}{u_t}$$

$$h_t=\psi+\sum_{i=1}^{p}\phi_i h_{t-1}+\sum_{j=1}^{q}\theta_j\varepsilon_{g,t-j}^2 \tag{6.9}$$

式中：h_t为条件方差；u_t为独立同分布的随机变量，h_t与u_t互相独立，u_t为标准正态分布。

其中，式（6.8）称为条件均值方程，式（6.9）称为条件方差方程，说明时间序列条件方差的变化特征。

双变量 GARCH（p，q）模型：双变量 GARCH 模型主要研究条件相关系数是否固定的问题，共有 2 个模型，分别为 CCC - GARCH（constant conditional correlation GARCH）及 DCC - GARCH（dynamic conditional correlation documentation - GARCH）（介绍见本章知识拓展）。根据单变量 GARCH 家族，双变量 GARCH 模型也可以产生相同的家族。

GARCH 家族有 IGARCH、GARCH - M、TGARCH、EGARCH、GJR、Component GARCH 等（介绍见本章知识拓展），本章主要介绍 EGARCH 模型。

要进行时间序列分析的基本条件变量不能是单根，Bollerslev 指出 ARCH/GARCH 模型需具备高峡峰分配及条件变异异质性。

6.2 波动不对称

本节主要利用时间序列来分析金融资产收益波动的不对称问题，所谓波动不对称现象是指新信息会带来价格的波动，而当新信息属于正面（positive）时，未来的价格波动会变小；反之，当新信息属于负面（negative）时，未来的价格波动会较大。

波动不对称的现象最早出现于股票市场的研究，Black 首先检验出股市的当期收益与未来波动具有负向关系，Christie、Schwert、Koutomos 和 Saidi 也发现相同的结果。当新信息造成股价下跌时，将使公司财务杠杆比率上升，即持有股票的风险增大（未来收益率的波动较大）；反之，当新信息造成股价上涨时，公司财务杠杆比率下降，未来收益率的波动较小，并称此现象为杠杆效果（leverage effect）。

不过，Lo 和 MacKinlay 认为此现象起源于异步交易（nonsynchronous trading）；Sentana 和 Wadhwani 则认为波动不对称的现象是由于交易者的群聚行为（herding behavior）造成的，所以股票收益波动不对称现象是否由杠杆效果所造成仍未达成一致结论。

6.3 EGARCH 模 型

用 EGARCH 模型来研究波动不对称的问题。依据 Bollerslev、Chou 和 Kroner 的建议，模型设定应以精简为原则，本书采用 Nelson 发展的 EGARCH（1，1）模型进行分析，将模型描述如下：

$$R_t \mid I_{t-1} \sim f(\mu_t, \sigma_t^2) \tag{6.10}$$

$$R_t = \beta_0 + \sum_{i=1}^{p} \beta_i R_{t-1} + \varepsilon_t \tag{6.11}$$

$$\ln(h_t) = \alpha_0 + \alpha_1(\mid z_{t-1} \mid - E[\mid z_{t-1} \mid] + \delta z_{t-1}) + \varphi \ln(h_{t-1}) \tag{6.12}$$

式（6.10）表示基于第 $t-1$ 期的资讯集合（I_{t-1}）下，第 t 期的收益率（R_t）服从期望值与变异数皆随时间改变的分配；式（6.11）描述收益率的自我相关行为，即平均数方程式；式（6.12）变异数方程式为 EGARCH 模型的关键式，说明变异数也具有指数形式的自相关，且残差会影响未来的变异，其中 $z_t = \varepsilon_t / h_t$ 为残差经过条件变异数标准化的值。

由式（6.13）中（$|z_{t-1}|-E[|z_{t-1}|]+\delta z_{t-1}$）项的系数 α_1 可看出上一期标准化残差对本期变异的影响程度，若 α_1 为正值，表示新信息会使未来波动增加，但正向信息或负向信息所造成的波动增加的幅度是不同的，由于正向信息的 z_{t-1} 为正值，负向信息的 z_{t-1} 为负值，故当系数 δ 为负值时，即会产生负向信息造成的未来波动增加幅度，将大于正向信息所造成的未来波动增加幅度；而若系数 d 为正值，则会产生正向信息造成的未来波动增加幅度，将大于负向信息所造成的未来波动增加幅度，此即为波动不对称情况。

6.4　实证分析——股票指数波动不对称

本节采用巨潮大盘指数、中盘指数和小盘指数分析规模指数的波动不对称，并分析中美贸易摩擦对规模指数的波动不对称的影响。整体模型分析流程如图 6.1 所示。

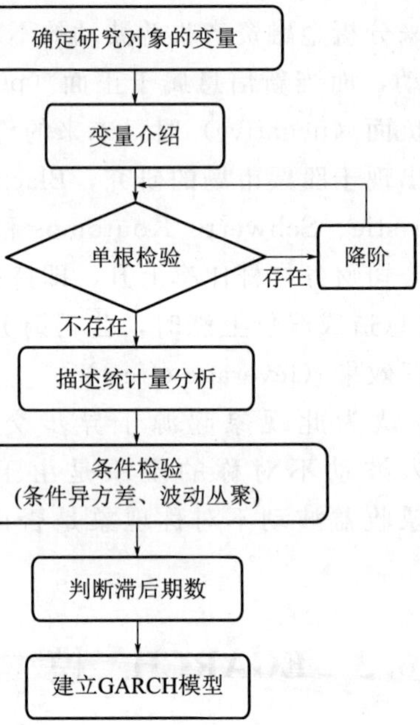

图 6.1　整体模型分析流程图

巨潮系列指数由深圳证券交易所授权，深圳证券信息有限公司推出，其中大盘指数、中盘指数和小盘指数分别代表大规模、中规模和小规模公司的指数。巨潮规模指数基本数据见表 6.1。

表 6.1　　巨潮规模指数基本数据

指数名称	指数代码	基日/年-月-日	基点	发布日/年-月-日	样本股数量/家
巨潮大盘指数	399314	2002-12-31	1000	2005-01-04	200
巨潮中盘指数	399315	2002-12-31	1000	2005-01-04	300
巨潮小盘指数	399316	2002-12-31	1000	2005-01-04	500

本例采用前后期进行比较。由于 GARCH 系列的研究最好要有 500 笔数据，所以后期选取时间为 2018 年 7 月 16 日至 2020 年 8 月 25 日，配合年度的时间前期，选择时间为 2015 年 7 月 16 日至 2017 年 8 月 25 日，规避中间约一年的混沌时期。全期分析使用 2015 年 7 月 16 日至 2020 年 8 月 25 日。

分析流程如下：

(1) 使用 Excel 绘制股价走势图。走势图的标示是为了看数据的状况，由图 6.2 可以发现，在研究期间前指数大涨过，之后下跌后走势平稳，到中美贸易摩擦后，指数又开始下跌，而后开始持续上涨。

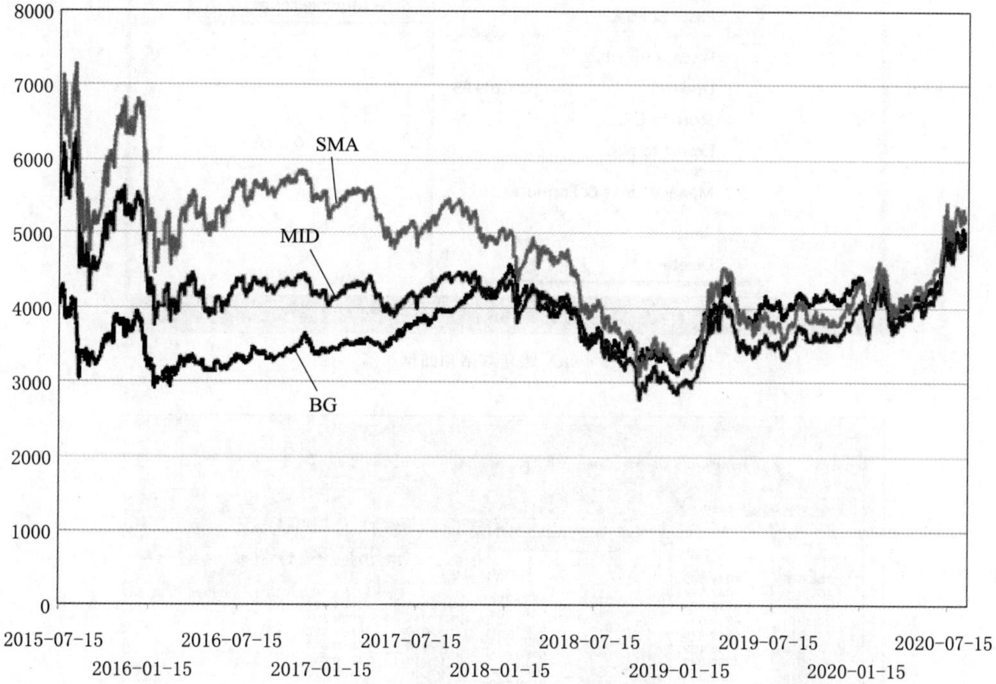

图 6.2 巨潮规模指数走势示意图

(2) 单根检验。一般来说，所有时间序列的数据都是呈现非平稳性的，通常单根检验采用 ADF 检验或 PP 检验，时间序列分析均采用 EViews 进行。

1) 建立数据：单击"Open"选项下的"as Multiple series"选项。大规模、中规模和小规模的数据分析在本书采用个别分析，所以数据建立也要个别建立，如图 6.3 所示。

2) 单根检验指令。单击"View"选项下的"Unit Root Test"选项，进入单根检验的选择框，如图 6.4 和图 6.5 所示。单根检验有多种方法，常用的有 ADF、PP 两种检验方法。

EViews 单根检验结果如图 6.6 所示。

可以看到，p 值（0.2016）$>$0.05，所以存在单根的情况，检验结果见表 6.2。

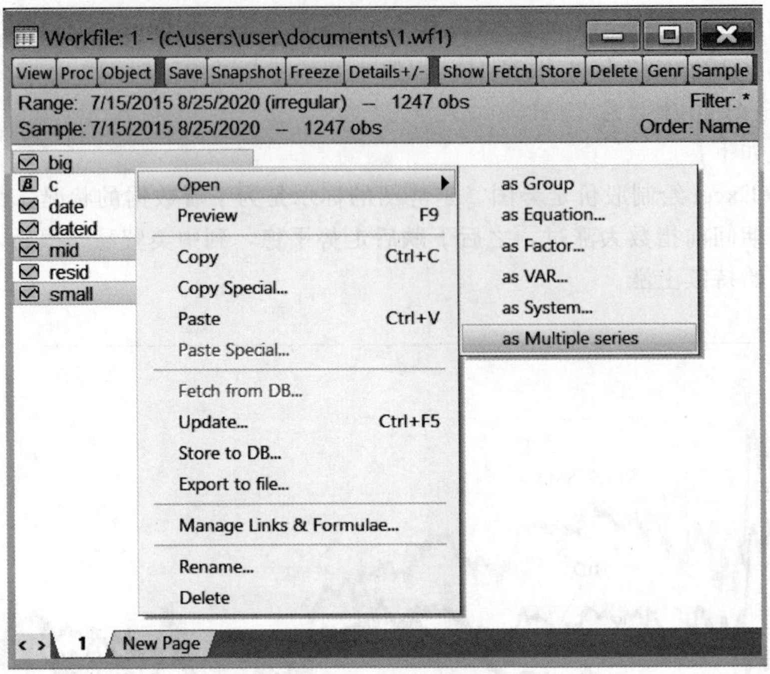

（a）建立数据画面框

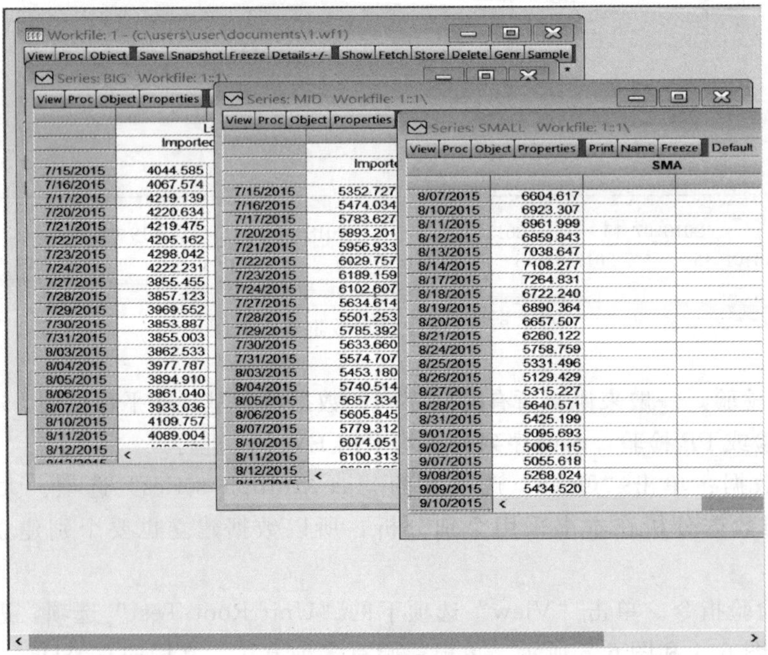

（b）数据呈现

图 6.3　建立数据

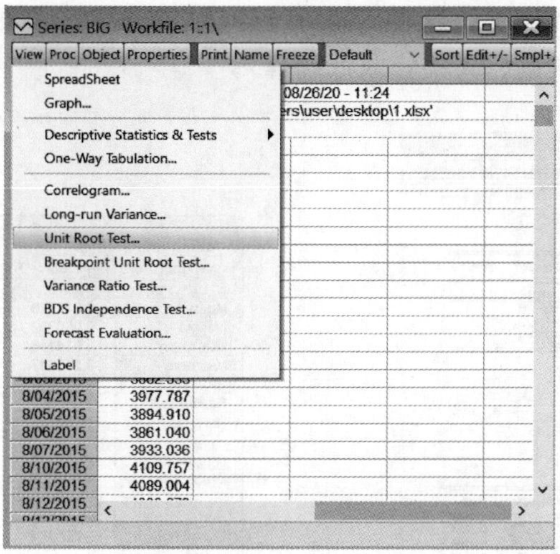

图 6.4　单根检验指令框

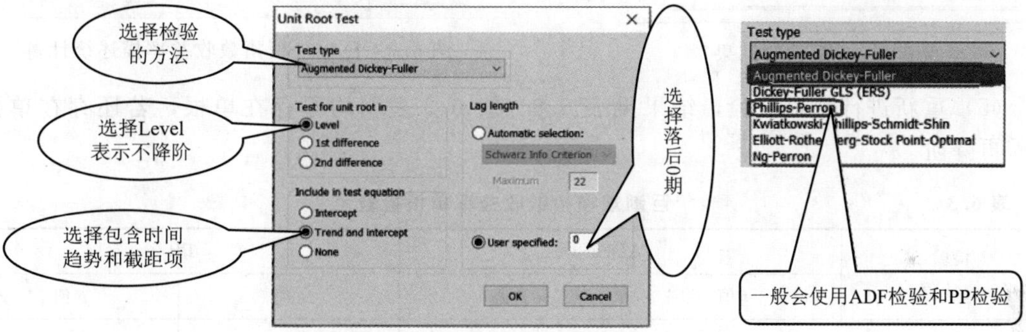

图 6.5　单根检验选择框

表 6.2　　巨潮规模指数单根检验

检验统计值	ADF		PP	
	t 值	p 值	t 值	p 值
大盘	−2.79	0.20	−2.87	0.17
中盘	−2.83	0.19	−2.28	0.44
小盘	−2.70	0.24	−2.30	0.43

(3) 降阶。如 6.2 节所述，一般来说，指数都会呈现“单根”，所以必须选取 1 阶差分的数据，也就是收益率，而进行时间序列分析时，取 1 阶差分的收益率最好取自然对数，即

$$r_t = \ln \frac{I_t}{I_{t-1}} \times 100 \tag{6.14}$$

降阶均可在 Excel 或 EViews 上操作。

(4) 描述统计量分析。重新建立档案和描述统计量：事先选定变量→单击“Quick”选项→“Group Statistics”选项→“Descriptive”选项→“Common sample”选项，结果如图 6.7 所示。一般在描述统计量后，需对统计量进行说明（如平均数、标准偏差）与解释（如该变量为左偏或右偏、高狭峰或低阔峰）。

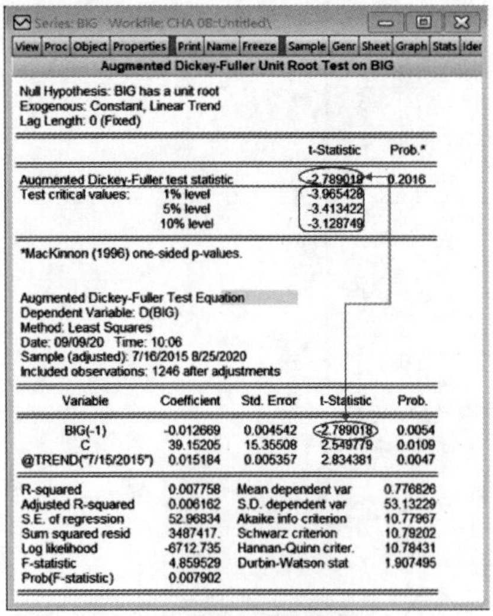
Series: BIG Workfile: CHA 08::Untitled\
View Proc Object Properties Print Name Freeze Sample Genr Sheet Graph Stats Ider

Augmented Dickey-Fuller Unit Root Test on BIG

Null Hypothesis: BIG has a unit root
Exogenous: Constant, Linear Trend
Lag Length: 0 (Fixed)

		t-Statistic	Prob.*
Augmented Dickey-Fuller test statistic		-2.789018	0.2016
Test critical values:	1% level	-3.965428	
	5% level	-3.413422	
	10% level	-3.128749	

*MacKinnon (1996) one-sided p-values.

Augmented Dickey-Fuller Test Equation
Dependent Variable: D(BIG)
Method: Least Squares
Date: 09/09/20 Time: 10:06
Sample (adjusted): 7/16/2015 8/25/2020
Included observations: 1246 after adjustments

Variable	Coefficient	Std. Error	t-Statistic	Prob.
BIG(-1)	-0.012669	0.004542	-2.789018	0.0054
C	39.15205	15.35508	2.549779	0.0109
@TREND("7/15/2015")	0.015184	0.005357	2.834381	0.0047

R-squared	0.007758	Mean dependent var	0.776826
Adjusted R-squared	0.006162	S.D. dependent var	53.13229
S.E. of regression	52.96834	Akaike info criterion	10.77967
Sum squared resid	3487417.	Schwarz criterion	10.79202
Log likelihood	-6712.735	Hannan-Quinn criter.	10.78431
F-statistic	4.859529	Durbin-Watson stat	1.907495
Prob(F-statistic)	0.007902		

图 6.6　单根检验结果

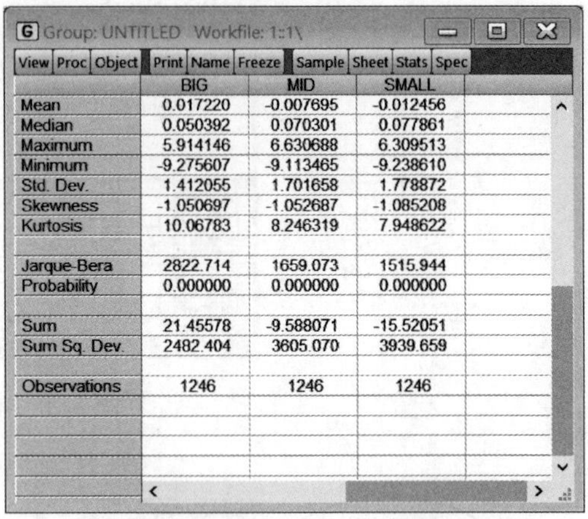
Group: UNTITLED Workfile: 1::1\
View Proc Object Print Name Freeze Sample Sheet Stats Spec

	BIG	MID	SMALL
Mean	0.017220	-0.007695	-0.012456
Median	0.050392	0.070301	0.077861
Maximum	5.914146	6.630688	6.309513
Minimum	-9.275607	-9.113465	-9.238610
Std. Dev.	1.412055	1.701658	1.778872
Skewness	-1.050697	-1.052687	-1.085208
Kurtosis	10.06783	8.246319	7.948622
Jarque-Bera	2822.714	1659.073	1515.944
Probability	0.000000	0.000000	0.000000
Sum	21.45578	-9.588071	-15.52051
Sum Sq. Dev.	2482.404	3605.070	3939.659
Observations	1246	1246	1246

图 6.7　巨潮规模指数收益率描述统计量

（5）重新进行单根检验，结果见表 6.3。表 6.3 表明均不存在单根，若还存在单根，则需再降阶。

表 6.3　　巨潮规模指数收益率单根检验

检验统计值	ADF		PP	
	t 值	p 值	t 值	p 值
大盘	−16.37	0.00	−34.20	0.00
中盘	−16.02	0.00	−34.99	0.00
小盘	−15.98	0.00	−34.28	0.00

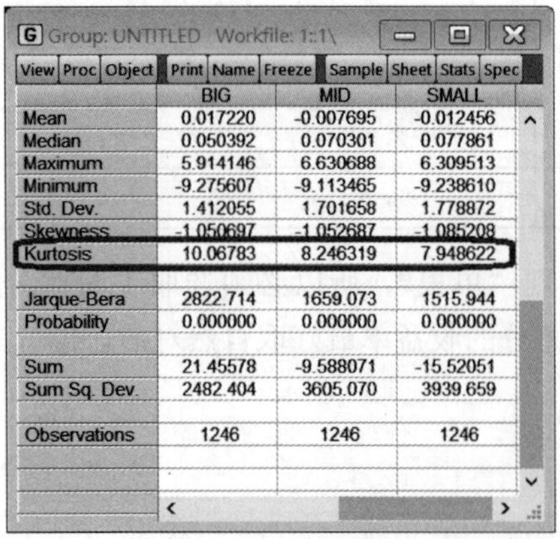
Group: UNTITLED Workfile: 1::1\
View Proc Object Print Name Freeze Sample Sheet Stats Spec

	BIG	MID	SMALL
Mean	0.017220	-0.007695	-0.012456
Median	0.050392	0.070301	0.077861
Maximum	5.914146	6.630688	6.309513
Minimum	-9.275607	-9.113465	-9.238610
Std. Dev.	1.412055	1.701658	1.778872
Skewness	-1.050697	-1.052687	-1.085208
Kurtosis	10.06783	8.246319	7.948622
Jarque-Bera	2822.714	1659.073	1515.944
Probability	0.000000	0.000000	0.000000
Sum	21.45578	-9.588071	-15.52051
Sum Sq. Dev.	2482.404	3605.070	3939.659
Observations	1246	1246	1246

图 6.8　巨潮规模指数收益率高狭峰检查

（6）GARCH 模型检验。Bollerslev 指出 ARCH/GARCH 模型需具备高狭峰分配及条件方差异质性。

1）峰度全部大于 3，所以全部的研究数据都具备高狭峰。

2）条件异方差。数据是否具备 ARCH 效果，本书使用 Ljung - Box 检验的 Q 统计量来进行观察，LB $(2)^2$～LB $(12)^2$ 用来检验几乎均在 1% 显著水平之下的显著，表示各数列残差平方可能有自相关，因此均具有条件异质（conditional hetrocedesticity，CH）等现象。

a. 建立无截距项的自回归：单击“Quick”选

项下的“Estimate Equation”选项，如图 6.9 所示。

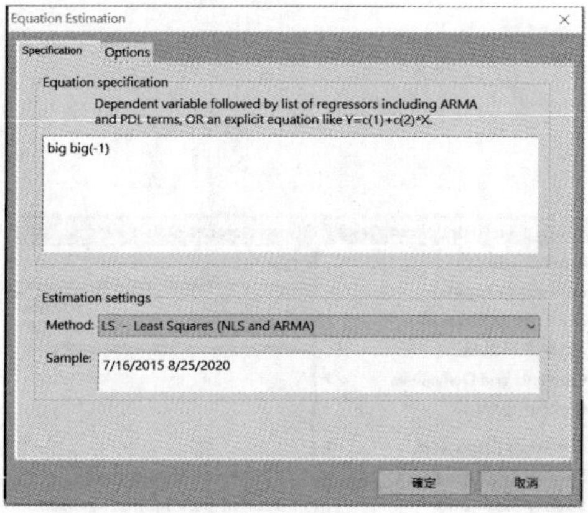

（a）选择框

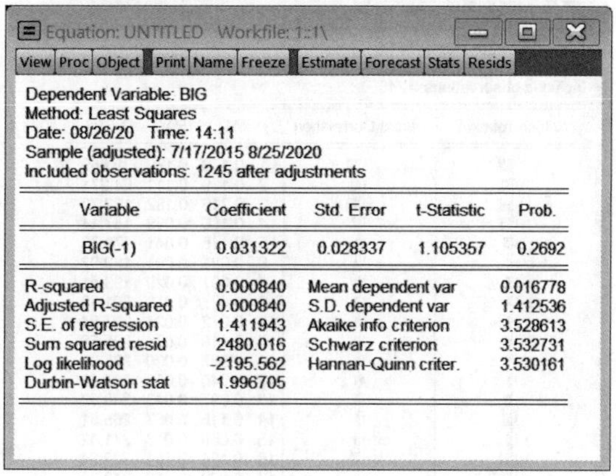

（b）结果

图 6.9 Q统计量初步作业

单击“View”选项下的“Residual Diagnostics”选项。如图 6.10 所示的框图，第一个为 Ljung - Box 检验的 Q 统计量（检验是否存在自回归），第二个为 Ljung - Box 检验的 Q^2 统计量（检验是否存在条件方差异质性，另外的检验模式为 ARCH - LM 检验，本书就不再介绍）。

b. Ljung - Box 检验的 Q 统计量。LB（2）～LB（12）用来检验几乎均在 1% 显著水平之下的显著，表示各数列残差可能有自相关，如图 6.11 所示。

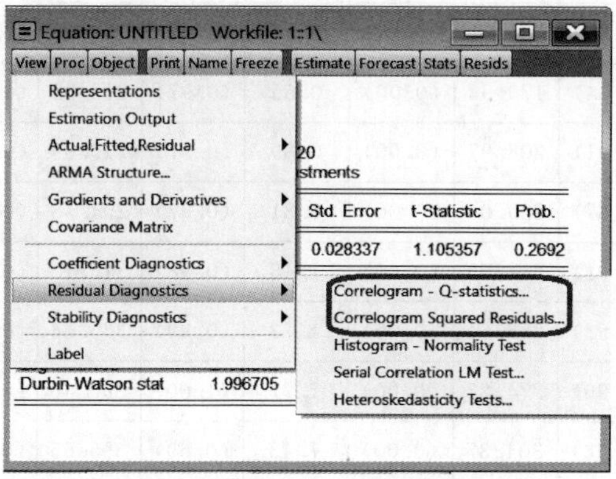

图 6.10 Q 和 Q^2 统计量指令

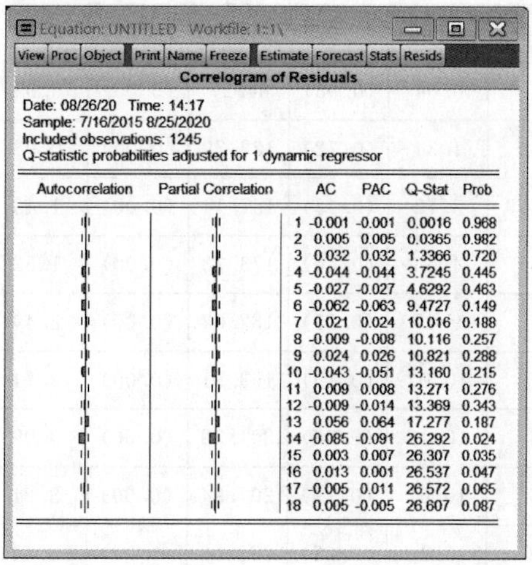

图 6.11 Ljung - Box 检验的 Q 统计量

c. Ljung - Box 检验的 Q^2 统计量。LB $(2)^2$～LB $(12)^2$ 检验几乎均在 1% 显著水平之下显著，表示各数列残差平方可能有自相关，即存在条件异方差，如图 6.12 所示。

d. 不过大部分的学者对于异方差的检验都会采用 LM 检验，如图 6.13 所示。

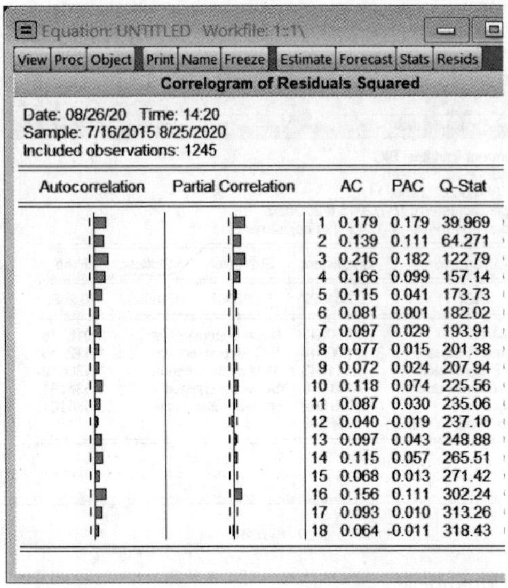

图 6.12　Ljung－Box 检验的 Q^2 统计量

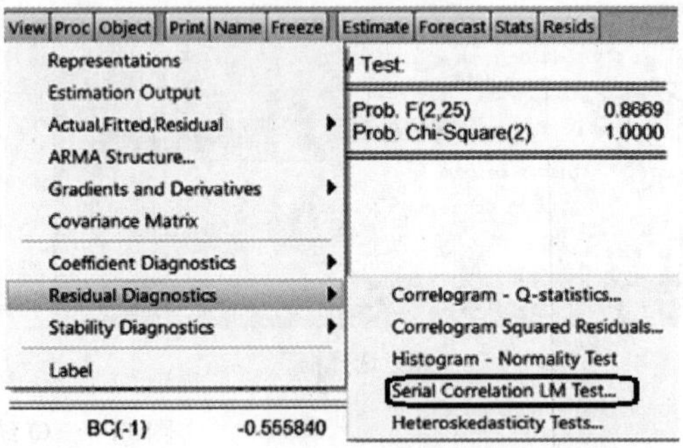

图 6.13　LM 检验指令框

e. 将 3 个变量的 Ljung－Box 检验的 Q 统计量和 Ljung－Box 检验的 Q^2 统计量结果列于表 6.4，很明显，其 3 个规模指数残差都呈现自相关，并且也存在条件异方差。

表 6.4　巨潮规模指数收益率 Ljung－Box 检验的 Q 统计量和 Ljung－Box 检验的 Q^2 统计量表

落后期数	大盘指数				中盘指数				小盘指数			
	Q		Q^2		Q		Q^2		Q		Q^2	
1	0.00	(0.97)	39.97	(0.00)	0.02	(0.90)	30.71	(0.00)	0.01	(0.92)	30.33	(0.00)
2	0.04	(0.98)	64.27	(0.00)	0.03	(0.99)	81.73	(0.00)	0.03	(0.98)	104.73	(0.00)
3	1.34	(0.72)	122.79	(0.00)	0.98	(0.81)	135.03	(0.00)	0.50	(0.92)	174.59	(0.00)
4	3.72	(0.45)	157.14	(0.00)	1.43	(0.84)	170.94	(0.00)	0.55	(0.97)	218.32	(0.00)
5	4.63	(0.46)	173.73	(0.00)	1.52	(0.91)	208.97	(0.00)	0.89	(0.97)	270.89	(0.00)
6	9.47	(0.15)	182.02	(0.00)	2.49	(0.87)	229.04	(0.00)	1.31	(0.97)	294.58	(0.00)
7	10.02	(0.19)	193.91	(0.00)	2.74	(0.91)	244.56	(0.00)	1.48	(0.98)	316.13	(0.00)
8	10.12	(0.26)	201.38	(0.00)	3.09	(0.93)	256.61	(0.00)	1.73	(0.99)	335.64	(0.00)
9	10.82	(0.29)	207.94	(0.00)	3.21	(0.96)	274.27	(0.00)	1.77	(1.00)	360.46	(0.00)
10	13.16	(0.22)	225.56	(0.00)	8.54	(0.58)	304.37	(0.00)	7.43	(0.69)	395.55	(0.00)
11	13.27	(0.28)	235.06	(0.00)	12.60	(0.32)	323.75	(0.00)	12.04	(0.36)	416.77	(0.00)
12	13.37	(0.34)	237.10	(0.00)	12.79	(0.38)	331.31	(0.00)	12.21	(0.43)	425.71	(0.00)

（7）平均数方程式的最适落后期数——配适度。建立平均数方程式（落后 1～6 期分别比较），如图 6.14 所示。

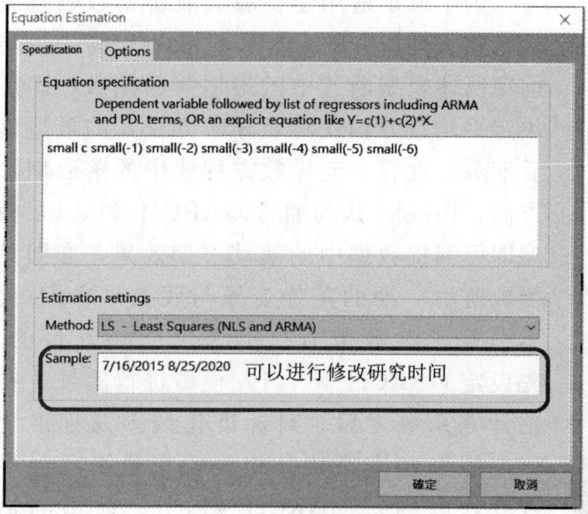

（a）选择框

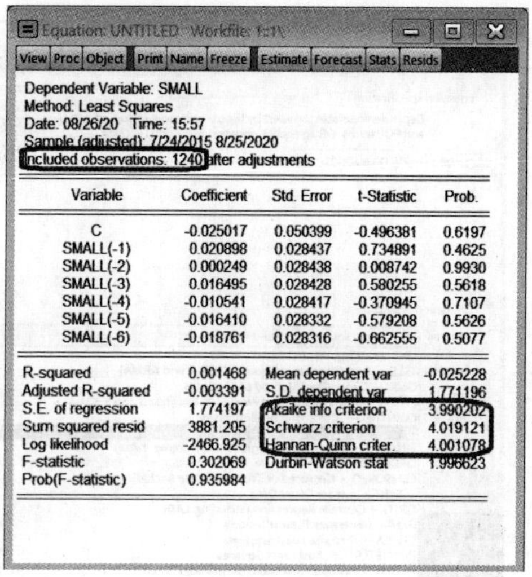

（b）结果

图 6.14 Q 配适度选取

研究样本为 1240 个数据，适合采用 SBC 来判断，各个分析模型配适度统计量见表 6.5。

表 6.5　　巨潮规模指数收益率配适度统计量表

方法	BIG			MID			SMALL		
	SBC	HQC	HQC	SBC	HQC	HQC	SBC	HQC	HQC
落后期数	前期	前期	后期	前期	前期	后期	前期	前期	后期
1	**3.5383**	3.7002	**3.5475**	3.9110	4.1729	**3.8083**	3.9996	4.3011	**3.8374**
2	3.5395	**3.6981**	3.5546	**3.9091**	**4.1661**	3.8152	**3.9989**	**4.2972**	3.8443
3	3.5451	3.7058	3.5530	3.9139	4.1733	3.8208	4.0040	4.3044	3.8512
4	3.5496	3.7147	3.5516	3.9198	4.1811	3.8229	4.0097	4.3108	3.8547
5	3.5553	3.7201	3.5587	3.9260	4.1887	3.8298	4.0156	4.3179	3.8617
6	3.5557	3.7198	3.5596	3.9297	4.1935	3.8353	4.0191	4.3223	3.8677

注　表中黑体数字为 6 期中最小值。

由表 6.5 可知，大规模指数、中规模指数和小规模指数均适合落后 1 期和 2 期来当作平均数的方程式。

（8）EGARCH 最适模型。

$$R_t \mid I_{t-1} \sim f(\mu_t, \sigma_t^2) \tag{6.15}$$

$$R_t = \beta_0 + \sum_{i=1}^{p} \beta_i R_{t-1} + \varepsilon_t \tag{6.16}$$

$$\ln h_t = \alpha_0 + \alpha_1 (\mid z_{t-1} \mid - E[\mid z_{t-1} \mid] + \delta \cdot z_{t-1}) + \varphi \ln h_{t-1} \tag{6.17}$$

即为找出最适的方程式（6.17）。

为了设定适用于各股类股价指数收益波动的相关性研究的 GARCH 模型，需先决定前项所述模型通式中的最适落后期数，即需决定平均数方程式与变异数方程式的最适落后期数。在有关变异数方程式中的落后期数方面，Brooks 认为通常 GARCH（1，1）模型即可捕捉数据中的波动群聚效果，亦即只要取落后一期的条件变异与残差平方即可。本书基于参数节省（parsimonious）目的，先设定 GARCH（1，1）模型进行实证。在估计完系数之后，对标准化残差及标准化残差的平方检验其自相关效果是否已经不存在，以确定 GARCH（1，1）模型的适用性。

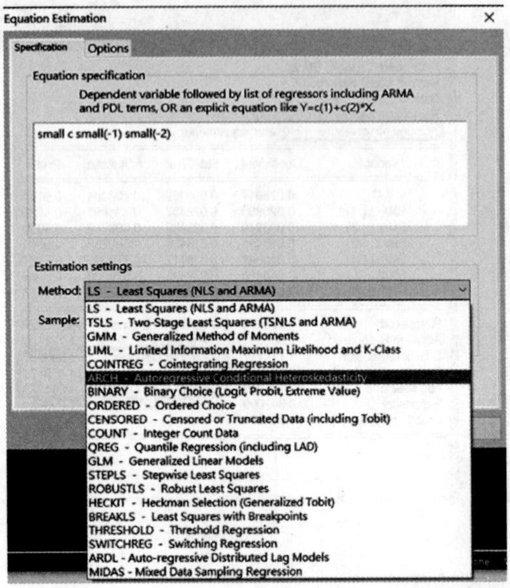

图 6.15 EViews GARCH 分析选取

单击“Quick”选项→“Estimate Equation”选项→输入最适的平均数方程式，并将 Method 改为 ARCH，如图 6.15 所示。

根据图 6.16，将 Model 改为 EGARCH。

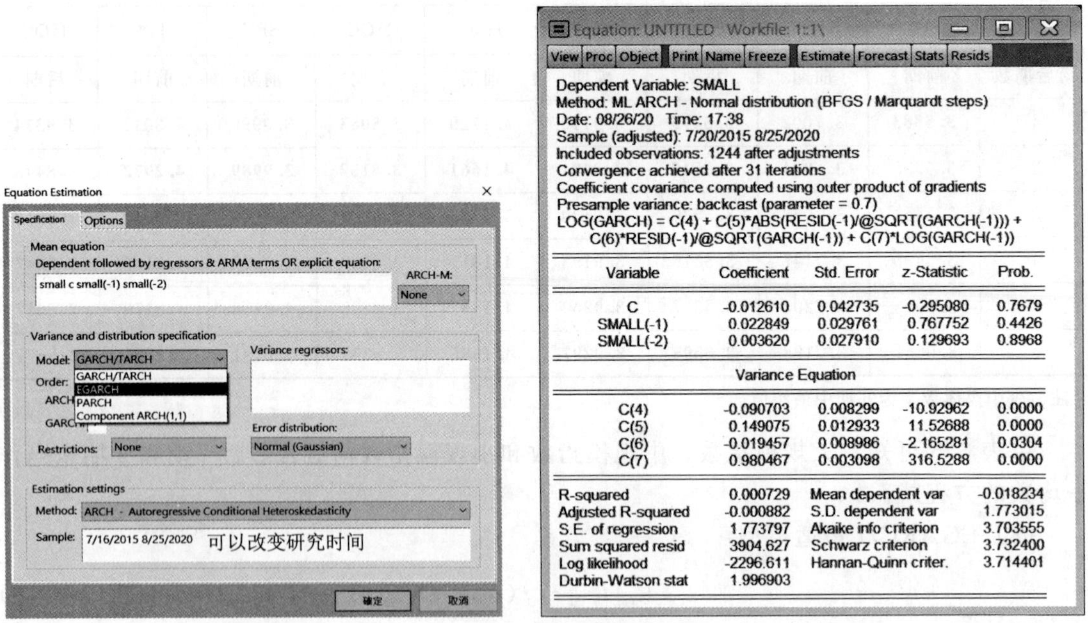

（a）选择框 （b）结果

图 6.16 EViews EGARCH 分析选取

巨潮规模指数 EGARCH 分析见表 6.6。

表 6.6 **巨潮规模指数 EGARCH 分析表**

时期	变量	大盘指数	中盘指数	小盘指数
全期	C	0.056 (2.006)**	−0.012 (−0.321)	−0.013 (−0.295)
	AR (1)	0.059 (2.064)**	0.006 (0.198)	0.023 (0.768)
	AR (2)		−0.004 (−0.123)	0.004 (0.130)
	α_0	−0.136 (−14.214)***	−0.113 (−12.178)***	−0.091 (−10.930)***
	α_1	0.191 (14.696)***	0.175 (13.547)***	0.149 (11.527)***
	δ	−0.006 (−0.709)	−0.026 (−2.739)***	−0.019 (−2.165)**
	ψ	0.989 (325.037)***	0.982 (308.555)***	0.980 (316.529)***
前期	C	0.047 (1.238)	−0.047 (−0.826)	−0.065 (−0.998)
	AR (1)	0.023 (0.515)	−0.026 (−0.555)	−0.008 (−0.179)
	AR (2)	0.041 (0.946)	0.006 (0.141)	0.001 (0.025)
	α_0	−0.058 (−5.461)***	−0.032 (−2.991)***	−0.025 (−2.278)**
	α_1	0.072 (4.888)***	0.042 (2.957)***	0.033 (2.198)**
	δ	−0.009 (−0.479)	−0.064 (−3.623)***	−0.076 (−4.562)***
	ψ	0.999 (597.866)***	0.995 (634.536)***	0.996 (553.628)***
后期	C	0.062 (1.661)*	0.015 (0.317)	0.026 (0.398)
	AR (1)	0.057 (1.417)	0.027 (0.646)	0.090 (1.690)*
	AR (2)			0.003 (0.077)
	α_0	−0.197 (−8.857)***	−0.194 (−6.197)***	−0.120 (−2.360)**

续表

时期	变量	大盘指数	中盘指数	小盘指数
后期	α_1	0.291 (10.221)***	0.352 (9.557)***	0.312 (6.045)***
	δ	−0.041 (−2.852)***	−0.119 (−6.790)***	−0.089 (−3.424)***
	ψ	0.954 (84.239)***	0.901 (44.796)***	0.880 (28.995)***

注 每个变量有3个值，分别为系数和 t 值（也可以列标准偏差）以及显著状况，*** 为非常显著（<0.001），** 为很显著（<0.05），*为显著（<0.1）。

以小型股为例所得EGARCH模型为

$$\text{samll}_t = -0.013 + 0.023\text{small}_{t-1} - 0.004\text{small}_{t-2}$$

$$\ln\sigma^2 = -0.091 + 0.149[z_{t-1}| - E(|z_{t-1}) - 0.019z_{t-1}] + 0.980\ln h_{t-1}$$

因为 δ（−0.019）显著（$p=0.03$ 且小于0.05），所以不存在波动不对称，若第 $t-1$ 期有负向信息而造成 ε_{t-1} 为负时，$z_{t-1}=\varepsilon_{t-1}/\sigma_{t-1}^2$ 也必为负值，因此每一单位的 z_{t-1} 将会造成下一期（即第 t 期）的 $\ln\sigma_t^2$ 增加0.149×（1+0.019）单位，即0.152单位；相对的，若第 $t-1$ 期有正向信息，则每一单位的 z_{t-1} 将会造成下一期的 $\ln\sigma_t^2$ 增加0.149（1−0.019）单位，即0.146单位；故负向信息造成的未来波动增加幅度为正向信息的1.041倍。当系数 δ 的绝对值越大，则收益率的波动不对称程度会越高。

波动不对称的测量系数可以用 $\frac{1+|\delta|}{1-|\delta|}$ 表示，因为当 $\frac{1+|\delta|}{1-|\delta|}$ 大时，则 δ 的绝对值也会大，所以考虑前后期的波动不对称的变化时可以采用 $\frac{1+|\delta|}{1-|\delta|}$。巨潮规模指数收益率波动不对称显著状况见表6.7。

表6.7　巨潮规模指数收益率波动不对称显著状况表

时期	大盘指数	中盘指数	小盘指数
全期	不显著	1.05	1.04
前期	不显著	1.14	1.16
后期	1.09	1.27	1.20

由表6.7可以发现，大盘指数全期和前期不具备波动不对称，而贸易摩擦让波动不对称变大，但有没有显著变大，用表6.8检验可得知，只有中盘指数显著变大。

表6.8　巨潮规模指数收益率波动不对称变化显著状况表

规　模	时期	系数	标准差	t 值
大盘指数	前期	−0.009	0.019	1.34
	后期	−0.041	0.014	

续表

规 模	时期	系数	标准差	t 值
中盘指数	前期	−0.064	0.018	2.21
	后期	−0.119	0.018	
小盘指数	前期	−0.076	0.017	0.43
	后期	−0.089	0.026	

【本章重点与财务应用的专有名词】

时间序列分析

平稳性

单根

数据聚簇

波动不对称

EGARCH 模型

【上机练习】

1. 波动性不对称真的存在吗？
2. 试分析规模指数的波动性不对称。

知 识 拓 展

1. GARCH 家族

(1) ARCH (q) 模型：

$$r_t = \alpha_1 + \sum_{i=1}^{m}\beta_i r_{t-i} + \sum_{j=1}^{n}\gamma_j \varepsilon_{t-j} + \varepsilon_t \quad \varepsilon_t \overset{\text{iid}}{\sim} N(0, h_t): h_t^2 = \frac{\varepsilon_t}{\mu_t}$$

$$h_t = \alpha_0 + \sum_{i=1}^{q}\alpha_i \varepsilon_{t-i}^{2}$$

$\alpha_0 > 0$，$\alpha_i \geqslant 0$，即各期收益以非负数线性组合，常数项为正数。

(2) GARCH 模型：

$$r_t = \alpha_1 + \sum_{i=1}^{m}\beta_i r_{t-i} + \sum_{j=1}^{n}\gamma_j \varepsilon_{t-j} + \varepsilon_t$$

$$h_t = \phi_0 + \sum_{j=1}^{q}\theta_j \varepsilon_{g,t-j}^{2} + \sum_{i=1}^{p}\phi_i h_{t-1}$$

(3) IGARCH 模型：

$$h_t = \psi + \sum_{j=1}^{q}\theta_j \varepsilon_{g,t-j}^{2} + \sum_{i=1}^{p}\phi_i h_{t-1}$$

$$\sum_{i=1}^{p}\phi_i + \sum_{j=1}^{q}\theta_j = 1$$

(4) GARCH-M 模型：把异变异数项引入平均数方程式。

$$r_t=\beta_0+\beta_1 r_{t-1}+\phi h_t+\varepsilon_t$$

$$h_t=\theta_0+\sum_{i=1}^{q}\theta_1\varepsilon_{t-i}^2+\sum_{i=1}^{p}\phi_i h_{t-1}$$

(5) AGARCH 模型：

$$h_t=\psi+\sum_{j=1}^{q}\theta_j(\varepsilon_{g,t-j}+\gamma_i)^2+\sum_{i=1}^{p}\phi_i h_{t-1}$$

若 $\gamma_i<0$，表示负向未预期收益所引起的波动大于正向未预期收益所引起的波动。

(6) EGARCH 模型：

$$\ln(h_t)=\alpha_0+\alpha_1[|z_{t-1}|-E(|z_{t-1}|)+\delta\cdot z_{t-1}]+\varphi\ln(h_{t-1})$$

$$z_t=\frac{\varepsilon_t}{h_t}$$

(7) GJR 模型：

$$h_t=\varphi+\sum_{j=1}^{q}(\alpha_i\varepsilon_{t-j}^2+\beta_i D_{t-j}\varepsilon_{t-j}^2)+\sum_{i=1}^{p}\phi_i h_{t-1}D_{t-j}=\begin{cases}1 & \varepsilon_{t-i}<0\\ 0 & \varepsilon_{t-j}\geqslant 0\end{cases}$$

若 $\beta_i<0$，表示负向未预期收益所引起的波动大于正像未预期收益所引起的波动。

(8) TGARCH 模型：

$$h_t=\psi+\sum_{j=1}^{q}(\alpha_i^+\varepsilon_{t-j}^{+\,2}-\alpha_i^-\varepsilon_{t-j}^{-\,2})+\sum_{i=1}^{p}\phi_i h_{t-1}\qquad \begin{aligned}\varepsilon_{t-j}^+&=\max(\varepsilon_{t-j},0)\\ \varepsilon_{t-j}^-&=\min(\varepsilon_{t-j},0)\end{aligned}$$

若 $P=1$ 且 α_i^+，α_i^-，表示负向未预期收益所引起的波动大于正向未预期收益所引起的波动。

(9) Component GARCH 模型：

$$h_t=\omega+\alpha\varepsilon_{t-1}^2+\beta h_{t-1}$$

$$h_{t+k}=\frac{\omega[1-(\alpha+\beta)^k]}{1-\alpha-\beta}\overset{k\to\infty}{=}\frac{\omega}{1-\alpha-\beta}$$

$$\sigma\overset{k\to\infty}{=}\mathrm{Var}(r_t)$$

$$h_t=(1-\alpha-\beta)\sigma_2+\alpha\varepsilon_{t-1}^2+\beta h_{t-1}=\sigma^2+\alpha(\varepsilon_{t-1}^2-\sigma^2)+\beta(h_{t-1}-\sigma)$$

$$\begin{cases}h_t=q_t+\alpha(\varepsilon_{t-1}^2-q_{t-1})+\beta(h_{t-1}-q_{t-1})\\ =\omega+pq_{t-1}+\varphi(\varepsilon_{t-1}^2-h_{t-1})\end{cases}\rightarrow\begin{cases}h_{t+k}-q_{t+k}=(\alpha+\beta)^k(h_t-q_t)\\ q_{t+k}=\left(\dfrac{(1-\rho^k)}{1-\rho}\right)\omega+\rho^k q_t\end{cases}$$

$$\rightarrow\begin{cases}h_t=q_t+\alpha(\varepsilon_{t-1}^2-q_{t-1})+\beta(h_{t-1}-q_{t-1})\\ q_t=\omega+\rho(q_{t-1}-\omega)+\phi(\varepsilon_{t-1}^2-h_{t-1})\end{cases}$$

式中：q_t 为长期记忆。

其中 $\rho<1$（长期效果），$\alpha+\beta<1$（短期效果），$\rho>\alpha+\beta$ 长期趋势会消失的比短期趋

势还快。若长期趋势是稳定的，则条件变异数最终会收敛至一个常数。

（10）CCC－GARCH 模型：

$$r_{1,t}=\alpha_{1,0}+\sum_{i=1}^{m_1}\alpha_{1,i}r_{1,t-i}+\sum_{j=1}^{n_1}\beta_{1,j}r_{2,t-j}+\varepsilon_{1,t}$$

$$r_{2,t}=\alpha_{2,0}+\sum_{i=1}^{m_2}\alpha_{2,i}r_{2,t-i}+\sum_{j=1}^{n_2}\beta_{2,j}r_{2,t-j}+\varepsilon_{2,t}$$

$$h_{11,t}=\phi_{1,0}+\sum_{i=1}^{p_1}\phi_{1,i}h_{11,t-i}+\sum_{j=1}^{q_1}\theta_{1,j}h_{22,t-j}+\sum_{k=1}^{s_1}\omega_{1,k}\varepsilon_{1,t-k}^2$$

$$h_{22,t}=\phi_{2,0}+\sum_{i=1}^{p_2}\phi_{2,i}h_{22,t-i}+\sum_{i=j}^{q_2}\theta_{2,j}h_{11,t-j}+\sum_{k=1}^{s_2}\omega_{2,k}\varepsilon_{2,t-k}^2$$

$$\rho_{12,t}^2=\rho_{12}\sqrt{h_{11,t}h_{22,t}}$$

式中：$r_{1,t}$、$r_{2,t}$为股票指数收益率；$\varepsilon_{1,t}$、$\varepsilon_{2,t}$为误差项，服从常态分布，期望值为 0；$h_{11,t}$、$h_{22,t}$为变异数。故 $h_{11,t}=\mathrm{Var}_{t-1}(\varepsilon_{1,t})$，$h_{22,t}=\mathrm{VAR}_{t-1}(\varepsilon_{2,t})$ 为股价指数收益数列条件变异数。ρ_{12}为固定的条件相关系数，即 $\rho=\dfrac{E(r_1r_2)}{\sqrt{E(r_1^2)E(r_2^2)}}$。

（11）DCC－GARCH 模型：

$$r_{1,t}=\alpha_{1,0}+\sum_{i=1}^{m_1}\alpha_{1,i}r_{1,t-i}+\sum_{j=1}^{n_1}\beta_{1,j}r_{2,t-j}+\varepsilon_{1,t}$$

$$r_{2,t}=\alpha_{2,0}+\sum_{i=1}^{m_2}\alpha_{2,i}r_{2,t-i}+\sum_{j=1}^{n_2}\beta_{2,j}r_{2,t-j}+\varepsilon_{2,t}$$

$$h_{11,t}=\phi_{1,0}+\sum_{i=1}^{p_1}\phi_{1,i}h_{11,t-i}+\sum_{j=1}^{q_1}\theta_{1,j}h_{22,t-j}+\sum_{k=1}^{s_1}\omega_{1,k}\varepsilon_{1,t-k}^2$$

$$h_{22,t}=\phi_{2,0}+\sum_{i=1}^{p_2}\phi_{2,i}h_{22,t-i}+\sum_{i=j}^{q_2}\theta_{2j}h_{11,t-j}+\sum_{k=1}^{s_2}\omega_{2,k}\varepsilon_{2,t-k}^2$$

$$q_{12,t}=\bar{\rho}_{12}+\alpha(z_{1,t-1}z_{2,t-1}-\bar{\rho}_{12})+\beta(q_{12,t-1}-\bar{\rho}_{12})$$

$$\rho_{12,t}=\frac{\sigma_{12,t}}{\sqrt{q_{11,t}\cdot q_{22,t}}}$$

式中：$q_{12,t}$为两数列的共变异数（covariance）；$\rho_{12,t}$为动态条件相关系数，为每期皆变动的值，此式即为 DCC 模型与 CCC 模型设定的不同之处。

$z_{i,t}=\dfrac{r_{i,t}}{\sigma_{i,t}}$，动态条件相关系数定义为

$$\rho_{12,t}=\frac{E_{t-1}(r_{1,t}\cdot r_{2,t})}{\sqrt{E_{t-1}(r_{1,t}^2)\cdot E_{t-1}(r_{2,t}^2)}}$$

2. 残差检验

回归模型估计后，通常研究者会对模型估计的残差进行检验，通过回归残差的性质来判断模型估计的效果。常用的检验有 Q 检验和 LM 检验，用来判断残差是否违背无相关

假定；异方差检验用来判断残差是否违背同方差假定；正态性检验用于判断残差的分布。检验的一般程序（适用于绝大部分统计量检验）是计算相关统计量的原假设成立的概率 P 值，如果该概率 P 值小于某个设定显著水平（通常为 5%），则拒绝原假设，认为备择假设成立；反之，则不能拒绝原假设。

(1) 残差自相关的 Q 统计量检验。Q 统计量的全称是 Ljung - Box Q，该统计量一般用于检验序列是否存在自相关。

Q 检验的原假设与备择假设为：H_0 表示残差序列不存在自相关；H_1 表示残差序列存在自相关。

(2) 残差自相关的 LM 检验。LM 检验（Breush - Godfrey Lagrange Multiplier）主要用于检验残差序列是否存在高阶自相关的重要假设。该统计量的计算首先必须利用 OLS 估计出原模型的残差序列 u，然后以 u 为被解释变量，以 u 的 1 到 P 阶滞后项为解释变量再次进行回归，同时记录该回归的拟合优度 R^2。

LM 检验的原假设与备择假设为：H_0 表示残差序列直到 P 阶不存在自相关；H_1 表示残差序列 P 阶内存在自相关。

(3) 残差的正态性检验。正态性检验（Histogram - Normality Test）主要是通过计算 JB 统计量实现的，JB 统计量用来检验序列观测值是否服从正态分布，在零假设下，JB 统计量服从 $\chi^2(2)$ 分布（卡方分布，自由度为 2）。

正态性检验的原假设与备择假设为：H_0 表示样本残差服从正态分布；H_1 表示残差序列不服从正态分布。

(4) 残差的异方差检验。由于最小二乘法是建立在残差同方差假设基础上的，一旦出现异方差，说明 OLS 方法就不可靠了，需要利用加权最小二乘法进行纠正。异方差检验是利用辅助回归的方法进行的，该统计量服从卡方分布。

异方差检验的原假设与备择假设为：H_0 表示残差序列不存在异方差；H_1 表示残差序列存在异方差。

第7章　多个变量的因果关系

本章导读

向量自回归即探讨多个变量彼此之间的自相关，也就是多个变量之间的因果关系、影响程度（脉冲响应）和方差来源（方差分解）。本章结合股票市场进行规模轮动与价量关系的实证探讨。

学习目标

1. 掌握向量自回归模型。
2. 理解规模轮动与价量关系。

7.1　向量自回归

联立方程组常被用经济理论来建立变量之间关系的模型。但是，经济理论通常无法对变量之间的动态联系提供严谨的说明。并且，内生变量既可以出现在等式的左端，也可以出现在等式的右端，使得估计和推断更加复杂。为解决这些问题，产生了一种用非结构性方法来建立各个变量之间关系的模型，即本章讲述的向量自回归模型（vector auto-regression model，VAR）以及向量误差修正模型（vector error correction，VEC）。

向量自回归模型是由计量经济学家和宏观经济学家克里斯多福·西姆斯（Christopher Sims）提出的。它扩充了只能使用一个变量的自回归模型（AR），使容纳大于1个变量，因此经常用在多变量时间序列模型的分析上。

向量自回归滞后 P 期的模型如下：

$$y_t = \Lambda + A_1 y_{t-1} + \cdots + A_p y_{t-p} + B_0 x_t + B_1 x_{t-1} + \cdots + B_s x_{t-s} + \mu_t$$

VAR（P）的 y_t 向量包含了 k 个变量，此处用简化的形式来展现 VAR 的模型。x_t 到 x_{t-s} 是外生变量，μ_t 是扰动项。因此，这就是一个存在 k 个变量且有 P 期滞后因子的一般 VAR 形式。它是一个简化形式（reduced form），即一个变量由自己的滞后项和其他变量的滞后项进行解释，而不包括当期项。这个 VAR 模型的误差项在各个方程之间很可能出现相关性。递归的 VAR（recursive VAR）可以保证每个方程的误差项与前一个方程的误差项不存在相关性。

为了进行对比，写出结构 VAR（SVAR），两者明显的区别在于 SVAR 中有了其他变量的当期值。SVAR 可以转化成简化式 VAR，转换过程也比较简单。即把 y_t 方程代入 x_t 方程里，然后进行简单的移项和合并，就可以得到 x_t 的表达式，同理，可以把 x_t 方程代入 y_t 的表达式，进行相同的操作从而得到 y_t 的表达式。然后，就能得到 x_t 和 y_t 关于它们各自的滞后项和对方滞后项的函数，这就是简化表达式。

$$x_t = \alpha_x + \alpha_{x,0} y_t + \sum_{j=1}^{p} \alpha_{x,j} x_{t-j} + \sum_{j=1}^{p} \beta_{x,j} y_{t-j} + \varepsilon_{x,t}$$

$$y_t = \alpha_z + \alpha_{z,0} x_t + \sum_{j=1}^{p} \alpha_{z,j} x_{t-j} + \sum_{j=1}^{p} \beta_{z,j} y_{t-j} + \varepsilon_{z,t}$$

7.2 指数的形成

股票指数是由证券交易所或金融服务机构编制的表明股票行市变动的一种供参考的指示数字。目前内地股票指数的编制有中证系列指数、上证系列指数、深证系列指数和国证系列指数 4 个系列指数。股票指数可以作为观察、预测社会政治、经济发展形势的参考指标。

股票指数其编制步骤如下：

(1) 根据上市公司的行业分布、经济实力、资信等级等因素，选择适当数量的有代表性的股票，作为编制指数的样本股票可随时变换或作数量上的增减，以保持良好的代表性。举例来说，沪深 300 指数由上海和深圳证券市场中市值大、流动性好的 300 只股票组成。依据样本稳定性和动态跟踪相结合的原则，每半年审核一次沪深 300 指数样本股，并根据审核结果调整指数样本股。一般在每年 5 月和 11 月的下旬审核沪深 300 指数样本股，样本股调整实施时间分别是每年 6 月和 12 月的第二个星期五的下一个交易日。

(2) 按期到股票市场上采集样本股票的价格，简称采样。采取的时间间隔取决于股价指数的编制周期。以往的股价指数多为按天编制，采样价格即为每一交易日结束时的收盘价。近年来，股价指数的编制周期日益缩短，由“天”到“时”直至“分”，采样频率由一天一次变为全天随时连续采样。采样价格也从单一的收盘价发展为每时每刻的最新成交价或一定时间周期内的平均价。一般来说，编制周期越短，股价指数的灵敏性越强，越能及时体现股价的涨落变化。像沪深 300 指数实时计算和发布，指数更新频率为每 5 秒更新一次。

(3) 利用科学的方法和先进的手段计算出指数值，股价指数的计算方法主要有总和法，简单平均法、综合法等，计算手段已普及使用电子计算机技术，为了增强股价指数的准确性和灵敏性，必须寻求科学的计算方法和先进的计算技术的支持。计算方式则有加权、未加权的算数平均、几何平均和调和平均的方式，然后跟基期做比较，相除后再乘以一定的数值(10、100 或 1000)，像标准·普尔公司股票价格指数以 1941—1943 年抽样股票的平均市价为基期，以上市股票数为权数，按基期进行加权计算，其基点数为 10。上证综合指数以 1990 年 12 月 19 日为基日，以 100 点为基点。中证流通指数以 2005 年 12 月 30 日为基日，以 1000 点为基点。而目前使用最多的是加权股价平均指数，也就是加权因子采用公司的发行股数，我国证券指数几乎都是采用发行量当做加权因子，国外有些采用成交量或是不加权，美国道·琼斯工业股票价格平均数就没有加权，直接成分股取平均。

(4) 通过新闻媒体向社会公众公开发布。为保持股价指数的连续性，使各个时期计算出来的股价指数相互可比，有时还需要对指数值作相应的调整。

7.3 实证分析——规模轮动与价量关系

本节以规模轮动与价量关系为例，国证系列指数的规模轮动指数为本节的数据。国证系列指数的规模指数以内地上市公司为成分股的指数，国证系列指数简介见表 7.1。

表 7.1 国证系列指数简介

指数代码	指数名称	数量	指 数 简 介
399303	国证 2000 指数	2000	国证 2000 由全部 A 股扣除国证 1000 指数样本股后，市值大、流动性好的 2000 只 A 股组成，反映 A 股市场小微盘股票的价格变动趋势
399310	国证 A50 指数	A50	国证 A50 指数综合考察市场行业结构、总市值排名、行业排名，反映 A 股市场核心上市公司的运行特征
399311	国证 1000 指数	1000	国证 1000 指数由 A 股市场中市值大、流动性好的 1000 只股票构成，反映 A 股市场大中盘股票的价格变动趋势
399312	国证 300 指数	300	国证 300 指数综合考察市场行业结构、总市值排名、行业排名，反映 A 股市场核心上市公司的运行特征
399313	巨潮 100 指数	100	巨潮 100 指数是巨潮系列指数的核心指数，由深沪市场中 100 只大盘股组成，良好地反映了 A 股市场大盘股的股价变动情况
399314	巨潮大盘指数	200	巨潮大盘指数以国证 1000 指数为样本空间，选取总市值排名在前 200 名的股票，用以反映 A 股市场大盘市值股票的运行情况
399315	巨潮中盘指数	300	巨潮中盘指数以国证 1000 指数为样本空间，选取总市值排名在前 201～500 名的股票，用以反映 A 股市场中盘市值股票的运行情况
399316	巨潮小盘指数	500	巨潮小盘指数以国证 1000 指数为样本空间，选取总市值排名在后 500 名的股票，用以反映 A 股市场小盘市值股票的运行情况
399400	大中盘指数	500	大中盘指数由巨潮大盘指数样本股与巨潮中盘指数样本股组合而成，用以反映 A 股市场大中盘股票整体走势情况
399401	中小盘指数	800	中小盘指数由巨潮中盘指数样本股与巨潮小盘指数样本股组合而成，用以反映 A 股市场中小盘股票整体走势情况
CN2310	国证 50 指数	50	国证 50 指数综合考察市场行业结构、企业总市值排名、行业排名，反映 A 股和港股市场核心上市公司的运行特征

数据来源：http：//www.cnindex.com.cn。

由表 7.1 得知，部分成分股的内容是一样的，所以本书的规模轮动指数将采用国证 1000 指数（大市值）、国证 2000 指数（小市值）进行分析。研究时间定为 5 年，故为 2015 年 9 月 1 日至 2020 年 8 月 31 日。

向量自回归分析（VAR 或 SVAR 模型）流程如图 7.1 所示。

（1）确定研究变量：选择相关变量，切记根据理论模型选择重要变量，若是变量过

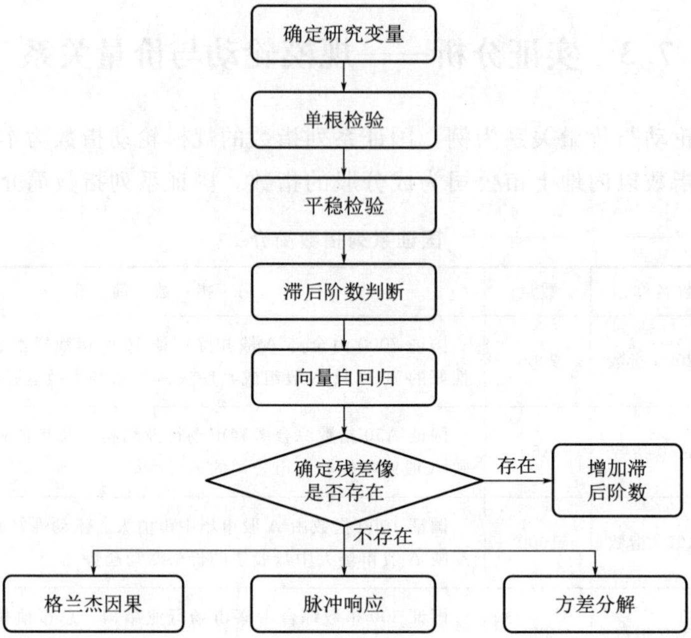

图 7.1　向量自回归分析流程图

多，会导致待估计的参数过大从而出现问题。

(2) 单根检验：检查数据同时尽量做一些合理的调整，比如对于收入、股票指数或 GDP 等，尽量取 log 对数值，然后再进行单根检验。

(3) 平稳检验：检查数据是否包含非平稳的部分。常用的单位根检验方法是 ADF 检验，其包括三种类型：没有常数项和趋势项、没有常数项但有趋势项、有常数项和趋势项（漂移项和趋势项不作区分）。因为这三种类型对应着各自不同的单根形成的情况，所以可以根据散点图或者直觉观察数据符合哪种类型。如果要进一步得到核实，可以使用 PP 检验再次检验数据中的单根。

(4) 决定滞后阶数：选择 VAR 系统的滞后阶数，指标包括 AIC、BIC、HQ 等，输入指令后窗口会自动输出最优的滞后阶数。

(5) 协整检验：检验是否存在协整关系，一般常用的检验方法是 Johansen 检验。如果存在协整关系，那么就选择 VECM 模型进行回归（实际上，VECM 模型与 VAR 模型区别不大）。

(6) 建立估计模型：VAR 或 VEC。

(7) 检验残差：回归后的检验，比如用 Ljung - Box 等检验残差是否存在自相关。

(8) 结论：可以进行预测，得到脉冲响应函数 IRF 和方差分解函数 VDF。

根据流程图进行实例分析，步骤如下：

(1) 选择相关变量，采用国证 1000 指数（大市值）和国证 2000 指数（小市值），先在 Excel 上建立数据库，如图 7.2 所示。

在第 6 章已经说明指数都会存在单根问题，所以要先把指数降级，也就是将指数改成

	A	B	C	D	E
1	日期	国证1000指数	国证2000指数	国证1000成交量	国证2000成交量
2	2014-12-31	3705.3	5468.82	47793.51	8144.93
3	2015-01-05	3801.67	5501.43	63390.95	10993.01
4	2015-01-06	3818.07	5588.47	59633.82	10969.32
5	2015-01-07	3821.72	5587.7	46078.75	9268.54
6	2015-01-08	3752.42	5576.3	43502.46	9301.6
7	2015-01-09	3736.83	5540.17	47913.88	8569.63
8	2015-01-12	3698.41	5462.67	37849.44	7681.79
9	2015-01-13	3714.78	5547.88	28227.44	6761.54
10	2015-01-14	3701.64	5528.09	28883.61	6665.69
11	2015-01-15	3789.38	5562.04	33143.56	6499.67
12	2015-01-16	3828.04	5629.89	39862.42	7845.21
13	2015-01-19	3577.44	5499.8	47545.37	10888.77
14	2015-01-20	3648.22	5694.82	42673.76	9908.46
15	2015-01-21	3789.51	5814.02	48963.08	12072.58
16	2015-01-22	3822.06	5898.38	41882.02	11697.82
17	2015-01-23	3813.12	5849.45	42893.99	11139.04
18	2015-01-26	3864.79	5968.93	38267.51	10890.67
19	2015-01-27	3844.67	6013.91	44536.75	12483.08
20	2015-01-28	3799.76	5999.22	35428.67	10821.64
21	2015-01-29	3759.49	5971.26	32643.86	9837.7
22	2015-01-30	3709.91	5910.51	30554.35	10129.66

图 7.2 研究指数数据图

收益率。但在改成收益率之前，要先绘制 4 个指数的走势图。同样采用 Excel 来制图。

为了方便比较，根据中证系列指数的计算模式，本例另外再把 4 种指数以 2014 年 12 月 31 日当做基期并设为 4000 点另外制图，后面指数名称符号分别改为国证 1000 指数-BI、国证 2000 指数-SI、国证 1000 成交量-BV、国证 2000 成交量-SV。

根据图 7.3 和图 7.4 可以发现，2 个指数波动前期相差不大，但后期大市值（国证 1000 指数）涨得比较多。成交量的部分国证 1000 指数比国证 2000 指数多，且第一季成交量较大。

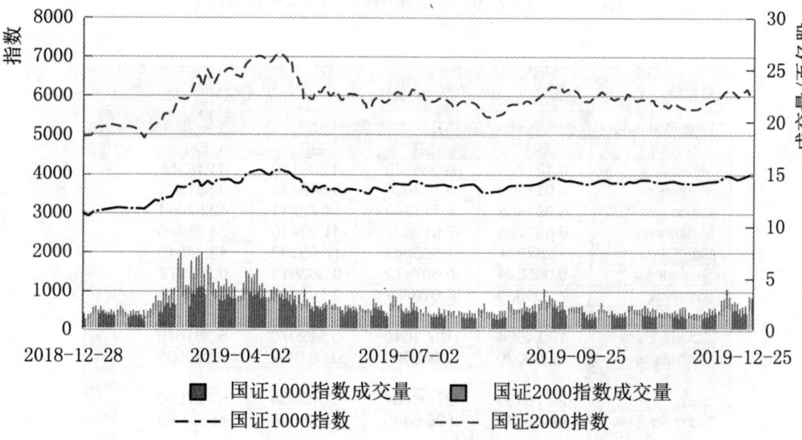

图 7.3 研究指数走势图

（2）建立合理的分析数据，也就是将指数改成收益率。如第 6 章所言，取自然对数最为合理，如图 7.5 所示。

（3）建立描述统计量（利用 EViews 计算）。

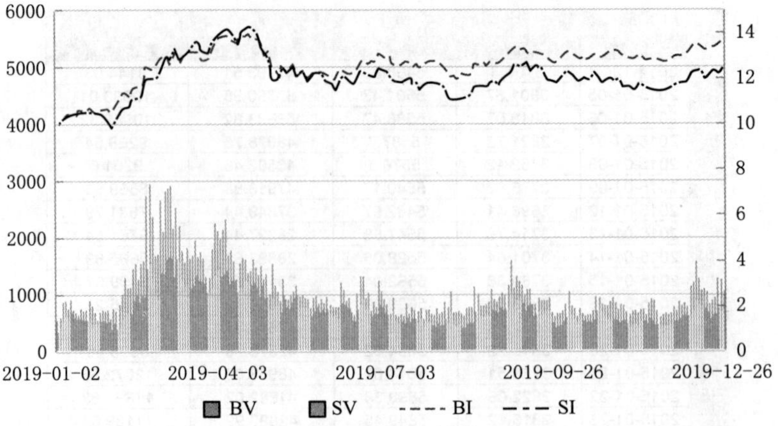

图 7.4　研究指数调整后走势图

步骤为：事先选定变量→单击“Quick”选项→“Group Statistics”选项→“Descriptive”选项→“Common sample”选项，结果如图 7.6 所示。

B5　=LN(DATA!B6/DATA!B5)*100

	A	B	C	D	E
1	日期	BR	SR	BC	SC
2	2019-01-02	-1.24	-0.11	-8.28	-7.92
3	2019-01-03	-0.30	-0.49	10.14	17.29
4	2019-01-04	2.42	2.53	35.95	23.94
5	2019-01-07	0.98	2.20	1.71	12.60
6	2019-01-08	-0.22	-0.09	-15.13	-2.55
7	2019-01-09	0.77	0.28	20.06	14.01
8	2019-01-10	-0.22	-0.13	-22.42	-14.27
9	2019-01-11	0.71	0.87	-9.00	-2.61
10	2019-01-14	-0.82	-0.41	-3.63	-2.43
11	2019-01-15	1.77	0.97	14.22	2.32

图 7.5　研究指数报酬率及变动率数据图

Group: UNTITLED　Workfile: CHA 09::Untitled\

View | Proc | Object | Print | Name | Freeze | Sample | Sheet | Stats | Spec

	BR	SR	BC	SC
Mean	0.121729	0.086328	0.236170	0.218356
Median	0.011369	0.122086	-0.643443	-0.581303
Maximum	5.691558	4.771348	54.72711	43.57064
Minimum	-6.637796	-7.919637	-41.22410	-34.66940
Std. Dev.	1.287091	1.566948	17.95303	13.74845
Skewness	-0.085884	-0.607472	0.363919	0.255272
Kurtosis	7.209830	6.010752	3.142446	3.516453
Jarque-Bera	180.4804	107.1640	5.592070	5.361675
Probability	0.000000	0.000000	0.061052	0.068506
Sum	29.70180	21.06404	57.62538	53.27890
Sum Sq. Dev.	402.5545	596.6445	78321.64	45931.80
Observations	244	244	244	244

图 7.6　研究指数描述统计量

（4）所有变量均进行单根检验。步骤如下：

1）开启数据。单击“Open”选项下的“as Multiple series”选项，如图 7.7 所示。

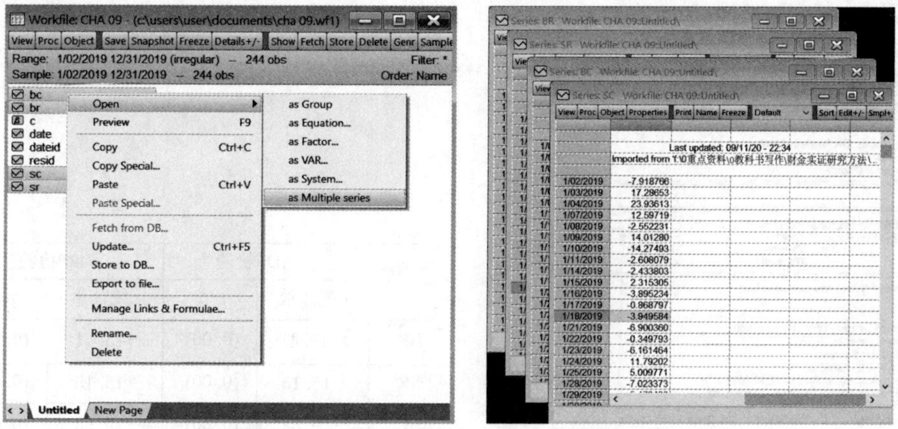

（a）档案建立　　　　（b）数据列表

图 7.7　建立数据

2）4 个变量的单根检验可单击“View”选项下的“Unit Root Test...”选项进行选择，如图 7.8 和图 7.9 所示。

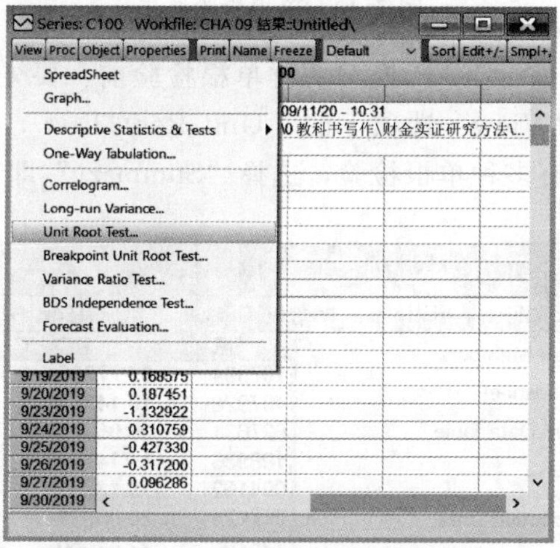

图 7.8　单根检验指令框

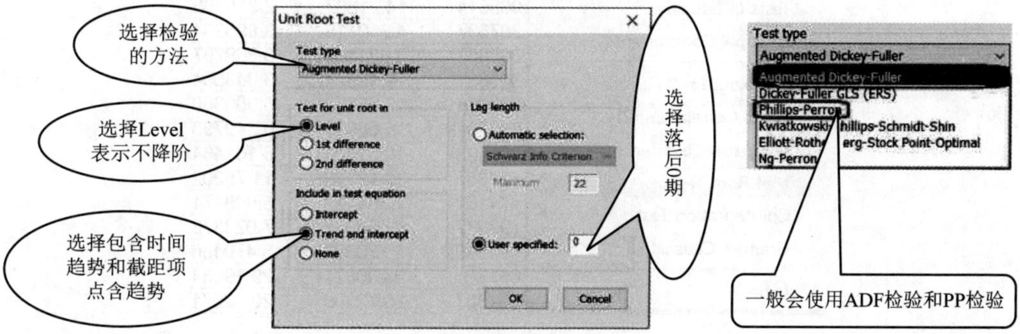

图 7.9　单根检验选择框

2 种检验（ADF、PP）、4 个变量的 p 值均小于 0.05，表示不存在单根，结果如图 7.10 所示。

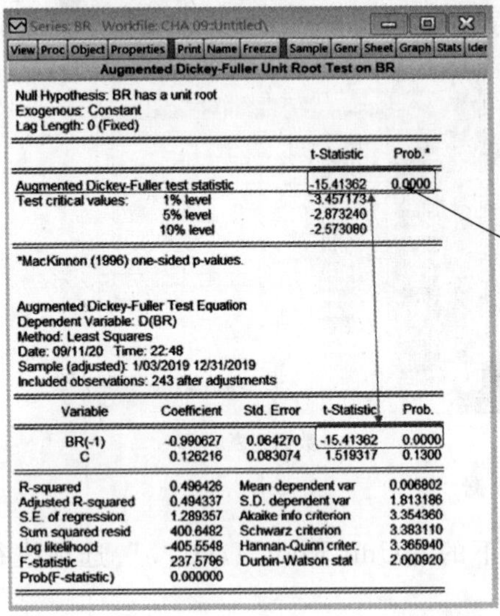

变量	ADF检验		PP检验	
	t 统计量	p值	t 统计量	p值
BR	−15.41	(0.00)	−15.41	(0.00)
SR	−15.15	(0.00)	−15.15	(0.00)
BC	−19.63	(0.00)	−19.63	(0.00)
SV	−18.94	(0.00)	−18.94	(0.00)

图 7.10　单根检验结果

（5）群单根检验。在进行 VAR 模型的群单根检验前，要先进行各变量的单根检验：在 ad group 窗口下单击“View”选项下的“Unit Root Test...”选项，如图 7.11 和图 7.12 所示。在图 7.12 中有多种单根检验，选择“Summary”即可。

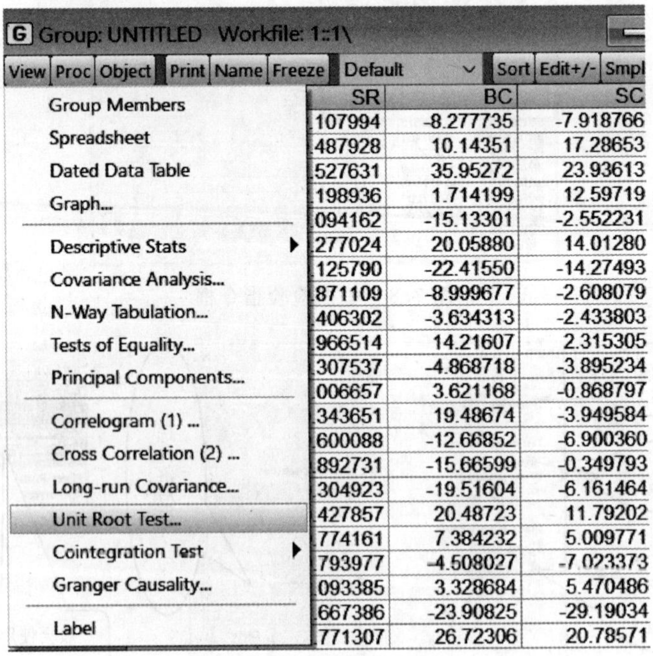

图 7.11　群单根检验选定

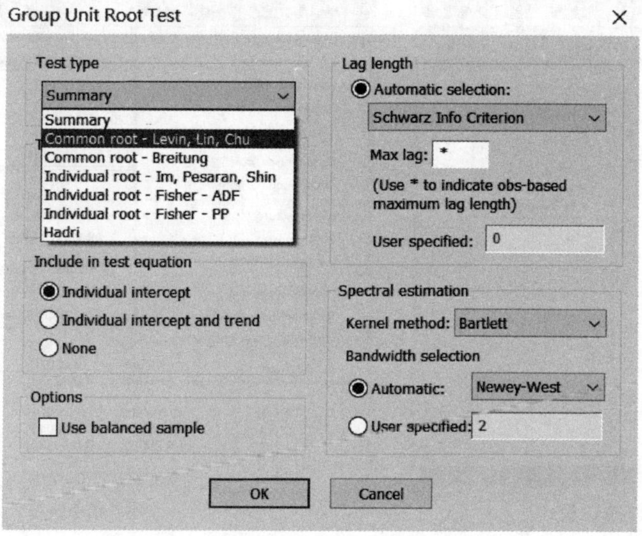

图 7.12　群单根检验选择检验的方法

因 p 值均小于 0.05，所以不存在单根，如图 7.13 所示。

当然也可以不用单击“as group”选项，而直接单击“Quick”选项→“Series Statistics”选项→“Unit Root Test...”选项进行操作，不过需要再次输入所需研究的变量，如图 7.14 所示。

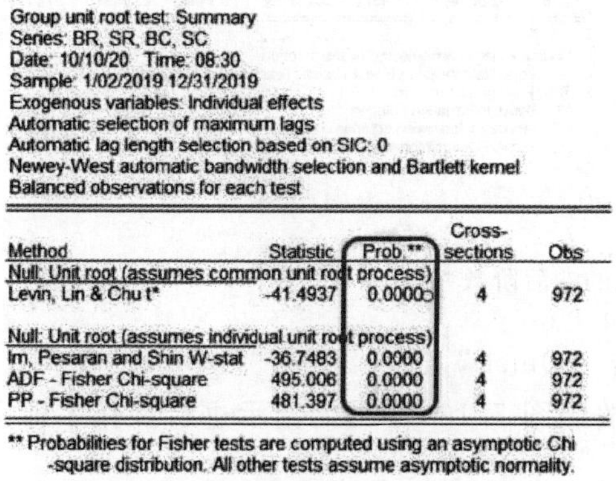

Group unit root test: Summary
Series: BR, SR, BC, SC
Date: 10/10/20 Time: 08:30
Sample: 1/02/2019 12/31/2019
Exogenous variables: Individual effects
Automatic selection of maximum lags
Automatic lag length selection based on SIC: 0
Newey-West automatic bandwidth selection and Bartlett kernel
Balanced observations for each test

Method	Statistic	Prob.**	Cross-sections	Obs
Null: Unit root (assumes common unit root process)				
Levin, Lin & Chu t*	-41.4937	0.0000	4	972
Null: Unit root (assumes individual unit root process)				
Im, Pesaran and Shin W-stat	-36.7483	0.0000	4	972
ADF - Fisher Chi-square	495.006	0.0000	4	972
PP - Fisher Chi-square	481.397	0.0000	4	972

** Probabilities for Fisher tests are computed using an asymptotic Chi -square distribution. All other tests assume asymptotic normality.

图 7.13　群单根检验结果

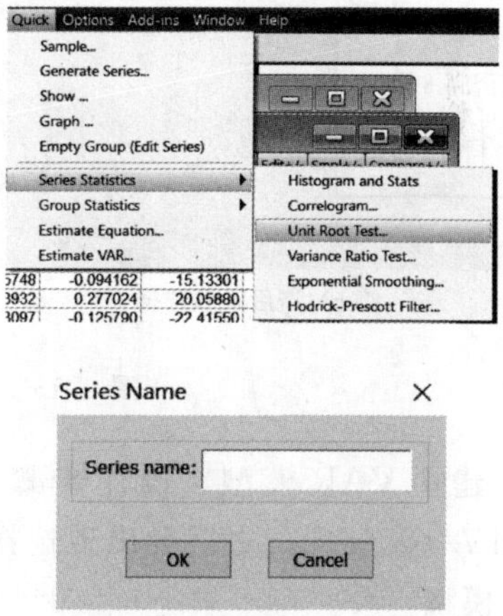

图 7.14　群单根检验的另一种输入法

(6) 选择 VAR 系统的滞后阶数，一般的指标包括 AIC、BIC、HQ，本例采用 AIC 来判断，EViews 操作步骤为：选取变量→单击“Open”选项→“as VAR...”选项→修改滞后阶数→“确定”选项→“View”选项→“Lag Structure”选项→“Lag Length Criteria...”选项→“确定”键→进行判断，利用 AIC 可以发现滞后 6 阶最合适（图 7.15）。

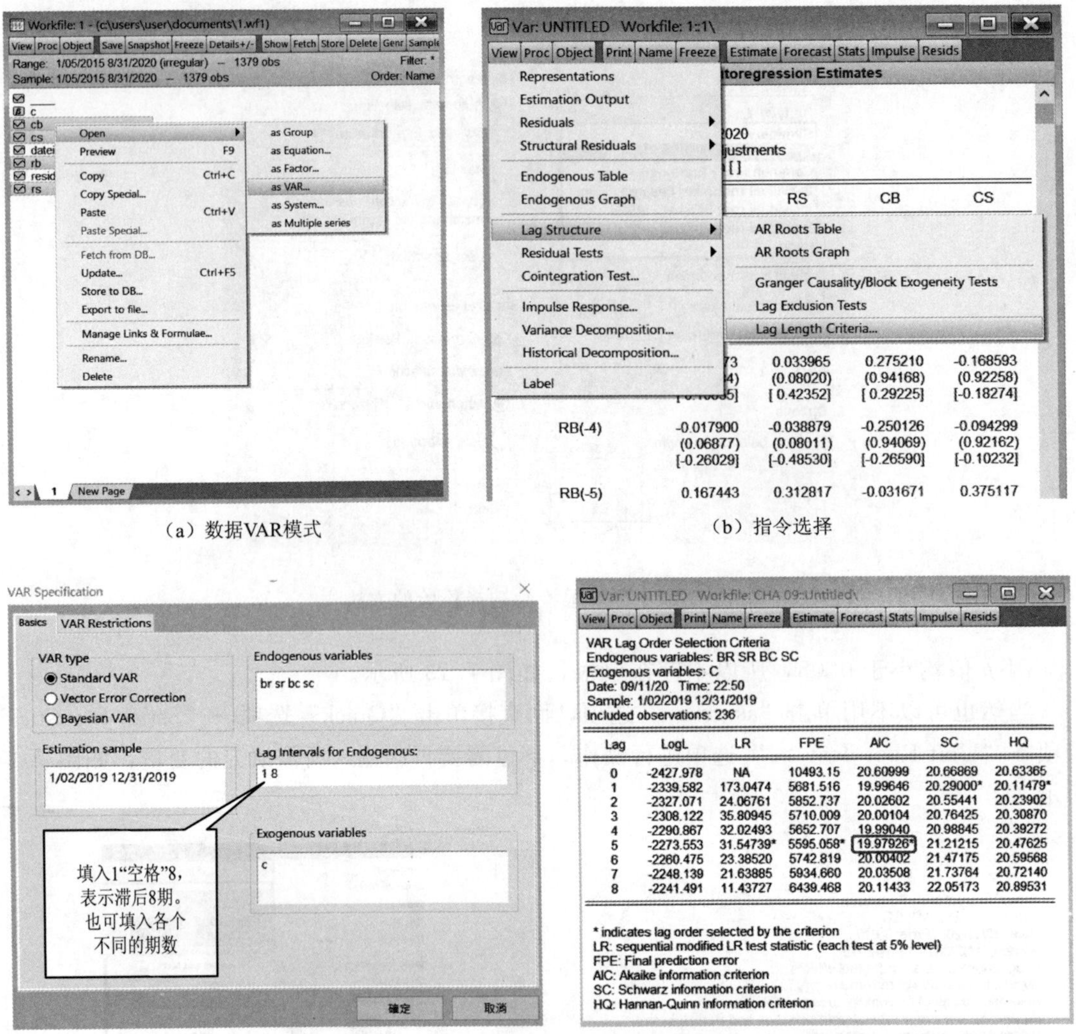

（a）数据VAR模式　（b）指令选择
（c）滞后阶数选择　（d）结果

图 7.15　VAR 系统的滞后阶数判断

（7）建立 VAR 模型。操作步骤为：单击“Quick”选项下的“Estimate VAR...”选项［图 7.16（a）］，之后会出现选择框，可按照图 7.16（b）的指示进行操作，即会产生 VAR 模型。

图 7.16（c）中有三排数字，第一排为系数，第二排为标准误，第三排为 t 值。

（8）检查残差是否存在自相关，首先要建立各变量的残差值，单击“Proc”选项下的“Make Residuals”选项，如图 7.17 所示。

其次，会产生 resid01～resid04 4 个变量，分别代表输入变量（br、sr、bc、sc）的残差值，如图 7.18 所示。

将 4 个残差值分别进行 Q 检验，检查是否存在自相关，若有任何一个残差存在自相关，则必须再增加 VAR 的落后期数。可利用第 6 章时间序列的残差进行检验。

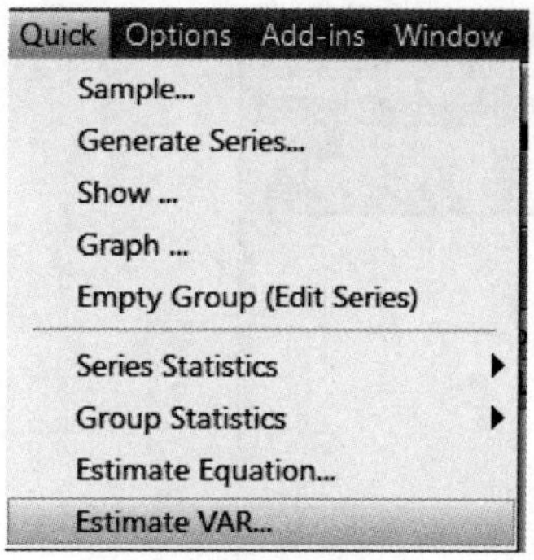

（a）指令选择

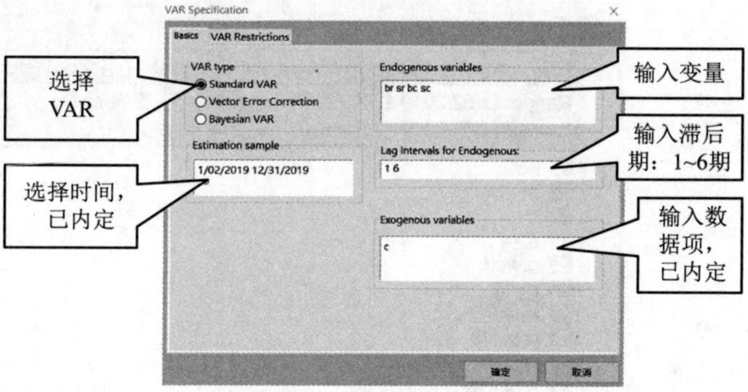

（b）模型设定

Vector Autoregression Estimates
Date: 10/10/20 Time: 08:54
Sample (adjusted): 1/10/2019 12/31/2019
Included observations: 238 after adjustments
Standard errors in ( ) & t-statistics in [ ]

	BR	SR	BC	SC
BR(-1)	0.143149	0.281340	1.175081	-1.756851
	(0.16391)	(0.20059)	(2.03114)	(1.43524)
	[0.87333]	[1.40254]	[0.57853]	[-1.22408]
BR(-2)	-0.135932	-0.390605	-0.115740	-1.455765
	(0.16972)	(0.20770)	(2.10305)	(1.48606)
	[-0.80094]	[-1.88067]	[-0.05503]	[-0.97962]
BR(-3)	0.397903	0.519131	2.141171	0.173043
	(0.16889)	(0.20669)	(2.09282)	(1.47883)
	[2.35598]	[2.51170]	[1.02310]	[0.11701]
BR(-4)	-0.074986	0.027555	-2.032976	-2.786663
	(0.17016)	(0.20824)	(2.10857)	(1.48996)
	[-0.44068]	[0.13232]	[-0.96415]	[-1.87030]
BR(-5)	-0.044131	-0.018703	4.708835	2.597601
	(0.17218)	(0.21071)	(2.13357)	(1.50763)
	[-0.25631]	[-0.08876]	[2.20702]	[1.72297]
		⋮		
SC(-6)	0.011935	0.018076	0.342118	0.218179
	(0.01424)	(0.01743)	(0.17650)	(0.12472)
	[0.83793]	[1.03698]	[1.93833]	[1.74935]
C	0.091837	0.024966	-0.581728	-0.229391
	(0.08539)	(0.10450)	(1.05817)	(0.74773)
	[1.07545]	[0.23890]	[-0.54975]	[-0.30678]
R-squared	0.162712	0.156613	0.335638	0.433574
Adj. R-squared	0.068370	0.061584	0.260781	0.369751
Sum sq. resids	329.8455	493.9922	50648.40	25289.42
S.E. equation	1.244416	1.522896	15.42031	10.89632
F-statistic	1.724700	1.648050	4.483691	6.793411
Log likelihood	-376.5435	-424.6070	-975.5941	-892.9460
Akaike AIC	3.374315	3.778210	8.408353	7.713832
Schwarz SC	3.739049	4.142944	8.773088	8.078566
Mean dependent	0.114659	0.070380	0.055323	-0.017154
S.D. dependent	1.289270	1.572072	17.93521	13.72536

Determinant resid covariance (dof adj.)	3801.394
Determinant resid covariance	2438.672
Log likelihood	-2278.935
Akaike information criterion	19.99105
Schwarz criterion	21.44999
Number of coefficients	100

（c）结果

图 7.16　VAR 模型

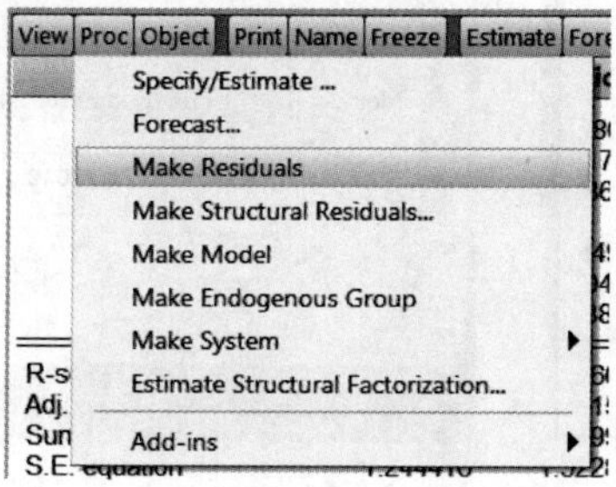

图 7.17　产生残差

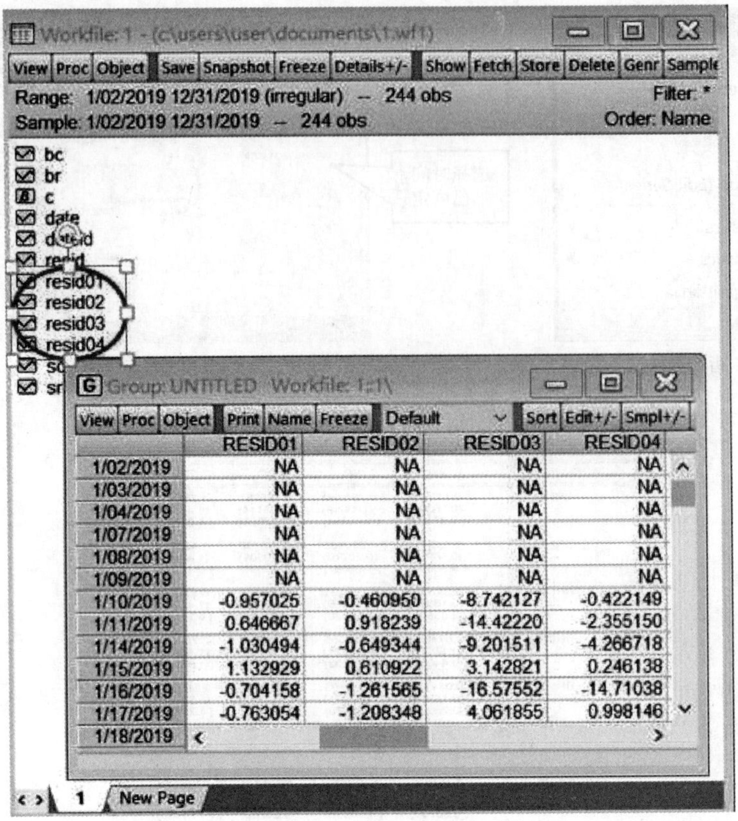

图 7.18（一）　残差数据

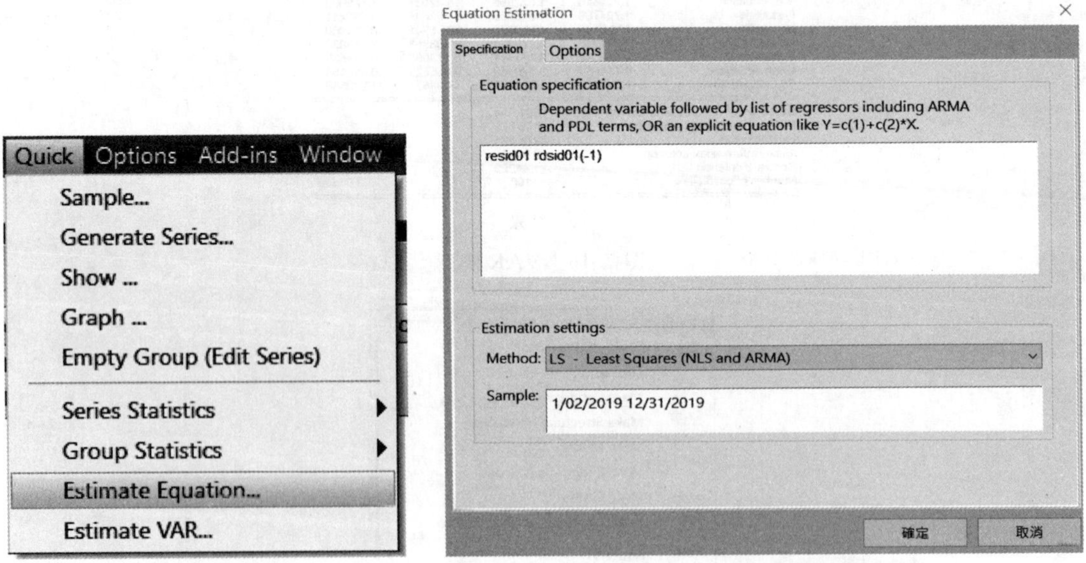

（a）建立残差　　　　（b）形成数据

图 7.18（二）　残差数据

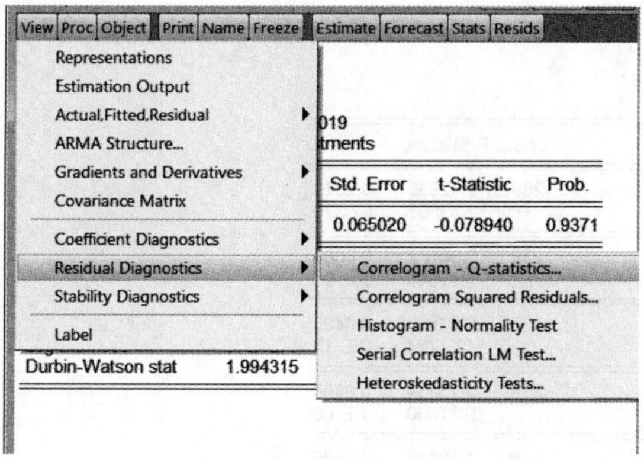

(c) 残差检验

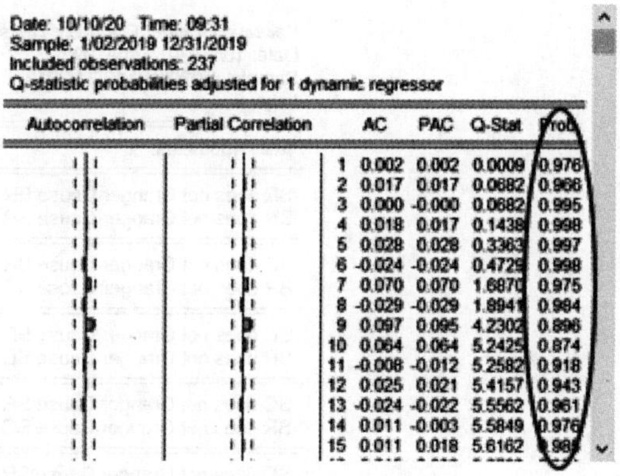

(d) 结果

图 7.18（二）　残差数据

图 7.18（d）显示 p 值均大于 0.05，所以 1～36 阶皆不存在自我相关，需要再增加落后期数（其他 3 个就不再列出）。

(9) 格兰杰因果关系。在所有数据显示的窗口（as group）单击“View”选项下的“Granger Causality...”选项，之后会出现选择输入滞后的期数，输入最适的 6 期，如图 7.19 所示。

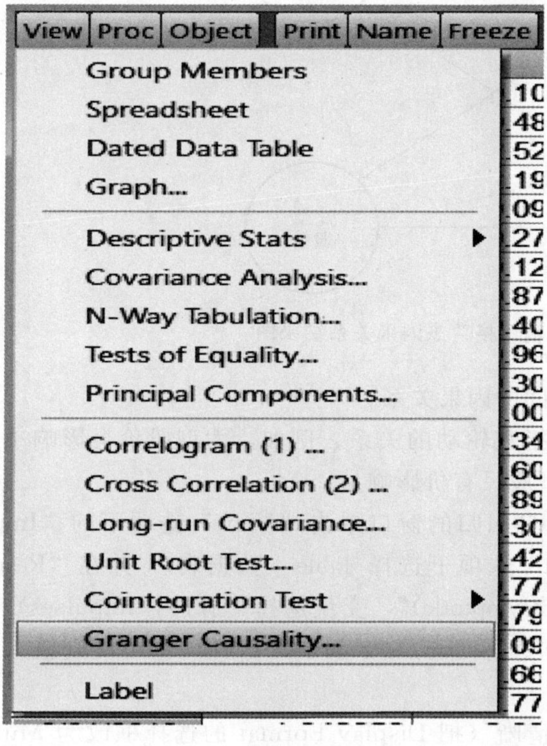

(a) 因果关系指令

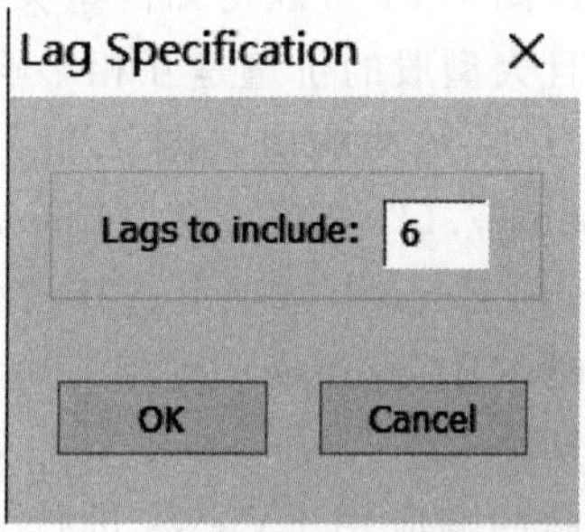

(b) 滞后阶数

图 7.19（一）　格兰杰因果关系

Pairwise Granger Causality Tests
Date: 10/10/20 Time: 09:52
Sample: 1/02/2019 12/31/2019
Lags: 6

Null Hypothesis:	Obs	F-Statistic	Prob.
SR does not Granger Cause BR	238	1.42935	0.2043
BR does not Granger Cause SR		2.33597	0.0330
BC does not Granger Cause BR	238	2.98162	0.0080
BR does not Granger Cause BC		7.41646	3.E-07
SC does not Granger Cause BR	238	2.23585	0.0408
BR does not Granger Cause SC		13.1724	9.E-13
BC does not Granger Cause SR	238	2.15844	0.0480
SR does not Granger Cause BC		6.77009	1.E-06
SC does not Granger Cause SR	238	1.59491	0.1496
SR does not Granger Cause SC		17.7899	7.E-17
SC does not Granger Cause BC	238	1.60627	0.1464
BC does not Granger Cause SC		1.55305	0.1620

(c) 结果

图 7.19（二）　格兰杰因果关系

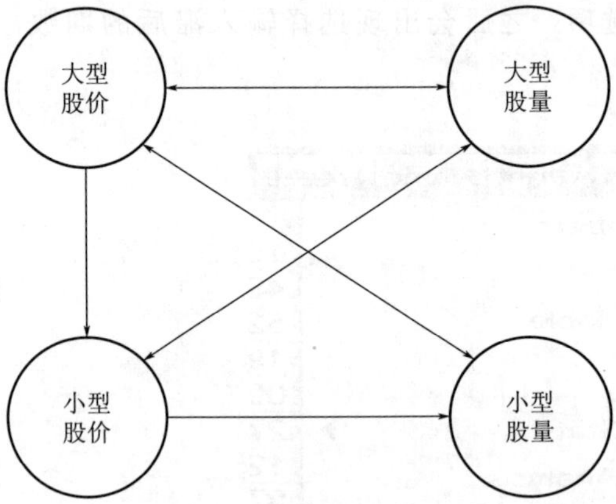

图 7.20　EViews 输出格兰杰因果关系结果图

图 7.21 可以更清晰地表示各变量之间的因果关系。

由图 7.21 可以得知价量关系与规模指数轮动的关系。例如，大型股价会影响小型股价，且大型股的价量是互相影响的，小型股只有价影响量。

(10) 脉冲响应（图 7.22）：在向量自回归的窗口单击 “View” 选项下的 “Impulse Response...” 选项，在 “Display Format” 选项下选择 Table（数据表），并在 “Response Standard Errors” 选项下选择 “Analytic (asymptotic)”，变量选择［脉冲（Impulses）变量和扰动（Responses）变量］可输入 4 个变量（br、sr、bc、sc），而 Periods 则输入最适的 6 期。

脉冲响应用 EViews 进行分析会更清晰（把 Display Format 的选择框改为 Multiple Graphs 即可）。

从图 7.22 中可以了解每个变量对其他变量影响的状况。

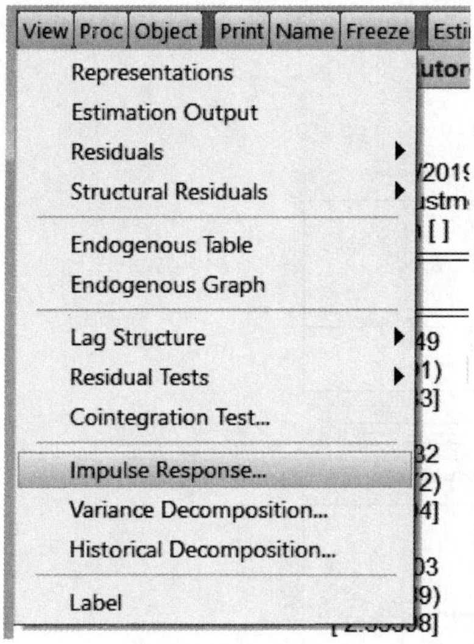

(a) 脉冲响应指令

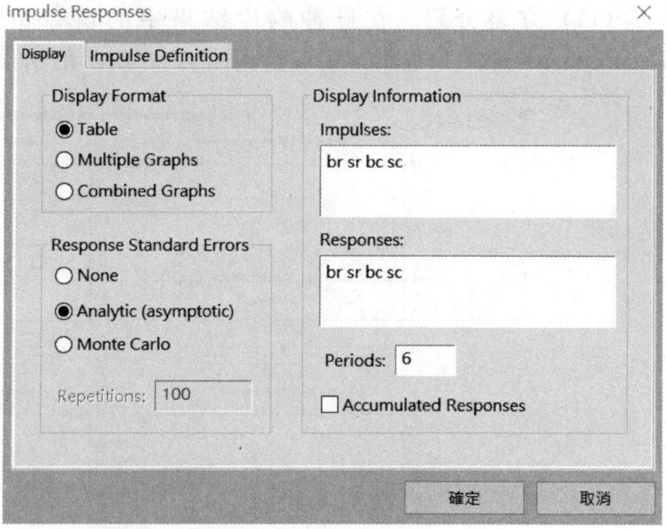

(b) 变量输入

Response of BR:

Period	BR	SR	BC	SC
1	1.244416	0.000000	0.000000	0.000000
	(0.05704)	(0.00000)	(0.00000)	(0.00000)
2	0.178137	-0.191746	0.467629	-0.394616
	(0.20414)	(0.19834)	(0.18459)	(0.17819)
3	-0.064215	0.010163	-0.138309	-0.005986
	(0.20635)	(0.20096)	(0.18333)	(0.17897)
4	0.574612	-0.356578	-0.301858	0.057704
	(0.20635)	(0.19979)	(0.18410)	(0.17565)
5	-0.062917	0.067372	0.054912	0.057255
	(0.20903)	(0.20333)	(0.18404)	(0.17754)
6	-0.039851	0.049259	-0.310027	0.232055
	(0.20747)	(0.20058)	(0.18271)	(0.17642)

Response of SR:

Period	BR	SR	BC	SC
1	0.000000	1.522896	0.000000	0.000000
	(0.00000)	(0.06980)	(0.00000)	(0.00000)
2	0.350103	-0.236836	0.454443	-0.373137
	(0.25014)	(0.24273)	(0.22533)	(0.21762)
		⋮		
6	5.071286	-2.095755	-0.726697	-0.938219
	(2.81705)	(2.72186)	(2.52087)	(2.42442)

Response of SC:

Period	BR	SR	BC	SC
1	0.000000	0.000000	0.000000	10.89632
	(0.00000)	(0.00000)	(0.00000)	(0.49943)
2	-2.188253	9.273668	3.375750	-6.724791
	(1.78885)	(1.78633)	(1.61277)	(1.58254)
3	1.676805	-3.220579	-1.137154	0.133033
	(2.17060)	(2.11268)	(1.93858)	(1.88450)
4	-1.995810	2.282347	-1.362087	0.455583
	(2.17151)	(2.10870)	(1.94006)	(1.86407)
5	0.853562	-2.121629	-0.314138	-1.267444
	(2.15885)	(2.10378)	(1.91732)	(1.84215)
6	3.637502	-1.783147	-1.361240	0.955429
	(2.16808)	(2.09755)	(1.92655)	(1.85417)

Nonfactorized One Std Dev.
Standard Errors: Analytic

(c) 结果

图 7.21 脉冲响应结果

（11）方差分解。在脉冲响应结果中的窗口单击“View”选项下的“Variance Decomposition...”选项，则可得到图 7.23 所示的结果。

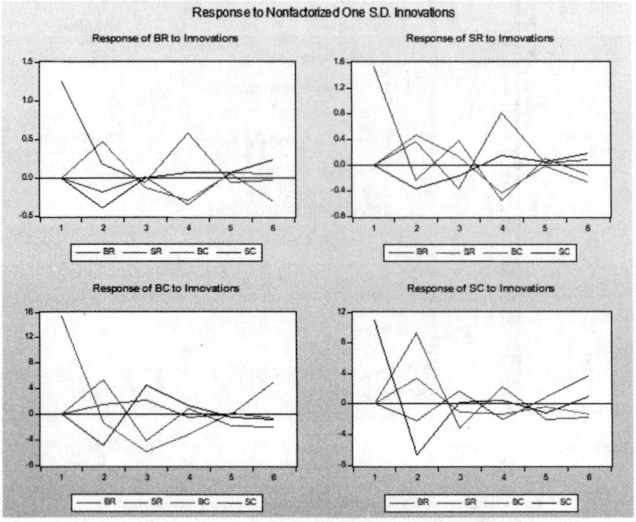

图 7.22　脉冲响应结果（示意图）

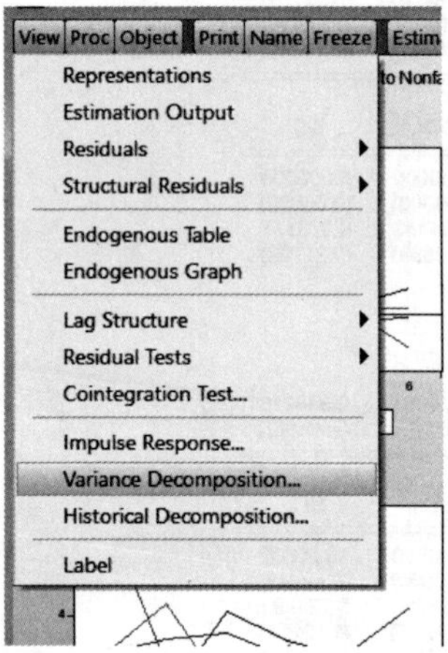

（a）方差分解指令

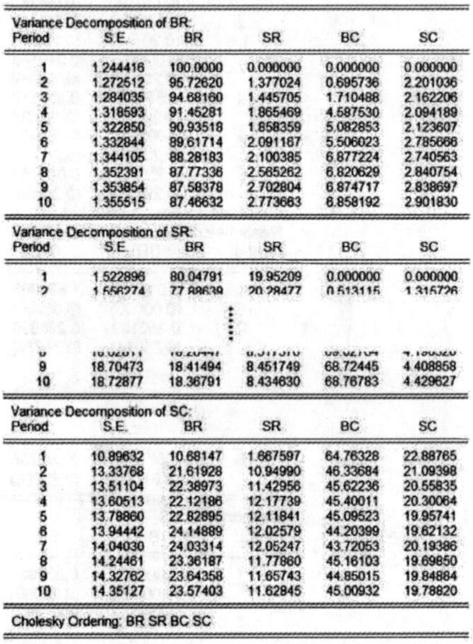

Variance Decomposition of BR:

Period	S.E.	BR	SR	BC	SC
1	1.244416	100.0000	0.000000	0.000000	0.000000
2	1.272512	95.72620	1.377024	0.695736	2.201036
3	1.284035	94.68160	1.445705	1.710488	2.162206
4	1.318593	91.45281	1.865469	4.587530	2.094189
5	1.322850	90.93518	1.858359	5.082853	2.123607
6	1.332844	89.61714	2.091167	5.506023	2.785666
7	1.344105	88.28183	2.100385	6.877224	2.740563
8	1.352391	87.77336	2.565262	6.820629	2.840754
9	1.353854	87.58378	2.702804	6.874717	2.838697
10	1.355515	87.46632	2.773663	6.858192	2.901830

Variance Decomposition of SR:

Period	S.E.	BR	SR	BC	SC
1	1.522896	80.04791	19.95209	0.000000	0.000000
2	1.556274	77.88639	20.28477	0.513115	1.315726
⋮					
[illegible]	[illegible]	[illegible]	[illegible]	[illegible]	[illegible]
9	18.70473	18.41494	8.451749	68.72445	4.408858
10	18.72877	18.36791	8.434630	68.76783	4.429627

Variance Decomposition of SC:

Period	S.E.	BR	SR	BC	SC
1	10.89632	10.68147	1.667597	64.76328	22.88765
2	13.33768	21.61928	10.94990	46.33684	21.09398
3	13.51104	22.38973	11.42956	45.62236	20.55835
4	13.60513	22.12186	12.17739	45.40011	20.30064
5	13.78860	22.82895	12.11841	45.09523	19.95741
6	13.94442	24.14889	12.02579	44.20399	19.62132
7	14.04030	24.03314	12.05247	43.72053	20.19386
8	14.24461	23.36187	11.77860	45.16103	19.69850
9	14.32762	23.64358	11.65743	44.85015	19.84884
10	14.35127	23.57403	11.62845	45.00932	19.78820

Cholesky Ordering: BR SR BC SC

（b）结果

图 7.23　方差分解

方差分解的主要功能是了解每个变量每期变异的来源，例如，大型股的价，变异的主要来源是自身，不过在长期的作用下，开始受到其他变量的影响，使自我影响逐渐下降，且大型股的量影响大型股的价有逐渐增加的趋势；对小型股量而言，变异的主要来源是大型股自身，第一期为 64.76%，然后下降，第 10 期约为 45%。本例只做 10 期，也可观察 1 个月（20 期）的情况。

向量自回归的分析如上述介绍，但在分析长期均衡时，还有协整的检验和误差修正模型（VECM）。

【本章重点与财务应用的专有名词】

向量自回归

因果关系

脉冲响应

方差分解

【上机练习】

产业链的 VAR 分析（利用 cha07 文档）。

知 识 拓 展

1. 向量自回归 EViews 操作窗口说明（进阶）

（1）估计 VAR 模型及估计输出。单击“Quick”选项下的“Estimate VAR...”选项或在命令窗口中输入 VAR，在对话框内填入恰当的信息，并在相应的编辑栏中输入恰当的内生变量和外生变量，如图 7.24 所示。

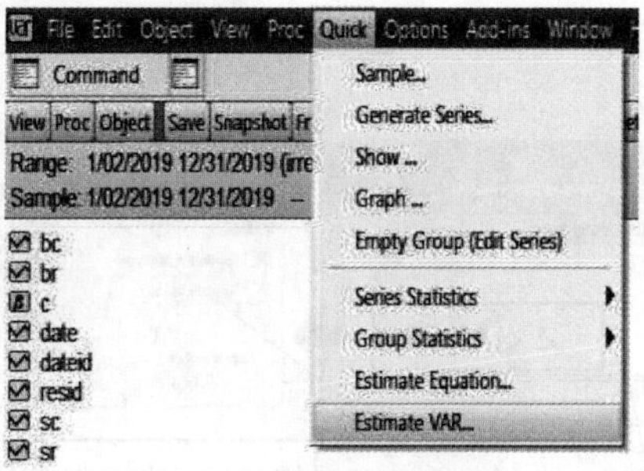

（a）VAR 模型指令

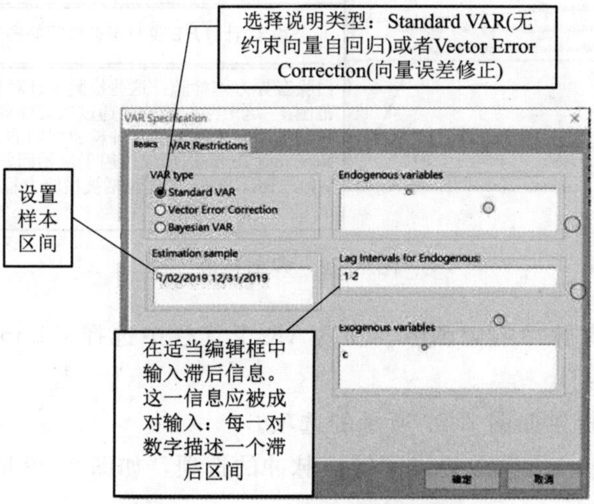

（b）VAR 模型选项

图 7.24 VAR 模型及估计输出

（2）VAR 视图和过程。在 VAR 窗口单击“View”选项下的“Lag Structure”选项和“View”选项下的“Residual Tests”选项。

1）滞后结构（Lag Structure）如图 7.25 所示的说明。

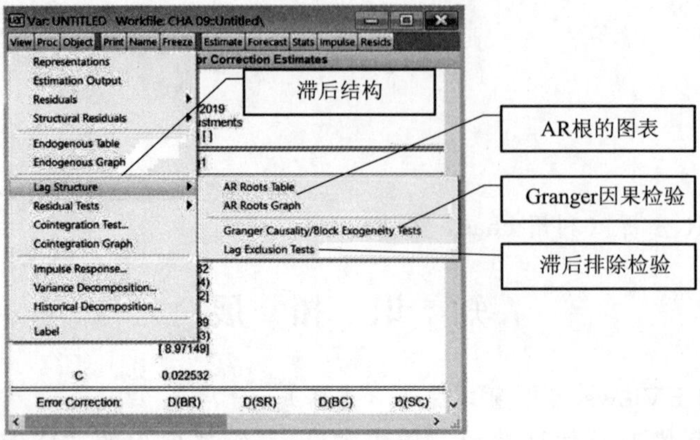

图 7.25　滞后结构

2）残差检验（Residual Tests）如图 7.26 所示的说明。

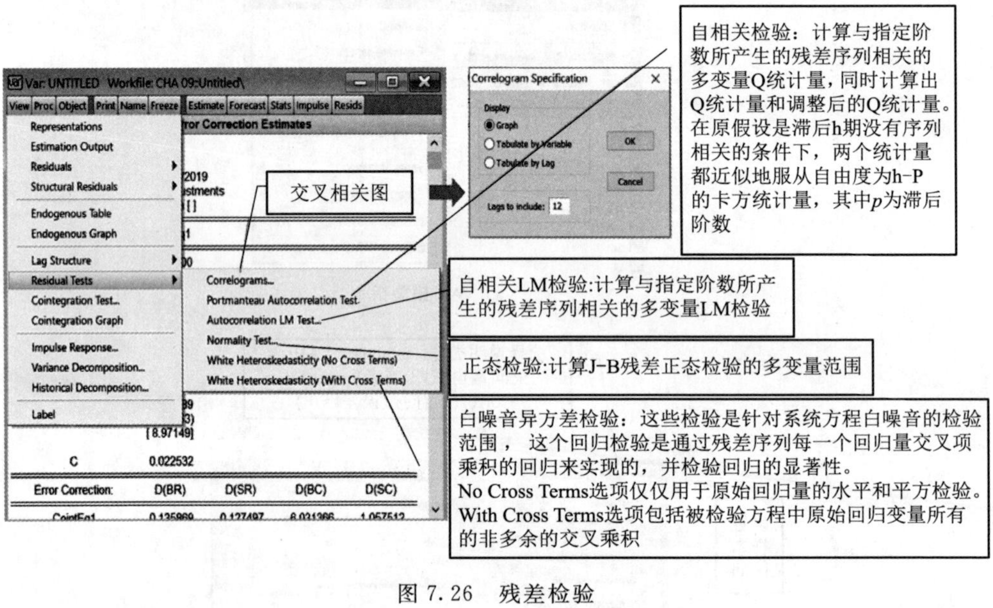

图 7.26　残差检验

（3）由 VAR 产生脉冲响应函数。在 VAR 工具栏中选择“Impulse Response”对话框，有如下两个菜单：

1）Display 菜单提供如图 7.27 所示的选项。

2）Impulse Definition 菜单提供了转换脉冲的选项，如图 7.28 所示。

选项介绍如下：

a. Residual - one unit：设置一单位残差的冲击。

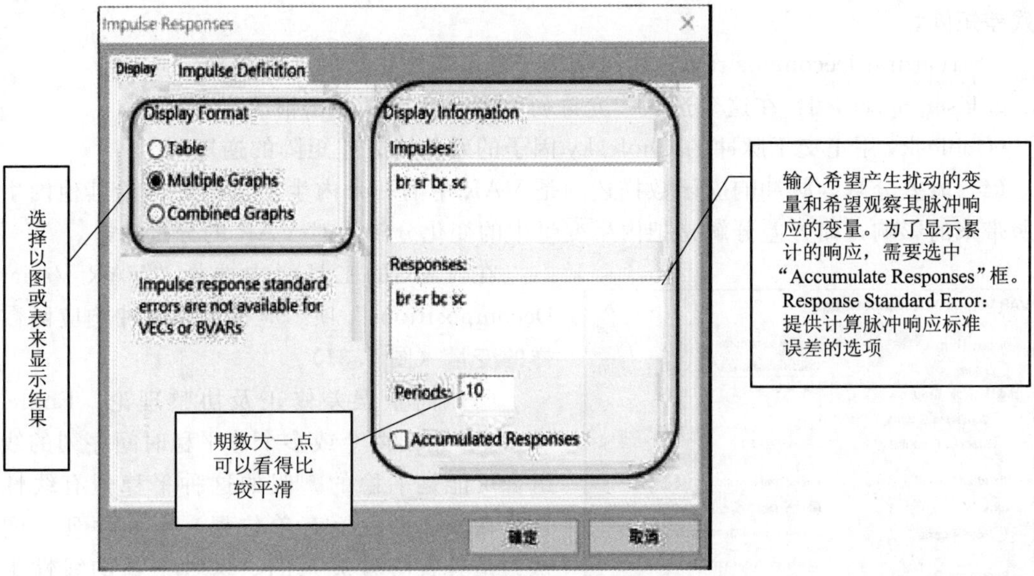

图 7.27　脉冲响应选项

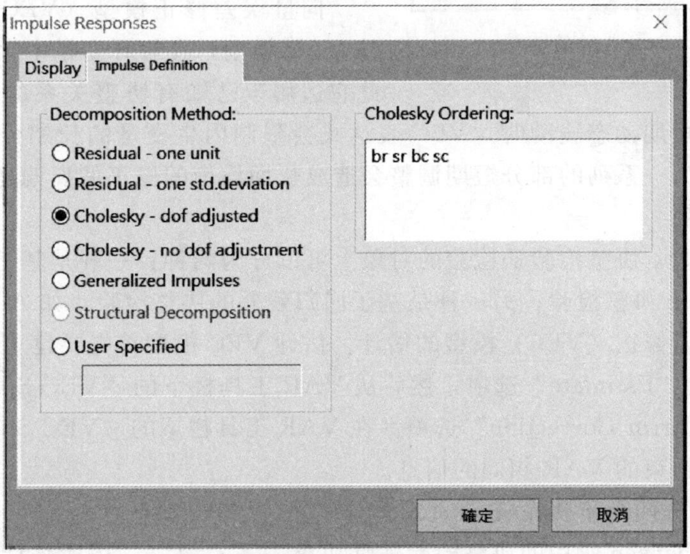

图 7.28　转换脉冲的选项

b. Residual - one std. deviation：设置残差的一单位标准偏差的冲击。

c. Cholesky - dof adjusted：在估计的残差协方差矩阵除以 Cholesky 因子时，进行小样本的自由度修正。

d. Cholesky - no dof adjustment：在估计的残差协方差矩阵除以 Cholesky 因子时，不进行小样本的自由度修正。

e. Generalized Impulses：描述 Pearsan 和 Shin 构建的不依赖于 VAR 中等式次序的正交残差矩阵。

f. Structural Decomposition：用结构因子分解矩阵估计的正交转换矩阵。

g. User Specified：在这个选项中允许研究者自己定义冲击情况。

（Cholesky 用正交于脉冲的 Cholesky 因子的残差协方差矩阵的逆矩阵。）

（4）方差分解。脉冲响应函数描述的是 VAR 中的一个内生变量的冲击给其他内生变量所带来的影响，而方差分解是把内生变量中的变化分解为对 VAR 的分量冲击。

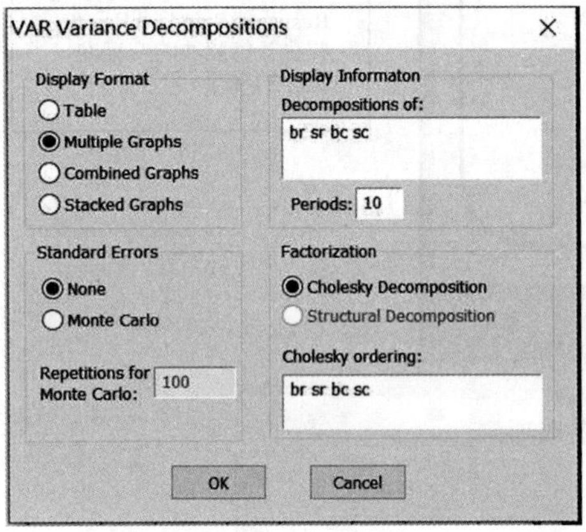

图 7.29　方差分解的选项

在 VAR 的工具栏中选择“VAR Variance Decompositions”项。应提供和脉冲响应函数同样的变量（图 7.31）。

（5）向量误差修正及协整理论。Engle 和 Granger 指出两个或多个非平稳时间序列的线性组合可能是平稳的。假如这种平稳但有线性组合存在或非平稳（有单位根）时间序列之间被认为是具有协整关系的。这种平稳的线性组合被称为协整方程且可被解释为变量之间的长期均衡关系。

向量误差修正模型（VEC）是一个受约束的 VAR 模型，在解释变量中含有协整约束，因此它适用于已知有协整关系的非平稳序列。当有一个大范围的短期动态波动时，VEC 表达式会限制内生变量的长期行为并收敛于它们的协整关系。因为一系列的部分短期调整会造成长期均衡的修正偏离偏高，所以协整项被称为是误差修正项。

（6）协整检验。协整检验从检验的对象上可以分为两种：一种是基于回归系数的协整检验，如 Johansen 协整检验；另一种是基于回归残差的协整检验，如 ADF 检验。

（7）向量误差修正（VEC）模型的估计。估计 VEC 模型首先要建立一个 VEC，单击 VAR 工具栏中的“Estimate”选项，然后从 VAR 工具栏下的“VEC Specification”选项中选择“Vector Error Correction”选项。在 VAR 工具栏下的“VEC Specification”选项中，应提供与无约束的 VAR 相同的信息。

VEC 的估计分两个步骤完成：

第一，从 Johansen 所用的协整检验估计协整关系；第二，用所估计的协整关系构造误差修正项，并估计包括误差修正项作为回归量的一阶方差的 VAR。

最终 VEC 估计的结果包括两个部分：从 Johansen 程序所得的结果和误差修正一阶差分的 VAR；可以估计的协整关系的曲线利用（View/Cointegration Graph）。

为了保存这些协整关系作为工作表中命名的序列，用 Proc/Make Cointegration Group 即可。

2. 中证系列指数的规模指数列

中证系列指数简介见表 7.2。

表 7.2　中证系列指数简介

指数代码	指数名称	数量	成分股内容
000980	中证超大指数	50	中证超级大盘指数从沪深300指数样本股中挑选规模最大的50只股票组成样本股，以综合反映沪深证券市场中最具市场影响力的一批超大市值公司的整体状况
000903	中证100指数	100	中证100指数由沪深300指数成分股中规模最大的100只股票组成，综合反映中国A股市场中最具市场影响力的一批超大市值公司的股票价格表现
000904	中证200指数	200	中证200指数由沪深300指数成分股中剔除中证100指数成分股后的200只股票组成，综合反映中国A股市场中大盘市值公司的股票价格表现
000300	沪深300指数	300	沪深300指数由上海和深圳证券市场中市值大、流动性好的300只股票组成，综合反映中国A股市场上市股票价格的整体表现
000905	中证500指数	500	中证500指数由全部A股中剔除沪深300指数成分股及总市值排名前300名的股票后，总市值排名靠前的500只股票组成，综合反映中国A股市场中一批中小市值公司的股票价格表现
000907	中证700指数	700	中证700指数由中证500和中证200指数成分股组成，综合反映中国A股市场一批较大型和中小型市值公司的股票价格表现
000906	中证800指数	800	中证800指数由中证500和沪深300指数成分股组成，综合反映中国A股市场大中小市值公司的股票价格表现
000852	中证1000指数	1000	中证1000指数由全部A股中剔除中证800指数成分股后，规模偏小且流动性好的1000只股票组成，综合反映中国A股市场中一批小市值公司的股票价格表现
000985	中证全指	3408	中证全指由全部A股股票中剔除ST、*ST股票，以及上市时间不足3个月等股票后的剩余股票构成样本股，具有较高的市场代表性
000902	中证流通指数	3566	中证流通指数由在沪深市场上市的符合条件的A股与存托凭证组成样本，反映沪深市场上市公司的整体表现
930903	中证A股指数	3567	中证A股指数由沪深两市符合条件的A股组成样本股，反映沪深A股价格的整体表现

第 8 章　变量的测量误差

本章导读

在实证分析的过程中，若误差项处理不当，将会造成严重的偏误问题，导致分析结果与实际不同。造成严重的偏误问题的主要原因是内生问题。解决内生问题的方法有很多种，其中工具变量的使用最被推崇，但寻找工具变量却不易。工具变量是与解释变量完全无关的因素，因此本章使用把营销概念中的产品生命周期转化为企业生命周期并作为研发强度的工具变量。

学习目标

1. 掌握内生性问题、工具变量的概念。
2. 掌握企业生命周期、研发强度的概念。

8.1 内生性问题

在实证分析的过程中，要采用计量方法，其最困难的问题就是变量内生性的问题。在经济学理论中，外生变量为独立于经济模型系统，在系统外发生变动的变量。而计量经济学中的外生性是指自变量和模型的误差项之间不存在相关性。外生性相对应的一个概念就是内生性：自变量和模型的误差项之间存在相关性。内生性问题会造成模型参数估计不满足一致性的严重后果。图 8.1 所示为变量中内生性和外生性作用图。

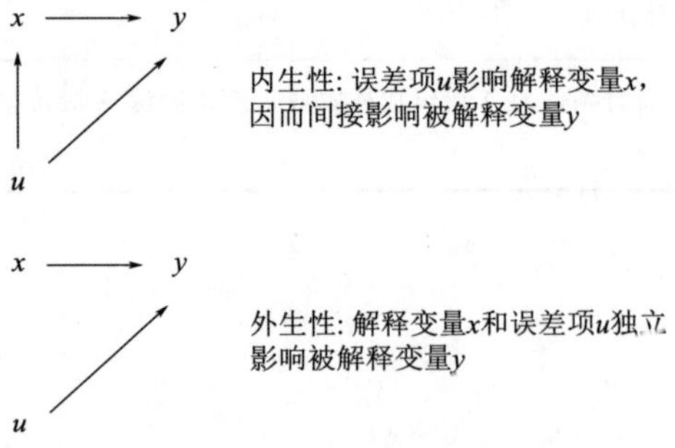

图 8.1　变量中内生性和外生性作用图

一个典型的线性回归模型为

$$y=\beta_0+\beta_1 x_1+\beta_2 x_2+\varepsilon$$

式中：y 为被解释变量；x_1 为自变量或者解释变量，也即“因”；x_2 为外生控制变量（也即一组假定为外生的其他控制变量，例如公司规模、负债比例等）；ε 为误差项。

如果 ε 与 x_1 不相关，那么可以利用 OLS 模型对方程进行无偏估计。然而，如果 x_1 和 x_2 相关，那么对 β_1 的 OLS 估计值就必然是有偏的。此时，x_1 被称作“内生”的解释变量，这就是“内生性”问题。

如果存在内生性，则称解释变量为内生变量（endogenous variable）；反之，则称为外生变量（exogenous variable）。内生性的严重后果是使得 OLS 估计量不一致（inconsistent），即无论样本容量多大，OLS 估计量也不会收敛至真实的参数值。

在计量经济学中，把所有与扰动项相关的解释变量都称为内生变量，这与一般经济学理论中的定义有所不同。与误差项相关的变量称为内生变量，与误差项不相关的变量称为外生变量。

外生性假设对经济模型的估计结果衍生出来的结论与建议具有至关重要的作用。只有满足了外生性假设的估计结果，才能对政策分析与建议有意义。否则，只能解释为变量之间存在相关关系，而不能给出结论与建议。实证分析的最大问题来自于变量的共线问题，外生性问题主要是解释变量之间的共线问题，而内生性问题则是解释变量与误差项存在共线的问题。

Stock 等提出造成内生性的原因如下：

(1) 相关变量的丢失。

(2) 方程形式错误（把非线性方程设定为线性方程）。

(3) 变量中存在系统性测量误差。

(4) 样本选择。

(5) 联立因果关系。

(6) 误差项之间存在相关性。

解决内生性问题的办法一般是从研究设计和模型直接解决（增加控制变量或模型变更）、面板数据模型、工具变量法（本章重点）、Heckman 选择模型、倍分法（DID）、断点回归等。

8.2 工 具 变 量

变量 z 可以作为变量 x 的有效工具变量（instrumental variable，IV），首要条件是变量 z 必须外生，即

$$\mathrm{Cov}(z,u)=0$$

工具变量必须与内生变量 x 相关，即

$$\mathrm{Cov}(z,x)\neq 0$$

不过 $\mathrm{Cov}(z,u)=0$ 无法通过统计方法进行验证，但 $\mathrm{Cov}(z,x)\neq 0$ 可以通过统计方法进行验证。

因为 Cov（z，u）是 z 与不可观测的误差 u 的协方差，无法对它进行验证或检验：需求助于经济行为来维持这一假定。基于工具变量的要求，工具变量的使用需满足以下条件：

(1) IV 应尽量是外生的（如历史/自然/气候/地理之类）：它在理论上对被解释变量（Y）没有直接影响，但通过影响被工具的变量（X）而间接影响被解释变量 Y。

(2) 内生变量 X 作为解释变量，IV 和其他变量（X_2）也作为解释变量，观察 IV 是否显著，正常情况下，它应该显著，如不显著，则不适合作为工具变量。如果选择多个

IV，就用F检验其是否都不显著。同时，如果在多个IV中，有一个确定为外生，那么，可以用过度识别约束的Sangan检验（Sargan test of overidentifying restrictions）来检验其他的IV是否为外生的。

（3）如果上述都没有问题，则可进行IV回归。完成后，用Hausman检验，这个检验的原假说是IV回归（使用IV回归）与原回归（不使用IV回归）的变量的系数并没有显著的不同。再看一下p值，如果p值小于0.1或0.05，说明IV回归与原回归显著不同，原方程的确有内生性问题，从而导致估计偏误。反之，如果p值超过0.1或0.05，说明IV回归与原回归没有显著不同，无法拒绝原回归没有显著的内生问题导致的估计偏误的原假设。

（4）如果选择的IV本身就影响Y（被解释变量），那它就不能被当作IV。例如，左边为Y，右边的解释变量为X（被当作IV）、X_2和IV。当IV被放在方程右边时，它是不显著影响Y的，也就是说直接用工具变量进行回归分析，它对Y是没有显著影响的。Acemoglu检验了IV是否直接影响被解释变量，结果说明不直接影响，最终不会造成结果的误判。当然，一个好的IV在前面的回归中也可能是显著的（一般情况下，如果理论和逻辑上的IV是通过被当作IV的内生解释变量间接影响被解释变量的话，一般来说应该是被当作IV的内生解释变量使得IV不显著，或者由于两者相关性很高，两者都不显著），其判断的标准只能用t值检验。这个变量显著的原因可能是它影响了其他显著的变量（比如被当作IV的变量），如果是这样，当IV在原方程后，其他变量（特别需要注意的是被当作IV的变量X）的系数可能发生明显变化。

8.3 企业生命周期与研发支出

企业生命周期理论是Rink和Swan与Mueller等引用营销学及个体经济学领域中产品的生命周期概念所形成的理论。每种产品都会历经开始期、成长期、成熟期及衰退期等数个生命周期阶段，将此观念延伸，企业所处生命周期阶段取决于其产品组合所处生命周期阶段，故企业也可依据产品所处的阶段，归属于不同的生命周期阶段。企业生命周期在管理学界更是许多学者研究的主要领域，例如，企业处在不同的生命周期阶段，自愿性裁撤（divestiture）的倾向也会不同。会计学界对于此一观念也有相当多的研究，如在企业生命周期的成长阶段，可通过成本节省获得竞争优势，此特性也适用于一般的资本支出，如果是处在衰退阶段，就无法通过竞争优势得到较好的获利能力。因此认为在成长期时期所投入的资本支出，资本市场将给予较高的评价。同时在成长期由于投资者有进入障碍，且早期致力于生产产能（即资本支出）的极大化，因此能制止潜在的竞争者进入市场。

不过企业生命周期并不存在观测值，没有观测值是无法当作变量使用的，因此必须产生一个代理变量，前面提到工具变量必须是外生变量，所以可以根据Anthony和Ramesh与Black的方法，分别使用股利支付率、销货成长率、资本支出、与公司成立年数等4个变量与所有企业进行比较后排序，作为判定各样本应归属于哪一个企业生命周期阶段的因子，以此产生外生变量。

企业一般有导入期、成长期、成熟期和衰退期。在导入期，上市的企业公司较少，所以本书根据 Anthony、Ramesh 与 Black 的方法将企业生命周期分为 3 个阶段，分别为成长期、成熟期和衰退期，而判断模式则根据 Anthony、Ramesh 与 Black 的方法，采用销货成长率（SG）、资本支出率（CEV）、股利支付率（DP）与成立时间长短（AGE）等 4 个变量为依据，计算如下：

$$\mathrm{SAG}=\ln\frac{S(t)}{S(t-1)}$$

式中：$S(t)$ 为企业 t 期的营业收入。

$$\mathrm{CV}=\frac{\mathrm{CE}(t)}{S(t)}$$

式中：$\mathrm{CE}(t)$ 为企业 t 期固定资产现金流出。

$$\mathrm{DP}=\frac{\mathrm{DIV}(t)}{\mathrm{NI}(t)}$$

式中：$\mathrm{DIV}(t)$ 为企业 t 期发放现金股利；$\mathrm{NI}(t)$ 为企业 t 期的净利润。

AGE＝企业成立天数取自然对数

根据 Anthony 和 Ramesh 提出的综合的生命周期指标，以判定公司所处的生命周期阶段。也就是将每一样本的 4 个单一指标分别给予 0（成长期）、1（成熟期）、2（衰退期），见表 8.1。并将每一个样本的 4 个指标值加总，以得到一个综合指标。经此所得到的综合指标，介于 0～2 时，归类为成长期；介于 3～5 时，归类为成熟期；介于 6～8 时，归类为衰退期。

表 8.1　企业生命周期各阶段特性

	销货成长率	资本支出率	股利支付率	成立周期
成长期	高	高	低	年轻
成熟期	中	中	中	成年
衰退期	低	低	高	老年

可建立 2 个虚拟变量：

$$(D_1,D_2)=\begin{cases}(0,0) & \text{成长期}\\(1,0) & \text{成熟期}\\(0,1) & \text{衰退期}\end{cases}$$

若单独研究企业生命周期对工具变量的影响，就需要建立虚拟变量。若以企业生命周期作为研发强度的工具变量，则可取消虚拟变量的设定，维持原有的 0～8。

企业在生命周期的前期阶段，常常投入相当的研发支出（committed and out - of -pocket cost），而等到实际设计完成时，才会实际投入大量的生产等付现（out - of - pocket cost）的资本支出。由于资本支出的信息常常早于资本支出的实际支付，因此在支出之前，信息可能已经在市场传开；相对的，研发支出的宣告与支出，间隔时间应该比较短。此外，研发支出产生未来盈余的波动性远大于一般的固定资产的投资（Kothari、Laguerre 和 Leone），因此，犹如一项未来收益变异性较大的期权。研发支出即使不成功也与不具有无形资产的公司相同，也就是正向变异很大，负面变异很小。另外，依据期权的概念，研发支出价值高于资本支出的程度将视未来面临的不确定性而定。而不确定性又与企业所处的生命周期阶段有关。在成长（衰退）时，由于未来风险大（小），因而研发支出的价值将高出资本支出较多，但随着生命周期接近后期，可以预期两者的差异将越来越小。

本书将对企业生命周期作为研发强度的工具变量进行探讨。

8.4　实证分析——企业生命周期与研发支出

工具变量法的使用事实上就是采用二阶段回归分析法（2SLS 或 TSLS）进行分析，也就是要将内生性因素移除（图 8.2）。

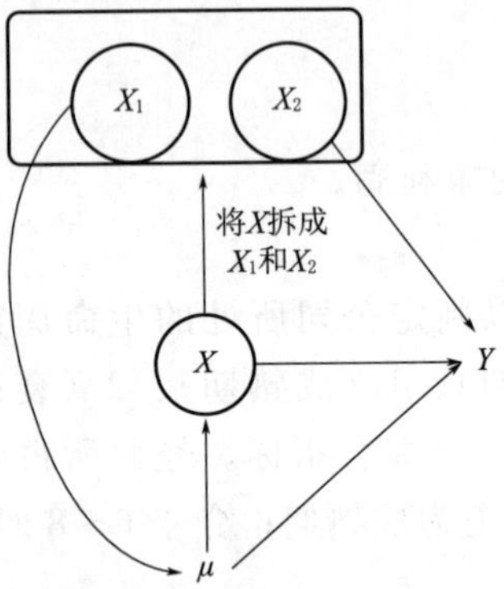

图 8.2　二阶段回归分析法

第一阶段将内生变量通过第一个回归方程式移除内生性。

第二阶段则进行一般回归。

变量的选用是否适合进行工具变量法，可以采用鉴定的模式判断，用若工具变量来检验。

8.4.1　解释变量：研发强度

一般公式：

$$\mathrm{RD}=\frac{\text{研发费用}}{\text{营业收入}}\times 100$$

修正公式：

$$\mathrm{RDI}=\ln\left(\frac{\text{研发费用}+1}{\text{营业收入}}\times 100\right)$$

8.4.2　被解释变量：公司绩效

一般公司绩效的使用分为市场绩效、组织绩效和经营绩效。

1. 市场绩效

一般来说，市场绩效可以分为 Tobin's Q、PB（市净比）。

La Porta 等使用 Tobin's Q 衡量。但在计算 Tobin's Q 时，需知道公司资产的重置成本（replacement cost），不然无法取得，故以 Proxy Q 取代，如 Claessens 等采用 Proxy Q，其衡量方式如下：

$$\text{Tobin's } Q=\frac{\text{公司权益市值}+\text{公司负债市值}}{\text{资产重置成本}}\times 100$$

$$\approx \text{Proxy } Q=\frac{\text{公司权益（普通股}+\text{特别股）市值}+\text{公司负债账面价值}}{\text{资产账面价值}}\times 100$$

$$\mathrm{PB}=\frac{\text{市值}}{\text{股东权益}}\times 100$$

2. 组织绩效（ROA、ROE）

组织绩效主要衡量每“单位”利润有多少，这个“利润”的衡量标准分为营业利润、利润总额、净利润，而净利润又分税后息后净利润、税前息前净利润和税后息前净利润 3 种。用数学等式表示为

$$营业利润=营业收入-营业成本-费用及损益$$

$$利润总额=营业利润+营业外收入-营业外支出$$

$$\begin{aligned}费用及损益=&税金及附加-销售费用-管理费用-研发费用\\&-财务费用-其他费用-资产减值损失+公允价值变动损益\\&+投资损益+期货损益+汇兑损益+其他损益\end{aligned}$$

$$税后息后净利润=利润总额-所得税+未确认投资损益+其他调整项$$

税后息前净利润、税后息后净利润则是另外加入利息收入或所得税。

$$ROE=\frac{净利润}{股东权益}\times100$$

$$ROA=\frac{净利润}{平均总资产}\times100$$

一般来说，ROE 采用税后息后净利润，而 ROA 采用税前息前净利润。

3. 经营绩效［ROS、EPS（每股盈余）］

$$ROS=\frac{利润总额}{营业收入}\times100$$

$$EPS=\frac{税后息后净利润}{加权平均总股本}\times100$$

国内学者比较偏爱使用 ROA，国际学者则偏爱使用 Tobin's Q。本书使用 ROA 并取自然对数。

$$ROA=\ln\left(\frac{税前息前净利润}{平均总资产}\times100\right)$$

8.4.3 工具变量

工具变量分为企业生命周期（ELC）以及行业竞争程度。

行业竞争程度与赫芬达指数（Herfindal index）有关。赫芬达指数指市场竞争的均衡状态，可以分为集中程度（concentration）与分散程度（differences），举例来说，四大股东控制权集中度前四大控制权的平方和，即

$$[(voting_1)^2+(voting_2)^2+(voting_3)^2+(voting_4)^2]$$

当其值越大，代表股权越集中，而控制权分散度前四大控制权差的平方和，即

$$(voting_1-voting_2)^2+(voting_2-voting_3)^2+(voting_3-voting_4)^2$$

当其值越小，表示四大股东的控制权越均等，则竞争程度越高。

在研究公司绩效时，常把行业类别用虚拟变量做分组，若采用行业的竞争程度（DIC），则不用虚拟变量直接量化，变量将成正态分布，而行业的竞争程度恰可利用赫芬达指数集中度来代替。

$$DIC=\sum(行业内所有上市公司营收比例)^2$$

8.4.4 控制变量

本书采用 3 个控制变量进行实证分析，分别为公司规模、产权比例和公司成立时间，见表 8.2。

表 8.2　　控制变量公式及假设汇总表

变　量	公　式	假　设
公司规模	SC=ln（总资产）	H_{1e}：SC>0
产权比例	$ER=\ln\left(\frac{负债}{股东权益}\right)$	H_{1f}：ER≠0
公司成立时间	AGE=ln（当年度年底－企业成立时间＋1）	H_{1g}：AGE≠0

在变量确定后，实证分析过程的步骤如下：

（1）确定研究范围。本例研究范围为 2019 年制造业。

（2）建立 Excel 表格（变量名称要使用英文），如图 8.3 所示。

	A	B	C	D	E	F	G	H
1	COM	ROA	AGE	SC	ER	RDI	DIC	ELC
2	4	-0.42	9.54	11.59	-2.75	-0.06	5.17	5
3	8	1.74	10.07	14.98	-0.53	2.04	7.52	4
4	12	1.67	9.47	16.16	-0.17	1.25	6.72	7
5	16	1.37	9.59	17.83	1.19	-0.10	5.97	5
6	19	1.89	9.73	16.22	-0.76	-2.10	6.95	6
7	20	1.09	9.56	13.49	-0.15	-0.08	5.97	5
8	21	1.48	9.44	16.40	0.47	0.45	5.97	6
9	23	1.70	9.56	14.42	1.20	-9.81	6.72	5
10	30	2.06	9.48	16.12	-0.31	0.75	7.32	5
11	39	1.63	9.59	18.27	0.75	0.52	6.87	6

图 8.3　研究变量数据

（3）描述统计量及相关系数矩阵，利用 EViews 进行分析，如图 8.4 和图 8.5 所示。

	ROA	SC	ER	AGE	RDI	DIC	ELC
Mean	1.832546	14.61383	-0.558302	8.904100	0.927982	6.196822	3.906136
Median	1.885602	14.44450	-0.506527	8.884402	1.328286	6.243354	4.000000
Maximum	4.062412	20.55286	4.622719	10.66273	3.507707	8.106854	8.000000
Minimum	-3.582840	9.247829	-3.457819	7.401231	-12.36639	5.161706	0.000000
Std. Dev.	0.810725	1.366936	0.915018	0.400930	1.724292	0.747038	1.669395
Skewness	-0.772287	0.587439	0.139174	0.728354	-3.931568	0.247061	0.037616
Kurtosis	5.003016	3.737402	4.020041	5.643090	23.03378	2.208503	2.420062
Jarque-Bera	582.1984	175.0931	101.7345	828.8211	42149.49	79.22678	31.12095
Probability	0.000000	0.000000	0.000000	0.000000	0.000000	0.000000	0.000000
Sum	4002.281	31916.60	-1221.516	19446.55	2026.670	13533.86	8531.000
Sum Sq. Dev.	1434.833	4078.963	1827.735	350.9056	6490.457	1218.258	6083.758
Observations	2184	2184	2184	2184	2184	2184	2184

图 8.4　研究变量描述统计量

Covariance Analysis: Ordinary
Date: 10/06/20　Time: 12:59
Sample: 1 2468
Included observations: 2184
Balanced sample (listwise missing value deletion)

Correlation Probability	ROA	SC	ER	AGE	RDI
ROA	1.000000 -----				
SC	0.022569 0.2918	1.000000 -----			
ER	-0.247882 0.0000	0.470882 0.0000	1.000000 -----		
AGE	-0.160045 0.0000	0.226892 0.0000	0.109185 0.0000	1.000000 -----	
RDI	0.064131 0.0027	-0.150003 0.0000	-0.156867 0.0000	-0.218167 0.0000	1.000000 -----

图 8.5　研究变量相关系数矩阵

(4) 建立模型：

$$RDI=\beta_0+\beta_1 DIC+\beta_2 ECL$$

$$CAI=\beta_0+\beta_1 DOI+\beta_2 DIC+\beta_3 SC+\beta_4 ER+\beta_5 AGE$$

(5) 分析过程。

1) 打开分析的画面，单击“Quick”选项下的“Estimate Equation...”选项，如图 8.6 所示。

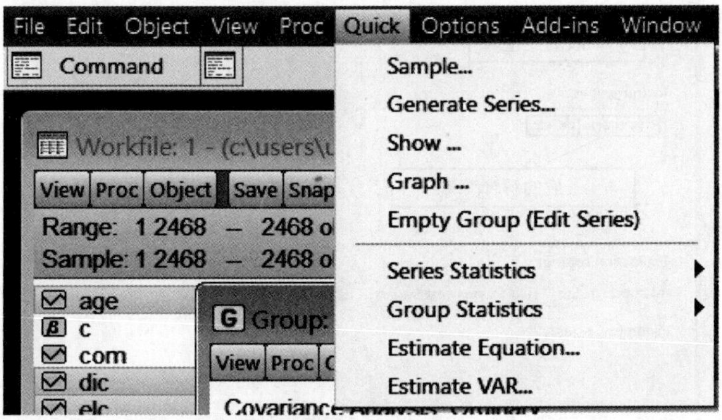

图 8.6 分析画面

2) 在分析的窗口选择 TSLS，如图 8.7 所示。

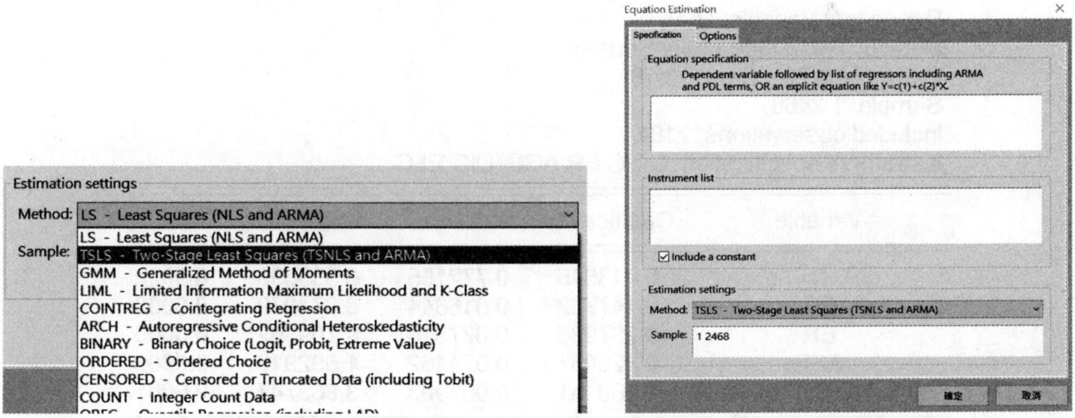

(a) 二阶段回归选定　　(b) 变量输入对话框

图 8.7 二阶段回归示范图

3) 在第一个窗口输入主回归方程式，第二个窗口输入工具变量的方程式（可以多个工具变量），如图 8.8 所示。注意变量输入的顺序，被取代的变量要放在最后。

二阶段的回归结果，如图 8.9 所示。

(6) 弱工具变量检验。EViews 提供了 4 个弱工具变量的检验（Instrument Summary、Instrument Orthogonality C - Test...、Regressor Endogeneity Test... 和 Weak Instruments

Diagnostics），如图 8.10 所示，最常用的是 Regressor Endogeneity Test 和 Weak Instruments Diagnostics。

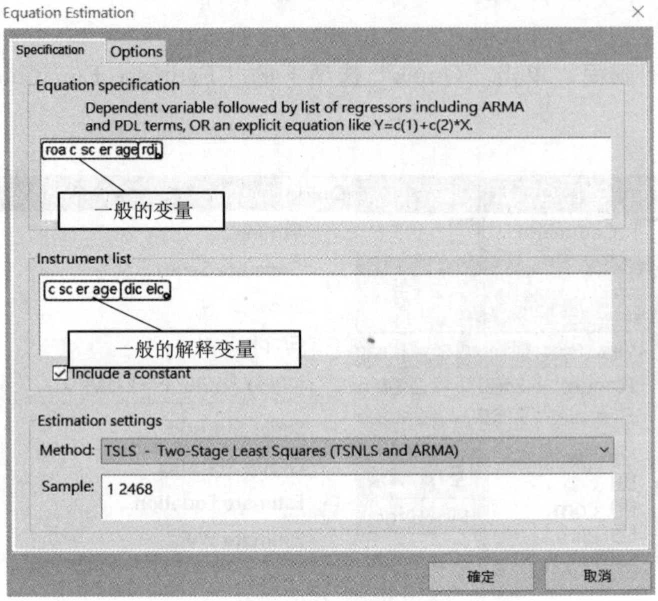

图 8.8　二阶段回归对话框变量输入模式

Dependent Variable: ROA
Method: Two-Stage Least Squares
Date: 10/06/20　Time: 13:18
Sample: 1 2468
Included observations: 2184
Instrument specification: C SC ER AGE DIC ELC

Variable	Coefficient	Std. Error	t-Statistic	Prob.
C	0.413645	0.772165	0.535695	0.5922
SC	0.147702	0.016644	8.874078	0.0000
ER	-0.237936	0.027320	-8.709362	0.0000
AGE	-0.126057	0.074462	-1.692913	0.0906
RDI	0.269151	0.067903	3.963747	0.0001

R-squared	-0.182621	Mean dependent var	1.832546
Adjusted R-squared	-0.184792	S.D. dependent var	0.810725
S.E. of regression	0.882460	Sum squared resid	1696.863
F-statistic	56.83829	Durbin-Watson stat	1.804838
Prob(F-statistic)	0.000000	Second-Stage SSR	1257.785
J-statistic	22.86526	Instrument rank	6
Prob(J-statistic)	0.000002		

图 8.9　二阶段回归结果

1）回归内生性检验（Regressor Endogeneity test），如图 8.11 和图 8.12 所示。已内定，不用再输入。

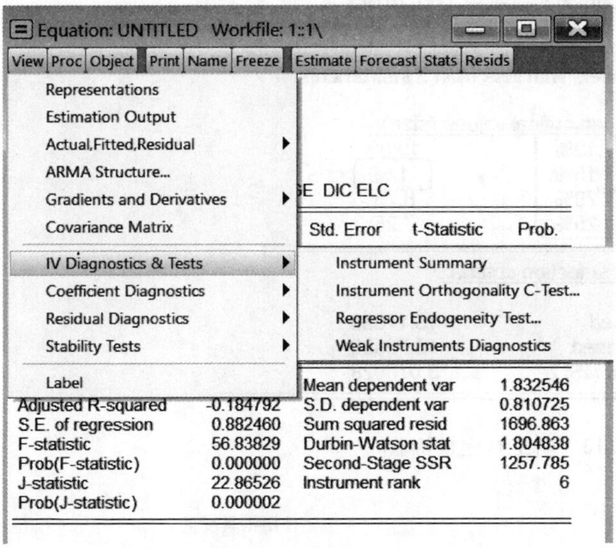

图 8.10 弱工具变量检验

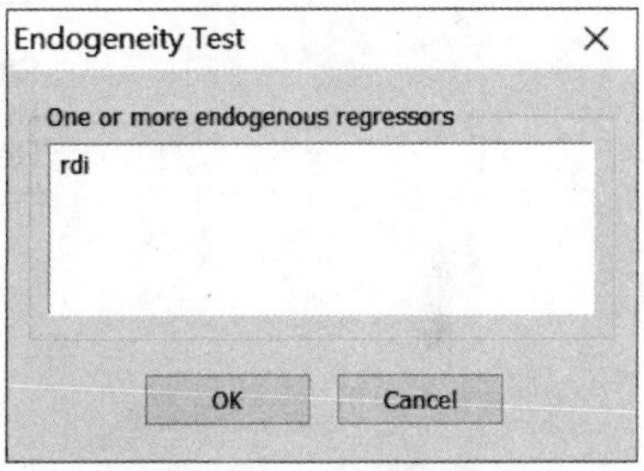

图 8.11 内生性检验

Endogeneity Test
Null hypothesis: RDI are exogenous
Equation: UNTITLED
Specification: ROA C SC ER AGE RDI
Instrument specification: C SC ER AGE DIC ELC
Endogenous variables to treat as exogenous: RDI

	Value	df	Probability
Difference in J-stats	21.03243	1	0.0000

J-statistic summary:

	Value
Restricted J-statistic	51.58432
Unrestricted J-statistic	30.55190

图 8.12 内生性检验结果

因为 p 值小于 0.05，所以 RDI 为内生变量。

2）弱工具变量检验（Weak Instruments Diagnostics）。如图 8.13 所示，因 31.27>11.59，超过 5%的临界值，所以本节使用行业竞争程度与企业生命周期来作为研发强度的工具变量是合理的。

（7）比较原方程式。由图 8.14 可以发现使用工具变量法后，研发强度对公司绩效的影响符合预期的假设（研发强度对公司绩效产生正影响）。

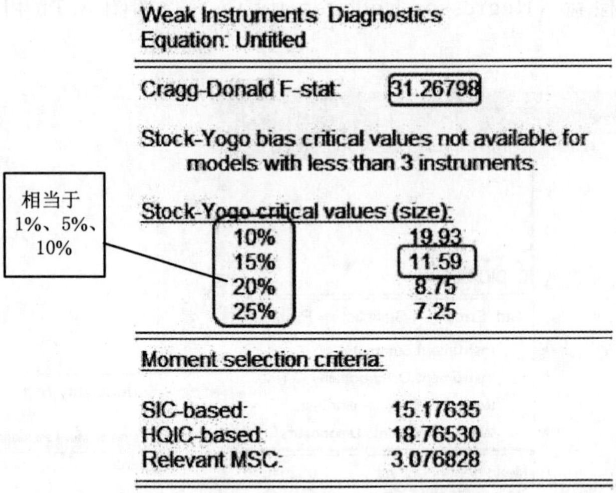

图 8.13　弱工具变量检验

没有工具变量

Dependent Variable: ROA
Method: Least Squares
Date: 10/06/20 Time: 14:41
Sample: 1 2468
Included observations: 2184

Variable	Coefficient	Std. Error	t-Statistic	Prob.
RDI	0.003533	0.009814	0.360043	0.7188
SC	0.129568	0.013845	9.358194	0.0000
ER	-0.293104	0.020344	-14.40743	0.0000
AGE	-0.347506	0.042638	-8.150186	0.0000
C	2.866069	0.400339	7.159102	0.0000

R-squared	0.114918	Mean dependent var	1.832546
Adjusted R-squared	0.113293	S.D. dependent var	0.810725
S.E. of regression	0.763420	Akaike info criterion	2.300271
Sum squared resid	1269.945	Schwarz criterion	2.313295
Log likelihood	-2506.896	Hannan-Quinn criter.	2.305032
F-statistic	70.72984	Durbin-Watson stat	1.729066
Prob(F-statistic)	0.000000		

使用工具变量

Dependent Variable: ROA
Method: Two-Stage Least Squares
Date: 10/06/20 Time: 13:18
Sample: 1 2468
Included observations: 2184
Instrument specification: C SC ER AGE DIC ELC

Variable	Coefficient	Std. Error	t-Statistic	Prob.
C	0.413645	0.772165	0.535695	0.5922
SC	0.147702	0.016644	8.874078	0.0000
ER	-0.237936	0.027320	-8.709362	0.0000
AGE	-0.126057	0.074462	-1.692913	0.0906
RDI	0.269151	0.067903	3.963747	0.0001

R-squared	-0.182621	Mean dependent var	1.832546
Adjusted R-squared	-0.184792	S.D. dependent var	0.810725
S.E. of regression	0.882460	Sum squared resid	1696.863
F-statistic	56.83829	Durbin-Watson stat	1.804838
Prob(F-statistic)	0.000000	Second-Stage SSR	1257.785
J-statistic	22.86526	Instrument rank	6
Prob(J-statistic)	0.000002		

图 8.14　工具变量使用比较

【本章重点与财务应用的专有名词】

工具变量

内生性

研发强度

行业竞争程度

企业生命周期

【上机练习】

1. 将研发强度改为资本强度是否可行？

2. 试将制造业区分为各种行业，分析其中一个行业的结果。

第9章　多个群组之间的差异

本章导读

虚拟变量可将定性数据转换为定量数据，通过多个虚拟变量的使用，计量方法也可以进行方差分析。本章先对周末效应进行实证分析，再介绍虚拟变量的进阶使用，如双重差分法（甚至三重差分法）也可以解决内生性的问题。本章利用 2 个虚拟变量来探讨新冠疫情对周末效应的影响。

学习目标

1. 掌握双重差分法。
2. 理解周末效应、政策及经济的影响的概念。

9.1　虚　拟　变　量

质性因子常以二元信息的方式呈现，例如某个人的性别、是否拥有个人计算机、公司是否为员工提供退休金计划等，这些关切性信息都可以被定义成二元变量（binary variable），或是一种 0 或 1 的变量。在计量经济学中，这类的二元变量通常称为虚拟变量（dummy variables）。

虚拟变量（D）的使用原则是将变量二分法，所以使用虚拟变量时，需要先决定“什么事件发生”，其变量值给定为1，“什么事件”将给定为0。

$$D=\begin{cases}1 & \text{Yes}\\0 & \text{No}\end{cases}$$

虚拟变量可以使用一个，也可以使用多个，单一虚拟变量最简单的模式是加入一个虚拟解释变量和一个自变量。也可以在多个范畴下使用虚拟变量，也就是在同一个回归式中，可以用多种虚拟自变量，如果回归模型用不同的截距来表示，如 g 个群组或分类，除了需要一项截距项之外，还需要加入 $g-1$ 个虚拟变量，基础群组的截距项也就是模型中总的截距项，而不同群组的虚拟变量系数则表示该群组与基础群组之截距项的估计差距。

上述虚拟变量用在不同的截距，如同量化变量，虚拟变量在回归模型中也有交互的意义。也就是用虚拟变量和不是虚拟变量的自变量相乘的交叉项来允许斜率上的差异（difference in slopes）。

当然虚拟变量也可以应用在被解释变量上，被解释变量都是二元的，这称为逻辑回归（logistic regression）。

9.2 双重差分法

双重差分法（differences - in - differences，DID）也称为“倍差法”。作为政策、经济效应评估方法中的一大利器，双重差分法的主要作用如下：

（1）可以很大程度上避免内生性问题的困扰。政策相对于微观经济主体而言一般是外生的，因而不存在逆向因果问题。此外，使用固定效应估计在一定程度上也缓解了遗漏变量偏误问题。

（2）在传统方法下评估政策效应，主要是通过设置一个政策或经济事件的发生与否的虚拟变量，然后进行回归，相比较而言，双重差分法的模型设置更加科学，能更加准确地估计出政策效应。

（3）双重差分法的原理和模型设置很简单，容易理解和运用，并不像空间计量等方法一样复杂。

一般而言，DID 仅适用于面板数据，因此在只有截面数据时，DID 的使用就受限了。在某些特殊的情景下，通过巧妙的应用，截面数据也是可以使用 DID 的。下面为 DID 的使用方法。

模型引入：

$$y_{it}=\beta_0+\beta_1\mathrm{d}\mu+\beta_2\mathrm{d}t+\beta_3\mathrm{d}\mu\times\mathrm{d}t+\varepsilon_{it}$$

式中：$\mathrm{d}\mu$ 为分组虚拟变量，若个体 i 受政策实施或经济事件的影响，则个体 i 属于处理组，对应的 $\mathrm{d}\mu$ 取值为 1，若个体 i 不受政策实施的影响，则个体 i 属于对照组，对应的 $\mathrm{d}\mu$ 取值为 0；$\mathrm{d}t$ 为政策实施虚拟变量，政策实施之前 $\mathrm{d}t$ 取值为 0，政策实施之后 $\mathrm{d}t$ 取值为 1；$\mathrm{d}\mu\times\mathrm{d}t$ 为分组虚拟变量与政策实施虚拟变量的交互项，其系数 β_3 就反映了政策实施的净效应。

例如，研究新冠疫情对民营企业筹资的影响，首先要解决 2 个问题，①新冠疫情前后企业筹资的影响；②公营与民营企业筹资的异同。

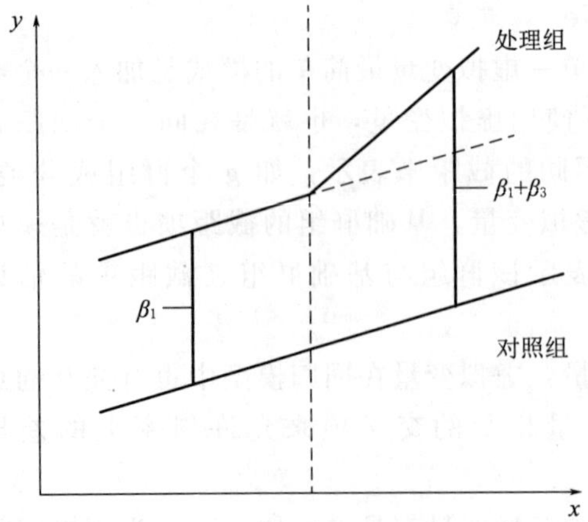

图 9.1　双重差分示意图

观察新冠疫情前（2019 年，$t=0$）和新冠疫情后（2020 年，$t=1$）。假设民营企业 $D_i=1$，公营企业 $D_i=0$。

如图 9.1 所示的处理效应即为公民营的筹资的效应。处理组（treat 组）：民营企业的结果 $D_i=1$；对照组（control 组）：公营企业的结果 $D_i=0$。可用于政策干预或经济事件，即发生政策干预或经济事件的观察值属于处理组，而不发生政策干预或经济事件的观察值属于对照组。

通过上述模型与说明，可以了解各个变量

的效果，见表 9.1。

表 9.1 **双重差分效果表**

控制		政策、经济事件		差分
		新冠疫情前	新冠疫情后	
处理组	民营企业	$\beta_0+\beta_1$	$\beta_0+\beta_1+\beta_2+\beta_3$	$\beta_2+\beta_3$
对照组	公营企业	β_0	$\beta_0+\beta_2$	β_2
差分		β_1	$\beta_1+\beta_3$	β_3

系数 β_3 反映了新冠疫情对民营企业筹资影响的净效应。

其次是对 DID 的稳健性进行检验，主要表现在两个方面：

（1）共同趋势的检验。

（2）即便处理组和对照组在政策实施之前的趋势相同，仍要担心是否同时发生了其他可能影响趋势变化的政策，也就是说，政策干预时点之后处理组和对照组趋势的变化可能并不真正是由该政策导致的，而是同时期其他的政策导致的。这一问题可以概括为处理变量对产出变量作用机制的排他性，对此，可以进行如下检验：

1）安慰剂检验，即通过虚构处理组进行回归，具体操作方法为：①选取政策实施之前的年份进行处理。新冠疫情发生在 2020 年，研究区间为 2019—2020 年，这时可以将研究区间移至 2017—2018 年，并假定疫情发生年份为 2018 年，然后进行回归。②选取已知的并不受政策实施影响的群组作为处理组进行回归。如果不同虚构方式下的 DID 估计量的回归结果依然显著，说明原来的估计结果很有可能出现了偏误。

2）可以利用不同的对照组进行回归，看研究结论是否依然一致。

3）可以选取一个完全不受政策干预影响的因素作为被解释变量进行回归，如果 DID 估计量的回归结果依然显著，说明原来的估计结果很有可能出现了偏误。

9.3 实证分析 1——周末效应

在"效率市场假说"的原则下，若证券市场属于效率市场，则证券价格应充分且能立即反映所有相关的信息。然而近年来，许多实证结果表明，期货市场价格会出现某些与时间有关的异常现象，此与证券市场效率性的假说大相径庭，因异常现象代表金融市场所呈现的某一规则性的变动，并成为投资者获取超额报酬及规避风险的重要指标。

一般而言，此种与时间有关的异常现象大致可分为日内效应、隔夜效应、周末效应、月份效应和元月效应。

本书使用周末效应进行分析。周末效应也称星期效应，一般指在星期五的时候预测周末两天政策面会出现什么变化而做出的买入或卖出股票的举动，这个时候，在周五收盘之前可能会出现比较大的上涨（预期好）或下跌（预期不好），周末效应显现。国外学者对美国、德国、英国等国家股票市场的研究结果显示，其周末效应表现为收益率在星期一为最低，星期五为最高。但国内学者对我国股票市场研究后发现，上海 A 股市场的周末效应表现为星期二的收益率最低。

根据上述说明，进行分析时可以将每天的指数分群，共分成 5 群。需要建立 4 个虚拟变量：

$$(D_1, D_2, D_3, D_4) = \begin{cases} (1, 0, 0, 0) & \text{星期一} \\ (0, 1, 0, 0) & \text{星期三} \\ (0, 0, 1, 0) & \text{星期四} \\ (0, 0, 0, 1) & \text{星期五} \\ (0, 0, 0, 0) & \text{星期二} \end{cases}$$

建立模型如下：

$$r_i = \beta_0 + \beta_1 D_1 + \beta_2 D_2 + \beta_3 D_3 + \beta_4 D_4 + \varepsilon_i$$

如果存在周末效应，则星期二的收益率是最低的，β_0 会呈现负的显著效应，并且 β_1、β_2、β_3、β_4 会呈现显著正效应。

本例使用 2016 年 10 月 1 日至 2020 年 9 月 29 日国证小盘日指数（Z399303）来研究是否存在周末效应。具体步骤如下：

（1）2016 年 10 月 1 日至 2020 年 9 月 29 日国证小盘日指数走势如图 9.2 所示。

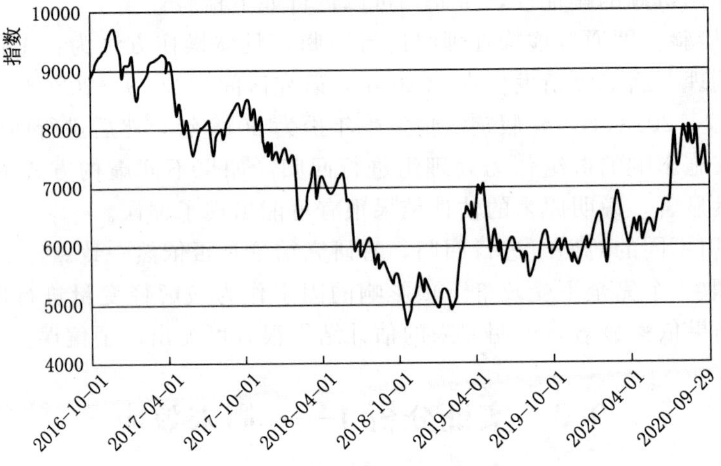

图 9.2　国证小盘日指数走势图

（2）计算收益率。本例收益率采用自然对数，公式如下：

$$r_t = \ln\left(\frac{\text{Index}_t}{\text{Index}_{t-1}}\right) \times 100$$

（3）建立虚拟变量。利用 Excel 的格式功能将日期改为星期的格式，然后将日期整列粘贴到 Word 文档后再粘贴至 Excel 表格，后再将 date 的日期改回来（也可不改），如图 9.3 所示。

（4）利用筛选建立虚拟变量，如图 9.4 所示。建立好后，可将星期的字段删除。

（5）进行回归分析。利用 EViews 进行描述统计量及分析，结果如图 9.5 所示。

（6）稳健性检验。抽取样本进行分析，将数据缩短至一年，设为 2017 年 10 月 1 日至 2020 年 9 月 29 日，如图 9.6 所示。

（7）结论。由图 9.5 可建立回归模拟：

$$r_i = 0.24 - 0.13D_1 - 0.311D_2 - 0.45D_3 - 0.39D_4$$

图 9.3 日期设定功能示意图

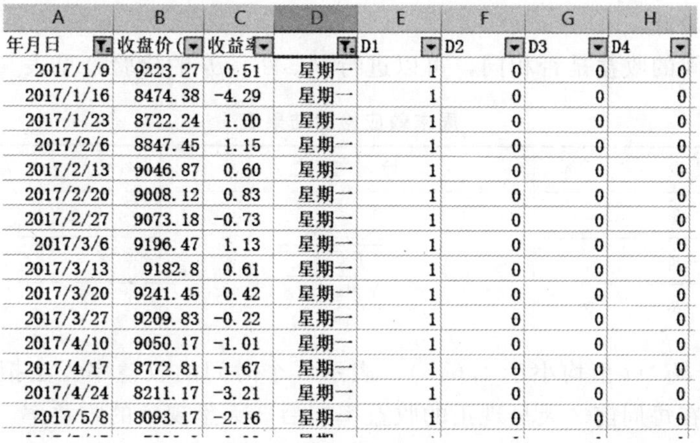

年月日	收盘价(	收益率		D1	D2	D3	D4
2017/1/9	9223.27	0.51	星期一	1	0	0	0
2017/1/16	8474.38	-4.29	星期一	1	0	0	0
2017/1/23	8722.24	1.00	星期一	1	0	0	0
2017/2/6	8847.45	1.15	星期一	1	0	0	0
2017/2/13	9046.87	0.60	星期一	1	0	0	0
2017/2/20	9008.12	0.83	星期一	1	0	0	0
2017/2/27	9073.18	-0.73	星期一	1	0	0	0
2017/3/6	9196.47	1.13	星期一	1	0	0	0
2017/3/13	9182.8	0.61	星期一	1	0	0	0
2017/3/20	9241.45	0.42	星期一	1	0	0	0
2017/3/27	9209.83	-0.22	星期一	1	0	0	0
2017/4/10	9050.17	-1.01	星期一	1	0	0	0
2017/4/17	8772.81	-1.67	星期一	1	0	0	0
2017/4/24	8211.17	-3.21	星期一	1	0	0	0
2017/5/8	8093.17	-2.16	星期一	1	0	0	0

图 9.4 建立虚拟变量

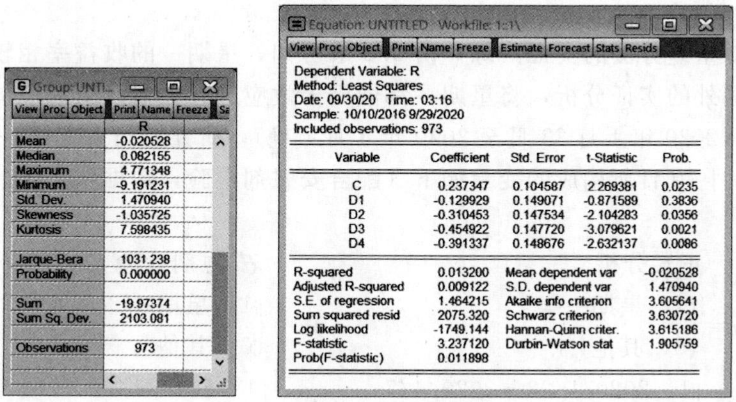

图 9.5 描述统计量及分析结果

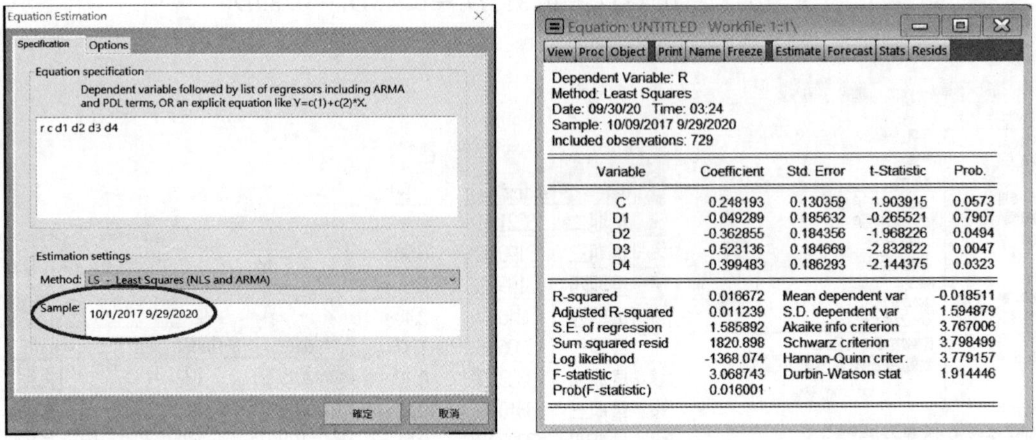

图 9.6　稳健性检验结果

结果发现规模小型指数星期二并非收益率最低（反而是最高的），并且星期一与星期二的收益率没有显著差异，而星期三、星期四和星期五与星期二存在显著不相等，其中星期四的收益率为最低。

比较其他时间的收益是否相同，可以进行 β_2、β_3、β_4 的检验，见表 9.2。

表 9.2　　　　**周末效应检验结果表**

虚无假设	检验公式	t 值
H_0：$\beta_2=\beta_3$	$t=\dfrac{\beta_i-\beta_j}{\sqrt{\dfrac{s_i^2}{n_1}+\dfrac{s_i^2}{n_2}}}$	0.69
H_0：$\beta_2=\beta_4$		0.30
H_0：$\beta_3=\beta_4$		0.39

均无法拒绝 H_0（t 值均小于 1.645），表示 3 个时间的收益率无法拒绝相等，也就是说明小规模指数在每周前 2 天呈现正的收益率，后 3 天呈现负的收益率。

9.4　实证分析 2——新冠疫情对周末效应的影响

本节进行双重差分法的实证演练，由 9.3 节可知，星期一的收益率相较于其他 3 天为正收益，配合国外的实证分析，将星期一都做周末效应进行分析。新冠疫情的发生以武汉封城时间为准（2020 年 1 月 23 日至 2020 年 4 月 7 日），研究期间为 3 年，2017 年 10 月 1 日至 2020 年 9 月 30 日所构成的变量如下（配合安慰剂检验，数据从 2014 年 10 月 1 日开始）：

正式分析

$$du=\begin{cases}1 & \text{星期一}\\0 & \text{其他}\end{cases}$$

$$dt=\begin{cases}1 & 2020/1/23\text{—}2020/4/7\\0 & \text{其他}\end{cases}$$

安慰剂检验

$$du=\begin{cases}1 & \text{星期一}\\0 & \text{其他}\end{cases}$$

$$dt=\begin{cases}1 & 2017/1/23\text{—}2017/4/7\\0 & \text{其他}\end{cases}$$

具体步骤如下：

（1）研究变量走势图，如图 9.7 所示。

（2）建立变量，与 9.3 节所述步骤相同，不再重复（只有 2020 年的数据），如图 9.8 所示。

（3）打开 EViews 进行回归分析（描述统计量本例就不再列出），需要保留日期变量的字段，并用时间序列的模式开启，如图 9.9 所示。

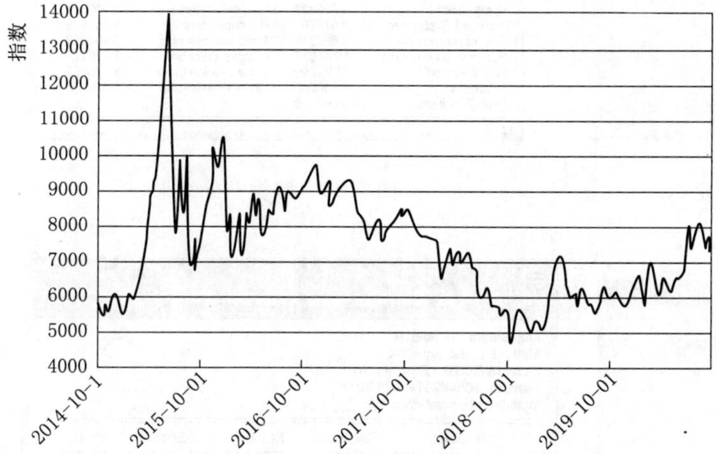

图 9.7　指数走势图

	A	B	C	D
1	date	r	dt	du
1282	2020/1/2	1.95	0	0
1283	2020/1/3	0.58	0	0
1284	2020/1/6	0.87	0	1
1285	2020/1/7	1.45	0	0
1286	2020/1/8	-1.45	0	0
1287	2020/1/9	1.65	0	0
1288	2020/1/10	-0.19	0	0
1289	2020/1/13	1.16	0	1
1290	2020/1/14	0.04	0	0
1291	2020/1/15	-0.23	0	0
1292	2020/1/16	-0.32	0	0
1293	2020/1/17	-0.40	0	0
1294	2020/1/20	1.21	0	1
1295	2020/1/21	-0.98	0	0
1296	2020/1/22	0.13	0	0
1297	2020/1/23	-3.62	1	0
1298	2020/2/3	-9.19	1	1
1299	2020/2/4	-0.37	1	0
1300	2020/2/5	2.91	1	0

图 9.8　数据图

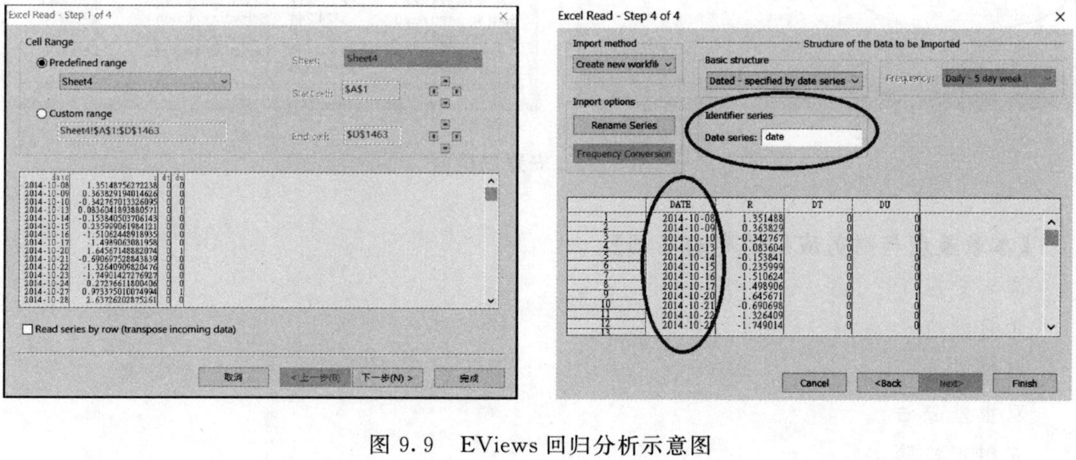

图 9.9　EViews 回归分析示意图

（4）修改日期，得到双重差分结果，如图 9.10 和图 9.11 所示。

（5）稳健性检验，本例采用安慰剂检验，如图 9.12 所示。

（6）结果。安慰剂检验结果发现净效果不显著，表示本例新冠疫情对周末效应影响是显著的（−2.03）。并且在放假过后（星期一）导致指数下跌（平时仍是上涨）。

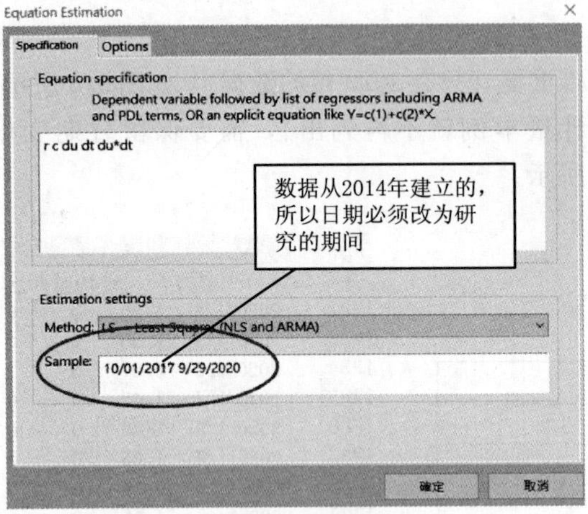

图 9.10　回归分析日期设定

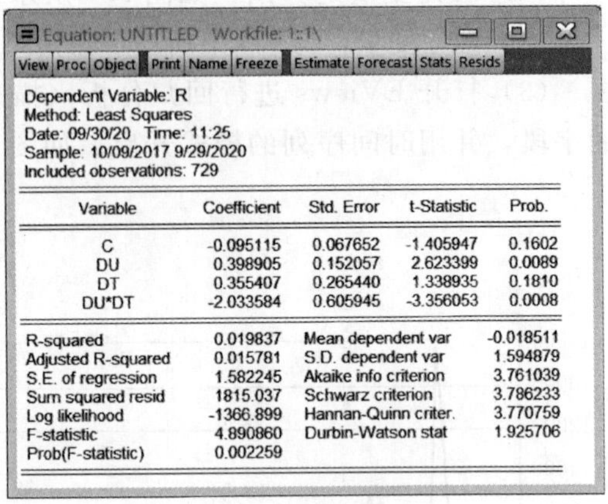

图 9.11　双重差分结果

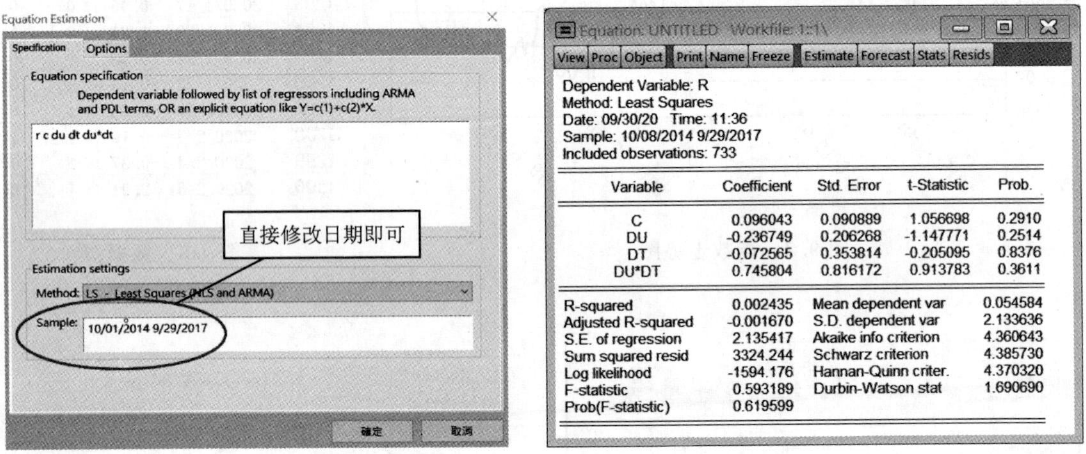

图 9.12　安慰剂检验

【本章重点与财务应用的专有名词】

周末效应

元月效应

虚拟变量

双重差分法

安慰剂检验

【上机练习】

1. 试分析其他规模指数是否存在周末效应。
2. 疫情发生后，企业筹资会变得困难吗？
3. 建立沃尔比重评分法的变量并利用二值选择模型预测成为警示股的模型。

知 识 拓 展

1. 证券市场所产生的异常效应

（1）日内效应。日内效应（intraday effect）指股价指数收益率并非在每日的任一个交易时段均呈现相同的走势，而会出现某种系统性的变化，目前较为人所知的是U形态。许多研究检验期货市场日内效应的结果均发现，市场收益率每日走势系呈U形，Lauterbach & Monroe，Kawaller、Koch和Koch，Cheung和Ng，Chan、Chan和Karolyi及Daigler皆有相同的发现。Harris认为日内效应是起因于接近收盘时询价次数增加的缘故，而Jordan、Seale、Dinehart和Kenyon则推断，此种U形走势是因为部分交易者不喜欢隔夜持有股票或其他有价证券。Aggarwal和Gruca则认为，因为基金经理人为提高基金操作的绩效，刻意拉高收盘价所造成的收盘效应。

（2）隔夜效应。隔夜效应（overnight effect）指前一日收盘到次日开盘间的收益显著地不同于其他时段的收益率。Chan和Karolyi以CME的S&P500指数期货及现货进行研究，发现S&P500股价指数期货与现货不论以收益率或以收益波动检验，隔夜效果均存在。同样的，余尚武检验TSE的Nikkei225指数及OSE相对期货，也有类似的发现。一般而言，政府发布重大消息的时间，通常倾向选择在股市收盘后，以免因为在盘中发布重大消息，投资人没有太多的时间解读该信息下，造成股价非理性的大幅波动。除政府所发布的消息外，尤其是世界上位于不同时区国家所产生的信息，由于在次日开盘时必须要同时反映这段时间的信息，因此可能会造成隔夜的收益率明显地不同于其他时段的收益率。

（3）周末效应。周末效应（weekend effect）指在周末和周一期间的收益会比一周中其他交易日的收益来得低。Dyl和Maberly、Keim和Smirlock及余尚武均发现，期货市场自星期五收盘至下星期一收盘的收益率比其他交易日为低，而且为负值。然而Cornell、Junkus及Najand和Yung并未有类似的发现。一般而言，形成周末效应的原因可能是来自于衡量误差，或是因政府机构大多于周末收盘后公布一些不利消息，导致隔周星期一出现负收益。而Miller则认为大部分投资人在周末的时间，都已做好下一周的投资决策，因此导致周末效应。

（4）月份效应。月份效应（turn - of - the - month effect）指当月的前几日和前一个月最后几日的收益率会高于当月的其他时日。Cornett和Trevino检验玉米、大豆、小麦期货市场后发现，三种商品期货在每月的最后一个交易日和当月的第一周交易日期间皆具有正的收益；Martikainen、Perttune和Puttonen检验芬兰股价指数期货、现货和期权市场，结果发现Finnish指数不论期货、现货及期权市场皆具有月份效应。不过也有研究提出不同的看法，Keim和Smirlock指出，S&P500及VLCI指数期货并不具有月份效应。

（5）元月效应。元月效应（turn - of - the - year effect）指1月份的收益率会显著高于其他月份。Keim和Smirlock检验S&P500及VLCI指数期货，虽然发现两指数在某几个月份的价格波动有异于平均波动，但总体来说，却没有明确的走势，亦即元月效应并不存在。相反地，Cotner、John、Nayar和Nandkumar则发现S&P100指数选择权具有元月效应。Ritter 所提出的停驻资金假说（parking the proceeds hypothesis）及 Keim、Roll 和 Reinganum 的避税卖压（tax - loss pressure），则尝试为元月效应提出适当的解释。

2. 二值选择模型

二值选择模型指被解释变量 Y 是一个 0 或 1 变量，事件发生的概率是依赖于解释变量，即 $P(Y=1)=f(X)$，也就是说，$Y=1$ 的概率是一个关于 X 的函数，最简单的 Probit 模型 $f(\cdot)$ 服从标准正态分布。若 $f(\cdot)$ 是 Logistic 分布，则其为 Logistic 模型。

EViews 操作方法为：在 EViews 窗口的菜单栏最后选择“Equation Estimation”对话框，在“Method”的下拉菜单选择 BINARY - Binary Choice（Logit、Probit、Extreme Value）方法，先输入被解释变量，也就是二元因变量的名称，然后输入解释变量，也按照被解释变量、回归因子（常数项和解释变量）的顺序依次输入。

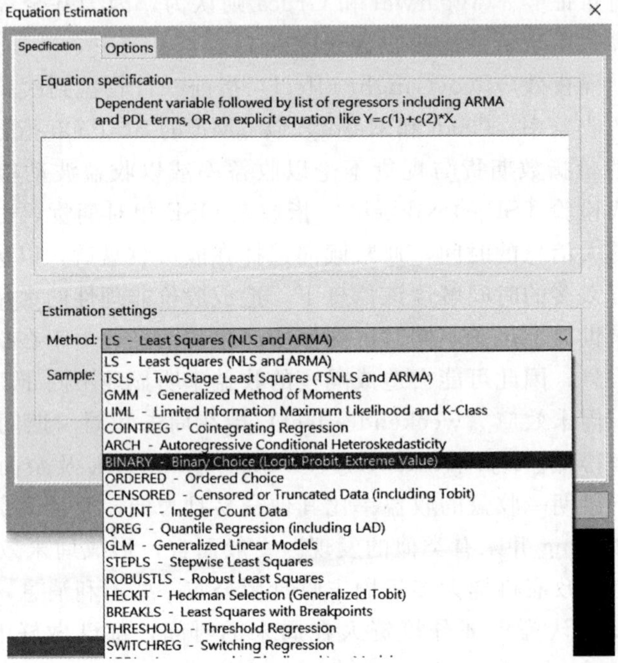

图 9.13　二值选择模型方法选择框

二值选择模型的估计选择方法为：若是分布函数为标准正态分布，则选择 Probit 模型；若是逻辑分布，则选择 Logit 模型；若是极值分布，则选择 Extreme Value 模型。

第10章 被忽视的因果

本章导读

“被忽视的因果”可通过使用断点回归来解决，断点回归就是变量在某个数据区间突然产生不同的影响，这种情况可以利用虚拟变量来解决。在公司治理中，大股东的竞合常常会对公司产生不同的影响，竞争机制的引入，会增强监督，合作可能造成利益输送。本章利用大股东的竞合对公司绩效的影响进行分析。

学习目标

1. 掌握断点回归的模型。
2. 理解大股东竞合的概念。

10.1 断 点 回 归

由于回归存在一个断点，故称为断点回归（regression discontinuity，RD）或断点回归设计（regression discontinuity design，RDD)。由于在断点附近存在随机分组，故一般认为断点回归是内部有效性比较强的一种准实验。断点回归可以视为“局部随机试验”（local randomized experiment)，可通过考察协变量在断点两侧的分布是否有差异来检验随机性。但断点回归仅推断在断点处的因果关系，并不能推广到其他样本值，故外部有效性受局限。

断点回归设计是指一个解释变量或干扰变量（D）完全依赖于一个参考变量(running variable)，因为解释变量或干扰变量的分配完全参考这一变量是否超过一个设定的临界值。

解释变量本身可以对结果有影响也可以没有影响，如果有影响，假设被解释变量（Y）与解释变量（X）之间的关系是连续的，其他可能影响结果的因素（Z）在断点处也是连续的，那么，被解释变量 Y 在断点处的跳跃就可以理解为对干扰变量的影响。

也就是说若存在一个 x 可以解释 y 的线性回归方程式：

$$y_i=\alpha+\beta x_i+\varepsilon_i(i=1,2,\cdots,n)$$

但 x 与 y 之间的线性关系在 $x=c$ 处存在一个向上跳跃（jump）的断点，如图 10.1 所示。

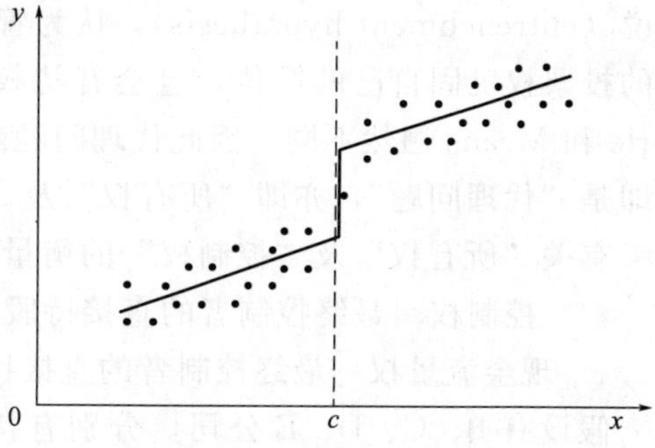

图 10.1　断点回归示意图

由图 10.1 可知，在 $x>c$ 时，造成了条件期望函数 [$E(y|x_i)$] 的跳跃。所以可以建立一个虚拟变量 D，将它分组以利于处理这个效应。

$$D=\begin{cases}1 & x\geqslant c\\ 0 & x<c\end{cases}$$

为了估计此跳跃关系，可将方程式改成：

$$y_i=\alpha+\gamma D+\beta x_i+\delta D\cdot x_i+\varepsilon_i(i=1,2,\cdots,n)$$

可以发现引入了交叉项 $\delta D\cdot x$，也就是说怀疑 2 组的斜率是不同的。断点回归最初的设计是探讨 $\hat{\gamma}$ 这个估计量所引起的部分平均效应（LATE）。在财金应用上，γ 和 δ 所起的作用是同等重要的，因为 δ 直接对解释变量产生影响。

断点回归设计根据干扰的分配规则可以分为精确断点回归（sharp regression discontinuity，SRD）和模糊断点回归（fuzzy regression discontinuity，FRD）两类。精确断点回归的特征是断点 $x=c$ 处，个体得到处理的概率从 0 跳跃到 1；模糊断点回归的特征是断点 $x=c$ 处，个体得到处理的概率从 a 跳跃到 b，其中 $0<a<b<1$。

10.2 控制权竞争

公司所有权与经营权分离的观点，最早是由 Berle 和 Means 提出的，他们认为企业在高度竞争中为巩固自身的地位，进而致力于扩大企业规模，在扩大规模的过程中，企业所需的资金并非少数个人或家族所能提供，公司企业为便于筹资而以出售公司股权的方式来募集资金，使公司股权由集中趋向分散；另一方面，基于业务的需要，公司企业的管理者必须具备专业的知识与经验，而公司的所有者未必拥有此项专业才能。因此公司由原来传统的所有者控制（owner-control）变成经营者控制（management-control）的形态，使得控制权与所有权分离，即股权分离假说（ownership dispersion hypothesis）。亦即公司的所有权分散于小股东手中，控制权则掌握在管理者手中。过去文献皆承续此观点，像 Jensen 和 Meckling 提出的利益收敛假说（convergence-of-interest hypothesis），认为当公司股权集中在管理者手中时，公司亏损所造成财富上的损失将由管理者承担。因此管理者的行为才会以公司价值最大化为决策依归，且若股权集中在大股东手中，也有诱因去监督公司的营运，提高公司经营绩效，类似观点的文献还有 Grossman 和 Hart。

然而，近年来此论点开始遭到质疑，如 Morck、Shleifer 和 Vishny 提出的巩固职位假说（entrenchment hypothesis），认为管理者持股介于 5%～25%时，管理者会利用本身的投票权巩固自己的职位，且会有特权消费等行为导致公司经营绩效降低。此观点与 Berle 和 Means 迥然不同。因此代理问题随之衍生，Shleifer 和 Vishny 认为公司治理的观点即是“代理问题”，亦即“所有权”及“控制权”分离。

有关“所有权”及“控制权”的衡量，可以根据 Claessens 等计算模式，即

控制权＝最终控制者的直接持股率＋Σ{min（各控制链的间接持股率）}

现金流量权＝最终控制者的直接持股率＋Σ各控制链的间接持股率之乘积

假设有 B、C、D、E 公司，分别有持股人 A1、A2、A3、A4、A5、A6、A7，持股状况如图 10.2 所示。

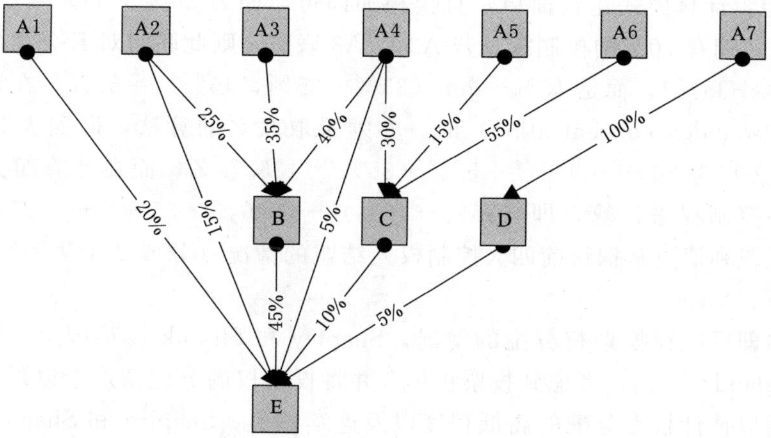

图 10.2 公司控制权状况图

A1 对 E 公司的控制权为 20%＝20%

A2 对 E 公司的控制权为 15%＋min（25%，45%）＝40%

A3 对 E 公司的控制权为 0%＋min（35%，45%）＝35%

A4 对 E 公司的控制权为 5%＋min（40%，55%）＋ min（30%，10%）＝55%

A5 对 E 公司的控制权为 0%＋min（15%，10%）＝10%

A6 对 E 公司的控制权为 0%＋min（55%，10%）＝10%

A7 对 E 公司的控制权为 0%＋min（100%，5%）＝5%

而有关控制权竞争的衡量，可以根据 Maury 和 Pajuste 所提采用 5 个变量，分别为控制权集中度（herfindal index-concentration）、控制权分散度（herfindal index differences）、夏普利值（Shapley value）、前四大控制权人对公司控制的状况和偏离程度。

（1）控制权集中度，前四大控制权的平方和，即 $(voting_1)^2+(voting_2)^2+(voting_3)^2+(voting_4)^2$。

（2）控制权分散度，前四大控制权差的平方和，即 $(voting_1-voting_2)^2+(voting_2-voting_3)^2+(voting_3-voting_4)^2$。

（3）夏普利值代表两个联盟的竞争与合作赛局。夏普利值计算公式如下：

$$\varphi_i[v]=\sum_{\substack{T\subset N\\ i\in T}}\frac{(t-1)!\,(n-t)!}{n!}[v(T)-(T-\{i\})]$$

式中：n 为所有参赛者的个数；T 为联盟 T 中成员个数；$v(T)$ 为联盟 T 中成员的控制权；$v(T-\{i\})$ 为联盟 T 未包含参赛者 i 的控制权。

（4）前四大控制权人对公司控制的状况为虚拟变量（high contestabiliey dummy），当前三大控制权人对公司控制权未达 50%，且前四大控制权人至少有 1 家拥有 10%的控制权时则为 1，其余的为 0。

（5）偏离程度：

偏离程度＝股份控制权/现金流量权

所以根据上面的控制权计算，当探讨大股东的联盟时，联名的控制权又有所改变，当

A1 与 A2 联盟，计算模式比较简单，直接相加即可，即为 20%+50%=70%，表示 A1 与 A2 对 E 公司拥有 70%的控制权；若 A2 与 A3 联盟，则此联盟对 E 公司的控制权并非为 75%（40%+35%），而是 15%+min（35%+25%，45%）=60%。在计算控制权集中度（herfindal index concentration）时，亦须采取联名的算法，即四大股东的集中度（此有结盟之义）为 $20\%^2+15\%^2+5\%^2+55\%^2=36.75\%$，而在计算四大股东分离率的，仍用原始控制权来计算，即 $(55\%-40\%)^2+(40\%-35\%)^2+(35\%-20\%)^2=4.75\%$。而夏普利值更是探讨前四大控制权人结盟的情况（分成 2 个集团），所以在计算时必须更谨慎。

股东联盟即反映在投票权分配的情况，Shapley 和 Shubik 以英国上议院（House of Lords on England）为例，考虑到投票权集合并将投票权的分配情形予以量化，并提出了夏普利值，用以估计权力分配的高低程度以及连续情形。Shapiro 和 Shapley 研究发现在人数众多且持续竞争的公司，参与者可以集合其他人的力量，可因联合而发挥更大的力量以赢得表决。并以加权多数赛局（weighted majority games）的运用来说明参与者的权力将因联合程度达到一定的极限。在夏普利值的应用上，Eckbo 和 Verma 探讨管理者与小股东之间的投票权多寡来决定现金股利的政策，以夏普利值衡量管理者的投票权权力，当夏普利值较高时，对公司的控制能力有一定的水平，将会使管理者较不愿意发放现金股利以减少个人利益；反之，当夏普利值较低时，公司将会倾向发放现金股利来增加个人的财富，故公司管理者与持股者对于公司股利政策均存在不一样的态度。Guedes 和 Loureiro（2006）使用了夏普利值来探讨主要股东的行为，结果说明主要股东在高于特定的夏普利值（0.34）时，将会引发侵占效果，进而伤害公司的价值。Wei 等研究台湾地区的夏普利值为 0.38 时，将会引发侵占效果。

10.3 实证分析——大股东竞合

本节拟采用 10.2 节所介绍四大股东的竞合对公司绩效的影响，即夏普利值超过 1/3 时，大股东会合作引发侵占效果，亦即 $x=1/3$ 会形成断点。相关变量介绍如下。

1. 解释变量

$$\mathrm{SP}=\varphi_i[v]=\sum_{\substack{T\subset N\\ i\in T}}\frac{(t-1)!\cdot(n-t)!}{n!}[v(T)-v(T-\{i\})]$$

式中：n 为所有参赛者的个数；t 为联盟 T 中成员个数；$v(T)$ 为联盟 T 中成员的控制权；$v(T-\{i\})$ 为联盟 T 未包含参赛者 i 的控制权。

2. 虚拟变量

$$D=\begin{cases}1 & \mathrm{SP}\geqslant 1/3\\ 0 & \mathrm{SP}<1/3\end{cases}$$

3. 被解释变量

被解释变量可利用公司绩效来表示：

$$\mathrm{ROA}=\ln\left(\frac{\text{税前息前净利润}}{\text{平均总资产}}\times 100\right)$$

确定上述变量后，开始进行实证分析，步骤如下：

（1）研究对象及范围：2019 年下游产业上市公司（并扣除警示股）。

（2）建立 Excel 文件表格（利用 Excel 筛选功能建立虚拟变量），如图 10.3 所示。

（3）描述统计量，利用 EViews 进行分析，如图 10.4 所示。

	A	B	C	D	E
1	COM	YEAR	ROA	SP	d1
2	5	2019	2.05	0.17	0
3	7	2019	2.03	0.22	0
4	9	2019	1.74	0.12	0
5	34	2019	1.60	0.24	0

图 10.3 建立虚拟变量示意图

Group: UNTITLED Wor...

View Proc Object Print Name Freeze Sample Sheet

	ROA	SP
Mean	1.785228	0.301032
Median	1.857824	0.283100
Maximum	3.861273	0.809000
Minimum	-2.352853	0.047600
Std. Dev.	0.747782	0.143676
Skewness	-0.851252	0.795066
Kurtosis	5.356881	3.509781
Jarque-Bera	170.8293	56.34879
Probability	0.000000	0.000000
Sum	865.8357	146.0004
Sum Sq. Dev.	270.6423	9.991143
Observations	485	485

图 10.4 描述统计量

（4）建立模型：

$$\text{ROA}=\alpha+\gamma D+\beta\cdot\text{SP}+\delta D\cdot\text{SP}$$

（5）得出实证结果，利用 EViews 进行回归分析，如图 10.5 所示。

Dependent Variable: ROA
Method: Least Squares
Date: 10/04/20 Time: 17:58
Sample: 1 485
Included observations: 485

Variable	Coefficient	Std. Error	t-Statistic	Prob.
C	1.309428	0.133776	9.788199	0.0000
D1	0.592125	0.283311	2.090017	0.0371
SP	1.898974	0.594681	3.193264	0.0015
SP*D1	-1.881990	0.799350	-2.354401	0.0190

R-squared	0.036009	Mean dependent var	1.785228
Adjusted R-squared	0.029997	S.D. dependent var	0.747782
S.E. of regression	0.736481	Akaike info criterion	2.234347
Sum squared resid	260.8967	Schwarz criterion	2.268856
Log likelihood	-537.8293	Hannan-Quinn criter.	2.247906
F-statistic	5.989169	Durbin-Watson stat	1.781022
Prob(F-statistic)	0.000517		

图 10.5 断点回归结果

由图 10.5 得知产生的模型为

$$\text{ROA}=\underset{***}{1.31}+\underset{**}{0.59D}+\underset{***}{1.90\text{SP}}-\underset{**}{1.88D\cdot\text{SP}}$$

（6）结论。大股东的合作与竞争对公司绩效是有利的（1.90），但超过跳跃点（1/3）大股东的竞合（大股东倾向合作）所产生的侵占效果将逐步侵蚀公司利益［正效果消失

(1.90～1.88)]，大股东合作的主要动机是公司利益的提升（0.59，跳跃点产生的利基）。

【本章重点与财务应用的专有名词】

断点回归

控制权竞争

夏普利值

【上机练习】

1. 试分析其他公司绩效（ROE、Tobin's Q）是否也存在断点回归。
2. 将数据按照行业类别进行分析。

第11章 消除先天差异因素

本章导读

面板数据的研究数据同时具备横断面数据与时间序列数据，因此其分析样本数较多，并且面板数据分析也可以解决内生性问题，所以面板数据分析已经成为目前的主流。本章将通过面板数据分析研究公司的专属性资产对公司绩效的影响。

学习目标

1. 掌握面板数据分析模型。
2. 理解专属性资产概念。

11.1 面板数据分析

一般来说，经济数据有横截面数据（cross－sectional data）、时间序列数据（time series data）和面板数据（panel data）3种类型。对于应用微观研究而言，主要还是采用横截面数据和面板数据，而时间序列数据多应用于金融等方面的研究。本章主要介绍面板数据分析，面板数据的研究数据同时具备横断面数据与时间序列数据，无形中使样本数大量增加，增加检验统计量的自由度和增强估计结果的有效性，虽然面板数据是存在时间序列的数据，但却没有时间序列常发生的单根问题。

一般横断面 N 比时间序列的 T 大很多时，几乎都不会做时间序列中的平稳性检验，但为了实证的严谨性，研究方法也存在很多面板单根检验和面板平稳检验的方法。

面板数据具有众多优势，主要有以下3个优势：

（1）面板数据具有更多的样本量和信息量，可以降低变量之间共线性的可能性，增加检验统计量的自由度和增强估计结果的有效性。

（2）面板数据除了截面维度外，还具有时间维度，从而可以考察效应的时间变化趋势，从而进行动态分析。当进行动态分析时，就需要再度考虑变量之间的因果关系。检验模式为格兰杰因果检验（Granger causality tests）。

（3）面板数据在一定程度上可以减轻内生性（由遗漏变量引起的内生性）问题。

在建立计量模型和选用了面板数据后，接下来就是用适当的计量方法对模型进行估计。对于面板数据下的模型，有3种常用的估计方法，即固定效应估计、随机效应估计和混合效应估计。混合效应估计是把时间维度和截面维度的数据混合起来，极端地将面板数据看成一般的截面数据，然后用OLS来估计。可以发现，混合效应估计根本就没有发挥出面板数据应有的优势，因而在实践中并不推荐使用。一般线性面板数据模型如下：

$$y_{it}=\beta_{0i}+\beta_1 x_{it1}+\beta_2 x_{it2}+\cdots+\beta_n x_{itk}+\varepsilon_{it}$$
$$i=1,2,\cdots,N \quad t=1,2,\cdots,T$$
$$E(\varepsilon_{it})=0, \mathrm{VAR}(\varepsilon_{it})=\sigma^2<\infty \tag{11.1}$$

式中：N 为纵横数据中有 N 个个体；T 为时间序列的最大长度；x_{it} 为 $K\times 1$ 向量；β_i 为 $K\times 1$向量个体时间不变量，其值只受横断面不同的影响，K 为解释变量的数量。

若解释变量中不包含被解释变量的滞后项则称为静态面板模型，反之称为动态面板模型。

但所有的时间序列与横断面数据的混合不一定都适合面板数据模型，是否适合可以通过混合回归（pooled regression）分析来判断。

混合回归模型指若所有样本的 $\beta_{0i}=\beta_0$ 表示横断面的个体间没有显著差异且从时间上观察不同个体之间也没有显著差异（即没有结构改变），此时可以把纵横数据混合，并利用 OLS 估计参数。这时模型可写成：

$$y_{it}=\beta_0+\beta_1 x_{it1}+\beta_2 x_{it2}+\cdots+\beta_n x_{itk}+\varepsilon_{it}$$
$$i=1,2,\cdots,N \quad t=1,2,\cdots,T$$
$$E(\varepsilon_{it})=0, \mathrm{VAR}(\varepsilon_{it})=\sigma^2<\infty \tag{11.2}$$

这时可以比较混合回归模型的加权与未加权的统计量，一般加权统计量的 R^2 大于未加权的统计量，而加权统计量的 SSE 小于未加权统计量，此时该数据就适合面板数据分析。

面板数据可用固定效应（fixed effects）或随机效应（random effects）估计。固定效应模型也称为虚拟变量模型（dummy variable model），而随机效应模型又称为误差成分模型。

式（11.3）中若 β_{0i}因横断面不同所造成差异不会随时间变化，而所有的横断面对可以观测的解释变量 x_{it}的影响皆相同。此模型也可以用虚拟变量表示：

$$y_{it}=\beta_{01}+D_2\beta_{02}+\cdots+D_N\beta_{0N}+\beta_1 x_{it1}+\beta_2 x_{it2}+\cdots+\beta_n x_{itn}+\varepsilon_{it}$$
$$D=\begin{cases}1 & i=2,3,\cdots,N\\ 0 & \text{其他}\end{cases} \tag{11.3}$$

假设总体内横断面之间差异较小，相似程度高，此模型允许一个横断面有一个不同的截距参数，并假设截距是随机变量。

$$y_{it}=\beta_0+\alpha_i+\beta_2 x_{it2}+\cdots+\beta_n x_{itn}+\varepsilon_{it}$$

式中：β_0 为未知的总体平均截距；α_i 为横断面中个别的无法观察到的随机误差，假设 α_i 互相独立且和 ε_{it} 互为独立；ε_{it} 为整体的误差，而 α_i 为特定的误差，反映了横断面差异，它会随不同的横断面而改变，但时间却是固定不变。此外，$\mathrm{Cov}(\varepsilon_{it}, \varepsilon_{is})=\sigma^2(t\neq s)$表示同一个横断面的误差随着时间的变化而变化，$\mathrm{Cov}(\varepsilon_{it}, \varepsilon_{is})=0(t\neq s)$表示不同横断面的误差不具有相关性。

面板数据模型一般可分为固定效果模型与随机效果模型。固定效果模型及随机效果模型各有其特色和与之适用的情况，可通过简单的判断来选取，若未经过抽样过程而选取的横断面单位，则应采用固定效果模型；反之，若选取的横断面单位经过抽样的过程，则应采用随机效果模型。但此判断方法缺乏科学的依据，Mundlak 认为，若随机效果模型的截距项与解释变量间具有相关性，则会产生偏误的情形，此时应该使用固定效果；若截距项与解释变量间无关，则使用随机效果。在判定模型的选择上，可利用 Hausman 提出的 Hausman 检验进行判定。

Hausman 检验的检验统计量为

$$H=\frac{\sum_{m=1}^{k}(\hat{\beta}_{\mathrm{FE_m}}-\hat{\beta}_{\mathrm{rE_m}})^2}{\frac{1}{N}\left[\sum_{m=1}^{k}\mathrm{Var}(\hat{\beta}_{\mathrm{FE_m}})-\sum_{m=1}^{k}\mathrm{Var}(\hat{\beta}_{\mathrm{RE_m}})\right]}\sim\chi^2(k)$$

式中：$\hat{\beta}_{\mathrm{FE_m}}$ 为固定效果模型的系数估计数；$\hat{\beta}_{\mathrm{RE_m}}$ 为随机效果模型的系数估计数；k 为解释变量个数。在显著水平 σ 下，若 $H>H>\chi_{\alpha}^2$ (k)（一般采用 $\alpha<0.05$），则采用固定效果较佳，反之，则采用随机效果。

根据个体数 N 和时期数 T 的大小，通常可以将面板数据分为宏观面板和微观面板。宏观面板一般为“大 T 小 N”，微观面板一般为“小 T 大 N”。依据 N、T 的大小不同，所采用的参数估计方法和分析中关注的重点也不尽相同。

此外，面板数据因为同时具备横断面与时间序列数据，如果每个数据都有 N 和 T，则称此数据为平衡数据（balance data），若有缺失或缺漏，则称为不平衡数据（unbalance data），缺失或缺漏数据可以通过统计方式补足（利用预测模型），不过不补足或将缺漏的横断面数据删除也是可以的，这并不会影响分析结果。事实上大部分的面板数据分析都属于不平衡数据。

11.2 专属性资产

从资源基础观点（resource - based view，RBV）的角度看，专属性资产表示公司的独特资源及异质能力能获取竞争优势，并产生持久性的卓越收益。这些资源包括品牌名称、熟练的劳动力、科技知识及有效率的生产流程。

在实际的变量衡量上，Morck 和 Yeung 使用各种资产来代理公司专属优势（FSAs）。这些资产包括技术诀窍、营销能力、相关顾客满意度、有效及专属的管理。Delios 和 Beamish 所定义的专属性资产（proprietary assets）指厂商所拥有的技术及营销资产，其衡量方式皆以研究发展密集（研发支出占销售总额的比例）及广告密集（广告支出占销售总额的比例）表示。Hitt 等及 Kotabe 等所使用的创新能力及营销能力也以研发密集及广告密集予以操作化定义，Grubaugh 使用销售及一般管理费用（selling，general and administrative expenses，SG&A）占销售总额的比例来代理行销能力或是营销强度。

由于难以界定用来反映有效管理的变量，可使用不同的代理变量来衡量管理质量。Rugman 整合了公司专属优势（FSAs）、内部化理论及资源基础观点，认为公司专属性优势应该被视为知识的集合，可采用的形式包括资产、学习能力，甚至是与外部角色的特殊关系。Jung 将公司的资本强度纳入公司专属优势（FSAs），采用研发强度、资本强度及营销强度来衡量公司的专属性资产。Li 使用公司财产、厂房及设备占销售总额的比例来衡量资本强度。Chari 等及 Ravichandran 等则以 IT 投资或 IT 强度来衡量专属性资产。

Kotabe 等指出当前文献已提供详细的证据说明厂商研发与营销的密集度会正面影响经营绩效，但过去大部分的研究将研发与营销等自拥优势视为控制变量。综上所述，专属性资产（firm specific assets）包含了研发强度、营销强度、资本强度及 IT 强度。

11.3　实证分析——研发与资本强度

本例使用 2010—2019 年医药制造业上市公司进行面板数据分析，面板数据分析流程如图 11.1 所示。

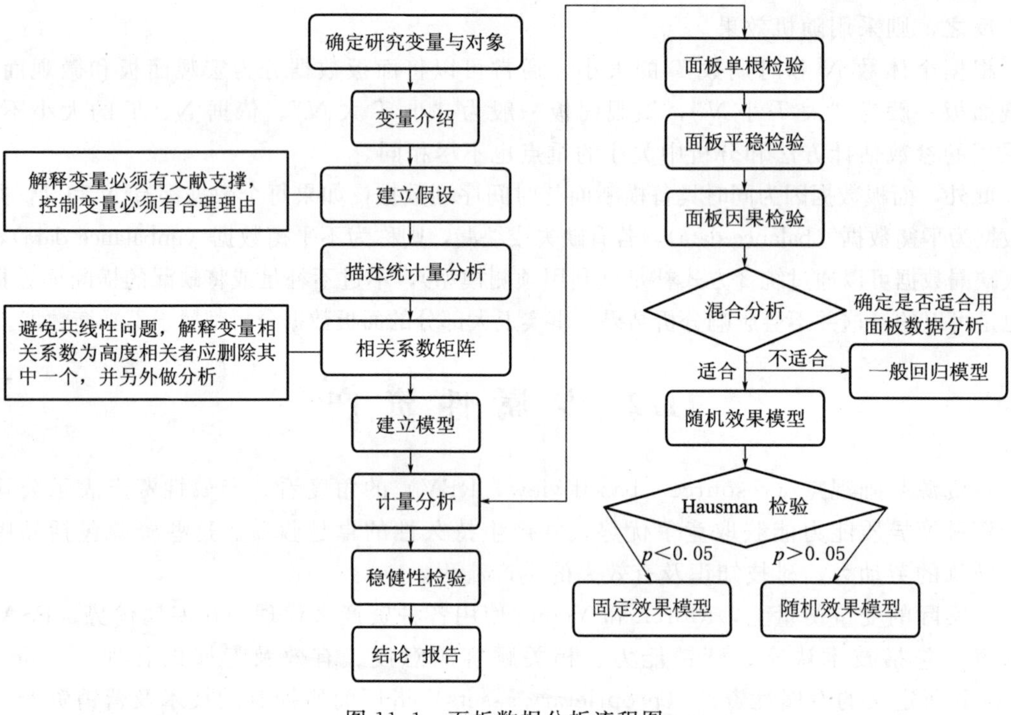

图 11.1　面板数据分析流程图

11.3.1　解释变量

本例解释变量用专属性资产表示，包括研发强度和资本强度，见表 11.1。

表 11.1　专属性资产的定义式

专属性资产	一般公式	修正公式
研发强度	$RD=\frac{研发费用}{营业收入}\times 100$	$RDI=\ln\left(\frac{研发费用+1}{营业收入}\times 100\right)$
资本强度	$LA=\frac{本期-前期}{前期非流动资产}\times 100$	$CAI=\frac{本期非流动资产}{前期非流动资产}\times 100$

根据 11.2 节的介绍，建立假设条件如下：

(1) 研发强度对公司绩效有正向影响，即 H_1A：RDI>0

(2) 资本强度对公司绩效有正向影响，即 H_1B：CI>0

被解释变量为公司绩效，采用总资产收益率，并取自然对数：

$$\mathrm{ROA}=\ln\left(\frac{\text{税前息前净利润}}{\text{平均总资产}}\times 100\right)$$

11.3.2　控制变量

控制变量一般指公司规模、产权比例、企业年龄。

(1) 公司规模（SC）：公司规模越大越能产生规模效应，所以预期会产生正向影响。

$$\mathrm{SC}=\ln(\text{营业总收入})$$

(2) 产权比例（ER）：负债比率一方面隐含公司税盾（tax shields）的信息，所以对公司绩效有正影响；另一方面根据融资顺位理论（pecking order theory），负债比率越高，则获利率越低，对公司绩效产生负影响，因此其影响不确定。

$$\mathrm{ER}=\ln\left(\frac{\text{负债}}{\text{股东权益}}\right)$$

(3) 企业年龄（age）：一般而言，企业年龄可能影响公司绩效。通常存在越久的企业，其累积的资源较业龄小的企业多，预估其对绩效的影响为正向相关。不过随着企业年龄增大，产生问题也更多（冗员、作业流程增加），企业活力变小，也有可能产生负向影响，因此其影响不确定。

$$\mathrm{age}=\ln(\text{当年度年底}-\text{企业成立时间}+1)$$

面板数据分析步骤如下：

(1) 建立 Excel 表格（建议先按照公司，再按照年份重新排序），如图 11.2 所示。

	A	B	C	D	E	F	G	H	I
1	COM	YEAR	ROA	AGE	SC	ER	RDI	CI	
2	4	2010	2.48	9.28	11.79	-0.85	-7.18	0.21	
3	4	2011	1.88	9.31	11.22	-0.87	-6.61	0.02	
4	4	2012	1.71	9.34	11.49	-1.19	-6.88	-0.37	
5	4	2013	1.64	9.37	11.20	-0.39	-6.59	0.13	
6	4	2014	1.96	9.40	11.30	0.14	-6.69	0.09	
7	4	2015	1.10	9.43	11.70	0.37	-7.09	-0.03	
8	4	2016	2.77	9.46	12.57	-1.36	-7.96	0.22	
9	4	2017	1.37	9.49	11.84	-0.78	1.31	0.32	
10	4	2019	-0.42	9.54	11.59	-2.75	-0.06	3.02	
11	153	2010	1.69	8.49	13.89	-0.37	-9.28	0.15	
12	153	2011	0.87	8.56	14.23	-0.31	-9.63	0.04	
13	153	2012	1.20	8.63	14.32	-0.14	-9.72	0.09	
14	153	2013	1.28	8.69	14.24	-0.18	-9.64	0.32	
15	153	2014	1.42	8.75	14.35	-0.05	-9.74	0.13	

图 11.2　数据示意图

(2) 建立 EViews 文档［注意：最后的步骤需要用面板数据方式开启，所以在步骤(1) 时会要求排序的方式，若按照排序方式，则 EViews 会自动判断为面板数据，若没有，则必须另外设定］，如图 11.3 所示。

(3) 描述统计量分析及相关系数矩阵，结果如图 11.4 所示。

(4) 建立模型：

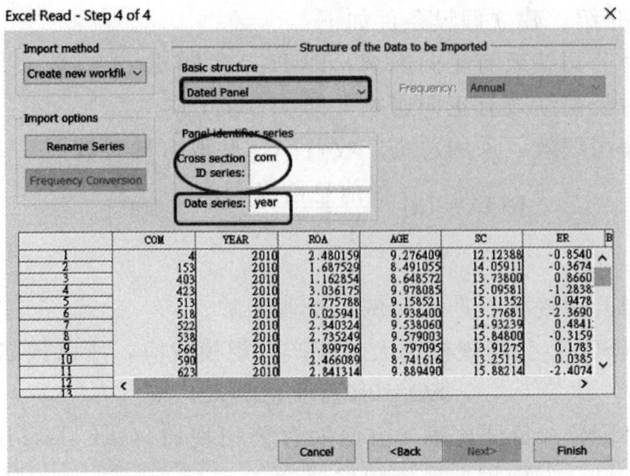

图 11.3　建立 EViews 文档注意事项示意图

$$ROA = \beta_0 + \beta_1 RDI + \beta_2 CI + \beta_3 SC + \beta_4 ER + \beta_5 AGE$$

（5）面板单根检验。面板单根检验有多种方法，EViews 提供的有 LLC 检验、IPS 检验和 Fisher 检验，本章就以 LLC 检验为例。EViews 操作方法为：单击“Quick”选项→“Series Statistics”选项→“Unit Root Test...”选项，结果显示 $p<0.05$，即不存在单根，如图 11.5～图 11.7 所示。

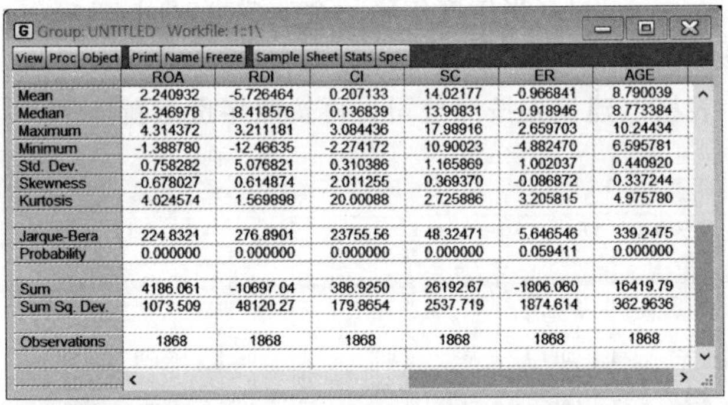

	ROA	RDI	CI	SC	ER	AGE
Mean	2.240932	-5.726464	0.207133	14.02177	-0.966841	8.790039
Median	2.346978	-8.418576	0.136839	13.90831	-0.918946	8.773384
Maximum	4.314372	3.211181	3.084436	17.98916	2.659703	10.24434
Minimum	-1.388780	-12.46635	-2.274172	10.90023	-4.882470	6.595781
Std. Dev.	0.758282	5.076821	0.310386	1.165869	1.002037	0.440920
Skewness	-0.678027	0.614874	2.011255	0.369370	-0.086872	0.337244
Kurtosis	4.024574	1.569898	20.00088	2.725886	3.205815	4.975780
Jarque-Bera	224.8321	276.8901	23755.56	48.32471	5.646546	339.2475
Probability	0.000000	0.000000	0.000000	0.000000	0.059411	0.000000
Sum	4186.061	-10697.04	386.9250	26192.67	-1806.060	16419.79
Sum Sq. Dev.	1073.509	48120.27	179.8654	2537.719	1874.614	362.9636
Observations	1868	1868	1868	1868	1868	1868

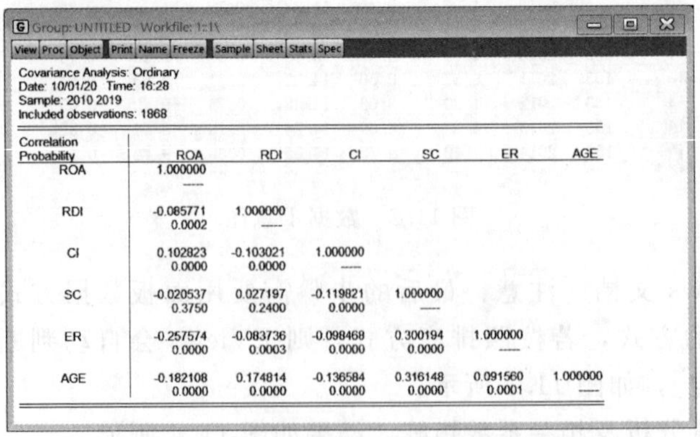

Covariance Analysis: Ordinary
Date: 10/01/20 Time: 16:28
Sample: 2010 2019
Included observations: 1868

Correlation Probability	ROA	RDI	CI	SC	ER	AGE
ROA	1.000000 -----					
RDI	-0.085771 0.0002	1.000000 -----				
CI	0.102823 0.0000	-0.103021 0.0000	1.000000 -----			
SC	-0.020537 0.3750	0.027197 0.2400	-0.119821 0.0000	1.000000 -----		
ER	-0.257574 0.0000	-0.083736 0.0003	-0.098468 0.0000	0.300194 0.0000	1.000000 -----	
AGE	-0.182108 0.0000	0.174814 0.0000	-0.136584 0.0000	0.316148 0.0000	0.091560 0.0001	1.000000 -----

图 11.4　描述统计量分析及相关系数矩阵

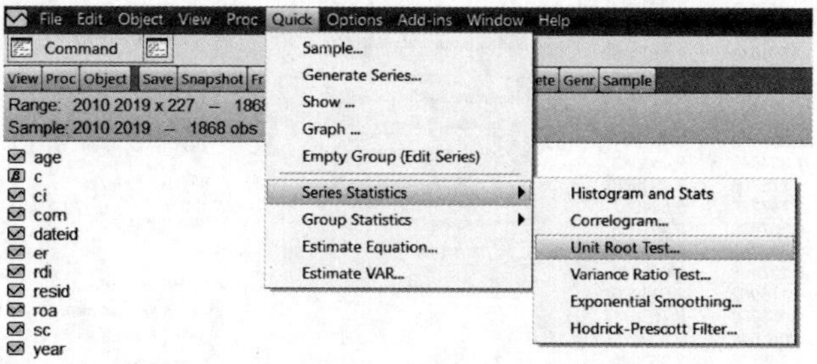

图 11.5　面板单根检验指令

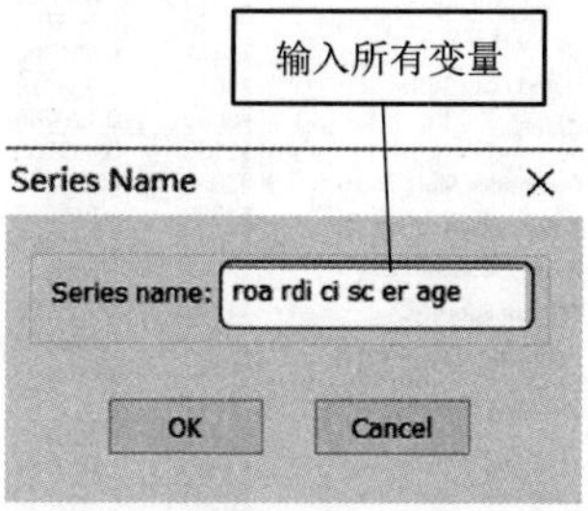

图 11.6　面板单根检验对话框

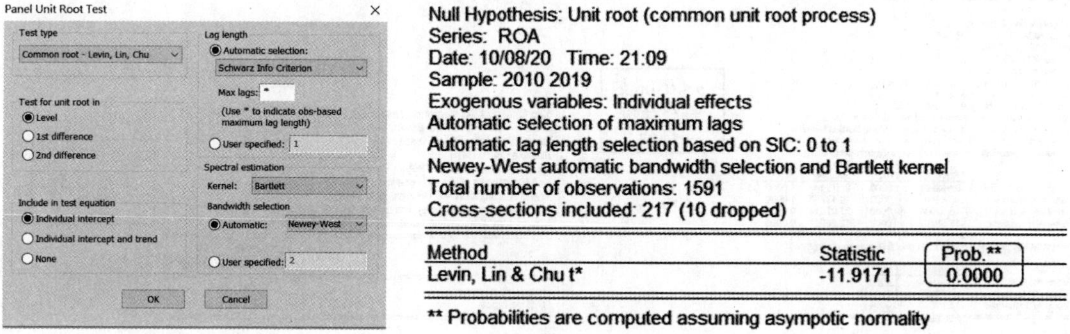

图 11.7　面板单根检验结果

（6）面板数据协整。选取所有变量，单击“as Group”选项打开面板数据，如图 11.8 所示。

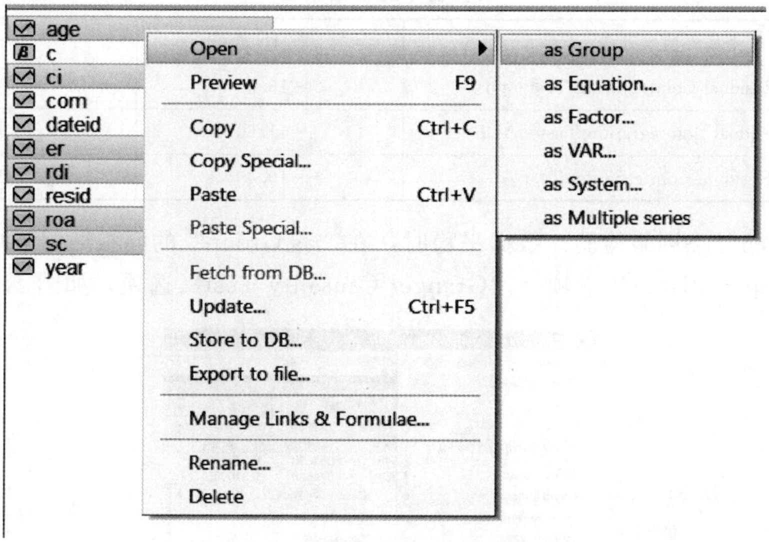

图 11.8　面板数据变量整体打开

在进行图 11.8 的操作后会出现所有数据的面板，可单击“Views”选项→“Cointegration Test”选项→“Panel Cointegration Test...”选项进行操作，如图 11.9 所示。

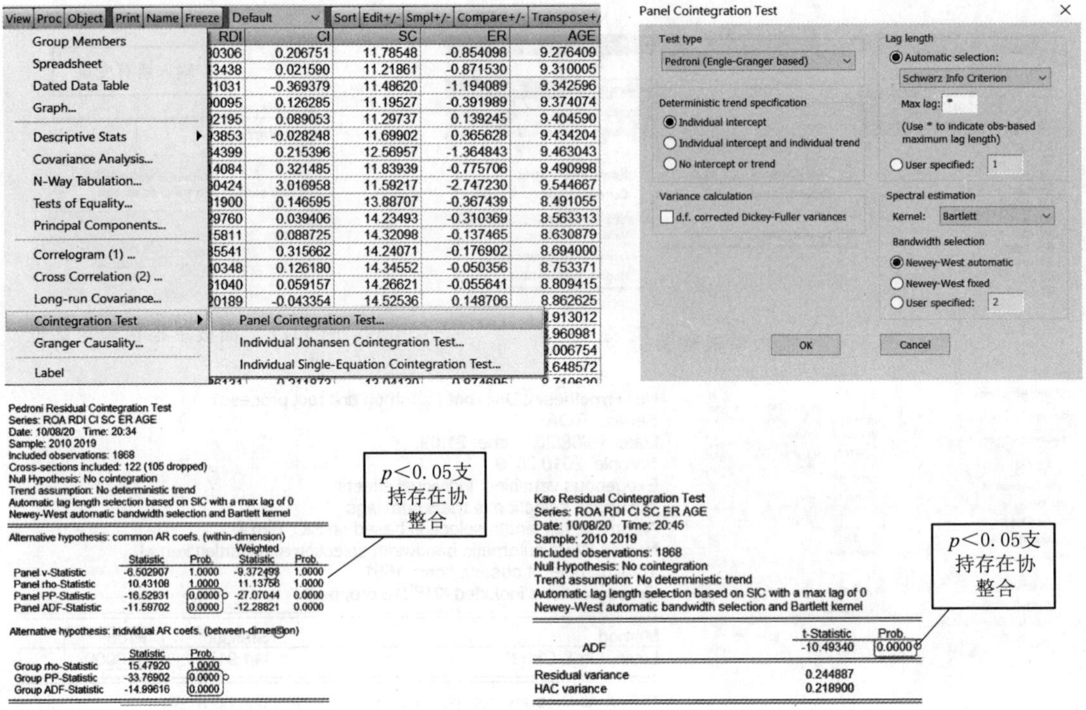

图 11.9　面板数据协整合流程

协整合结果大多数支持存在协整合，所以本数据呈平稳性（表 11.2）。

表 11.2　　**协整合平稳性结果表**

平稳性检验方法	统 计 量	p 值
Pedroni Residual Cointegration Test－pp	－16.53	0.00
Pedroni Residual Cointegration Test－ADP	－11.60	0.00
Kao Residual Cointegration Test	－10.49	0.00

（7）面板格兰杰因果检验。数据平稳时，在“as Group”的面板数据下单击“Quick”选项→“Group Statistics”选项→“Granger Causality Test”选项，如图 11.10 所示。

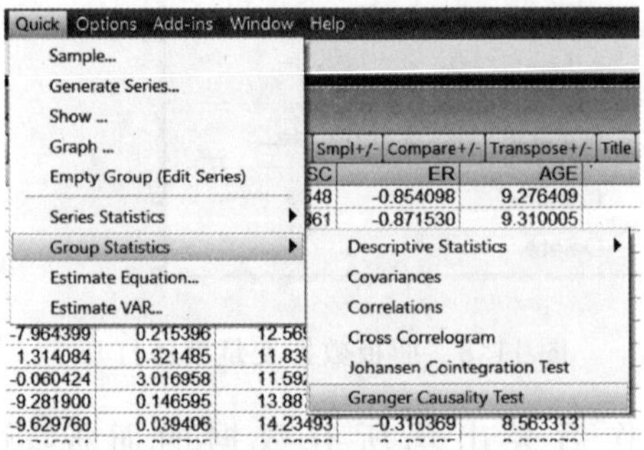

图 11.10　面板格兰杰因果检验指令框

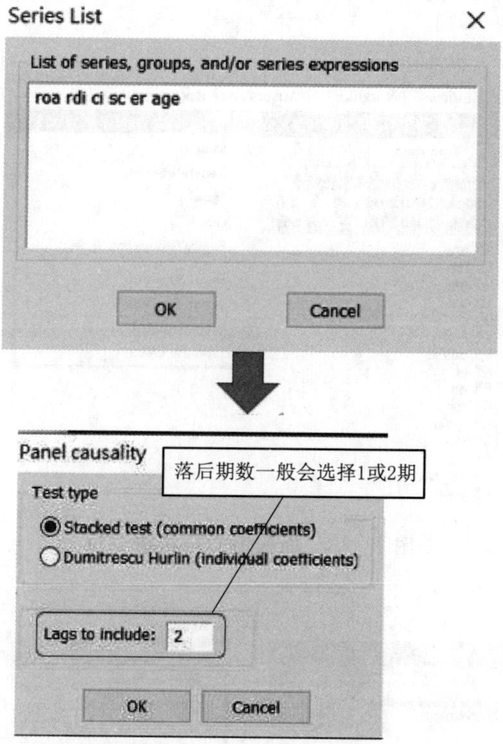

图 11.11　面板格兰杰因果检验对话框

完成图 11.11 的操作后，会出现图 11.12 所示结果，根据图 11.12 进行因果关系说明，这与相关系数矩阵类似，只是相关系数矩阵只说明相关程度，没有说明因果程度。

Pairwise Granger Causality Tests
Date: 10/09/20　Time: 17:11
Sample: 2010 2019
Lags: 2

Null Hypothesis:	Obs	F-Statistic	Prob.
RDI does not Granger Cause ROA	1414	6.24761	0.0020
ROA does not Granger Cause RDI		1.56011	0.2105
CI does not Granger Cause ROA	1414	0.67325	0.5102
ROA does not Granger Cause CI		11.2839	1.E-05
SC does not Granger Cause ROA	1414	5.63085	0.0037
ROA does not Granger Cause SC		1.23749	0.2904
ER does not Granger Cause ROA	1414	1.57191	0.2080
ROA does not Granger Cause ER		33.1980	8.E-15
AGE does not Granger Cause ROA	1414	0.56098	0.5708
ROA does not Granger Cause AGE		7.93447	0.0004
CI does not Granger Cause RDI	1414	3.41912	0.0330
RDI does not Granger Cause CI		2.24247	0.1066
SC does not Granger Cause RDI	1414	0.78791	0.4550
RDI does not Granger Cause SC		5.20128	0.0056

图 11.12　格兰杰因果检验结果

(8) 面板混合分析（与一般回归分析的操作相同）。单击“Quick”选项下的“Estimate Equation...”选项，如图 11.13 所示。

完成图 11.13 的操作后，会出现图 11.14 所示的对话框，按照顺序输入变量及选择模型和分析方法。

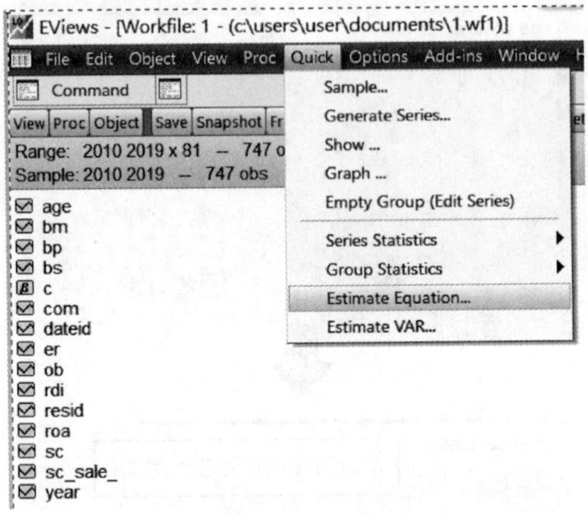

图 11.13　面板混合分析指令框

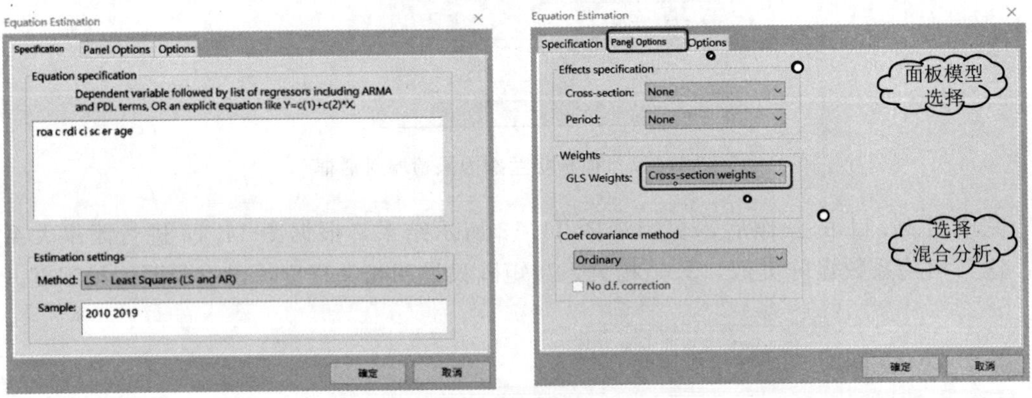

图 11.14　面板混合分析对话框

完成图 11.14 的操作后会出现图 11.15 所示的结果，即为混合分析。混合分析的判断是比较加权统计量和未加权统计量的 R^2 和 SSE，也就是加权统计量的 R^2 必须比未加权的大，而加权统计量的 SSE 必须比未加权的小。

本例加权统计量（R^2，SSE）=（0.21，939.07）、未加权统计量（R^2，SSE）=（0.11，956.19）符合上述条件，故本例适合进行面板数据分析。

（9）随机效果。在进行 Hausman 检验时，需先进行随机效果的分析，即在模型选择模块进行选择，如图 11.16 所示。

（10）Hausman 检验：判断为固定效果还是随机效果，单击“View”选项→“Fixed/Random Effects Testing”选项→“Correlated Random Effects - Hausman Test”选项，如图 11.17 所示。

根据图 11.18 所示，发现 $p=0.00<0.05$，故本例适合采用固定效果模型。

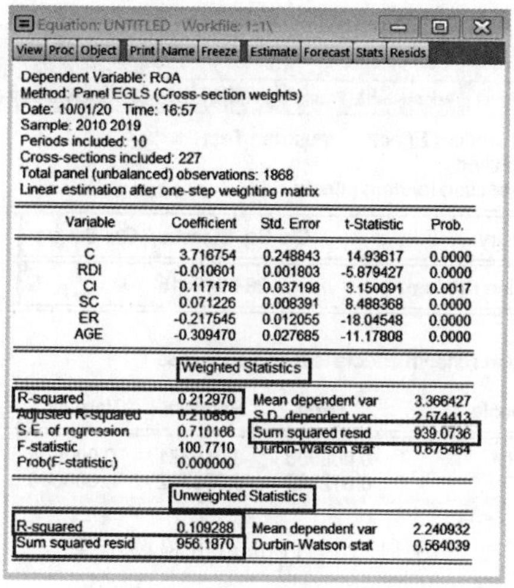

图 11.15 面板混合分析结果

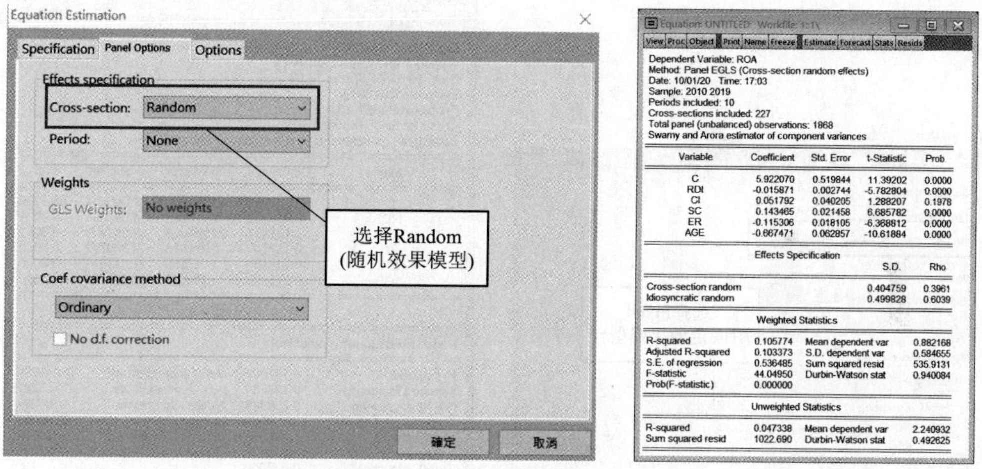

(a) 指令框　　　　(b) 结果

图 11.16 随机效果

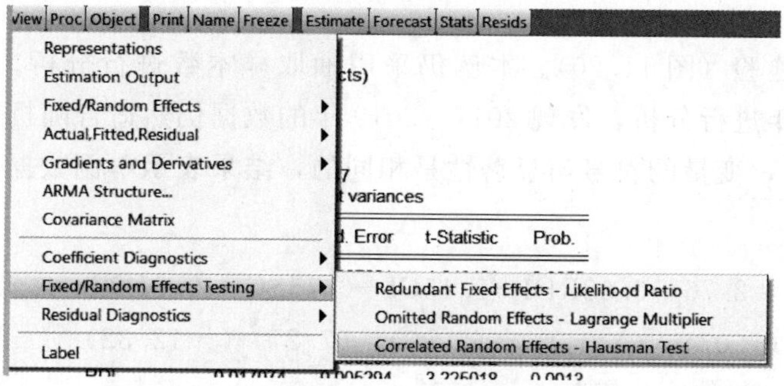

图 11.17 Hausman 检验指令框

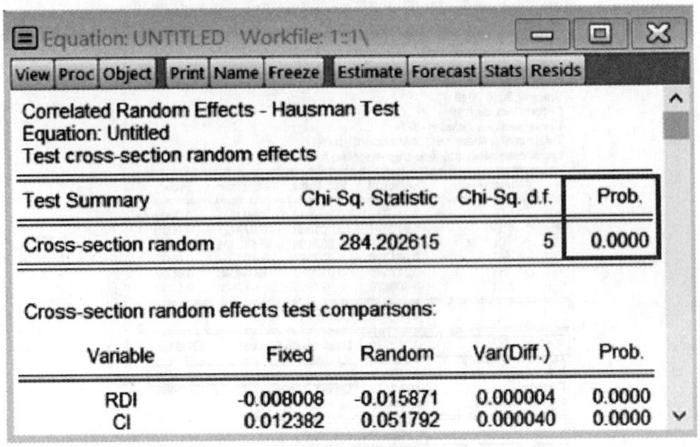

Equation: UNTITLED Workfile: 1::1\

View | Proc | Object | Print | Name | Freeze | Estimate | Forecast | Stats | Resids

Correlated Random Effects - Hausman Test
Equation: Untitled
Test cross-section random effects

Test Summary	Chi-Sq. Statistic	Chi-Sq. d.f.	Prob.
Cross-section random	284.202615	5	0.0000

Cross-section random effects test comparisons:

Variable	Fixed	Random	Var(Diff.)	Prob.
RDI	-0.008008	-0.015871	0.000004	0.0000
CI	0.012382	0.051792	0.000040	0.0000

图 11.18　Hausman 检验结果

（11）固定效果模型的操作和结果如图 11.19 所示。

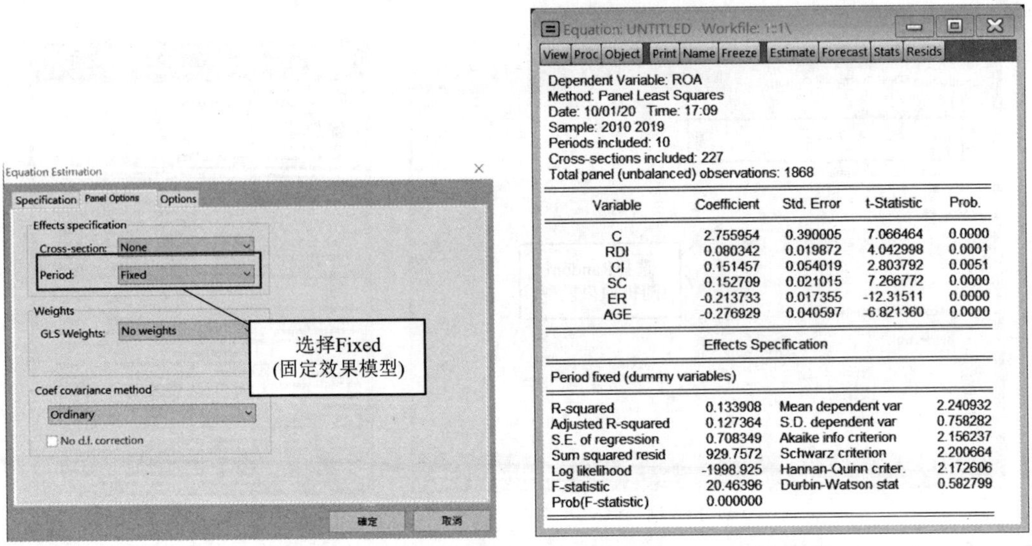

Equation: UNTITLED Workfile: 1::1\

View | Proc | Object | Print | Name | Freeze | Estimate | Forecast | Stats | Resids

Dependent Variable: ROA
Method: Panel Least Squares
Date: 10/01/20 Time: 17:09
Sample: 2010 2019
Periods included: 10
Cross-sections included: 227
Total panel (unbalanced) observations: 1868

Variable	Coefficient	Std. Error	t-Statistic	Prob.
C	2.755954	0.390005	7.066464	0.0000
RDI	0.080342	0.019872	4.042998	0.0001
CI	0.151457	0.054019	2.803792	0.0051
SC	0.152709	0.021015	7.266772	0.0000
ER	-0.213733	0.017355	-12.31511	0.0000
AGE	-0.276929	0.040597	-6.821360	0.0000

Effects Specification

Period fixed (dummy variables)

R-squared	0.133908	Mean dependent var	2.240932
Adjusted R-squared	0.127364	S.D. dependent var	0.758282
S.E. of regression	0.708349	Akaike info criterion	2.156237
Sum squared resid	929.7572	Schwarz criterion	2.200664
Log likelihood	-1998.925	Hannan-Quinn criter.	2.172606
F-statistic	20.46396	Durbin-Watson stat	0.582799
Prob(F-statistic)	0.000000		

（a）指令框　　（b）结果

图 11.19　固定效果模型

（12）稳健性检验（图 11.20）。本例仍采用抽取样本数进行分析。将 2010—2019 年改为 2011—2019 年进行分析，发现 2011—2019 年的数据仍然适合随机效果，并且利用随机效果模型分析后，变量的符号与显著性是相同的，结果表示本例数据是稳健的。

（13）结论。

$$
\begin{array}{llllll}
ROA = 2.76 + & 0.08RDI + & 0.15CI + & 0.15SC - & 0.21ER - & 0.28AGE \\
(7.07) & (4.04) & (2.80) & (7.27) & (-12.32) & (-6.82) \\
{*}{*}{*} & {*}{*}{*} & {*}{*}{*} & {*}{*}{*} & {*}{*}{*} & {*}{*}{*}
\end{array}
$$

结果均与假设相同。

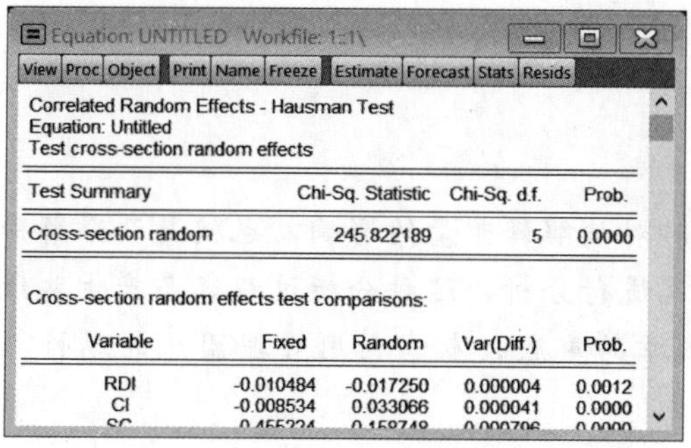

（a）判定是否为固定效果

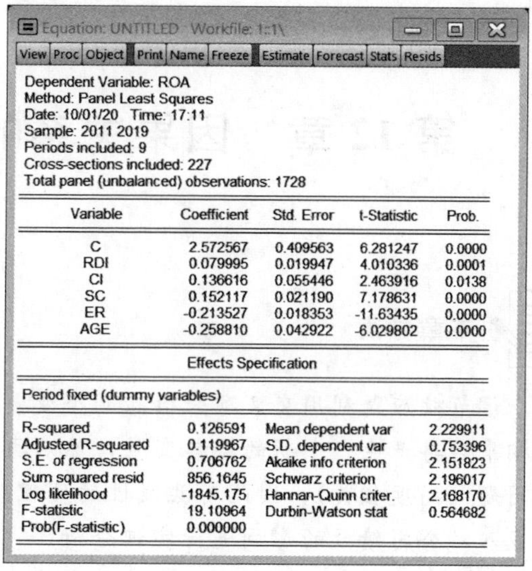

（b）结果

图 11.20　稳健性检验

【本章重点与财务应用的专有名词】

专属性资产

面板数据分析

混合分析

固定效果

随机效果

【上机练习】

1. 试就各行业类别分析专属性资产对公司绩效的影响。

2. 试就 11.3 节分析 2010—2014 年和 2015—2019 年的状况，比较两个阶段研发强度对公司绩效的影响。

知 识 拓 展

动态面板数据分析模型

计量经济模型通常会包括静态模型（即截面模型）和动态模型（即时间序列模型），二者都是揭示变量之间因果关系的结构模型。静态模型以截面数据为样本，动态模型以时间序列数据为样本。所以动态面板数据分析的模型中就包含了时间序列的变量，即

$$\mathrm{ROA}=\beta_0+\sum_{t=0}^{j}\beta_{1+t}\mathrm{RDI}(t)+\beta_{2+j}\mathrm{CI}+\beta_{3+j}\mathrm{SC}+\beta_{4+j}\mathrm{ER}+\beta_{5+j}\mathrm{AGE}$$

不过在财政金融的应用上，动态模型会有共线性的问题，要采用这种分析模式，就必须解决共线性的问题（如数据转换）。

第 12 章　因果关系的第三者——调节效应

本章导读

调节效应是利用交叉项来检验两个变量同时对被解释变量的影响，也就是两个解释变量相乘后再产生一个新的解释变量，然后再对其进行分析，这种分析过程容易产生共线性的问题（高度相关），因此对共线性的处理是本章的重点。本章利用管理团队的属性与研发投入对公司绩效的影响进行实证分析。

学习目标

1. 掌握调节效应模型。
2. 理解管理团队属性概念。

12.1　调　节　效　应

调节（moderating）变量指两个变量之间的关系在不同条件下是否会有所变化。也就是通常所说的“视情况而定”中的“情况”。

比如，某个商品进行打折促销，会对人的购买意愿产生影响，但因个体对价格敏感度不同而存在差异。高价格敏感度的人很可能会增加购买意愿，低价格敏感度的人的购买意愿可能不变，甚至会降低，因为他们可能觉得降价行为降低了品牌的感知价值。此时，价格敏感度就调节了打折促销（自变量）和购买意愿（因变量）之间的关系。

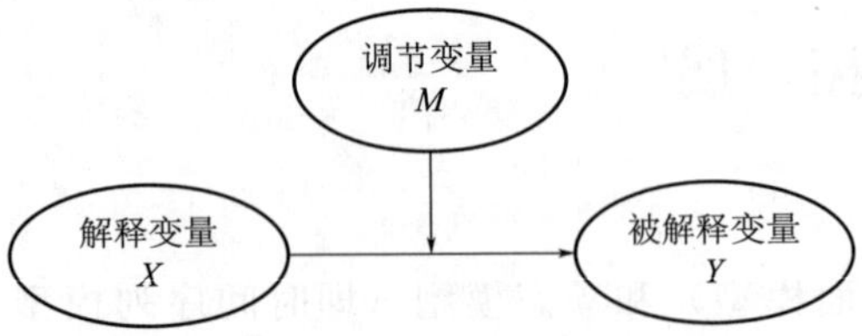

图 12.1　调节效应示意图

如果解释变量 Y 与被解释变量 X 的关系是变量 M 的函数，就称 M 为调节变量。也即 Y 与 X 的关系受到第三个变量 M 的影响。这三者之间的关系即为调节效应。

图 12.1 所示为调节效应示意图。

用模型表示，即假设 Y 与 X 有如下关系：

$$Y=aX+bM+cXM+e$$

对于固定的 M，这是 Y 对 X 的直线回归。X 对 Y 的影响可以由回归系数 $a+cM$ 来表示，它是 M 的线性函数，c 衡量了调节效应（moderating effect）的大小。

调节变量既可以是类别变量（如性别、国籍、公司规模、企业所有制），也可以是连续变量（如年龄、环境不确定性、竞争程度）；既可以是潜变量（实际工作中无法直接测量到的变量)，也可以是显变量（可以直接测量到的变量)。根据调节变量和自变量类型的不同，在分析调节效应时的方法也有所不同。

调节变量影响被解释变量和解释变量之间关系的方向和强弱。调节变量的意义在于能够识别自变量对因变量影响方式的边界条件，引入一个新的调节变量是理论研究的一个思路。

在做调节效应分析时，通常要将解释变量和调节变量进行中心化变换（即变量减去其均值)。

12.2 公 司 治 理

Shleifer 和 Vishny 指出公司治理（corporate governance）是保证融资供给方（投资者）保证自身投资收益的方式。也就是融资供给方为确保管理者能以最佳的方式运用资金，以确保融资供给方的收益，因而产生监督与制衡的行为。林毅夫认为，“所谓的公司治理结构，是指所有者对一个企业的经营管理和绩效进行监督和控制的一整套制度安排”，并随后引用了米勒的定义作为佐证，他还指出，人们通常所关注或定义的公司治理结构，实际指的是公司的直接控制或内部治理结构。朱长春则认为公司治理则是建构在企业“所有权层次”上的一门科学，讲究的是科学地向职业经理人授权，科学地对职业经理人进行监管。

从上述学者的定义，能够了解公司治理可从董事会、管理团队特性与股权结构进行分析。

董事会的主要功能是监督经营者的经营绩效，当公司经营绩效不佳时，董事会有权力更换经营者。一般来说，董事会特性通常指董事会规模，外部董事监事占比、董事监事兼职状况、董事长兼任总经理与董事监事质押比例。

$$董事会的规模=董事监事席次$$

$$外部董事监事占比=外部董事监事席次/全部董事监事席次$$

董事监事兼职状况为虚拟变数，若超过半数董事监事兼职数（含本位工作）3 个或 3 个以上，则为 1，其他为 0。

Eisenhardt 和 Schoonhoven、Hambrick 和 D’Aveni 与 Carpenter 认为管理团队可获得的资源在某种程度上是靠团队人数，团队大，有较多的成员可以吸收和过滤一些相关的信息，增加问题处理的能力及视野，也是制定重要决策时的资源。故人数越多，越可以集思广益，提出更多新点子和创意来帮助企业成长进而提升业绩。通常管理团队规模大、平均任期大（Smith 等与 Pfeffer)、任期的异质性大（O’Reilly 和 Flatt；Eisenhardt 和 Schoonhoven；Keck]、平均教育程度高、教育程度的异质性高以及兼职状况少对公司绩效有正面的影响。

股权结构则指董事监事、经理人和大股东的股权集中程度，上市公司的所有权与经营权往往是分离的，股东需委任管理者负责管理，但管理者的自利动机可能会使管理者牺牲股东的利益（代理问题)，因此股权结构成为解释公司治理的主要变量之一，股权结构包括经理人持股比例、董监事持股比例、大股东持股比例以及席次股份偏离率。

12.3 实证分析——研发支出与管理团队的任期

本节采用管理团队的年资与研发强度对公司绩效的调节效果进行分析。

研发强度的假设文献在第 11 章已经说明，公式如下：

$$RDI=\ln\left(\frac{研发费用+1}{营业收入}\times 100\right)$$

12.3.1 研发强度

研发强度对公司绩效有正向影响：

$$H_{1a}：RDI>0$$

12.3.2 管理团队年资

Smith 等、Pfeffer、Michael 和 Harmbrick 与 Carpenter 认为团队任期越长，对公司内部环境及营运状况越熟悉，能促进内部的沟通协调和控制能力，且任期较长的管理者对团队的凝聚力较高，也较熟悉公司的内部状况等，能避免发生争执，对公司经营绩效有正面的影响。资历较深的成员可以将自己的经历和资历较浅的成员分享；反之，资历较浅的成员也可以带入一些新的想法。因此，团队多元可以分享彼此的知识，让公司因此受益。Keck 研究认为，不同的环境中，管理团队年资的异质性对企业的绩效有着不同的正向效果。因此建立以下假说：

管理团队平均就任年资越长，对公司绩效越佳，即

$$H_{1b}:MAGE>0$$

管理团队就任年资异质性越高，对公司绩效越佳，即

$$H_{1c}:SMAGE>0$$

12.3.3 调节效果

成员的就任年资对风险承受、研发创新具有高度的相关性，而且会影响公司的绩效。Zenger 和 Lawrence 认为团队成员任期年资越久，和外界沟通的频率会随之减少，会主动排除干扰影响目标的因素，而对绩效成长及目标达成感兴趣。Barker 和 Mueller 指出任期长的管理者会没兴趣通过较高的研发支出进行创新策略。Kor 认为任期越短的管理者为了证明自己的能力会倾向接受风险，会投入更多的研发支出；而任期较长的管理者则会没有动力去证明自己的能力，因此倾向追求稳定。

就任年资深的成员较容易安于现状，也较为熟悉公司的内部运作状况，容易凝聚大家的认知和价值观，避免内部发生争执，使公司维持稳定成长，但是在心态上较保守，思想较僵固，不愿去承受研发支出这种具有风险及冒险的决策；反之，就任年资浅的，较积极进取，会积极地借由研发支出投入所产生的成果来提升公司的绩效。换言之，就任年资较长的成员会比较偏好熟悉的策略去规避较具冒险的决策，以避免对现状产生危机；就任年资较短的成员则偏好具有冒险性、创新的策略选择，会选择较具风险性、研发创新的决策。

另外，Harrison 和 Klein 将团队成员的多元化解释为：成员彼此间特性差异的分布和其属性（如种族、成员任期等）对企业绩效是有关联性的，且不同特性会与企业绩效产生不同的结果。异质性被视为一个团队彼此认知的基础，是多样化、多元化的，可以让团队解决问题的能力增加，进而提升公司的市场占有率，并促进利润的增长。成员年资异质性大，年资深的成员会将本身经历和年资浅的成员分享，年资浅的成员会带入新观念和信息，彼此间互相交流和学习，会较容易接受新的知识和技术，带动公司绩效的成长。因此建立以下假说：

管理团队平均就任年资越长，研发支出对公司绩效的正面影响越小，即

$$H_{1d}: \mathrm{RDI} \times \mathrm{MAGE} > 0$$

管理团队年资异质性越高，研发支出对公司绩效的正面影响越大，即

$$H_{1e}: \mathrm{RDI} \times \mathrm{SMAGE} > 0$$

12.3.4 控制变量及被解释变量

本例采用 4 个控制变量，分别为资本强度、公司规模、产权比例和企业年龄。被解释变量的公司绩效则采用 ROA 表示。变量公式及假设见表 12.1。

表 12.1　　研究变量公式及假设汇总表

变　量	公　式	假　设
资本强度	$\mathrm{CAI}=\frac{\text{本期非流动资产}}{\text{前期非流动资产}}\times 100$	H_{1e}：CAI≠0
公司规模	SC＝ln（营业总收入）	H_{1f}：SC＞0
产权比例	$\mathrm{ER}=\ln\left(\frac{\text{负债}}{\text{股东权益}}\right)$	H_{1g}：ER≠0
企业年龄	AGE＝ln（当年度年底－企业成立时间＋1）	H_{1h}：AGE≠0
公司绩效	$\mathrm{ROA}=\ln\left(\frac{\text{税前息前净利润}}{\text{平均总资产}}\times 100\right)$	

在确定本章的研究变量后，开始进行实证分析，步骤如下：

（1）确定研究对象。本例研究对象为 2010—2019 年医药制造业。

（2）建立去中心化的变量。因调节效果用到两个变量的相乘，所以必须先建立去中心化变量，然后再相乘。

Correlation Probability	RDI	MAGE	SMAGE	RDI*MAGE	RDI*SMAGE
RDI	1.000000 -----				
MAGE	0.352563 0.0000	1.000000 -----			
SMAGE	0.324605 0.0000	0.551684 0.0000	1.000000 -----		
RDI*MAGE	0.367594 0.0000	-0.563465 0.0000	-0.197777 0.0000	1.000000 -----	
RDI*SMAGE	-0.456264 0.0000	-0.466862 0.0000	-0.808750 0.0000	0.211349 0.0000	1.000000 -----

图 12.2　相关系数矩阵图

从图 12.2 可以发现，SMAGE 与 RDI×SMAGE 高度相关，所以需将两个变量去中心化，然后再相乘，才不会有高度相关的问题（MAGE 与 RDI 也建议去中心化，去中心化的方法为：$x'=x-\overline{x}$）。将去中心化的变量符号写为 RDI1、MAGE1 和 SMAGE1，如图 12.3 所示。

	A	B	C	D	E	F	G	H	I	J	K	L	M
1	COM	YEAI	ROA	AGE	SC	ER	RDI	CI	MAGI	SMAGI	RDI1	MAGE1	SMAGE1
2	4	2010	2.48	9.28	11.79	-0.85	-7.18	0.21	0.00	0.22	-1.52	-0.69	2.00
3	4	2011	1.88	9.31	11.22	-0.87	-6.61	0.02	0.36	-0.57	-0.95	-0.33	1.21
4	4	2012	1.71	9.34	11.49	-1.19	-6.88	-0.37	0.69	0.04	-1.22	0.00	1.82
5	4	2013	1.64	9.37	11.20	-0.39	-6.59	0.13	0.64	0.44	-0.93	-0.05	2.22
6	4	2014	1.96	9.40	11.30	0.14	-6.69	0.09	0.42	-1.39	-1.03	-0.27	0.39
7	4	2015	1.10	9.43	11.70	0.37	-7.09	-0.03	0.98	-2.88	-1.43	0.29	-1.10
8	4	2016	2.77	9.46	12.57	-1.36	-7.96	0.22	0.97	0.56	-2.30	0.28	2.34
9	4	2017	1.37	9.49	11.84	-0.78	1.31	0.32	1.29	0.56	6.97	0.60	2.34
10	4	2019	-0.42	9.54	11.59	-2.75	-0.06	3.02	1.07	1.09	5.60	0.38	2.87
11	153	2010	1.69	8.49	13.89	-0.37	-9.28	0.15	-0.18	-5.90	-3.62	-0.87	-4.12
12	153	2011	0.87	8.56	14.23	-0.31	-9.63	0.04	0.61	-5.90	-3.97	-0.08	-4.12

图 12.3　去中心化新变量

（3）描述统计量及相关系数矩阵，如图 12.4 和图 12.5 所示。

Group: UNTITLED　Workfile: 1::1\

View Proc Object Print Name Freeze Sample Sheet Stats Spec

	ROA	RDI	MAGE	SMAGE	CI	SC	ER	AGE	RDI1*MAGE	RDI1*SMAGE
Mean	2.160417	-5.659786	0.690495	-1.781866	0.206754	14.12697	-0.979673	8.816336	1.706068	4.977702
Median	2.263371	-8.512400	0.763022	-0.507037	0.133784	14.03641	-0.923653	8.790193	-0.362595	4.383266
Maximum	4.314372	3.211181	2.770060	2.303603	3.084436	17.98916	2.659703	10.24434	23.56502	39.29385
Minimum	-1.388780	-12.46635	-4.801285	-5.899897	-2.274172	10.90023	-4.882470	7.000334	-20.53141	-51.66589
Std. Dev.	0.734846	5.176686	0.935351	2.964073	0.320875	1.147499	1.024539	0.427709	6.338863	15.10590
Skewness	-0.734150	0.556386	-1.303123	-0.470606	1.986360	0.276377	-0.075991	0.554839	0.767343	-1.151295
Kurtosis	4.128883	1.481926	7.621413	1.516502	19.67715	2.720551	3.189261	4.584645	2.877495	5.816025
Jarque-Bera	233.8307	241.5016	1918.890	210.4060	20034.85	26.15068	4.016264	255.1127	161.5731	901.9756
Probability	0.000000	0.000000	0.000000	0.000000	0.000000	0.000002	0.134239	0.000000	0.000000	0.000000
Sum	3534.442	-9259.410	1129.650	-2915.133	338.2489	23111.73	-1602.746	14423.53	2791.128	8143.521
Sum Sq. Dev.	882.8990	43814.53	1430.432	14364.67	168.3405	2152.893	1716.228	299.0989	65696.24	373087.7
Observations	1636	1636	1636	1636	1636	1636	1636	1636	1636	1636

图 12.4　描述统计量

Covariance Analysis: Ordinary
Date: 10/02/20　Time: 10:41
Sample: 2010 2019
Included observations: 1636

Correlation Probability	ROA	RDI	MAGE	SMAGE	CI	SC	ER	AGE	RDI1*MAGE1	RDI1*SMA
ROA	1.000000									

RDI	-0.076031	1.000000								
	0.0021	-----								
MAGE	-0.051308	0.352563	1.000000							
	0.0380	0.0000	-----							
SMAGE	-0.118020	0.324605	0.551684	1.000000						
	0.0000	0.0000	0.0000	-----						
CI	0.095138	-0.111574	-0.043361	-0.041562	1.000000					
	0.0001	0.0000	0.0795	0.0929	-----					
SC	0.080975	0.006865	0.046059	0.111000	-0.126387	1.000000				
	0.0010	0.7814	0.0625	0.0000	0.0000	-----				
ER	-0.276912	-0.067066	-0.027032	0.026992	-0.102642	0.341506	1.000000			
	0.0000	0.0067	0.2745	0.2752	0.0000	0.0000	-----			
AGE	-0.125254	0.166900	0.101056	0.090438	-0.137002	0.272066	0.120175	1.000000		
	0.0000	0.0000	0.0000	0.0002	0.0000	0.0000	0.0000	-----		
RDI1*MAGE1	0.040529	0.242123	-0.052367	0.059187	-0.038175	0.057846	-0.001603	0.056383	1.000000	
	0.1013	0.0000	0.0342	0.0167	0.1227	0.0193	0.9483	0.0226	-----	
RDI1*SMAGE1	0.026541	0.228696	0.058419	-0.031791	-0.057506	0.089415	0.017954	0.065306	0.526329	1.000000
	0.2833	0.0000	0.0181	0.1987	0.0200	0.0003	0.4680	0.0082	0.0000	-----

图 12.5　相关系数矩阵

由图 12.5 可知，在去中心化后高度相关已经不存在了。

（4）面板单根检验、平稳性检验及格兰杰因果检验（略）。

（5）建立模型：

$$ROA=\beta_0+\beta_1 RDI+\beta_2 MAGE+\beta_3 SMAGE+\beta_4 CAI+\beta_5 SC+\beta_6 ER+\beta_7 AGE \quad (12.1)$$

$$ROA=\beta_0+\beta_1 RDI+\beta_2 MAGE+\beta_3 SMAGE+\beta_4 RDI\cdot MAGE+\beta_5 RDI\cdot SMAGE+\beta_6 CAI+\beta_7 SC+\beta_8 ER+\beta_9 AGE \quad (12.2)$$

（6）混合分析（与一般回归分析的开启相同），如图 12.6 所示。

Dependent Variable: ROA
Method: Panel EGLS (Cross-section weights)
Date: 10/02/20 Time: 11:02
Sample: 2010 2019
Periods included: 10
Cross-sections included: 218
Total panel (unbalanced) observations: 1636
Linear estimation after one-step weighting matrix

Variable	Coefficient	Std. Error	t-Statistic	Prob.
C	1.803996	0.268444	6.720191	0.0000
RDI	-0.006841	0.001926	-3.552326	0.0004
MAGE	0.012767	0.011592	1.101340	0.2709
SMAGE	-0.021553	0.003813	-5.652742	0.0000
CAI	0.139137	0.036902	3.770422	0.0002
SC	0.146142	0.008761	16.68104	0.0000
ER	-0.249134	0.012227	-20.37539	0.0000
AGE	-0.229919	0.029773	-7.722345	0.0000

Weighted Statistics

R-squared	0.275551	Mean dependent var	3.253018
Adjusted R-squared	0.272436	S.D. dependent var	2.458707
S.E. of regression	0.673584	Sum squared resid	738.6482
F-statistic	88.46070	Durbin-Watson stat	0.782353
Prob(F-statistic)	0.000000		

Unweighted Statistics

R-squared	0.148796	Mean dependent var	2.160417
Sum squared resid	751.5274	Durbin-Watson stat	0.672550

Dependent Variable: ROA
Method: Panel EGLS (Cross-section weights)
Date: 10/02/20 Time: 11:03
Sample: 2010 2019
Periods included: 10
Cross-sections included: 218
Total panel (unbalanced) observations: 1636
Linear estimation after one-step weighting matrix

Variable	Coefficient	Std. Error	t-Statistic	Prob.
C	1.734778	0.268954	6.450087	0.0000
RDI	-0.008088	0.001996	-4.051273	0.0001
MAGE	0.026486	0.011605	2.282351	0.0226
SMAGE	-0.023197	0.003769	-6.154774	0.0000
RDI1*MAGE1	0.008065	0.002284	3.530453	0.0004
RDI1*SMAGE1	-0.000781	0.000678	-1.151072	0.2499
CAI	0.150566	0.037129	4.055185	0.0001
SC	0.148118	0.008919	16.60781	0.0000
ER	-0.248773	0.012247	-20.31332	0.0000
AGE	-0.228728	0.029637	-7.717534	0.0000

Weighted Statistics

R-squared	0.276947	Mean dependent var	3.244580
Adjusted R-squared	0.272945	S.D. dependent var	2.422659
S.E. of regression	0.672083	Sum squared resid	734.4562
F-statistic	69.19988	Durbin-Watson stat	0.789804
Prob(F-statistic)	0.000000		

Unweighted Statistics

R-squared	0.151590	Mean dependent var	2.160417
Sum squared resid	749.0601	Durbin-Watson stat	0.679589

图 12.6 混合分析结果

表 12.2 混合分析加权、未加权比较表

模 型		式（12.1）	式（12.2）
R^2	加权	0.28	0.28
	未加权	0.15	0.15
SSE	加权	738.65	734.46
	未加权	751.53	749.06

由表 12.2 可知，本例两个模型均适合面板数据分析。

（7）Hausman 检验（先做随机效果模型），结果如图 12.7 所示。

p 值均小于 0.05，所以均为固定效果。

Correlated Random Effects - Hausman Test
Equation: Untitled
Test cross-section random effects

Test Summary	Chi-Sq. Statistic	Chi-Sq. d.f.	Prob.
Cross-section random	169.082734	7	0.0000

Correlated Random Effects - Hausman Test
Equation: Untitled
Test cross-section random effects

Test Summary	Chi-Sq. Statistic	Chi-Sq. d.f.	Prob.
Cross-section random	170.993367	9	0.0000

图 12.7 Hausman 检验结果

（8）前文已述，不再重复。固定效应结果如图 12.8 所示。

Dependent Variable: ROA
Method: Panel Least Squares
Date: 10/02/20 Time: 11:17
Sample: 2010 2019
Periods included: 10
Cross-sections included: 218
Total panel (unbalanced) observations: 1636

Variable	Coefficient	Std. Error	t-Statistic	Prob.
C	0.826738	0.417916	1.978241	0.0481
RDI	0.065339	0.021727	3.007312	0.0027
MAGE	0.030672	0.022377	1.370722	0.1707
SMAGE	-0.028920	0.006936	-4.169514	0.0000
CAI	0.159886	0.053184	3.006282	0.0027
SC	0.215120	0.021811	9.862918	0.0000
ER	-0.243162	0.017486	-13.90578	0.0000
AGE	-0.190498	0.042037	-4.531687	0.0000

Effects Specification

Period fixed (dummy variables)

R-squared	0.168259	Mean dependent var	2.160417
Adjusted R-squared	0.160039	S.D. dependent var	0.734846
S.E. of regression	0.673482	Akaike info criterion	2.057627
Sum squared resid	734.3436	Schwarz criterion	2.113740
Log likelihood	-1666.139	Hannan-Quinn criter.	2.078440
F-statistic	20.46991	Durbin-Watson stat	0.681517
Prob(F-statistic)	0.000000		

Dependent Variable: ROA
Method: Panel Least Squares
Date: 10/02/20 Time: 11:22
Sample: 2010 2019
Periods included: 10
Cross-sections included: 218
Total panel (unbalanced) observations: 1636

Variable	Coefficient	Std. Error	t-Statistic	Prob.
C	0.836653	0.418348	1.999897	0.0457
RDI	0.064222	0.021787	2.947791	0.0032
MAGE	0.039868	0.022819	1.747137	0.0808
SMAGE	-0.030728	0.007048	-4.359636	0.0000
RDI1*MAGE1	0.011121	0.004597	2.419443	0.0157
RDI1*SMAGE1	-0.000569	0.001422	-0.399835	0.6893
CAI	0.160084	0.053118	3.013771	0.0026
SC	0.213634	0.021919	9.746367	0.0000
ER	-0.242149	0.017466	-13.86424	0.0000
AGE	-0.192767	0.041992	-4.590557	0.0000

Effects Specification

Period fixed (dummy variables)

R-squared	0.171693	Mean dependent var	2.160417
Adjusted R-squared	0.162472	S.D. dependent var	0.734846
S.E. of regression	0.672506	Akaike info criterion	2.055935
Sum squared resid	731.3117	Schwarz criterion	2.118649
Log likelihood	-1662.755	Hannan-Quinn criter.	2.079197
F-statistic	18.62077	Durbin-Watson stat	0.690821
Prob(F-statistic)	0.000000		

图 12.8　固定效应结果

（9）稳健性检验，减少样本数进行分析（2011—2019 年），如图 12.9 所示。

Dependent Variable: ROA
Method: Panel Least Squares
Date: 10/02/20 Time: 11:24
Sample: 2011 2019
Periods included: 9
Cross-sections included: 218
Total panel (unbalanced) observations: 1504

Variable	Coefficient	Std. Error	t-Statistic	Prob.
C	0.511284	0.442145	1.156371	0.2477
RDI	0.062749	0.021864	2.869951	0.0042
MAGE	0.058478	0.024386	2.398032	0.0166
SMAGE	-0.034593	0.007316	-4.728459	0.0000
RDI1*MAGE1	0.009246	0.004672	1.978783	0.0480
RDI1*SMAGE1	-7.92E-05	0.001442	-0.054894	0.9562
CAI	0.149581	0.054399	2.749716	0.0060
SC	0.214145	0.022003	9.732483	0.0000
ER	-0.241389	0.018475	-13.06558	0.0000
AGE	-0.163634	0.044638	-3.665761	0.0003

Effects Specification

Period fixed (dummy variables)

R-squared	0.164533	Mean dependent var	2.145690
Adjusted R-squared	0.154975	S.D. dependent var	0.727397
S.E. of regression	0.668661	Akaike info criterion	2.044817
Sum squared resid	664.4019	Schwarz criterion	2.108438
Log likelihood	-1519.702	Hannan-Quinn criter.	2.068515
F-statistic	17.21448	Durbin-Watson stat	0.678495
Prob(F-statistic)	0.000000		

图 12.9　稳健性检验

两个模型（图 12.8 和图 12.9）的变量的符号及显著状况都相同，代表本例的数据是稳健的。

（10）结论。

建立完整分析模型：

$$\mathrm{ROA}=0.83+0.07\mathrm{RDI}+0.03\mathrm{MAGE}-0.03\mathrm{SMAGE}+0.16\mathrm{CAI}+0.22\mathrm{SC}-0.24\mathrm{ER}-0.19\mathrm{AGE} \tag{12.3}$$

(1.98)(3.01)　(1.37)　(−4.17)　(3.01)　(9.86)　(−13.91)(−4.53)

**　***　　***　***　***　***　***

$$\mathrm{ROA}=0.84+0.06\mathrm{RDI}+0.04\mathrm{MAGE}-0.03\mathrm{SMAGE}+0.01(\mathrm{RDI}+5.66)\cdot(\mathrm{MAGE}+0.66)$$

(2.00)(2.95)　(1.75)　(−4.36)　(2.42)

**　***　*　***　**　　(12.4)

$$-0.00(\mathrm{RDI}+5.66)\cdot(\mathrm{SMAGE}+1.78)+0.16\mathrm{CAI}+0.21\mathrm{SC}-0.24\mathrm{ER}-0.19\mathrm{AGE}$$

(−0.40)　(3.01)　(9.75)(−13.86)　(−4.59)

***　***　***　***

1）研发强度对公司绩效有正向影响，受平均年资调节影响，影响效果为 0.06＋0.01(MAGE＋0.66)，年资的异质性与研发强度调节效果不存在。

2）平均年资对公司绩效有正向影响，受研发强度调节影响，影响效果为 0.04＋0.01(RDI＋5.66)。

3）年资的异质性对公司绩效产生负向影响（−0.03)。

【本章重点与财务应用的专有名词】

公司治理

管理团队

董事会结构

股票持有与质押

调节效应

【上机练习】

1. 试就各行业类别分析管理团队属性与研发强度对公司绩效的影响。

2. 董事会结构与研发强度对公司绩效是否也存在调节效果？

第 13 章　因果关系的第三者——中介效应

本章导读

中介效应是一个间接影响的效应，即有一个变量会影响“某一个变量”，而“某一个变量”会影响（可能显著或不显著）被解释变量，则称为中介效应，所以会存在两个回归方程式，包括中介效应、部分中介效应和遮掩效应。本章利用企业能力与国际化程度对公司绩效的影响进行探讨。

学习目标

1. 掌握中介效应模型。
2. 理解企业能力与国际化程度概念。

13.1 中 介 效 应

中介效应（mediation）最早由 Baron 和 Kenny 在分析社会心理和消费者行为的关系中使用。

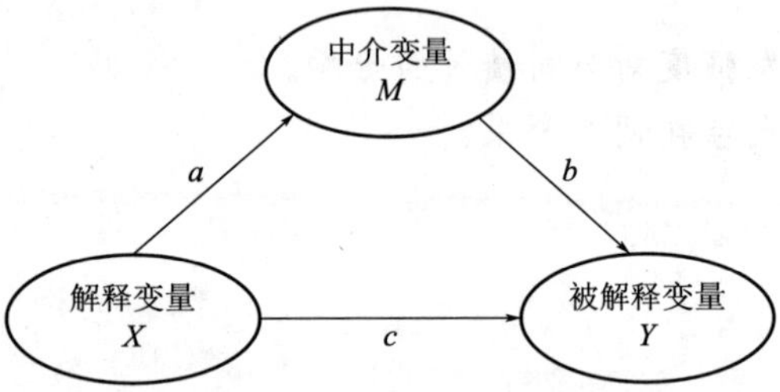

图 13.1　中介效应示意图

一个简单的三变量：解释变量 X 通过中介变量（mediating variable）M 来影响被解释变量 Y，如图 13.1 所示。

BK 框架（Baron 和 Kenny 的模型）认为要使变量 M 起到“中介作用”，需满足 3 个条件：解释变量 X 的变动应能够显著解释待定中介变量 M 的变动（路径 a 显著）；中介变量 M 的变动能够显著解释被解释变量 Y 的变动（路径 b 显著）；控制路径 a 和 b 后，X 与 Y 之间原本显著的关联将消失（路径 c 不显著）。

因此，BK 框架要求估计 3 个方程：

$$M=\beta_{10}+aX+\varepsilon_1$$

$$Y=\beta_{20}+c'X+\varepsilon_2$$

$$Y=\beta_{30}+cX+bM+\varepsilon_3$$

对应于上述的判定条件，系数 a、c' 和 b 的显著性决定了中介效应是否存在。同时 BK 框架还要求进一步对间接路径做 Sobel z 检验，其统计量由下式给出：

$$Z=\frac{ab}{\sqrt{b^2 s_a^2+a^2 s_b^2}}$$

其中 s_a 和 s_b 分别是 a 系数和 b 系数估计的标准误。BK 框架认为，中介效应最大的作用是间接效应（ab）显著而直接效应（c）不显著，称该情况为“完全中介效应（full mediation）”。如果间接效应和直接效应均显著，则称为“部分中介效应（partial mediation）”。

尽管完全中介效应被 BK 框架视为最优情形，但多数研究却只能识别出部分中介效应，即直接效应 c 在控制了中介变量后仍然显著。Zhao 等（2010）认为显著直接效应的符号能够为理论构建提供直观的启示。在特定情况下，研究者能够根据检验的理论预期显著直接效应的存在。

在 BK 框架下，进行中介效应分析的前提是自变量 X 对于因变量 Y 存在显著的“零阶效应”，即系数 c' 应是显著的。这样的 $X-Y$ 检验被一些文献称为“待调节效应（effect to be mediated)”。从直觉上看，如果待调节效应本身并不显著，似乎就没有寻找中介变量的必要了。但这样的想法是错误的，因为 BK 框架忽略了一个基本事实：X 对 Y 的总效应的影响。

$$c'=ab+c$$

也就是说，X 对 Y 的“总效应”相当于间接效应与直接效应 c 之和。若与 c 均显著且符号相同，则称这种情况为“互补调节（complementary mediation)”；若两者均显著但符号相反，则称为“竞争调节（competitive mediation)”。竞争调节可能会造成两种特殊的结果。若直接效应和间接效应的绝对值相近，那么净效应 c' 便接近于 0，从而很可能导致 $X-Y$ 检验被拒绝。此外，若直接效应的绝对值远大于间接效应，那么间接效应的符号便会与待调节效应的符号相反。

中介效应检验流程如图 13.2 所示。

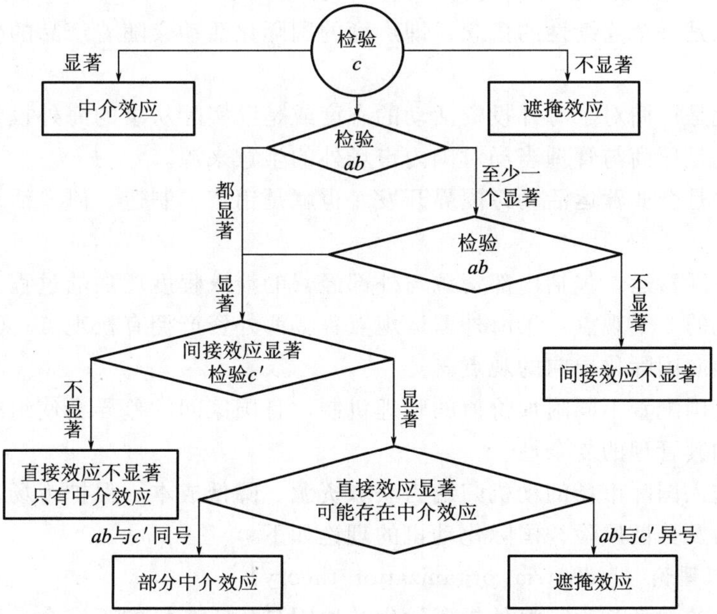

图 13.2 中介效应检验流程图

13.2 企业能力

企业能力（company capacity）是指企业在生产、技术、销售、管理和资金等方面力量的总和。企业的竞争力来源于企业的组织能力，而组织能力只能来源于企业在市场竞争中的学习：积累相关的知识和能力并将其嵌入到企业组织中，体现在企业的运作程序上。企业组织能力主要分为技术能力、功能性能力（产品开发能力、生产能力、营销能力）和管理能力 3 种。

因此可以了解，企业能力是指企业配置资源，发挥其生产和竞争作用的能力。能力来源于企业有形资源、无形资源和组织资源的整合。

在战略管理领域，一个普遍的观点是：企业能力是不容易被识别的，它难以被模仿或购买。有些文献对能力的界定比较宽泛，例如，包括企业的创新、声誉的研发和营销能力、管理交易成本的治理能力和涉及价值链不同阶段的运营能力。

一般而言，企业能力通常取决于企业有效整合所拥有的资源，从而实现特定目标的整体效率。进一步地，能力被概念化为：企业比竞争对手更加有效地将投入转换为产出的一个中间的转换过程。由于能力是投入和输出之间的一个中间步骤，可以帮助企业提高其所拥有的其他资产的效率和生产率。因而，能力强的企业可以更有效率、更具创造性地利用和整合它们的资产，而实现比能力较弱企业更卓越的绩效。

13.3 国际化程度

“国际化”一词的定义至今仍有许多分歧，主要如下：

（1）国际化是一个连续性的概念，即厂商的国际化活动会随着产品的生命周期逐渐增加涉入程度。

（2）国际化是厂商对于海外投资活动的态度或是已实际从事的海外投资。

（3）国际化是厂商与管理当局对国内市场外的生意来源。

（4）国际化是企业营运活动跨国界开发，也就是销售、制造、研发活动于不同地理区域或海外市场。

（5）企业国际营运，包括内部资源与外部经营的涉入程度增加的过程。

（6）国际化的 3 个观点：①海外营运观点；②海外资产拥有权观点；③管理风格、策略及结构是否倾向国际化导向的观点。

（7）厂商跨国配置不同附加价值的管理机制，且国家间的差异会使组织连接与处理事业范畴时，增加其管理的复杂性。

因此公司进入国际市场的动机归纳为获取资源、降低成本、保护市场、增加利润与销售、提高竞争力及分散风险。国际化动机的理论如下。

1. 产业组织理论（industrial organization theory）

主张此理论的学者认为，海外投资发生的原因是始于市场的不完全，厂商具有某些独占优势（如品牌、专利权、商标、特殊的生产技术、独特的管理技巧、规模经济等）可能为有形资产、无形资产或核心资产的不完全竞争优势，厂商若拥有这些优势，则对外直接投资的利益足以抵消额外风险及成本，更甚者可维持或强化该企业在国内或国际市场的寡占地位，获取超额利润。

2. 产品生命周期循环理论（product life cycle theory）

产品生命周期循环理论是建立在技术扩散（technology diffusion）时的模仿延迟（imitation lag）假设上。产品在不同的生命周期，依据比较利益原则（comparative advantage）将生产活动转至不同的国家，可使技术有效率地移转至海外。

3. 内部化理论（internalization theory）

内部化理论是由交易成本理论（transaction cost）所衍生。主张内部化理论的学者认为，当企业拥有独占性竞争优势，诸如专利权、商标、特殊生产技术、管理能力等，而欲移转该独占性优势的交易成本太大时，可借由直接投资的方式来转移这些无形资产，降低交易及潜在的竞争成本。

4. 折中理论（eclectic theory）

Dunning认为海外直接投资的产生原因错综复杂，并非单一的理论结构所能解释，其整合过去产业组织理论（industrial organizational theory）、区位理论（location theory）与内部化理论（internalization theory）三大对外直接投资（FDI）理论，提出折中理论（eclectic theory），说明本国企业若具有下列3种优势，则将促成对外投资：①所有权优势（ownership advantage）；②区位优势（location advantage）；③内部化优势（internalization advantage）。将这三项优势通过不同方式组合，说明了跨国公司于技术移转、出口、海外直接投资等取向。当跨国公司拥有技术优势，但缺乏内部化能力且无法利用海外的区位优势时，则可能选择技术移转，故折中理论又称为OLI（ownership - location - internalization）理论，则可选取直接出口。当企业兼备3种优势时，此时可将选取海外直接投资。

5. 资源基础理论（resource - based theory）

企业若拥有独特的内部能力，将会应用这些能力拓展国际市场，以追求生产上的规模经济与范畴经济的效益、分散投资风险，以及达到企业学习的效果。

6. 总体方法（macroeconomic approach）

对外投资分为防御型（defensive）投资和扩张型（expansionary）投资，防御型投资是指随着经济环境变化，企业在自己国家逐渐丧失比较利益优势，为了挽救竞争颓势故而到海外设厂投资，利用“地主国”廉价的劳动力、土地及原料等生产要素降低成本，以维持企业产品的竞争力；扩张型投资是市场导向的投资，强调厂商对外投资的目的主要是扩大产品在地主国的市场占有率、分散投资及营运风险、掌握国际资源与信息、排除贸易障碍和取得新技术等所进行的投资行为。

7. 代理理论（agency theory）

代理理论是由经济学家探讨个人与组织间的风险分摊（risk - sharing）问题时所产生的，认为基于人性自利动机，经理人往往会为自己的利益或分散风险做出降低公司价值的行为，于是产生代理问题（agency problem）。在信息不对称下，个人与个人之间的目标与公司的目标有所冲突的条件下，代理人会因投机主义选择对自己有利的，但对公司不一定有利的决策或行为。企业国际化后，股东因距离因素，加上信息不对称，无法像在国内企业一样做好监督工作，因此产生的代理问题势必比内需型企业多，所衍生的代理成本也抵消了国际化所带来的利益。

国际化程度衡量指标见表 13.1。

表 13.1　　国际化程度的衡量指标

衡量属性	国际化程度的衡量方式
绩效属性	海外销售额占总销售额的比例（foreign sales as a percentage of total sales，FSTS）；出口销售额占总销售额的比例（export sales as a percentage of total sales，ESTS）；海外利润占总利润的比例（foreign profits as a percentage of total profits，FPTP）
结构属性	海外资产占总资产的比例（foreign assets as a percentage of total assets，FATA）；海外子公司数占总子公司数的比例（number of overseas subsidiaries as a percentage of total subsidiaries，OSTS）
态度属性	高阶主管的国际化经验（total number of years of top managers' international experience，TMIE）；国际营运的心理分散度（psychic dispersion of international operations，PDIO）

13.4　实证分析——企业能力与国际化程度

本节采用国际化程度对公司绩效的影响，并以企业能力作为中介变量进行分析。国际化程度与绩效的研究呈现出大量不一致的结论。例如，国际化程度与绩效的关系有正相关、负相关、不相关、U 形、倒 U 形、M 形等。这些研究表明，国际化程度选择与绩效之间并不是简单的线性或者非线性关系，国际化程度选择并不直接带来绩效提升。基于企业资源基础观和动态能力理论，国际化程度选择应该在拓展和完善已有能力并构建新能力的基础上，才能促进公司绩效的提升。

13.4.1　解释变量

本章的解释变量采用国际化程度来表示，国际化程度一般会以销售地区的业绩多少为指标。

$$\mathrm{DOI}=\ln\left(\frac{\text{境外销售收入}+1}{\text{境内销售收入}+1}\right)$$

预期国际化程度与公司绩效呈正相关：

$$H_{1a}：\mathrm{DOI}>0$$

13.4.2　中介变量

本章的中介变量采用企业能力来表示，企业能力的数量化参照 Jacobides 的做法，即对能力进行了衡量。能力的具体计算方法是

$$\mathrm{TPF}=\ln\left(\frac{\mathrm{Sale}}{K^{\beta}\times L^{1-\beta}}\right)$$

式中：β 为资本占 GDP 的比例；Sale 为销售收入；K 为有形资产和无形资产；L 为员工人数。

预期企业能力与公司绩效呈现正相关：

$$H_{1b}:\mathrm{TPF}>0$$

13.4.3 控制变量及被解释变量

本例控制变量采用5个，分别为资本强度、研发强度、公司规模、产权比例和企业年龄。被解释变量采用公司绩效表示。研究变量公式及假设见表13.2。

表13.2　研究变量公式及假设汇总表

变　量	公　　式	假　设
资本强度	$CAI=\frac{\text{本期非流动资产}}{\text{前期非流动资产}}\times 100$	H_{1c}：CAI≠0
研发强度	$RDI=\ln\left(\frac{\text{研发费用}+1}{\text{营业收入}}\times 100\right)$	H_{1d}：RDI>0
公司规模	SC=ln（总营业收入）	H_{1e}：SC>0
产权比例	$ER=\ln\left(\frac{\text{负债}}{\text{股东权益}}\right)$	H_{1f}：ER≠0
企业年龄	AGE=ln（当年度年底−企业成立时间+1）	H_{1g}：AGE≠0
公司绩效	$ROA=\ln\left(\frac{\text{税前息前净利润}}{\text{平均总资产}}\times 100\right)$	

实证分析步骤如下：

（1）确定研究对象。采用2010—2019年电子设备制造业（扣除警示股）。

（2）建立Excel表格，如图13.3所示。

	A	B	C	D	E	F	G	H	I	J
1	COM	YEAR	ROA	AGE	SC	ER	RDI	CAI	DOI	TFP
2	16	2010	0.46	9.34	16.62	1.06	-12.05	0.18	-1.14	13.60
3	16	2011	0.49	9.37	16.64	1.10	-12.00	0.25	-1.25	13.55
4	16	2012	0.79	9.40	16.62	1.06	-12.12	0.10	-1.31	13.67
5	16	2013	0.74	9.43	16.57	0.98	-12.21	-0.01	-1.45	13.76
6	16	2014	0.37	9.46	16.64	1.07	-12.18	0.19	-1.05	13.73
7	16	2016	0.36	9.51	16.66	1.43	-12.22	0.04	-0.82	13.77
8	16	2017	3.54	9.54	16.98	0.63	0.05	0.20	-0.21	14.20
9	16	2018	1.28	9.57	17.31	0.91	-0.15	0.87	0.65	14.59
10	16	2019	1.37	9.59	17.57	1.19	-0.10	0.43	0.54	14.77
11	20	2010	1.35	9.30	13.50	0.54	-8.92	-0.01	0.50	14.34
12	20	2011	1.60	9.33	13.41	0.35	-9.08	-0.01	0.76	14.50

图13.3　研究数据示意图

（3）描述统计量及相关系数矩阵，如图13.4和图13.5所示。

View Proc Object Print Name Freeze Sample Sheet Stats Spec

	DOI	TFP	RDI	CAI	SC	ER	AGE	ROA
Mean	-2.779099	13.65366	-5.083842	0.251286	14.62077	-0.696225	8.619333	1.924896
Median	-1.398020	13.45679	-8.129717	0.164339	14.47441	-0.604629	8.609590	1.977596
Maximum	16.37143	21.21814	4.335356	3.492625	19.64567	2.421236	10.33137	4.538244
Minimum	-19.68221	9.851008	-13.87959	-3.073252	11.06753	-4.493839	6.938284	-5.292794
Std. Dev.	4.656098	1.007215	5.431060	0.387490	1.227860	0.970246	0.462058	0.878325
Skewness	-1.481388	1.484722	0.395653	1.812074	0.715379	-0.318702	0.423193	-0.943441
Kurtosis	4.940036	8.025380	1.343678	15.44590	3.772063	2.933585	4.338409	7.262959
Jarque-Bera	1348.241	3662.745	362.2287	18063.75	284.1387	44.14966	269.5786	2336.314
Probability	0.000000	0.000000	0.000000	0.000000	0.000000	0.000000	0.000000	0.000000
Sum	-7170.075	35226.45	-13116.31	648.3171	37721.59	-1796.261	22237.88	4966.231
Sum Sq. Dev.	55910.78	2616.352	76071.24	387.2321	3888.203	2427.814	550.6109	1989.580
Observations	2580	2580	2580	2580	2580	2580	2580	2580

图13.4　描述统计量

Covariance Analysis: Ordinary
Date: 10/04/20 Time: 10:19
Sample: 2010 2019
Included observations: 2580
Balanced sample (listwise missing value deletion)

Correlation Probability	DOI	TFP	RDI	CAI	SC	ER	AGE	ROA
DOI	1.000000							

TFP	-0.089850	1.000000						
	0.0000	-----						
RDI	-0.014405	0.070105	1.000000					
	0.4646	0.0004	-----					
CAI	0.015184	-0.028305	-0.051926	1.000000				
	0.4408	0.1506	0.0083	-----				
SC	0.056660	0.464115	0.063168	-0.022728	1.000000			
	0.0040	0.0000	0.0013	0.2485	-----			
ER	0.043456	0.261085	-0.030040	-0.019749	0.396639	1.000000		
	0.0273	0.0000	0.1271	0.3160	0.0000	-----		
AGE	-0.073132	0.248143	0.123866	-0.193594	0.395885	0.195787	1.000000	
	0.0002	0.0000	0.0000	0.0000	0.0000	0.0000	-----	
ROA	0.057556	-0.058971	-0.030034	0.127205	-0.277102	-0.101342	-0.285474	1.000000
	0.0035	0.0027	0.1272	0.0000	0.0000	0.0000	0.0000	-----

图 13.5　相关系数矩阵

（4）面板单根检验、平稳性检验及格兰杰因果检验（略）。

（5）建立模型：

$$TPF=\beta_0+\beta_1 DOI+\beta_2 RDI+\beta_3 CAI+\beta_4 SC+\beta_5 ER+\beta_6 AGE \quad (13.1)$$

$$ROA=\beta_0+\beta_1 DOI+\beta_2 RDI+\beta_3 CAI+\beta_4 SC+\beta_5 ER+\beta_6 AGE \quad (13.2)$$

$$ROA=\beta_0+\beta_1 DOI+\beta_2 TFP+\beta_3 RDI+\beta_4 CAI+\beta_5 SC+\beta_6 ER+\beta_7 AGE \quad (13.3)$$

式（13.1）为中介效应的回归，式（13.2）为主回归，式（13.3）为全回归。

（6）混合分析。与一般回归分析的建立相同，直接列结果，不再列 EViews 窗口。

表 13.3　　混合分析加权、未加权统计量比较分析表

模　型		式（13.1）	式（13.2）	式（13.3）
R^2	加权	0.62	0.35	0.35
	未加权	0.24	0.12	0.13
SSE	加权	1929.95	1715.99	1698.39
	未加权	1996.61	1751.82	1731.90

由表 13.3 可知，3 个模型均适合面板数据分析。

（7）Hausman 检验，将 EView 的分析结果整理成表 13.4。

表 13.4　　Hausman 检验分析表

模　型		式（13.1）	式（13.2）	式（13.3）
χ^2	统计量	25.33	149.95	172.82
	自由度	6	6	7
	p 值	0.00	0.00	0.00

由表 13.4 可知，3 个模型适合固定效果模型。

（8）实证结果（表 13.5）。

表 13.5　　　　　　实证结果综合表

模型	式（13.1）	式（13.2）	式（13.3）
	企业能力	公司绩效	公司绩效
C	8.14***	7.32***	6.53***
DOI	−0.03***	0.01***	0.10***
TFP			0.01***
RDI	−0.04***	−0.03**	−0.02**
CAI	0.00	0.20***	0.20
SC	0.31***	−0.17***	−0.20***
ER	0.09***	0.01	0.00
AGE	0.10**	−0.36***	−0.37***
R^2	0.25	0.13	0.14
A - R^2	0.24	0.13	0.14
F 值	55.93	26.51	26.83
p -值	0.00	0.00	0.00

（9）稳健性检验。对 2011—2019 年的数据进行比较（表 13.6），结果所有变量系数的符号与显著性均相同，表示本节的研究数据稳健（样本数＝2407）。

表 13.6　　　　　　稳健性检验

模型	式（13.1）	式（13.2）	式（13.3）
	企业能力	公司绩效	公司绩效
C	8.07***	7.24***	6.47***
DOI	−0.02***	0.01***	0.10***
SP			0.01***
RDI	−0.03***	−0.03***	−0.02**
CAI	−0.01	0.19**	0.19
SC - P	0.31***	−0.17***	−0.20***
ER	0.09***	0.02	0.01
AGE	0.10**	−0.35***	−0.36***
R^2	0.24	0.12	0.13
A - R^2	0.24	0.11	0.12
F 值	54.05	22.93	23.25
p 值	0.00	0.00	0.00

（10）结论。

TPF＝8.14－0.03DOI－0.04RDI＋0.00CAI＋0.31SC＋0.09ER＋0.10AGE

*** *** *** ** *** **

ROA＝7.32＋0.01DOI－0.03RDI＋0.20CAI－0.17SC＋0.01ER－0.36AGE

*** *** ** *** *** ***

$$ROA=\underset{***}{6.53}+\underset{***}{0.10}DOI+\underset{***}{0.01}TFP-\underset{**}{0.02}RDI+0.20CAI-\underset{***}{0.20}SC+0.00ER-\underset{***}{0.37}AGE$$

国际化程度对公司绩效呈显著正向影响，但对企业能力呈显著负向影响，在不考虑企业能力的影响下，国际化程度对公司绩效呈现正向影响。即中介效应模型为

$$M=\beta_{10}+aX+\varepsilon_1$$

$$Y=\beta_{20}+c'X+\varepsilon_2$$

$$Y=\beta_{30}+cX+bM+\varepsilon_3$$

$a=-0.03$，$c'=0.01$，$c=0.10$，$b=0.01$，c 显著→中介效应，a、b 均显著→间接中介效应，但 ab 与 c' 异号，所以为遮掩效应。

【本章重点与财务应用的专有名词】

中介效应

遮掩效应

企业能力

国际化程度

【上机练习】

1. 试结合本章说明研发强度、资本强度、公司规模、产权比例以及企业年龄等中介效应的存在方式。

2. 试练习其他行业国际化程度与企业能力中介效应。

第14章 政策与经济的冲击

本章导读

本章利用计量方法进行实证分析，从政策、经济等角度来探讨公司治理的问题。

学习目标

1. 掌握综合分析模型。
2. 理解公司治理的概念。

14.1 贸 易 摩 擦

贸易摩擦（trade friction）是指在国际贸易中，国与国之间在进行贸易往来的过程中，在贸易不平衡上所产生的摩擦，一般是由于一国的持续顺差、另一国的持续逆差，或一国的贸易活动触及或伤害另一国的产业所引起的。贸易摩擦主要包括一国对另一国实施的反倾销措施、反补贴措施和保障措施三种形式。

中美贸易争端指在国际贸易中，中国与美国之间在进行贸易往来的过程中，在贸易平衡上所产生的影响，例如中国对美国的轮胎出口会影响到美国国内轮胎企业而导致两国之间产生矛盾。

中美贸易争端一直不断，2003年至2005年末，由美国单方面挑起的一系列贸易摩擦给中美贸易关系蒙上了浓重的阴影，中美两国进入了前所未有的贸易摩擦期。中美贸易摩擦作为中美经贸关系的一部分，随中美政治关系的发展和国际局势的变化而变化。

14.2 实 证 分 析

本节将探讨贸易摩擦对国际化绩效的影响，使用专属性资产作为调节变量和中介变量，探讨产权属性（公营、民营）的作用。

在前面的章节中可以了解，变量之间的关系有直接影响（4、5章）、中介影响（13章）、调节影响（12章），这些影响可能同时存在或同时不存在。本节将统一进行分析，利用虚拟变量探讨分组回归（政策及经济的影响）。建构模型为

$$M=C'+\delta X$$

$$Y=C+\alpha X+\beta M+\gamma X\cdot M$$

中介调节效应示意如图14.1所示。

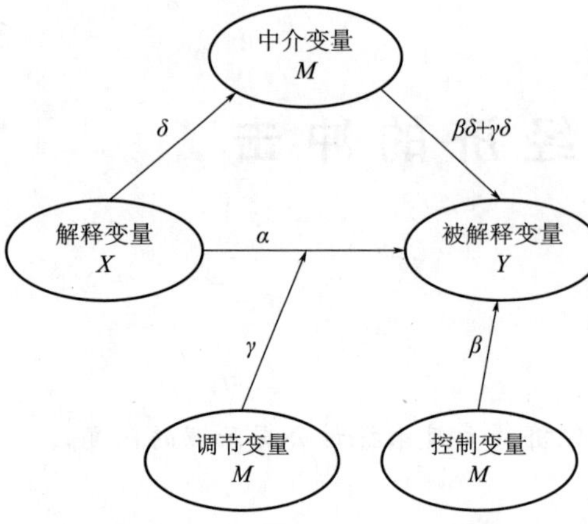

图 14.1　中介调节效应示意图

若系数都显著，则 x 对 y 的总影响为 $\alpha+\beta\delta+\gamma\delta$。

14.2.1　解释变量：国际化程度

沿用国际化指标，国际化程度采用销售地区为指标：

$$\text{DOI}=\ln\left(\frac{\text{境外销售收入}+1}{\text{境内销售收入}+1}\right)$$

14.2.2　被解释变量：公司绩效

如第 10 章所述，本节利用 Tobin's Q 作为公司绩效进行分析，对 12 月每天的市值取平均，在分析时，也将 Tobin's Q 公式取自然对数。

$$\text{TQ}=\ln\left(\frac{\text{12 月公司权益（普通股＋特别股）平均市值＋公司负债账面价值}}{\text{资产账面价值}}\times 100\right)$$

14.2.3　政策与经济影响（贸易摩擦）与产权属性

$$D_{\text{Y}}=\begin{cases}1 & \text{2018 年(含)以后}\\ 0 & \text{2018 年以前}\end{cases}$$

$$D_{\text{PRA}}=\begin{cases}1 & \text{公营}\\ 0 & \text{民营}\end{cases}$$

14.2.4　中介及调节变量：专属性资产

专属性资产包括研发强度和资本强度，其公式见表 14.1。

表 14.1　专属性资产公式修正表

专属性资产	一般公式	修正公式
研发强度	$\text{RD}=\frac{\text{研发费用}}{\text{营业收入}}\times 100$	$\text{RDI}=\ln\left(\frac{\text{研发费用}+1}{\text{营业收入}}\times 100\right)$
资本强度	$\text{LA}=\frac{\text{本期非流动资产}-\text{前期非流动资产}}{\text{前期非流动资产}}\times 100$	$\text{CAI}=\frac{\text{本期非流动资产}}{\text{前期非流动资产}}\times 100$

14.2.5　控制变量

本章使用 4 个控制变量，分别为公司规模、产权比例、产业竞争程度和公司成立年数，其公式和假设见表 14.2。

表 14.2　研究变量公式及假设汇总表

变　量	公　式	假　设
公司规模	SC＝ln（总资产）	H_{1e}：SC＞0
产权比例	$\text{ER}=\ln\left(\frac{\text{负债}}{\text{股东权益}}\right)$	H_{1f}：ER≠0
产业竞争程度	DIC＝Σ（行业内所有上市公司营收比例）^{2}	H_{1f}：IC＜0
公司成立年数	AGE＝ln（当年度年底－企业成立时间＋1）	H_{1g}：AGE≠0

实证分析步骤如下：

(1) 确定研究对象。2014—2019 年制造业的数据。

(2) 建立 Excel 表格。因使用调节效应，所以相关变量（DOI、RDI 和 CAI）需要去中心化，建立去中心化的新变量（用 DOI1、RDI1 和 CAI1 表示）如图 14.2 所示。

	A	B	C	D	E	F	G	H	I	J	K	L	M	N	O	P
1	COM	YEAI	TQ	AGE	SC	ER	RDI	CAI	DOI	DBN	DOI1	RDI1	CAI	DIC	PRA	DY
2	4	2014	1.63	9.40	12.73	0.14	-6.69	0.09	-11.58	0.00	-6.66	-2.91	-0.07	4.99	0	0
3	4	2015	2.32	9.43	12.90	0.37	-7.09	-0.03	-12.10	1.00	-7.17	-3.31	-0.19	5.06	0	0
4	4	2016	2.80	9.46	12.32	-1.36	-7.96	0.22	-12.87	1.00	-7.95	-4.18	0.06	5.00	0	0
5	4	2017	2.01	9.49	12.50	-0.78	1.31	0.32	-12.03	1.00	-7.10	5.10	0.16	4.89	0	0
6	4	2018	1.49	9.52	12.77	-0.09	1.56	-0.91	-13.16	1.00	-8.24	5.34	-1.07	5.00	0	1
7	4	2019	0.22	9.54	14.22	-2.75	-0.06	3.02	-12.26	1.00	-7.34	3.72	2.86	5.17	0	1
8	8	2014	2.36	9.99	13.42	-2.07	-8.03	0.05	-13.01	0.00	-8.08	-4.25	-0.11	6.43	1	0
9	8	2015	2.09	10.01	15.09	-1.45	-9.47	1.48	-5.86	0.00	-0.93	-5.69	1.32	7.79	1	0
10	8	2016	1.25	10.02	15.92	-1.12	-9.84	0.67	-6.88	0.00	-1.96	-6.06	0.51	7.67	1	0
11	8	2017	0.94	10.04	16.18	-0.72	1.95	0.11	-5.90	0.00	-0.98	5.73	-0.05	7.57	1	0
12	8	2018	0.30	10.05	16.16	-0.88	2.12	0.14	-4.40	0.00	0.52	5.90	-0.02	7.55	1	1
13	8	2019	0.19	10.07	16.30	-0.53	2.04	0.12	-4.58	0.00	0.35	5.82	-0.04	7.52	1	1
14	12	2014	0.35	9.32	16.53	-0.29	-11.16	0.08	-2.27	0.00	2.66	-7.38	-0.08	6.54	0	0
15	12	2015	0.61	9.35	16.56	0.02	-11.22	-0.03	-2.33	0.00	2.59	-7.43	-0.19	6.43	0	0
16	12	2016	0.52	9.38	16.66	0.10	-11.40	0.09	-2.10	1.00	2.82	-7.62	-0.07	6.42	0	0
17	12	2017	0.34	9.41	16.79	0.20	1.11	0.01	-2.03	0.00	2.90	4.89	-0.15	6.39	0	0

图 14.2 研究数据示意图

(3) 描述统计量及相关系数矩阵（图 14.3 和图 14.4）。

	TQ	DOI	RDI	CAI	DIC	SC	ER	AGE	DOI1*RDI1	DOI1*CAI1
Mean	0.872639	-4.924822	-3.781863	0.159390	6.077031	15.09795	-0.508009	8.854801	2.176262	0.067000
Median	0.799098	-2.578975	-0.549982	0.089963	6.065874	14.96849	-0.489928	8.805375	3.719558	-0.047948
Maximum	4.842746	17.13199	5.550735	9.149946	8.106854	20.55996	7.350524	10.66273	138.7940	40.61625
Minimum	-0.582611	-20.62034	-15.83893	-9.182732	4.851551	10.48041	-4.776018	7.250636	-133.4723	-57.64231
Std. Dev.	0.605352	5.683848	5.495641	0.413875	0.815670	1.195295	1.009557	0.435338	31.13330	2.299650
Skewness	0.750095	-0.871400	-0.239082	-0.068648	0.199806	0.644279	0.354830	0.958666	0.430566	-4.292259
Kurtosis	4.028474	2.576781	1.250920	91.53604	2.033656	3.736716	4.822422	5.339599	3.654730	145.0922
Jarque-Bera	1554.503	1511.336	1544.913	3683185.	513.8133	1035.197	1797.196	4299.304	549.8571	9521490.
Probability	0.000000	0.000000	0.000000	0.000000	0.000000	0.000000	0.000000	0.000000	0.000000	0.000000
Sum	9840.744	-55537.22	-42648.07	1797.441	68530.68	170259.6	-5728.817	99855.59	24541.70	755.5573
Sum Sq. Dev.	4132.095	364283.9	340558.5	1931.491	7502.117	16110.35	11492.57	2137.023	10929630	59631.91
Observations	11277	11277	11277	11277	11277	11277	11277	11277	11277	11277

图 14.3 描述统计量

Covariance Analysis: Ordinary
Date: 10/05/20 Time: 15:53
Sample: 2014 2019
Included observations: 11277

Correlation Probability	TQ	DOI	RDI	CAI	DIC	SC	ER	AGE	DOI1*RDI1	DOI1*CAI1
TQ	1.000000									

DOI	-0.034831	1.000000								
	0.0002	-----								
RDI	-0.191942	0.069677	1.000000							
	0.0000	0.0000	-----							
CAI	0.046413	0.028484	-0.022099	1.000000						
	0.0000	0.0025	0.0189	-----						
DIC	-0.162952	-0.061333	-0.042368	-0.053908	1.000000					
	0.0000	0.0000	0.0000	0.0000	-----					
SC	-0.619036	0.006843	-0.081143	0.025662	0.106157	1.000000				
	0.0000	0.4675	0.0000	0.0064	0.0000	-----				
ER	-0.380746	0.025339	-0.095407	-0.032091	0.119159	0.445643	1.000000			
	0.0000	0.0071	0.0000	0.0007	0.0000	0.0000	-----			
AGE	-0.210516	-0.076989	0.011895	-0.130728	0.055907	0.215031	0.165997	1.000000		
	0.0000	0.0000	0.2066	0.0000	0.0000	0.0000	0.0000	-----		
DOI1*RDI1	-0.001145	-0.084014	0.027813	-0.001000	0.038478	0.011185	0.025725	0.019032	1.000000	
	0.9033	0.0000	0.0031	0.9155	0.0000	0.2350	0.0063	0.0433	-----	
DOI1*CAI1	0.016713	-0.043197	-0.001019	-0.010973	-0.014726	0.005777	0.017762	0.006566	-0.017873	1.000000
	0.0759	0.0000	0.9138	0.2439	0.1179	0.5396	0.0593	0.4857	0.0577	-----

图 14.4 相关系数矩阵

虚拟变量的分布状况可以利用 Excel 的数据进行计算，见表 14.3。

表 14.3　　分组后各组样本数

变　量	年	贸易摩擦前			贸易摩擦后			总计
		$D_Y=0$			$D_Y=1$			
		2014 年	2015 年	2016 年	2017 年	2018 年	2019 年	
产业属性	民营 0	997	1153	1287	1600	1654	1717	8408
DPRA	公营 1	451	468	478	484	492	496	2869
总计		1448	1621	1765	2084	2146	2213	11277

（4）面板单根检验、平稳性检验及格兰杰因果检验（略）。

（5）建立模型：

$$\mathrm{RDI}=\beta_0+\beta_1\mathrm{DOI}+\beta_2\mathrm{DIC}+\beta_3\mathrm{SC}+\beta_4\mathrm{ER}+\beta_5\mathrm{AGE} \tag{14.1}$$

$$\mathrm{CAI}=\beta_0+\beta_1\mathrm{DOI}+\beta_2\mathrm{DIC}+\beta_3\mathrm{SC}+\beta_4\mathrm{ER}+\beta_5\mathrm{AGE} \tag{14.2}$$

$$\begin{aligned}\mathrm{TQ}=&\beta_0+\beta_1\mathrm{DOI}+\beta_2\mathrm{RDI}+\beta_3\mathrm{CAI}+\beta_4 D_{\mathrm{PRA}}+\beta_5 D_{\mathrm{PRA}}\cdot\mathrm{DOI}\\&+\beta_6(\mathrm{DOI}-\overline{\mathrm{DOI}})\cdot(\mathrm{RDI}-\overline{\mathrm{RDI}})+\beta_7(\mathrm{DOI}-\overline{\mathrm{DOI}})\cdot(\mathrm{CAI}-\overline{\mathrm{CAI}})\\&+\beta_8\mathrm{DIC}+\beta_9\mathrm{SC}+\beta_{10}\mathrm{ER}+\beta_{11}\mathrm{AGE}\end{aligned} \tag{14.3}$$

$$\begin{aligned}\mathrm{TQ}=&\beta_0+\beta_1\mathrm{DOI}+\beta_2\mathrm{RDI}+\beta_3\mathrm{CAI}+\beta_4 D_{\mathrm{PRA}}+\beta_5 D_{\mathrm{PRA}}\cdot\mathrm{DOI}\\&+\beta_6(\mathrm{DOI}-\overline{\mathrm{DOI}})\cdot(\mathrm{RDI}-\overline{\mathrm{RDI}})+\beta_7(\mathrm{DOI}-\overline{\mathrm{DOI}})\cdot(\mathrm{CAI}-\overline{\mathrm{CAI}})\\&+\beta_8 D_Y\cdot\mathrm{DOI}+\beta_9 D_Y\cdot D_{\mathrm{PRA}}+\beta_{10}D_Y\cdot D_{\mathrm{PRA}}\cdot\mathrm{DOI}\\&+\beta_{11}D_Y(\mathrm{DOI}-\overline{\mathrm{DOI}})\cdot(\mathrm{RDI}-\overline{\mathrm{RDI}})+\beta_{12}D_Y(\mathrm{DOI}-\overline{\mathrm{DOI}})\cdot(\mathrm{CAI}-\overline{\mathrm{CAI}})\\&+\beta_{13}\mathrm{DIC}+\beta_{14}\mathrm{SC}+\beta_{15}\mathrm{ER}+\beta_{16}\mathrm{AGE}\end{aligned} \tag{14.4}$$

式（14.1）、式（14.2）为中介效应的回归，式（14.3）为主回归，式（14.4）为贸易摩擦分析的回归。

（6）混合分析。与一般回归分析的操作一样，可直接列结果，不用再列 EViews 窗口。混合分析加权、未加权统计量比较分析见表 14.4。

表 14.4　　混合分析加权、未加权统计量比较分析表

模　型		式（14.1）	式（14.2）	式（14.3）	式（14.4）
R^2	加权	0.03	0.34	0.75	0.80
	未加权	0.02	0.02	0.47	0.49
SSE	加权	333168.6	1826.30	2131.9	2052.4
	未加权	335185.3	1891.57	2173.2	2087.5

由表 14.4 可以看出，4 个模型均适合面板数据分析。

（7）Hausman 检验，分析见表 14.5。

表 14.5　　Hausman 检验分析表

模型		式（14.1）	式（14.2）	式（14.3）	式（14.4）
χ^2	统计量	15794.26	950.05	306.06	179.12
	自由度	5	5	10	15
	p 值	0.00	0.00	0.00	0.00

由表 14.5 可以看出，4 个模型适合固定效果模型（p 值均小于 0.05）。

（8）实证结果。将 EView 分析结果整理成表 14.6。

表 14.6　　实证结果综合表

变　量	研发强度	资本强度	全时期	贸易摩擦
常数	8.01***	0.97***	5.47***	5.47***
国际化程度	0.04***	0.001*	−0.004***	−0.007***
研发强度			0.02***	0.02***
资本强度			0.04***	0.04***
产权属性			−0.03**	−0.07***
产权属性×国际化程度			0.003*	0.004**
国际化程度×研发强度			0.000***	0.001
国际化程度×资本强度			0.01***	0.01***
D_Y×国际化程度				−0.001
D_Y×产权属性				0.10***
D_Y×产权属性×国际化程度				−0.003
D_Y×国际化程度×研发强度				0.002***
D_Y×国际化程度×资本强度				−0.01*
行业竞争程度	−0.28***	−0.02***	−0.04***	−0.04***
公司规模	−0.39***	0.03***	−0.26***	−0.26***
产权比例	−0.21***	−0.02***	−0.07***	−0.06***
企业年龄	−0.47***	−0.12***	−0.04***	−0.04***
R^2	20.91	0.03	0.54	0.54
$A-R^2$	0.91	0.03	0.54	0.54
F 统计量	11016.86	34.70	823.97	633.93
p 值	0.00	0.00	0.00	0.00

（9）稳健性检验。对 2015—2019 年的数据进行比较（表 14.7），结果符号与显著性均相同，表示本例的研究数据稳健（样本数＝9809）。

表 14.7　　**稳 健 性 检 验 表**

变　　量	研发强度	资本强度	全时期	贸易摩擦
常数	8.47***	1.03***	5.51***	5.51***
国际化程度	0.04***	0.00	−0.005***	−0.01***
研发强度			0.02***	0.02***
资本强度			0.03***	0.03***
产权属性			−0.04***	−0.10***
产权属性×国际化程度			0.002	0.004*
国际化程度×研发强度			0.003***	0.00
国际化程度×资本强度			0.01***	0.01***
D_Y×国际化程度				0.00
D_Y×产权属性				0.14***
D_Y×产权属性×国际化程度				−0.003
D_Y×国际化程度×研发强度				0.002***
D_Y×国际化程度×资本强度				−0.01
行业竞争程度	−0.30***	−0.02***	−0.04***	−0.04***
公司规模	−0.30***	0.03***	−0.26***	−0.26***
产权比例	−0.23***	−0.02***	−0.06***	−0.06***
企业年龄	−0.56***	−0.13***	−0.05***	−0.05***
R^2	20.89	0.03	0.54	0.55
$A-R^2$	0.89	0.03	0.54	0.55
F 统计量	9026.96	34.91	781.97	594.77
p 值	0.00	0.00	0.00	0.00

（10）结论。建立完整的分析模型，本例产生的结果如下。

$$\mathrm{RDI}=8.01+0.04\mathrm{DOI}-0.28\mathrm{DIC}-0.39\mathrm{SC}-0.21\mathrm{ER}-0.47\mathrm{AGE} \tag{14.5}$$

***　***　***　***　***　***

$$\mathrm{CAI}=0.97+0.001\beta_1\mathrm{DOI}-0.02\mathrm{DIC}-0.03\mathrm{SC}-0.02\mathrm{ER}-0.12\mathrm{AGE} \tag{14.6}$$

***　*　***　***　***　***

$$\mathrm{TQ}=5.47-0.0041\mathrm{DOI}+0.02\mathrm{RDI}+0.04\mathrm{CAI}-0.03D_{\mathrm{PRA}}+0.003D_{\mathrm{PRA}}\cdot\mathrm{DOI}$$

***　***　***　***　**　*

$$+0.000(\mathrm{DOI}-\overline{\mathrm{DOI}})\cdot(\mathrm{RDI}-\overline{\mathrm{RDI}})+0.001(\mathrm{DOI}-\overline{\mathrm{DOI}})\cdot(\mathrm{CAI}-\overline{\mathrm{CAI}})$$

***　***

$$-0.04\mathrm{DIC}-0.26\mathrm{SC}-0.07\mathrm{ER}-0.04\mathrm{AGE} \tag{14.7}$$

***　***　***　***

$$\mathrm{TQ}=5.47-0.007\mathrm{DOI}+0.02\mathrm{RDI}+0.04\mathrm{CAI}-0.07D_{\mathrm{PRA}}+0.004D_{\mathrm{PRA}}\cdot\mathrm{DOI}$$

***　***　***　***　***　**

$$+0.001(\text{DOI}-\overline{\text{DOI}})\cdot(\text{RDI}-\overline{\text{RDI}})+0.001(\text{DOI}-\overline{\text{DOI}})\cdot(\text{CAI}-\overline{\text{CAI}})$$

$$\qquad\qquad\qquad\qquad\qquad\qquad\qquad\qquad\qquad\qquad ***$$

$$-0.001D_{\text{Y}}\cdot\text{DOI}+0.10D_{\text{Y}}\cdot D_{\text{PRA}}-0.03D_{\text{Y}}\cdot D_{\text{PRA}}\cdot\text{DOI}$$

$$\qquad ***$$

$$+0.002D_{\text{Y}}(\text{DOI}-\overline{\text{DOI}})\cdot(\text{RDI}-\overline{\text{RDI}})-0.01D_{\text{Y}}(\text{DOI}-\overline{\text{DOI}})\cdot(\text{CAI}-\overline{\text{CAI}})$$

$$\quad ***\qquad\qquad\qquad\qquad\qquad\qquad *$$

$$-0.04\text{DIC}-0.26\text{SC}-0.06\text{ER}-0.04\text{AGE} \tag{14.8}$$

$$***\quad ***\quad ***\quad ***$$

1）国际化程度对公司绩效的影响如下：

a. 直接影响：分为民营和公营（DOI 和 DOI$+D_{\text{PRA}}\cdot$DOI，要注意虚拟变量的使用，虚拟变量的系数（-0.007）显著负相关，说明民营与公营有显著差异，所以民营产生的影响是 DOI 的系数，而公营产生的影响则是 DOI、$D_{\text{PRA}}\cdot$DOI 两个系数相加）。

b. 间接影响：中介效果，RDI、CAI 以及 2 个中介方程式。

c. 调节作用：$(\text{DOI}-\overline{\text{DOI}})\cdot(\text{RDI}-\overline{\text{RDI}})\cdot(\text{DOI}-\overline{\text{DOI}})\cdot(\text{CAI}-\overline{\text{CAI}})$ 都显著。

2）贸易摩擦会增加国际化程度对公司绩效的影响，从式（14.8）可以得知 D_{Y} 是否有显著，有显著则表示有影响，结果发现系数为-0.001，但不显著，所以没有证据证明贸易摩擦会增加国际化程度对公司绩效的影响。

3）双重差分：$D_{\text{Y}}\cdot D_{\text{PRA}}$也有显著影响，说明贸易摩擦对公营企业的公司绩效是有净效应的作用，不过贸易摩擦对公营企业的国际化程度和对公司绩效的影响净效应是不显著的。

4）贸易摩擦发生后，调节效应也是有显著差异，其中研发的强化可以增加国际化程度对公司绩效的影响，但资本强度却产生负显著影响。

通过对本例的分析可以得出很多研究结果，一个模型的变量越多，则需要注意的环节就越多（可参照第 5 章中控制变量的使用）。

【本章重点与财务应用的专有名词】

贸易摩擦

产权属性

国际化程度

专属性资产

调节效应

中介效应

虚拟变量

【上机练习】

1. 试就本章范例说明研发强度、资本强度、公司规模、产权比例以及企业年龄中介效应的存在方式。

2. 试将制造业细分为各种行业（如汽车制造业），利用实证分析的变量分析其中一个行业的结果。

附录A 财 务 金 融

附录A1 财 务 金 融 的 概 念

财务一词是美国经济学家马科维茨（Markowitz）于1952年首次提出投资组合理论（portfolio theory）后才开始出现的，英文是finance，翻译成中文有财务和金融之意。讲通俗一点，就是“钱”，即与“钱”有关的都可以纳入财务，所以有关财务的活动和财务的关联都可以归入财务的范围。

财务的概念既然是由国外传过来的，与其用财务来说明本书的研究对象，不如用财务金融（简称“财金”）来说明更为贴切。

与钱有关的活动、和钱的关联都可以称作财金，钱的活动通常就是指资金的筹资、资金的投资和资金的营运，以及赚了钱如何回收或是再利用。财务的关联性就必须要看是在为“谁”做财务，“谁”可以是自然人或法人，自然人的财务就称为个人理财，法人的财务就称为公司理财，而法人可以分为营利性法人和非营利性法人，本书的对象都是以营利法人为主。

财务是以筹资、投资、营运和分配为主要概念的，财务最重要的价值是时间价值，时间价值最根本的概念就是随着时间的不同钱的价值也会改变，如何改变需要有衡量的标准。

财务的三大要素是收益、风险和时间，通过这三大要素来衡量财务的四大活动（筹资活动、投资活动、经营活动和分配活动）的成果。

收益（return）是指投资人从事投资活动，扣除原始投资额后所得到的金钱报偿，分成实际收益（率）、预期收益（率）与必要收益（率）。

风险（risk）是指投资损失（获利）的可能性，风险的衡量是财务管理不可缺的要素。

时间价值一般分为现值（present value）和终值（future value）。现值是在某特定时间点（过去或未来）时的金钱价值折合成目前的金钱价值，而“折现（discounting)”就是将复利的概念反推回去求得过去某时点上实际的现金价值。终值是指某一点时间上的一定量现金通过复利因素转换成未来的价值（复利就是将今天价值转换成为终值的过程）。时间价值的衡量更是财务管理不同于会计的地方。

如何用财务的三大要素衡量财务的四大活动？用三大学科共同支撑财务管理，也就是经济学、会计学和统计学。更贴近的说法是，财务管理就是经济学的应用、会计学的应用和统计学的应用。很多学者把财务管理当作会计学的分支，结果是缩小了财务管理的理论，会计本身是记账，用来反映事实，而财务是管理钱，如何让钱使用得更合理，财务管理就是要让钱一分一毫都用在对的地方，所以财务管理是在创造“事实”。因此要学好财务管理，首先应学习会计、经济和统计的基本概念，再进行应用。

附录 A2 财务金融的七大理论

投资组合理论是财务的第一大理论，之后财务的理论如雨后春笋般出现，迄今构成了七大理论。

七大理论分别为投资组合理论（Portfolio Theory）、资本结构理论（capital structure，1958）、资本资产定价模型（capital asset pricing model，CAPM，1964）、效率市场假说（efficient markets hypothesis，EMH，1970）、期权定价理论（option pricing model，1973）、理论信息不对称理论（asymmetric information，1970）和代理理论（agency theory，1976）。

1. 投资组合理论

美国经济学家马科维茨（Markowitz）于 1952 年提出投资组合理论。该理论包含两个重要内容：均值-方差分析方法和投资组合有效边界模型。

投资组合由一个无风险收益的目标和一个有风险收益的目标（可以是投资多种有价证券）构成。当进行投资时，本质上是在不确定性的收益和风险中进行选择。投资组合理论用均值-方差方法来刻画这两个关键因素。均值是指投资组合的期望收益率，它单指证券的期望收益率的加权平均，权重为相应的投资比例。股票的收益包括分红派息和资本增值两部分。方差是指投资组合的收益率的方差。收益率的标准差称为波动率，它刻画了投资组合的风险。

通过效用分析选择一个最佳的投资点称为最优投资组合。最优投资组合是指某投资者在可以得到的各种可能的投资组合中，唯一可获得最大效用期望值的投资组合。“有效集的上凸性”和“无差异曲线的下凸性”决定了最优投资组合的唯一性。

所有模型的建立都会存在基本的假设，马科维茨模型也不例外，投资组合的假设：

（1）投资者希望财富越多越好，效用是财富的函数，财富又是投资收益率的函数，因此可以认为效用为收益率的函数。

（2）投资者能事先知道投资收益率的概率分布为正态分布。

（3）投资风险用投资收益率的方差或标准偏差标识。

（4）影响投资决策的主要因素为期望收益率和风险两项。

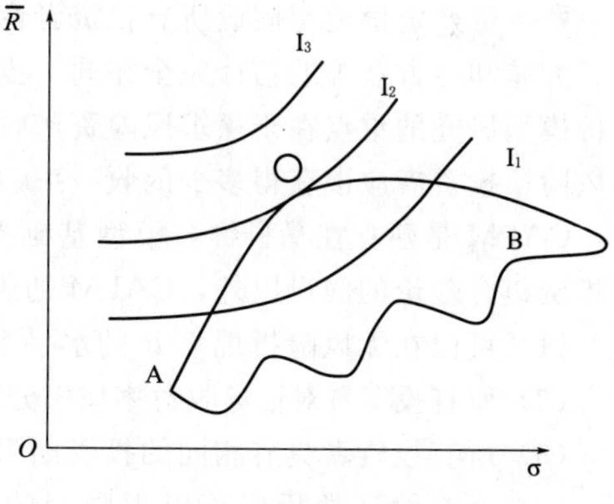

最佳投资组合的选择图

（5）投资者都遵守主宰原则（dominance rule），即同一风险水平下选择收益率较高的证券、同一收益率水平下选择风险较低的证券。

在发达的证券市场中，马科维茨投资组合理论早已在实践中被证明是行之有效的，并且被广泛应用于组合选择和资产配置。但是，我国的证券理论界和实务界对于该理论是否适合于我国股票市场一直存有较大争议。

2. 资本结构理论

美国经济学家莫迪格利安尼（Modigliani）和默顿·米勒（Miller）于1958年发表的《资本成本、公司财务和投资管理》一书中，提出了最初的MM理论，这时的MM理论不考虑所得税的影响，得出的结论是企业的总价值不受资本结构的影响。此后，他们又对该理论做出了修正，把所得税纳入考虑因素，由此而得出的结论是企业的资本结构影响企业的总价值，负债经营将为公司带来节约效应。MM理论为研究资本结构问题提供了一个有用的起点和分析框架。

资本结构是指企业各种资本的构成及其比例关系，总的来说是负债资本的比例问题，即负债在企业全部资本中所占的比重。

资本结构是企业筹资决策的核心问题，企业应综合考虑有关影响因素，运用适当的方法确定最佳资本结构，并在以后追加筹资中继续保持。

资本结构有广义和狭义之分。广义的资本结构是指全部资金（包括长期资金、短期资金）的构成及其比例，一般而言，广义资本结构包括债务资本和股权资本的结构、长期资本与短期资本的结构，以及债务资本的内部结构、长期资本的内部结构和股权资本的内部结构等。狭义的资本结构是指各种长期资本构成及其比例，尤其是指长期债务资本与（长期）股权资本之间的构成及其比例关系。

3. 资本资产定价模型

资本资产定价模型是由美国学者威廉·夏普（William Sharpe）、林特尔（John Lintner）、特里诺（Jack Treynor）和莫辛（Jan Mossin）等在现代投资组合理论的基础上发展起来的，是现代金融市场价格理论的支柱，广泛应用于投资决策和公司理财领域。资本资产定价模型中，所谓资本资产主要指的是股票资产，而股票资产定价则试图解释资本市场如何决定股票收益率，进而决定股票价格。

资本资产定价模型假设所有投资者都按马克维茨的资产选择理论进行投资，对期望收益、方差和协方差等的估计完全相同，投资人可以自由借贷。基于这样的假设，资本资产定价模型研究的重点在于探求风险资产收益与风险的数量关系，即为了补偿某一特定程度的风险，投资者应该获得多少的收益率。

CAPM是建立在马科维茨模型基础上的，马科维茨模型的假设自然包含在其中，除了投资组合理论的假设以外，CAPM的附加假设条件如下：

（1）可以在无风险折现率 R 的水平下无限制地借入或贷出资金。

（2）所有投资者对证券收益率概率分布的看法一致，因此市场上的效率边界只有一条。

（3）所有投资者具有相同的投资期限，而且只有一期。

（4）所有的证券投资可以无限制的细分，在任何一个投资组合里可以含有非整数股份。

（5）买卖证券时没有税负及交易成本。

（6）所有投资者可以及时免费获得充分的市场信息。

（7）不存在通货膨胀，且折现率不变。

（8）投资者具有相同预期，即他们对预期收益率、标准偏差和证券之间的协方差具有相同的预期值。

上述假设表明：①投资者是理性的，而且严格按照马科维茨模型的规则进行多样化的投资，并将从有效边界的某处选择投资组合；②资本市场是完美/完全市场，没有任何摩擦阻碍投资。

模型：

$$r_i - r_f = \beta(r_m - r_f)$$

β系数是统计学上的概念，它所反映的是某一投资对象相对于大盘的表现情况。其绝对值越大，显示其收益变化幅度相对于大盘的变化幅度越大；绝对值越小，显示其变化幅度相对于大盘越小。如果是负值，则显示其变化的方向与大盘的变化方向相反；大盘涨的时候它跌，大盘跌的时候它涨。由于投资基金是为了取得专家理财的服务，以取得优于被动投资于大盘的表现情况，这一指标可以作为考察基金经理降低投资波动性风险的能力。在计算β系数时，除了基金的表现数据外，还需要有反映大盘表现的指标。

4. 效率市场假说

效率市场假说又称有效市场假说，由尤金·法马（Eugene Fama）于 1970 年提出，其对有效市场的定义是：如果在一个证券市场中，价格完全反映了所有可以获得的信息，那么就称这样的市场为有效市场。

衡量证券市场是否具有外在效率有两个标志：①价格是否能自由地根据有关信息而变动；②证券的有关信息能否充分地披露和均匀地分布，使每个投资者在同一时间内得到等量等质的信息。

所以投资者在买卖股票时会迅速有效地利用可能的信息，所有已知的影响一种股票价格的因素都已经反映在股票的价格中，因此根据这一理论，股票的技术分析是无效的。

效率市场就是一个拥有良好的监管体系、做市商以及成熟的市场机制的资本市场。市场具有很好的深度与流动性，在此市场中观察到的价格是真实价值的完美指针，市场价格准确地反映了市场上可得到的信息，并随着新信息的披露而做出相应的反映。股票市场的价格是不可预测的，无论是碰运气或是根据内幕消息，在对股票价格进行预测中付出的时间、金钱和努力都是徒劳的，任何对股票的技术分析都是无效的。

尤金·法马对效率市场理论存在的三个基本假设如下：

（1）市场将立即反应新的信息，调整至新的价位。因此价格变化是取决于新信息的发生，股价呈随机走势。

（2）新信息的出现呈随机性，即好、坏信息是相伴而来的。

（3）市场上许多投资者是理性且追求最大利润的，而且每人对于股票分析是独立的，不受相互影响。

由效率市场理论延伸发展，尤金·法马依市场效率性质提出弱式效率、半强式效率及强式效率，其分述如下：

（1）弱式效率（weak form efficiency）是目前股票价格已充分反映了过去股票价格所提供的各项情报。所以，投资人无法再运用各种方法对过去股票价格进行分析，再利用分析结果来预测未来股票价格，基于随机漫步假说，未来消息是随机而来的。即投资者无法再利用过去信息来获得高额报酬。所以，弱势效率越高，若以过去价量为基础的技术分析来进行预测效果将会十分不准确。

(2) 半强式效率 (semi - strong form efficiency) 是目前股票价格已充分反映了所有公开的信息，所以投资者无法利用情报分析结果来进行股票价格预测而获取高额报酬。因此，半强式效率越高，依赖公开的财务报表、经济情况及政治情势来进行基本面分析，然后再预测股票价格是徒劳无功的。

(3) 强式效率 (strong form efficiency) 是目前股票价格充分反映了所有已公开和未公开的所有情报。虽然情报未公开，但投资者能利用各种管道来获得信息，所以，未公开的消息实际上是已公开的信息且已反映于股票价格上。此种情形下，投资者也无法因拥有某些股票内幕消息而获取高额报酬。

股票价格的走势将沿着一条不明确的轨迹行进，也就是说，现价是对未来价格最好的预测，这一说法被命名为随机漫步假说，在不可预测的市场里，未来股票价格将在不固定的范围内变化，而现价是唯一最接近未来随机变动价格的值，因为不可预测的巨大变化常常是因为一些最不常发生的细节所引起的。因此这些随机漫步的市场价格不会有“一夜致富”的可能性。

5. 期权定价理论

期权定价是所有金融应用领域数学上最复杂的问题之一。第一个完整的期权定价模型由费雪·布莱克 (Fisher Black) 和麦伦·舒尔茨 (Myron Scholes) 创立并于 1973 年公之于世。B - S 期权定价模型发表的时间和芝加哥期权交易所正式挂牌交易标准化期权合约几乎是同时的。不久，得克萨斯仪器公司就推出了装有根据这一模型计算期权价值程序的计算机。现在，几乎所有从事期权交易的经纪人都持有各家公司出品的此类计算机，利用按照这一模型开发的程序对交易估价。这项工作对金融创新和各种新兴金融产品的面世起到了重大的推动作用。

B - S 模型有 5 个重要假设：①金融资产收益率服从对数正态分布；②在期权有效期内，无风险利率和金融资产收益变量是恒定的；③市场无摩擦，即不存在税收和交易成本；④金融资产在期权有效期内无红利及其他所得 (该假设后被放弃)；⑤该期权是欧式期权，即在期权到期前不可实施。

$$C=SN(d_1)-Le^{-rT}N(d_2)$$

$$d_1=\frac{\ln\frac{S}{L}+(r+0.5\sigma^2)T}{\sigma\sqrt{T}}$$

$$d_2=\frac{\ln\frac{S}{L}+(r-0.5\sigma^2)T}{\sigma\sqrt{T}}=d_1-\sigma\sqrt{T}$$

式中：C 为期权初始合理价格；L 为期权交割价格；S 为所交易金融资产现价；T 为期权有效期；r 为连续复利计无风险利率；σ_2 为年度化方差；$N(\cdot)$为正态分布变量的累积概率分布函数。

期权定价模型中无风险利率必须是连续复利形式。一个简单的或不连续的无风险利率 (设为 r_0) 一般是一年复利一次，而 r 要求利率为连续复利。r_0 必须转化为 r 方能代入上式计算。

两者换算关系为

$$r=\ln(1+r_0) \text{ 或 } r_0=e^r-1$$

$r_0=0.06$，则 $r=\ln(1+0.06)=0.0583$，即100以5.83%的连续复利投资，第二年将获106，该结果与直接用 $r_0=0.06$ 计算的答案一致。

期权有效期 T 的相对数表示期权有效天数与一年365天的比值。如果期权有效期为100天，则 $T=100/365=0.274$。

1979年，约翰·考克斯（John Carrington Cox）、斯蒂芬·罗斯（Stephen A. Ross）、马克·鲁宾斯坦（Mark Rubinstein）在论文《期权定价：一种简化方法》中提出了二项式模型（binomial model），该模型建立了期权定价数值法的基础，解决了美式期权定价的问题。

6. 信息不对称理论

信息不对称理论是指在市场经济活动中，各类人员对有关信息的了解是有差异的；掌握信息比较充分的人员，往往处于比较有利的地位，而信息贫乏的人员，则处于比较不利的地位。信息不对称理论是由三位美国经济学家——约瑟夫·斯蒂格利茨（Joseph E. Stiglitz）、乔治·阿克尔洛夫（George A. Akerlof）和迈克尔·斯彭斯（A. Michael Spence）提出的。

该理论认为：市场中卖方比买方更了解有关商品的各种信息；掌握更多信息的一方可以通过向信息贫乏的一方传递可靠信息而在市场中获益；买卖双方中拥有信息较少的一方会努力从另一方获取信息；市场信号显示在一定程度上可以弥补信息不对称的问题；信息不对称是市场经济的弊病，要想减少信息不对称对经济产生的危害，政府应在市场体系中发挥强有力的作用。

这一理论为很多市场现象如股市沉浮、就业与失业、信贷配给、商品促销、商品的市场占有等提供了解释，并成为现代信息经济学的核心，被广泛应用到从传统的农产品市场到现代金融市场等各个领域。

信息不对称理论的作用如下：

（1）该理论指出了信息对市场经济的重要影响。随着新经济时代的到来，信息在市场经济中所发挥的作用比过去任何时候都更加突出，并将发挥更加不可估量的作用。

（2）该理论揭示了市场体系中的缺陷，指出完全的市场经济并不是天然合理的，完全靠利伯维尔场机制不一定会给市场经济带来最佳效果，特别是在投资、就业、环境保护、社会福利等方面。

（3）该理论强调了政府在经济运行中的重要性，呼吁政府加强对经济运行的监督力度，使信息尽量由不对称到对称，由此更正由市场机制所造成的一些不良影响。

7. 代理理论

代理理论的观点起源于20世纪六七十年代，经济学家开始探讨个人与组织间的风险分摊（risk-sharing）问题。之后麦可·简森（Michael Jensen）与威廉·梅克林（William Meckling）于1976年将此观念应用于组织所有权的关系中，因而发展出代理理论。

简森和梅克林对代理理论的定义为：主理人（Principal）全委托代理人（Agents），要求其以主理人的最大利益为目标，替主理人服务，并将此关系表现在契约上。也就是说代理关系的内容是由主理人（所有权人）委派工作给代理人（经营者），并授权代理人某些权利，而彼此的关系以契约的形式存在。但双方常常会发生信息不对称，代理人为了追求个人效用极大化，则通常不会顾及主理人的最佳利益。简言之，代理理论主要探讨各种代理关系的发生及其管理机制。简森和梅克林认为主理人与代理人的关系因为有利益上的冲突而产生代理问题，进而衍生代理成本。

此外代理问题的发生除了经营者与所有权人的问题外，也发展至资本的提供者（股东和债权人等）和资本的经营者（管理当局）、企业与供贷方、企业与顾客、企业与员工等的契约关系。而代理成本则衍生出监督成本，契约成本进而发展出代理问题，一般代理问题主要有两种，分别为错误选择（adverse selection）及道德危机（moral hazard），前者是主理人与代理人签订契约所存在的知识或信息不对称所造成；后者为签订契约双方当事人一些行动的不可观察性或不可验证性所造成，契约的设计即在处理这两类问题。

附录A3 财务金融的范畴

从财金的理论方向可以得知财金的范畴为筹资、投资、营运及分配如何在时间价值的考虑上获得报酬与风险的平衡（在相同风险下取得最高报酬，在相同报酬下选择最低风险）。因此财金的范畴按自然人和法人的角色可以分为公司治理、投资理财、金融市场、不动产投资与保险五大范畴。

Finance可以译为财务与金融，事实上也分为五大范畴进行研究。财务管理比较注重法人的角色，也就是以公司治理研究为主，投资理财、金融市场为辅，而金融比较重视投资理财，所以投资理财成为金融专业的研究主题，凡是与投资相关的都会进行研究，所以不动产投资、保险也成为他们的研究方向，金融市场更是他们的研究主题之一。此外“工程”也常常应用在理论方面，也就是采用计量方法研究财金的都可以称为金融工程（财务工程），不过有更狭义的说法，是指研究衍生性金融商品者才能称为金融工程，所以由此产生了财务金融专业，顾名思义，当一个专业同时对五大范畴进行研究的就可以称为财务金融了。

1. 公司治理

公司治理一词有很多含义。它可以是描述公司指挥和控制的过程、公司守则（如公司治理指南内所定的规则）的严格遵守、拥有的投资技术和公司治理资金以及分离拥有权和控制上存在的问题。

广义的层面上，公司治理包含了规则、关系、制度和程序，在这个框架之内由信托当局在公司中行使和控制。而规则包括了当地可适用的法律和公司的内部规则。而关系包括了所有相关人士之间的关系，最重要是那些拥有者、经理、董事会董事、管理当局、雇员和整个小区。制度和程序则要应付一些譬如当局、工作指标、保证机制、报告要求和责任的代表团。

由于受利益相关者的影响，为了减少代办费用和信息非对称性而实施公司管治控制制度（信息不对称理论）。公司治理用来监测结果是否与计划符合（代理监督问题）。

在公司治理的研究中，企业的信息公布成为公司治理的研究关键，公司治理财务会计信息披露包括资产负债表、损益表或利润表、现金流量表、股东权益增减变动表、财务情况说明书、各种财务会计报告附注、各种会计政策运用的说明、合并会计报表、审计报告以及其他财务会计信息。

应当说，所有对于公司治理重要的事项都应在发生时立即披露，但信息披露不能随意增加企业的成本负担，公司也不必披露可能危及其竞争地位的信息，除非这些信息能使投资者充分了解投资决策并避免误导投资者。为了明确哪些信息是必须披露的，许多国家使用了“实质性”这一概念。实质性信息是指如果遗漏或谎报这些信息，将影响信息使用者的经济决策。另外，公司财务会计信息披露项目应易于理解，使信息用户能通过正常渠道获得，并且信息获得成本不能过高。只有这样，才能充分发挥公司治理财务会计信息披露的作用。

2. 投资理财

投资理财是指投资者通过合理安排资金，运用诸如储蓄、银行理财产品、债券、基金、股票、期货、商品现货、外汇、房地产、保险、黄金、P2P、文化及艺术品等投资理财工具对个人、家庭和企事业单位资产进行管理和分配，达到保值增值的目的，从而加速资产的增长。

随着国家一系列财经政策的逐步落实到位，为投资理财市场开辟了更为广阔的发展空间，个人投资理财主要可以归纳为金融商品投资、非金融商品投资，金融商品一般指的是证券（股票、债券）、衍生性金融商品（期货、期权）、基金、外汇，而非金融商品则包括石油、贵金属、古董、名画、不动产以及保险。特别是不动产投资以及保险的属性，国内也有相关的专业。而目前投资学的领域大部分都以证券投资学为主。

3. 金融市场

金融市场又称为资金市场，是资金融通市场。所谓资金融通，是指在经济运行过程中，资金供求双方运用各种金融工具调节资金盈余的活动，是所有金融交易活动的总称。在金融市场上交易的是各种金融工具，如股票、债券、储蓄存单等。资金融通简称为融资，一般分为直接融资和间接融资两种。直接融资是资金供求双方直接进行资金融通的活动，也就是资金需求者直接通过金融市场向社会上有资金盈余的机构和个人筹资；与此对应，间接融资则是指通过银行所进行的资金融通活动，也就是资金需求者采取向银行等金融中介机构申请贷款的方式筹资。金融市场对经济活动的各个方面都有着直接的深刻影响，如个人财富、企业的经营、经济运行的效率，都直接取决于金融市场的活动。

一般根据金融市场上交易工具的期限，把金融市场分为货币市场和资本市场两大类。货币市场是融通短期（一年以内）资金的市场，资本市场是融通长期（一年以上）资金的市场。货币市场和资本市场又可以进一步分为若干不同的子市场。货币市场包括金融同业拆借市场、回购协议市场、商业票据市场、银行承兑汇票市场、短期政府债券市场、大面额可转让存单市场等。资本市场包括中长期信贷市场和证券市场。中长期信贷市场是金融机构与工商企业之间的贷款市场；证券市场是通过证券的发行与交易进行融资的市场，包括债券市场、股票市场、基金市场、保险市场、融资租赁市场等。

4. 不动产投资

不动产是指土地和土地上的定着物，包括各种建筑物，如房屋、桥梁、电视塔、地下排水设施、桥梁等；生长在土地上的各类植物，如树木、农作物、花草等，需要说明的是，植物的果实尚未采摘、收割之前，树木尚未砍伐之前，都是地上的定着物，属于不动产，一旦采摘、收割、砍伐下来，脱离了土地，则属于动产。不过这里的不动产是指土地与建筑物。

不动产投资之所以会另外独立成为一门学科，其主要原因是不动产投资有巨额性、长期性、风险性（不确定性）、较强的金融依赖性、较强的专业性、高度关联性、大众化观望性等特性。

因此按照其投资形式可以分为投资主体的不同（国家投资、企业投资、个人投资）、投资方式不同（直接投资和间接投资）和投资项目不同（地产投资、住宅房地产投资、商业房地产投资、工业房地产投资）。

5．保险

保险是指投保人根据合同约定，向保险人支付保险费，保险人对于合同约定的可能发生的事故因其发生所造成的财产损失承担赔偿保险金责任，或者被保险人死亡、伤残、疾病或者达到合同约定的年龄、期限等条件时承担给付保险金责任的商业保险行为。

按照被保对象，可以区分为产险（非人为主体）和寿险（人为主体），而商业保险大致可分为财产保险、人身保险、责任保险、信用保险、津贴型保险、海上保险。若按照保险保障范围分为人身保险、财产保险、责任保险、信用保证保险。

事实上保险是分摊意外事故损失的一种财务安排。从法律角度看，保险是一种合同行为，是一方同意补偿另一方损失的一种合同安排；从社会角度看，保险是社会经济保障制度的重要组成部分，是社会生产和社会生活的工具；从风险管理角度看，保险是风险管理的一种方法。

不过随着专业的组合，财务的发展也随之扩大，像国际财务管理、金融科技都成为目前学界重视的对象。

6．国际财务管理

事实上过去财务管理比较着重在外汇的操作与国际投资的风险，因此在20世纪80年代，由于美元大幅度贬值，国际游资十分充裕再加上利率水平低，国际过剩资本纷纷寻找出路，更使得国际财务管理成为热门话题。由于世界各国经济活动的国际化，国际大垄断企业的出现和发展、各国之间产品与技术的交换、对外投资等活动，必然产生国际之间的资金运动，即国际财务管理。国际经济联系越发展，国际财务管理就越重要。在西方国家，一般认为财务管理已成为国际企业提高获利能力的关键因素。

国际财务管理是现代财务管理的一个新领域。作为一门新的科学，国内外学者关于国际财务管理概念的认识还不统一。一般来讲，财务管理按照其财务活动是否超越国界，可分为国内财务管理和国际财务管理。纯粹的国内财务管理，其财务活动局限于本国范围之内，资金的筹集、使用和分配等活动通常不跨越国界，这在计划经济环境下是常见的。而国际财务管理则不同，企业的财务活动跨越了本国国界，与其他国家和地区的有关企业、单位、个人发生财务关系。企业筹资、投资、分配等活动均超越国界。

企业参与国际市场的竞争，是市场经济环境下不可避免的。我们认为，国际财务管理就是对国际企业财务活动的管理。国际企业是相对于纯粹的国内企业而言，它泛指一切超越国界从事生产经营活动的企业，包括跨国公司、进出口企业、外商投资企业等。

7．金融科技

金融科技（financial technology）可以简单理解为finance（金融）＋technology（科技），指通过利用各类科技手段创新传统金融行业所提供的产品和服务，提升效率并有效降低运营成本。

根据金融稳定理事会（FSB）的定义，金融科技主要是指由大数据、区块链、云计算、人工智能等新兴前沿技术带动，对金融市场以及金融服务业务供给产生重大影响的新兴业务模式、新技术应用、新产品服务等。金融科技所以主要包括大数据金融、人工智能金融、区块链金融和量化金融四个核心部分。

大数据金融重点关注金融大数据的获取、储存、处理分析与可视化。一般而言，金融大数据的核心技术包括基础底层、数据存储与管理层、计算处理层、数据分析与可视化层。数据分析与可视化层主要负责简单数据分析、高级数据分析（与人工智能有若干重合）以及对相应的分析结果的可视化展示。大数据金融往往还致力于利用互联网技术和信息通信技术，探索资金融通、支付、投资和信息中介的新型金融业务模式的研发。

人工智能金融主要借用人工智能技术处理金融领域的问题，包括股票价格预测、评估消费者行为和支付意愿、信用评分、智能投顾与聊天机器人、保险业的承保与理赔、风险管理与压力测试、金融监管与识别监测等。人工智能技术主要包括机器学习理论等前沿计算机科学知识，主要基于算法。机器学习理论是人工智能概念范畴下的一个子集，主要覆盖三大理论：监督学习、无监督学习和强化学习。

区块链技术是一种去中心化的大数据系统，是数字世界里一切有价物的公共总账本，是分布式云计算网络的一种具体应用。一旦区块链技术成为未来互联网的底层组织结构，将直接改变互联网的治理机制，最终彻底颠覆现有底层协议，导致互联网金融的智能化、去中心化，并产生基于算法驱动的金融新业态，一旦成熟的区块链技术落地金融业，形成生态业务闭环，则金融交易可能会出现接近零成本的金融交易环境。

但需注意的是，由于共识机制、私钥管理和智能合约等存在技术局限性和面临安全问题，区块链技术整合和应用落地将是一个长期的过程。

量化金融以金融工程、金融数学、金融计量和金融统计为抓手开展金融业务，它和传统金融最大的区别在于其始终强调利用数理手段和计量统计知识，定量而非定性地开展工作，其主要金融场景有高频交易、算法交易、金融衍生品定价以及基于数理视角下的金融风险管理等。

量化金融一直被视为是金融业高端资本与智力密集型领域，科技含量极高，但近几年，高频与算法交易、金融风险管理、保险精算越来越依靠工业级大数据（比如：实时、海量、高维和非结构化数据）、人工智能前沿技术以及区块链技术来解决问题或重构原有金融业务逻辑、产品设计流程、监管监测控制环节。

附录B 实证分析的写作

附录B1 实证分析与个案分析

社会科学研究是通过一系列的理论框架得到理论支持后再通过研究方法产生结果。所以研究方法必须具备科学性，因此研究方法必须建立于收集可观察、可经验（empirical）、可量度、并且合乎明确的推理原则。社会科学的研究指研究者亲自收集观察资料，为提出理论假设或检验理论假设而展开的研究。所以具有鲜明的直接经验特征。

实证主义所推崇的基本原则是科学结论的客观性和普遍性，强调知识必须建立在观察和实验的经验事实上，通过经验观察的数据和实验研究的手段来揭示一般结论，并且要求这种结论在同一条件下具有可证性。根据以上原则，实证性研究方法可以概括为通过对研究对象大量的观察、实验和调查，获取客观材料，从个别到一般，归纳事物的本质属性和发展规律的一种研究方法。

案例分析一般可以分为实证分析与个案分析。实证分析与个案分析有以下两点区别：

（1）定义的角度不同。实证分析研究是相对于规范研究而言，是指利用已有数据对过去经验状态的一种研究方法；而个案分析，是以解释某个单一（或多个）案例的方式来获取我们自身所需要的信息。

（2）研究方法不同。实证分析可以概括为通过对研究对象大量的观察、实验和调查，获取客观材料，从个别到一般，归纳出事物的本质属性和发展规律的一种研究方法；个案分析是研究者选择一个或几个场景为对象，系统地收集数据和资料，进行深入的研究，用以探讨某一现象在实际生活环境下的状况。

所以个案分析是感性的，它是通过实际事例，分析问题、通过现象看本质，再解决问题、得到推广到其他案例上后的一般解决方法。通过特殊事例寻求共同性，从而下结论。它的特点是与实际相结合，可操作性大。但逻辑上不够严谨，理论支持不足。实证研究是理性的，它通过反复实验、论证得到结论。它的特点是逻辑严谨。但很可能脱离实际，可操作性比实证分析小。

社会科学的研究问题通常是有关“X 对 Y 有何作用”之类的因果关系。案例分析通过一家公司（或几家公司）或一个事件来解释“X 对 Y 有何作用”。实证分析比较着重于 X 对 Y 有何作用，因此需要客观的分析，也就是研究样本要足够多，而案例分析则比较注重个案的主观分析，因此 Y 与 X 的研究都会参与深度探讨。

事实上所有社会科学的研究都在探讨“怎么回事”和“为什么”的问题，特别是财金方面的研究，更是属于经验性的研究，通过收集事物的客观资料，并用归纳或分析的方式得到知识，所以研究者本身的能力很重要。根据研究的目的可以将案例研究分为描述性

（个案分析）、解释性（实证分析）和探索性（理论建构）的研究当然也存在2种的交叉分析或是3种同时并行的研究。

（1）描述性案例研究主要是对人、事件或情景的概况做出准确的描述。

（2）解释性案例研究的目的在于对现象进行研究归纳分析，并最终做出结论。解释性研究适于对相关性或因果性的问题进行考察。

（3）探索性案例研究尝试寻找对事物的新发现，或尝试用新的观点去评价现象。

上述3种分析，最终需要靠研究人员的专业知识进行评价，也就是研究者对研究的结果提出自己的意见和看法。

个案分析比较注重在对整个事件的人、事、时、地、物的描述，所以“介绍”“比较”相对重要，如可以介绍X_1对Y的影响、X_2对Y的影响，……，X_n对Y的影响，甚至Y的自我影响（高阶的个案分析者就会加入时间序列分析）。

实证分析则重视X_1，X_2，X_3，…，X_n对Y的影响，影响模式很多种，有单一影响（线性、非线性）、间接影响（中介效应）、交叉影响（调节效应）、延后发生（递延效应）、互相影响（因果关系）等都是实证分析探讨的重点。所以实证分析的研究方法十分重要，一般财金的实证分析会采用计量方法进行探讨。

假设现实的状况有X_1，X_2，X_3，…，X_n n个会影响Y的变量，真实的方程式应为

$$Y=\beta_0+\beta_1X_1+\beta_2X_2+\beta_3X_3+\cdots+\beta_nX_n$$

实证分析探讨X_1、X_2对Y有何作用（但实际状况大部分是非线性的关系），所建构的模型为

$$Y=\beta_0+\beta_1X_1+\beta_2X_2+\varepsilon$$

X_3，…，X_n为Y的外生变量，不考虑外生变量的结果会造成统计分析的错误，也就是统计上与实际状况是显著不一样的。而X_1、X_2也有可能与ε有关（内生性），内生问题一样会造成统计分析的错误。

解决外生问题，需要加入更多的变量来解决，这些变量称为控制变量，控制变量越多，一般来说越能够降低外生性，但一共有哪些“外生变量”不得而知，而控制变量“随便使用”更会产生错误的结果。

解决内生问题如通过变量来解决，则把这个变量称为工具变量（最佳的解决办法），不过控制变量的加入也是可以减少内生问题的发生。

如果实证分析的内生问题、外生问题以及模型建立的问题如没有过去的理论基础而任意使用都会引起分析结果的错误，而个案分析讨论的是一家企业或是一个事件的X对Y的作用，上述问题更加严重（外生问题、内生问题几乎都忽略了），这也是个案分析是属于感性分析，而实证分析属于理性分析的原因。

附录B2 论 文 的 结 构

实证分析的论文与一般经济学论文具有相通之处，在此仅仅就计量分析论文的特殊性进行介绍。论文结构一般包括引言、研究资料与方法、实证分析、结论四大部分，外加最后面的参考文献，有些还会有附录，不过现在不少学者将这四大部分再细分，比如把文献

回顾独立出来并且特别介绍理论架构。研究数据与方法有时也会分为3章，分别将模型、方法和数据进行个别介绍。

1. 引言

引言一般包括研究的动机、性质、范围和目的，并从不同角度或一个比较宽广的视野（历史、社会、文献、问题严重性等）来解释研究的重要性，引言可以说是整篇论文的精髓，所以除了上述的介绍以外，还会介绍整篇文章的结构、研究的基本理论和研究方法及简单的结果。

2. 文献回顾

文献回顾是对和主题有关系的文献做一个简单、清楚、系统的回顾，和主题有直接关系但结果不同的文献，更要有比较完整的解释。对该选题的模型使用要进行总结和归纳，并提出本文模型使用的特点。

文献回顾一般包括研究的基本理论和各种研究结果，中文的论文还会有国内和国外的介绍。文献回顾不要只介绍过去的文献，而没有进行评述，研究者对过去研究结果的重点和缺失也应进一步评述。

3. 模型设定

经济计量模型必须是可以进行实证分析的模型，因此用来研究问题的计量模型一定是可以应用样本数据进行统计量估计的模型。这些模型可以通过数理经济学的模型推导而来，也可以在简单的逻辑关系上构建。对模型中所涉及的变量均须给予明确的定义，对解释变量和被解释变量之间的关系要详尽地说明，也要对模型中主要系数可能数值的大小及符号不同理论预期进行解释。

4. 数据收集与处理

对数据的种类、性质、来源出处、数据修订的方式、数据中可能存在的错误和缺失，都要有详细的说明，最佳的方式就是将描述统计量表列出，将各变量之间的相关程度用相关系数矩阵表现。

5. 实证分析结果的报告

（1）模型估计结果可以选择公式法和表格法进行表述。如果模型比较简单，解释变量少，可以使用公式法表述，这样简洁明了，清晰易懂；如果解释变量较多，可以选择表格法进行表述，但都要把回归系数及其主要检验统计量标在相应位置。每一系数估计值旁标注标准差（se）或 t 统计量，也可加列 p 值，对于显著的估计值也可附加星号标记以提醒读者。显示模型整体表现的统计量，如 R^2（线性回归模型）、F 统计量都应列出。时间序列数据模型 Durbin－Watson 统计量必须列出。

（2）对主要回归系数（或由回归系数所导出之弹性、乘数等）估计值的大小、符号及显著与否要详加讨论，对于显著的估计值更要和理论预期值进行比较，若有明显的矛盾，则要探讨其原因。

（3）对重要回归系数若是得不到显著的估计值，则要探讨其原因。不能对不显著的估计值做出过度的解释，尤其不能称不显著的估计值支持或不支持某些特定结论。估计值不显著，表示所使用的数据不能够提供足够的信息，若没有足够的信息，当然不应做出任何确切的结论。

(4) 所有变量的研究结果都要经过假设检验探讨其显著性。

(5) 若要根据估计模型对数据以外的时期或状况进行预测，尽可能设想预测可能不准的原因并加以改善，态度必须保守谨慎。

(6) 所有列举的统计数字应尽量保持统一的小数点位数（小数点后三位数或四位数均可)，如果有很小或很大的数字，则可以用科学表示法表示（例如 1.2345×10^{-4})，尽可能显示出 3～5 位有效数字。

6. 结论与政策建议

这部分是对全文研究结论进行的综合说明，用一句简短的语言来表述研究结论。然后对该结论给予相应的说明。一篇实证分析论文的结论一定要来源于实证分析模型，要有相应的统计检验的支持。重要的核心研究结论应有 2～3 条。不可将文中未做的研究结论作为论文的结论。对应的政策建议也应该由研究结论产生的结果做一个完整的总结，并经由理论或数据中那些不尽完美的地方进行讨论，指明未来研究的方向。

实证分析的结果很多，要以最接近事实的来解释，所以整个判断会采用 R^2 和 SSE，R^2 越大越好（SSE 就越小)，要使 R^2 越大就要加入更多的变量，但更多的变量就会降低更多的自由度（大数据分析就解决了这个问题)。

自由度指数据个数与附加给独立的观测值的约束或限制的个数之差。从字面含义来看，自由度是指一组数据中可以自由取值的个数。当样本数据的个数为 n 时，若样本平均数确定后，则附加给 n 个观测值的约束个数就是 1 个，因此只有 $n-1$ 个数据可以自由取值，其中必有一个数据不能自由取值。因此变量使用太多会降低自由度，所以统计学又有调整过的 R^2 来判断。

一般来说，任何变量放进去研究的模型都会增加 R^2（如非洲的雨量会不会影响中国的股市，如果统计分析发现显著，事实上这只是统计上的显著，而不是经济上的显著，当然如果发现非洲的雨量可以当做某个变量的工具变量就另当别论了)。

一篇实证分析论文的好坏决定于论文是否严谨，所谓论文的严谨是所有可能发生的结果都考虑进去了（比如内生性问题、外生性问题、模型建立符合实际状况)，最后论文的分析结果需要与现况相符，如果不相符就需要找出合理的原因，合理的原因会让论文更有价值。

附录B3 文 献 综 述

1. 文献综述的概念

通俗来讲，如一篇论文分为四章，有时会特别强调某一章，则会把那一章再分成几个小节，很多论文会把理论基础再独立出来，这就称为文献综述（文献探讨)。

2. 文献综述的结构

对找到的文献必须进行整合，所以文献有其基本结构，文献的基本结构一般分为理论基础、结果分述和文献评述。

理论基础是对理论的介绍，包含前人的观点。

目前财经研究的结果几乎都不一样，以实证分析为例，会产生有影响、没有影响，甚至还有非线性影响（U形、S形和W形）等结果，这就需要把找到的文献分开说明。

最后是结论，也就是过去文献有哪些问题，如结论太多，没有一定的取舍，就需要重新再检验这个结论。

而在介绍过去学者的研究时，通常会介绍这位学者使用什么研究方法、研究对象是谁、产生怎样的结果。例如，“魏石勇（2020）利用面板数据分析研究中国上市公司的国际化程度对公司绩效的影响，产生U形的结果”，2个作者写“魏石勇和魏佳笙（2020）”，3个以上的作者可写“魏石勇 等（2020）、Wei 等（2020）”，如果有多位作者就可以写“（魏石勇，2020；魏佳笙，2018；武云姮，2015）”。

举例如下：

> 许多学者认为企业可通过对外投资将公司本身的优势运用在他国市场（Hymer，1960）、内部化不完全的市场以降低交易风险（Buckley和Casson，1976）、取得稀有资源或具有成本优势的生产要素（Dunning，1995）、获得生产上的比较利益优势（Kojima，1973）等，为组织绩效提供显著的贡献。因此有助于企业经营绩效的提升。但就交易成本理论的观点，企业进行国际化的相关活动势必会产生相当的组织成本，如交易、管理与协调成本等（Gomes和Ramaswamy，1999）；同时，企业的海外营运活动必然会受到不同国家存在差异的政治、法律、经济与文化等制度面的海外不利因素（Liability of Foreignness）的影响，因而降低国际化所产生的效益（Geringer等，1989）。国际化活动为企业带来诸多利益与成本，然而国际化对绩效的影响究竟为何？从过去学者的研究迄今，国际化程度对公司绩效的影响分为没有影响（Zeng 等，2009；Chen 等，2015；Christian 等，2018）、正相关（Grant，1987；Horta，2016；Feng 等，2019）、负向的关系（Collins，1990；Zhao和Ma，2016）、U形（正U、倒U）、S形甚至还有W形的影响（正向的关系），也有认为两者并无显著相关（Zeng等，2009；Chen等，2015；Christian等，2018）。
>
> U形的学者认为刚进入国际化，所产生的成本无法抵消国际化所获得的利益，一开始会对公司绩效产生不利的影响，随着国际化程度的增加，经济规模的发生让国际化得到的利益可以抵消成本，甚至更加有利于绩效的发生（Ruigrok和Wagner，2003；Wei等，2019）。倒U形学者则认为国际化程度一旦超越某一门槛（Threshold），由于市场过于分散、沟通协调成本大幅提高、资源与能力的成长速度不及企业海外规模扩张的速度等因素，使得过度的国际化程度对企业绩效带来负面的影响（Hitt，Hoskisson和Ireland，1994；Juan 等，2016；Raquel，2017；Andres等，2018）。
>
> 主张S形的学者认为是国际化扩张的三阶段理论，认为国际化与公司绩效间存在水平S形曲线相关。根据此理论，在早期阶段，国际化与绩效间存在负相关，原因是国际化的成本及一开始的学习成本及规模的不经济；随着国际化程度的增加，从资源利用、规模经济、产品生命周期的延续等利益及成本的上升，导致国际化与绩效间呈现正相关；当国际化达到一个门槛之后，协调成本超过了利益，因此国际化与公司绩效又呈现负相关。综合以上结果，就形成了三个阶段的S形模式（Contractor 等，2003；Lu和Beamish，2004；Hien 等，2018；Majid和Preet，2018）。

中式的文献介绍需要细分国内研究结果和国外研究结果，然后再进行评述。如果投稿至国外，就没有国内外研究结果之说，而是将所有文献合并即可。

3. 找文献

现在文章的良莠不齐，一开始研究无法分辨文章的好坏，不好的文章会导致思路完全错误，这就是为什么文章要找核心期刊（C刊、SSCI、SCI和EI）的原因，期刊论文是公开发表的，是会受"万民"检验的，所以有它的价值性。

4. 撰写综述的注意事项

（1）综述内容应是过去的学者未曾写过的。如已有人发表过类似综述，一般不宜重复，更不能以他人综述的内容作为自己综述的素材。

（2）对于某些新知识领域、新技术，写作时可以追溯该主题的发展过程，适当增加一些基础知识内容，以便读者理解。对于人所共知或知之甚多的主题，应只写其新进展、新动向、新发展，不要重复别人已综述过的前一阶段的研究状况。

（3）综述的素材来自过去的学者的研究报告，必须忠实原文，不可断章取义，歪曲前人的观点。

（4）综述的撰写者必须对所写主题的基础知识、历史与发展过程、最新进展全面了解，或者作者本身也从事该主题的研究工作，是该主题的"专家"，否则容易出大错、闹笑话。

（5）撰写综述时，搜集的文献资料应尽可能齐全，切忌随便收集一些文献就开始撰写，更忌讳阅读了几篇中文资料，便拼凑成一篇所谓的综述。

（6）综述的原始素材应体现出一个"新"字，亦即必须有最近最新发表的文献，一般不将教科书、专著列为参考文献。

5. 参考文献的格式（建议只引用期刊论文，其他部分不要引用）

参考文献（即引文出处）的类型以单字母方式标识：

M：	专著	C：	论文集
N：	报纸文章	J：	期刊论文
D：	学位论文	R：	报告
S：	标准	P：	专利

A：论文集中的析出文献（也就是会议论文）

对于不属于上述的文献类型，采用字母"Z"标识。

（1）期刊论文类

作者．论文名称［J］．期刊名称，发表年份，卷（期）：页码．

注意：一般而言，参考文献里的标点符号用的是英文状态下输入的标点符号。输完汉字要切换到英文状态，再输入相应的标点符号。

示例：

沈延生．村政的兴衰与重建［J］．战略与管理，1998，6：1-34.

张纮炬，魏石勇．产品之电视广告效果个案分析［J］．民意研究季刊，2000，213：1-23.

S-Y Wei，J-H Cheng，L-W Lin，S-M Gan. Volatility Asymmetry of Scale Indexes-

Taking China as an Example [J]. International Journal of Economics and Financial Issues, 2020, 10 (4): 158-169.

(2) 学位论文类

作者. 论文名称 [D]. 毕业院校所在城市: 毕业院校, 论文提交年份: 页码.

示例:

魏石勇. 金融海啸前后波动的动态条件相关下台股价量关系与规模效应之影响 [D]. 云林: 云林科技大学, 2011: 50-62.

(3) 书籍著作类

作者. 著作名称 [M]. 出版社所在城市: 出版社名称, 出版年份.

示例:

金太军. 村治治理与权力结构 [M]. 广州: 广州人民出版社, 2008.

如果是合著, 即有多名作者, 其作者的书写格式与期刊多名作者的书写格式相同。

魏石勇, 林政德, 林立伟, 等. 财务金融大数据分析 [M]. 北京: 中国水利水电出版社, 2021.

(4) 报纸类

作者. 文章名称 [N]. 报纸名称, 发行日期 (版面).

示例:

林立伟. 西麦食品发力线上营销网红带货瞄准"后浪"消费市场 [N]. 证券日报, 2020-5-15.

参 考 文 献

[1] 林毅夫．充分信息与国有企业改革［M］．上海：上海人民出版社，1997.

[2] Acemoglu D，Johnson S，Robinson J A. American Economic Association The Colonial Origins of Comparative Development：An Empirical Investigation［J］. The American Economic Review，2001，91（5）：1369－1401.

[3] Anthony J H，Ramesh K. Association between accounting performance measures and stock prices［J］. Journal of Accounting and Economics，1992，15：203－227.

[4] Black E L. Life－cycle impacts on the increment value－relevance of earnings and cash flow measure［J］. Journal of Financial Statement Analysts，1998：40－56.

[5] Black F，Scholes M. The pricing of options and corporate liabilities［J］. Journal of political economy，1973，81（3）：637－654.

[6] Bollerslev T，Chou R，Kroner K. ARCH modeling in finance：a review of the theory and empirical evidence［J］. Journal of Econometrics，1992，51：5－59.

[7] Bollerslev T. Generalized autoregressive conditional heteroskedasticity［J］. Journal of Econometrics，1976，31：307－327.

[8] Bollerslev T. Modeling the coherence in short－run nominal exchange rates：multivariate generalized ARCH approach［J］. Review of Economics and Statistics，1990，72：498－505.

[9] Christie A A. The stochastic behavior of common stock variances：value，leverage and interest rate effects［J］. Journal of Financial Economics，1982，10：407－432.

[10] Eckbo B E，Verma S. Managerial Shareholders，Voting Power，and Cash Dividend Policy［J］. Journal of Corporate Finance，1994，1：33－62.

[11] Eisenhardt K M，Schoonhoven，C B. Organizational growth：Linking founding team，strategy，environment，and growth among U. S. semiconductor ventures，1978－1988［J］. Administrative Science Quarterly，1990，35（3）：504－529.

[12] Engle R F，Bollerslev T. Modelling the persistence of conditional variances［J］. Journal of Econometric Reviews，1986，5（1）：1－50.

[13] Engle R F. Autoregressive conditional heteroskedasticity with estimates of the variance of United Kingdom inflation［J］. Econometrica，1982，50：987－1007.

[14] Engle R F，V K Ng. Measuring and testing the impact of news on volatility. Journal of Finance，1993，48：1749－1778.

[15] Engle R F. Dynamic conditional correlation—a simple class of multivariate GARCH models［J］. Journal of Business and Economic Statistics，2002，20：339－350.

[16] Engle R F，Granger C W J，Robins，R. Wholesale and retail prices：bivariate modeling with forecast able variances［D］. D. Belsey and E. Kuh（Eds）Model Reliability（Cambridge，MIT Press），1986.

[17] Fama E F，French K R. Common risk factors in the returns on stocks and bonds［J］. Journal of Financial Economics，1993，33（1），3－56.

[18] Fama E F，French K R. The cross－section of expected stock returns［J］. Journal of Finance，1992，47（2），427－465.

[19] Fama E F. Efficient Capital Markets：A Review of Theory and Empirical Work［J］. Journal of Financial,

1970，25：383 - 417.

［20］ Geringer J M，Beamish P W，Da Costa R C. Diversification Strategy and Internationalization：Implication for MNE's Performance ［J］. Strategic Management Journal，1989，10 (2)：109 - 119.

［21］ Glostem L R，Jagannathan R，Runkle D E. On the Relation between the Expected Value and the Volatility of the Nominal Excess Return on Stocks ［J］. Journal of Finance，1993，48 (5)：1779 -1801.

［22］ Greenwald B，J Stiglitz，A. Weiss. Informational Imperfections in Capital Market and Macroeconomic Fluctuations ［J］. American Economic Review，1984，74：194 - 199.

［23］ Guedes J C G. Loureiro. Estimating the Expropriation of Minority Shareholders：Results from a New Empirical Approach ［J］. The European Journal of Finance，2006，12：421 - 448.

［24］ Hambrick D C，D'Aveni R A. Top team deterioration as part of downward spiral of large corporate bankruptcies ［J］. Management Science，1992，38 (10)：1445 - 1466.

［25］ Hitt M A，Hoskisson R E，Kim H. International diversification：Effects on innovation and firm performance in product - diversified firms ［J］. Academy of Management Journal，1997，40 (4)：767 - 798.

［26］ Janice S Miller，Robert M Wiseman，Luis R. Gomez - Mejia. The fit between CEO compensation design and firm risk ［J］. Academy of Management Journal，2002，45 (4)：745 - 756.

［27］ Jensen M，Meckling W. Theory of the firm：managerial behavior，agency costs and ownership structure ［J］. Journal of Financial Economics，1976，3：305 - 360.

［28］ Koutmos G，R Saidi. The Leverage Effect in Individual Stocks and the Debt to Equity Ratio ［J］. Journal of Business Finance and Accounting，1995，22：1063 - 1075.

［29］ La Porta R，Lopez - de - Silanes F，Shleifer A，et al. Investor protection and corporate valuation ［J］. Journal of Finance，2002，57：1147 - 1171.

［30］ Lintner，John. The valuation of risk assets and the selection of risky investments in stock portfolios and capital budgets ［J］. Review of Economics and Statistics，1965，47 (1)：13 - 37.

［31］ Lo A W，MacKinlay A. C. Stock Market Prices Do Not Follow Random Walks：Evidence From a Simple Specification Test ［J］. The Review of Financial Studies，1988，1 (1)：41 - 66.

［32］ M Jensen，W H Meckling. Theory of the Firm：Managerial Behavior，Agency Cost，and Ownership Structure ［J］. Journal of Financial Economics，1976，3：305 - 360.

［33］ Mackinlay A C. Event studies in economics and finance ［J］. Journal of Economic Literature，1997，35 (1)：13 - 39.

［34］ Markowitz H. Portfolio Selection ［J］. Journal of Finance，1952，7 (1)：77 - 91

［35］ Modiglian F，M. Miller. The Cost of Capital，Corporation Finance and the Theory of Investment ［J］. The American Economic Review，1958，48 (3)：261 - 297.

［36］ Modiglian F，Miller M. Corporate Income Taxes and the Cost of Capital：A Collestion ［J］. American Economic Review，1963，53：433 - 443.

［37］ Morck R，A Shleifer，R W Vishny. Management Ownership and Market Valuation：An Empirical Analysis ［J］. Journal of Financial Economics，1988，20：293 - 315.

［38］ Mueller D C. A life - cycle theory of the firm ［J］. Journal of Industrial Economics，1972，20：199 - 219.

［39］ Nelson D. Conditional heteroskedasticity in asset returns：a new approach ［J］. Econometrics，1991，59：347 - 70.

［40］ O'Reilly C A，Flatt S. Executive team demography，organizational innovation，and firm performance ［D］. Unpublished manuscript，Stanford University，1989.

［41］ Pashley M M，Philipattos G C. Voluntary divestitures and corporate life cycle：some empirical evidence ［J］. Applied Economics，1990：1181 - 1196.

［42］ Paul E Spector，Michael T. Brannick. Methodological Urban Legends：The Misuse of Statistical Control

Variables [J]. Organizational Research Methods, 2005, 8 (3) 274 - 289.

[43] R Rabemananjara, J M Zakoian. Threshold arch models and asymmetries in volatility [J]. Journal of applied econometrics. 1993, 8 (1): 31 - 49.

[44] Rink D R, Swan J E. Product life - cycle research: A literature review [J]. Journal of Business Research, 1979: 219 - 247.

[45] Schwert W G. Stock volatility and the crash of 87 [J]. The Review of Financial Studies, 1990, 3: 77 - 102.

[46] Sentana E, S Wadhwani. Feedback traders and stock return autocorrections: evidence from a century of daily data [J]. Economic Journal, 1992, 102: 415 - 425.

[47] Shapiro N Z, L S Shapley. Value of Large Games, I: A Limit Theorem [J]. Mathematics of Operations Research, 1978, 3: 1 - 9.

[48] Shapley L S, M Shubik. A Method for Evaluating of Distribution Power in a Committee System [J]. The American Political Science Review, 1954, 48: 787 - 792.

[49] Sharpe William F. Capital asset prices: A theory of market equilibrium under conditions of risk [J]. Journal of Finance. 1964, 19 (3): 425 - 442

[50] Shleifer A, R Vishny. A Survey of Corporate Governance [J]. Journal of Financial Economics, 1997, 52: 737 - 783.

[51] Spence A M. Entry, capacity, investment, and oligopolistic pricing [J]. Bell Journal of Economics, 1977, 8: 534 - 544.

[52] Spence A M. Investment strategy and growth in a new market [J]. Bell Journal of Economics, 1979, 10: 1 - 19.

[53] Spence A M. The learning curve and competition [J]. Bell Journal of Economics, 1981, 12: 49 - 70.

[54] Stock J, M Watson. Introduction to Econometrics (2nd edition) [M]. Pearson Education, 2007.

[55] Thomas E Becker. Potential Problems in the Statistical Control of Variables in Organizational Research: A Qualitative Analysis with Recommendations [J]. Organizational Research Methods, 2011, 14 (2), 287 - 305.

